CURSO TEÓRICO E PRÁTICO DE DIREITO SOCIETÁRIO

MARIA BERNADETE MIRANDA
Mestre em Direito das Relações Sociais, subárea Direito Comercial,
pela Pontifícia Universidade Católica de São Paulo.
Professora de Direito Empresarial, Direito Civil, Direito do Consumidor
e Mediação e Arbitragem. Advogada empresarial.

CURSO TEÓRICO E PRÁTICO DE DIREITO SOCIETÁRIO

Volume 2

3ª edição

GZ
EDITORA
Rio de Janeiro
2016

3ª edição – 2016

CIP – Brasil. Catalogação-na-fonte.
Sindicato Nacional dos Editores de Livros, RJ.

M644c
3. ed.

Miranda, Maria Bernadete, 1950 –

Curso teórico e prático de direito societário : volume 2 / Maria Bernadete Miranda.
– 3. ed. – Rio de Janeiro: LMJ Mundo Jurídico, 2015.
404 p.; 24 cm.

Inclui índice
ISBN 978-85-62027-66-6

1. Direito empresarial. 2. Direito comercial. 3. Sociedades comerciais. I. Título.

15-23192
CDU: 347.72

GZ EDITORA

e-mail: contato@editoragz.com.br
www.editoragz.com.br

Av. Erasmo Braga, 299 – Sala 202 – 2º andar – CEP 20020-000 – Centro – RJ
Tels.: (0XX21) 2240-1406 / 2240-1416 – Fax: (0XX21) 2240-1511

Impresso no Brasil
Printed in Brazil

A VIDA

Você pode ter defeitos, viver ansioso e ficar irritado algumas vezes, mas não se esqueça de que sua vida é a maior empresa do mundo.

E você pode evitar que ela vá à falência.

Há muitas pessoas que precisam, admiram e torcem por você.

Gostaria que você sempre se lembrasse de que ser feliz não é ter um céu sem tempestade, caminhos sem acidentes, trabalhos sem fadigas, relacionamentos sem desilusões.

Ser feliz é encontrar força no perdão, esperança nas batalhas, segurança no palco do medo, amor nos desencontros.

Não é apenas comemorar o sucesso, mas aprender lições nos fracassos.

Ser feliz é reconhecer que vale a pena viver, apesar de todos os desafios, incompreensões e períodos de crise.

Ser feliz é deixar de ser vítima dos problemas e se tornar um autor da própria história.

É agradecer a Deus a cada manhã pelo milagre da vida.

Jamais desista de si mesmo.

Jamais desista das pessoas que você ama.

Jamais desista de ser feliz, pois a vida é um espetáculo imperdível, ainda que se apresentem dezenas de fatores a demonstrarem o contrário.

Pedras no caminho?

Guarde todas, um dia construirá um castelo...

Fernando Pessoa

ÍNDICE SISTEMÁTICO

PREFÁCIO À 1ª EDIÇÃO

Nada mais acaciano, a meu ver, do que começar o presente prefácio com uma das frases mais recorrentes que vi em minha vida em textos de tal natureza: Honrou-nos a Profª Maria Bernadete Miranda com seu pedido para que fizéssemos a apresentação desta sua obra intitulada Curso Teórico e Prático de Direito Societário, na qual a autora procura dar ao estudante as noções básicas do direito societário brasileiro com o declarado propósito de que mais seguros sejam os seus primeiros passos.

Conheço a Profª Maria Bernadete Miranda, já de há muito tempo, mais precisamente desde os tempos de sua pós-graduação na Pontifícia Universidade Católica de São Paulo, onde lecionei durante vários anos, antes que o ingresso na Magistratura Federal me obrigasse a optar pelo meu único cargo de professor: o da Faculdade de Direito da Universidade de São Paulo a quem tentei servir sempre com acendrado amor.

Foi a autora minha orientanda em sua dissertação de mestrado e, desde cedo, dedicou-se à pesquisa jurídica com afinco e seriedade.

A despeito de minha natural resistência em fazer apresentações de autores e obras, já tive a ocasião de prefaciar outros dois livros da referida professora: o primeiro deles, versando sobre a nova lei de recuperação de empresas e falimentar no direito brasileiro; e o segundo, discorrendo a respeito dos títulos de crédito. A tarefa de prefaciar este livro – ainda que de forma singela e canhestra como têm sido, de resto, as que tenho feito até o momento – afigurou-se, para mim, a partir de certo instante, como algo absolutamente irrenunciável.

Afinal de contas, uma das mais reconfortantes recompensas experimentadas por um professor – já triste e fatigado, como haverá de ser, por certo, o meu caso – é a de fazer frutificar, de alguma forma, o seu trabalho... Vê-lo colhido pelas mãos daqueles que souberam compreendê-lo e lhe deram continuidade, contribuindo para o progresso da Ciência Jurídica, confere um valor superior ao exercício da jurisdocência e, em alguns casos, até mesmo outorga um sentido mais profundo para a própria vida...

A professora Maria Bernadete Miranda sempre se revelou uma batalhadora infatigável e parece ter compreendido muito bem aquela distinção entre um direito formal e um direito aplicado, captando adequadamente a dialética de implicação e polaridade existente entre ambos.

Assim, ao lado da exposição teórica do direito societário brasileiro em geral, analisando tanto as sociedades não personificadas quanto as personificadas em espécie, com o exame de alguns valores mobiliários existentes no mercado (ações, debêntures e bônus de subscrição), o livro contém – e tenta solucionar – as questões práticas mais recorrentes relativas aos temas retromencionados, apresentando-as, de forma didática, no Capítulo XX.

"O advogado é um solucionador de problemas" – diz a autora em sua simpática "Apresentação ao estudante", constante no pórtico da obra. E o professor – permito-me acrescentar singelamente – não deixa de ser, também, um solucionador dos problemas de seus alunos, por vezes ávidos de soluções simples, sem o ranço aparatoso do enciclopedismo estéril e alienante, que parece grassar, cada vez mais forte, nos meandros do vaidoso mundo acadêmico...

É o que ela tenta fazer aqui e agora.

Newton De Lucca
Mestre, Doutor, Livre-Docente, Adjunto e Titular pela Faculdade de Direito da Universidade de São Paulo.
Desembargador Federal do TRF da 3ª Região.
Membro da Academia Paulista dos Magistrados.
Membro da Academia Paulista de Direito.

PREFÁCIO Á 2ª EDIÇÃO

Não obstante o singelíssimo prefácio que elaborei para a primeira edição da presente obra – de resto, algo absolutamente anódino, que nada acrescentou ao trabalho da autora ---, honra-me novamente a Prof.ª Maria Bernadete Miranda com o pedido para que fizesse o prefácio desta segunda edição.

A existência de uma segunda edição – ora devidamente atualizada e oportunamente ampliada ---, só por si, serve para demonstrar, a meu ver, a utilidade do livro, acessível a todos os que, direta ou indiretamente, convivem com a atividade empresarial dos nossos dias.

Além da indispensável atualização dos temas, já que o direito comercial cuida exatamente dos fluidos dinâmicos da atividade econômica, foram incluídos, nesta segunda edição, Enunciados das Jornadas de Direito Civil, organizadas pelo Conselho da Justiça Federal, do qual o signatário, presentemente, faz parte, na qualidade de Presidente do Tribunal Regional Federal da 3ª. Região.

Tais Enunciados, como se sabe, ganharam destaque nos mais autorizados livros de doutrina, assim como passaram a ser recorrentes nos julgados da jurisprudência pátria.

Quadra assinalar, igualmente, que a autora introduziu, em boa hora, novos capítulos à obra, dando-lhe evidentemente, maior consistência. Assim é que podemos ver, no capítulo VIII, a matéria relativa ao nosso Mercado de Capitais. No capítulo XX, acha-se contemplada a importante matéria da Concentração de Empresas. No capítulo XXI, estão tratados os Grupos de Sociedades e a Sociedade *Holding*. Por derradeiro, no capítulo XXIV, houve por bem a autora enfrentar o importante fenômeno empresarial das chamadas *Joint Ventures*.

Enfim, tenho a convicção de que os alunos da Prof.ª Maria Bernadete Miranda, que já apreciaram seus outros livros, e bem souberam aproveitar os ensinamentos da primeira edição deste livro, só terão a ganhar com a leitura desta segunda, que ora se dá à estampa.

Newton De Lucca
Professor Titular de Direito Comercial da Faculdade
de Direito da Universidade de São Paulo
Desembargador Federal
Presidente do Tribunal Regional Federal
da 3ª. Região (biênio 2012/2014)

APRESENTAÇÃO AO ESTUDANTE

O propósito deste livro é iniciá-lo no caminho para se tornar um bom advogado no que tange ao Direito Societário. O direito é um campo desafiador, tanto para o estudante quanto para o profissional. Para ser bem sucedido, você deve manter hábitos de estudo seguros, somando estrutura e disciplina à sua rotina. O advogado é um solucionador de problemas. Para tornar-se um advogado eficiente, você deve adquirir uma profunda compreensão dos princípios do direito e de sua aplicação no mundo à sua volta.

Um antigo ditado afirma: *"O que estudo, esqueço; o que vejo, posso lembrar; o que experimento, sei para toda a vida"*. Muitos advogados são aprendizes sensoriais e visuais, que contam com exemplos, demonstrações e ilustrações para auxiliá-los a generalizar e entender conceitos fundamentais e geralmente abstratos. Por essa razão, este livro é ilustrado com modelos de contratos, estatutos, alterações sociais e peças processuais para animar e enriquecer seu aprendizado no Direito Societário. Aplique o que aprende em sua própria vida, e você o saberá por toda a vida. Procurei fazer o possível para iniciá-lo com o pé direito. O resto é com você. Agora comece seu estudo sobre o Direito Societário com o meu maior desejo de sucesso.

"A vida é aquilo que acontece enquanto fazemos planos para o futuro..."

Pense nisso!

Maria Bernadete Miranda

AGRADECIMENTOS

Devo dizer que *"... para todas as coisas há uma época e um tempo para cada propósito sob o céu: um tempo para nascer e um tempo para morrer; um tempo para plantar e um tempo para colher o que foi plantado"*, é inevitável agradecer.

E começo por fazê-lo ao professor Newton De Lucca, além de mestre e orientador, um amigo a quem devo boa parte da energia conseguida para a realização deste trabalho e em cujas obras marcantes lancei âncoras fundamentais da minha visão do fenômeno jurídico.

Sou agradecida ao meu filho Luiz Eduardo Miranda José Rodrigues, pelo entusiasmo e afeto, oferecidos no silêncio e na simplicidade das coisas grandes, e pela compreensão paciente, admitindo dividir-me com esta que lhe rouba a mãe – a Ciência do Direito.

Uma expressão de gratidão especial a minha maravilhosa mãe Juracy Lombardi Miranda (*in memoriam*), pela presença constante e compreensão durante essa caminhada, que Deus a abençoe.

Um agradecimento especial ao meu sobrinho Fernando Lombardi Plentz Miranda.

Meu reconhecimento, outrossim, àqueles que me presentearam com o tesouro de sua amizade ao longo deste trabalho, pela colaboração, carinho, respeito e principalmente por acreditar no meu sucesso.

Aos alunos e ex-alunos pela ternura e apoio.

Porém, fui advertida pelo poeta de que não devo exceder meus agradecimentos, pois: *"E vós que recebeis – e vós todos recebeis – não assumais nenhum encargo de gratidão a fim de não pordes um jugo sobre vós e vossos benfeitores... Pois se ficardes demasiadamente preocupados com vossas dívidas, estareis duvidando da generosidade daquele que tem a terra liberal por mãe e Deus por pai"* (Khalil Gibran). E então, duvidaria eu do próprio amor!

Se a uns agradeci a sabedoria, a outros a amizade e a outros a dedicação pessoal, a todos devo, em síntese, o amor, pois *"Tu és o arquiteto do teu próprio destino. Trabalha, espera e ousa..."* (Wilcox Wheeler).

Assim afirmaremos confiantemente: *"O Senhor é meu auxílio, não temerei; que me poderá fazer o homem?"* (Hebreus 13:6).

Maria Bernadete Miranda

CAPÍTULO I

DAS SOCIEDADES EM GERAL

1.1. Origens das Sociedades

As sociedades, em sua forma rudimentar, são tão antigas quanto a própria civilização. Na realidade, a sociedade começa a surgir quando duas ou mais pessoas se unem para combinar seus esforços em prol de um objetivo econômico comum. Na Bíblia é mencionada a sociedade dos publicanos,[1] encarregados da execução de determinadas atribuições do poder público, inclusive a arrecadação de tributos.

Encontramos no Direito romano as primeiras manifestações legislativas quando, em suas normas, regulou a associação entre os herdeiros para administrar os bens deixados pelos seus ascendentes e também quando criou as sociedades com finalidades específicas para a arrecadação de impostos e para a compra de escravos.

Salienta Rubens Requião que *"são, por outro lado, importantes as sociedades dos banqueiros (argentarii) e as dos publicanos, que contratavam com o Estado a arrecadação dos impostos, serviços e obras públicas, tornando-se cidadãos influentes, com a denominação de publicani, atividade que nada tinha de desonrosa na metrópole, embora fossem odiados nas*

1 Eram os responsáveis pela arrecadação de taxas, tributos e impostos, no âmbito da Antiga Roma Imperial. Eles contratavam com o Estado e em troca tornavam-se cidadãos influentes. Eram detestados e rejeitados pelos judeus, que não admitiam a cobrança de impostos, a qual, segundo os fariseus, que tinham como função zelar pela doutrina hebraica, ia contra a Lei de Moisés.

províncias, como demonstram vários episódios dos Evangelhos. Nessas sociedades romanas, algumas vezes a administração se dividia entre os sócios, dirigindo cada um determinado setor. Em geral eram indicados gerentes (magistri), que administravam os negócios sociais".[2]

Na Idade Média, mais precisamente entre os séc. XI – XII ao séc. XV, em função do desenvolvimento do comércio a longa distância, marítimo principalmente, são criadas as Companhias de Comércio, que eram associações de comerciantes com objetivos comuns, de variadas formas de organização, reconhecidas ou não pelo poder público. Essas associações também eram chamadas de guildas, hansas, fraternidades, uniões, sociedades, corporações, onde apenas as despesas comuns eram divididas, ficando cada qual livre para vender e comprar. Daí resultou, na Inglaterra, no séc. XIII, a formação da Companhia Regulamentada, cuja primeira forma foi a Associação dos Comerciantes do Entreposto (comércio de lã inglesa nos países baixos).

Nas cidades italianas predominaram as Associações de Capitais e Pessoas, parcerias (simples e múltiplas), comanditas, quotas na construção de navios, empréstimos marítimos (assegurados pelo navio ou pela carga) que se desenvolveram principalmente em Veneza e Gênova, surgindo dessas parcerias a idéia da separação dos patrimônios dos sócios em relação ao patrimônio da sociedade. As sociedades, nessa época, eram *intuitu personae*, ou seja, a aproximação dos sócios se dava pelas suas características pessoais e objetivos comuns, denominada de *affectio socitatis*, traço marcante existente até hoje nas chamadas sociedades de pessoas.

Entretanto, foi a partir do século XVII, com a exploração do comércio colonial, que apareceram as Companhias de Comércio, sociedades de feições mais próximas às hoje encontradas.

Em Portugal as Companhias de Comércio estenderam-se pelos séc. XVII e XVIII, onde foram criadas quatro companhias. Os Estados colonialistas para aumentar a produção, enfrentar melhor a concorrência estrangeira e tornar mais eficiente e lucrativo o comércio entre a colônia e a metrópole organizavam Companhias de Comércio, onde o Estado entrava com uma parte do capital e as companhias com a outra, porém elas tinham administração própria e independente. Em 1649 para auxiliar a resistência pernambucana às invasões holandesas e apoiar a recuperação da agricultura canavieira do Nordeste depois dos conflitos foi criada a Companhia Geral do Comércio do Brasil. O seu principal papel era fornecer escravos e garantir o transporte do açúcar para a Europa. Em 1682 foi fundada a Companhia do Comércio do Maranhão, atuando também na agricultura exportadora de açúcar e algodão com fornecimento de crédito, transporte e escravos aos produtores. O marquês de Pombal, no século XVIII, fundou em 1755, as Companhias Gerais

2 REQUIÃO, Rubens. *Curso de direito comercial*. São Paulo: Saraiva, v. 1, 2003, p. 358.

do Comércio do Grão-Pará e do Maranhão, e no ano de 1759 a Companhia de Pernambuco e Paraíba. Ambas reforçaram as atividades extrativistas e agro-exportadoras do Norte e Nordeste da colônia, um pouco abandonadas em razão do crescimento da mineração de ouro e de diamante na região das Minas Gerais. As companhias detinham privilégios como monopólio[3] de compra e venda de mercadorias em sua área de atuação, autonomia para organizar o transporte marítimo, estabelecer preços e condições de financiamento e pagamento. Por intermédio das Companhias de Comércio, o Estado português buscava garantir os impostos da Coroa e os lucros da burguesia com o bom funcionamento dos engenhos de açúcar e das plantações de algodão e fumo.

As sociedades empresárias que conhecemos hoje tiveram seu desenvolvimento e evolução continuada através da história desde os séculos passados, principalmente no continente europeu quando as grandes nações européias visavam, não apenas o domínio das novas colônias, mas a exploração das riquezas naturais desde a mineração até o extravio de produtos da fauna e flora.

1.2. Pessoa Jurídica de Direito Privado como Sujeito de Direitos e Obrigações

O vocábulo pessoa é derivado do latim *persona*, no sentido técnico-jurídico, exprime ou designa todo ser, capaz ou suscetível de direitos e obrigações.

Praticamente, é o ser, a que se reconhece aptidão legal para ser sujeito de direitos, no que se difere da coisa, tida sempre como o objeto de uma relação jurídica.

Para Hans Kelsen o conceito de sujeito de direito não é necessário para a descrição do direito, é um conceito auxiliar que facilita a exposição do direito. De forma que a pessoa natural, ou jurídica, que têm direitos e deveres, é um complexo destes direitos e deveres, cuja unidade é, figurativamente, expressa no conceito de pessoa. A pessoa é tão-somente a personificação dessa unidade. Assim sendo, para Kelsen "pessoa" não é, portanto, um indivíduo ou uma comunidade de pessoas, mas a unidade personificada das normas jurídicas que lhe impõem deveres e lhe conferem direitos. Logo, sob o entendimento Kelseniano é a "pessoa" uma construção da ciência do direito, que com esse entendimento afasta o dualismo: direito objetivo e direito subjetivo.[4]

Ensina Caio Mario da Silva Pereira que a *"característica essencial da pessoa é a personalidade, que exprime a aptidão genérica para adquirir*

3 Do grego (*monos*, um + *polien*, vender) denomina-se a situação em que uma empresa detêm o mercado de um determinado produto ou serviço, impondo preços aos que comercializam.

4 KELSEN, Hans. *Teoria pura do direito*. São Paulo: Martins Fontes. 1987, p. 203.

direitos e contrair obrigações".[5] Portanto, personalidade, é atributo jurídico que se dá a um ser status de pessoa.

Sendo a pessoa natural (ser humano) ou jurídica (agrupamentos humanos) sujeito das relações jurídicas e a personalidade a possibilidade de ser sujeito, ou seja, uma aptidão a ele reconhecida, toda pessoa é dotada de personalidade.

A personalidade é invenção do direito. Daí dizermos que personalidade é atributo ou valor jurídico. A personalidade não é natural, tanto que antigamente havia seres humanos e o Direito não atribuía personalidade. Eram os escravos, considerados coisas perante o ordenamento jurídico.

A personalidade é atributo jurídico, e não natural, é a existência das pessoas jurídicas, entes não humanos, onde o Direito concede personalidade.

A personalidade das pessoas naturais ou físicas começa no momento em que nascem com vida. Permanece por toda a sua existência, perdendo-a somente com a morte. Todo ser humano é pessoa, desde o nascimento, até o momento da morte.

Para Maria Helena Diniz *"pessoa natural é o ser humano considerado como sujeito de direitos e obrigações".*[6]

As pessoas jurídicas têm sua personalidade atrelada ao registro ou a uma lei e encontram-se reguladas pelo Código Civil de 2002, no Livro I, Título II, Capítulo I, que dispõe sobre as pessoas jurídicas de Direito Público e de Direito Privado. As pessoas jurídicas de Direito Privado se atrelam ao registro no órgão competente, e as de Direito Público, à Lei.

Assevera Maria Helena Diniz que *"pessoa jurídica é a unidade de pessoas naturais ou de patrimônios, que visa à consecução de certos fins, reconhecida pela ordem jurídica como sujeito de direitos e obrigações".*[7]

No sentido técnico-jurídico, pessoa não exprime simplesmente o homem singular ou natural, isto é, o ser humano. Há entidades ou criações jurídicas, personalizadas ou personificadas por força de lei, para fins de várias ordens, a que se dá, também, o nome de pessoas.

O Direito, no entanto, as distingue, empregando qualificações diferenciais: ao homem designa de pessoa física ou natural, às entidades jurídicas personalizadas, pessoas jurídicas, pessoas coletivas, pessoas morais, pessoas fictícias, místicas, abstratas, etc.

Ensina Maria Helena Diniz que as pessoas jurídicas são *"designadas como pessoas morais (no direito francês), como pessoas coletivas (no direito português), como pessoas civis, místicas, fictícias, abstratas, intelectuais,*

5 PEREIRA, Caio Mario da Silva. *Instituições de direito civil.* Rio de Janeiro: Forense, v. 1, 1977, p. 198.

6 DINIZ, Maria Helena. *Curso de direito civil brasileiro.* São Paulo: Saraiva, v. 1, 2007, p. 143.

7 DINIZ, Maria Helena. *Curso de direito civil brasileiro.* São Paulo: Saraiva, v. 1, 2007, p. 229.

de existência ideal, universais, compostas, universalidades de pessoas e de bens".[8]

Pessoa jurídica é a entidade criada para a realização de um fim e reconhecida pela ordem jurídica como sujeito de direitos e deveres.

Em oposição à pessoa natural, a expressão pessoa jurídica é adotada para a indicação da individualidade jurídica constituída pelo homem, é empregada para designar as instituições, corporações, associações e sociedades, que, por força da lei se personalizam e adquirem individualidade própria, para constituir uma entidade jurídica, distinta das pessoas que a formam ou que a compõem.

Diz-se jurídica porque se mostra uma encarnação da lei. E, quando não seja inteiramente criada por lei, adquire vida ou existência legal somente quando cumpre as determinações fixadas por lei.

Dessa forma, ao contrário da pessoa natural, cuja existência legal se inicia por um fato natural (o nascimento com vida), a pessoa jurídica somente tem existência quando o Direito lhe imprime o sopro vital. É o Direito que determina ou dá vida a estas entidades, formadas pela agremiação de homens, pela patrimonização de bens, ou para cumprir, segundo as circunstâncias, realização do próprio Estado.

Pessoa, simplesmente exprime ou dá sentido do ser juridicamente considerado. Pessoa, assim se entende, ao que se refere ao homem, juridicamente compreendido, como toda a instituição ou organização, que se personalizou, legalmente, para cumprir finalidades do Direito ou fins desejados por seus instituidores.

A qualificação natural, ou jurídica, é imposta para especialização, pois segundo a matéria de que é composta ou constituída a pessoa, há a distinção entre as duas espécies.

Assim, a qualificação adotada funda-se no fato, de que decorre a sua existência ou personalização civil.

No homem, dá-se um fato natural. Daí a designação adotada, pessoa natural.

Nas instituições, corporações, associações, sociedades, etc o fato de que decorre a personalização ou individualização é legal, é jurídico, pois que se funda no Direito. Daí a expressão pessoa jurídica que integra este sentido. Jurídico é tudo o que vem, pertence ou se funda no Direito. É o que é legal, aprovado ou confirmado por lei, quando não é a própria lei que o institui.

Na literatura jurídica, ainda são usadas outras expressões, em substituição, à de pessoa jurídica, são elas: pessoa moral, pessoa social, pessoa coletiva, pessoa fictícia, pessoa legal, pessoa universal, pessoa incorpórea e pessoa de existência legal.

---

8 DINIZ, Maria Helena. *Curso de direito civil brasileiro.* São Paulo: Saraiva, v. 1, 2007, p. 228.

As pessoas jurídicas são sempre representadas pelas pessoas naturais, a quem se outorgam poderes. Esta representação, em regra, é uma delegação por ser distinta, em sua formação e exercício, do mandato comum.

A delegação ou o mandato legal atribuído aos representantes das pessoas jurídicas, deve ser cumprido pessoalmente por vontade do delegado ou mandatário.

As pessoas jurídicas de Direito Privado não se constituem legalmente, isto é, não são tidas como tendo existência legal, enquanto não tenham sido devidamente inscritas no órgão competente.

Daí data o nascimento, que as investe na personalidade civil ou as torna uma individualidade jurídica.

Não é qualquer sociedade formada por pessoas que o Direito reconhece como pessoa no mundo jurídico, mas somente aquela que tem o seu ato constitutivo registrado no órgão público competente. É no exato momento do registro do contrato social que a entidade ganha vida, recebe nome tal qual qualquer pessoa natural, nacionalidade e domicílio. É na condição de pessoa jurídica que ela passa a gozar de direitos patrimoniais (ser proprietário), e de ter direitos e obrigações. É nesse exato momento que ela se separa das pessoas que a compõem, visando a certos objetivos que o homem isoladamente não consegue.

Pessoa Jurídica é uma unidade jurídica que resulta de uma reunião de pessoas físicas e/ou jurídicas e que possui contrato ou estatuto social registrado em órgão público próprio. É um agrupamento de pessoas físicas e/ou jurídicas tendo o seu ato constitutivo registrado em órgão público peculiar ao qual a lei lhe atribui personalidade para agir como se fosse qualquer pessoa natural, tornando-se sujeito de direitos e de obrigações. Não tem uma exteriorização, uma aparência física, mas a sua existência, embora abstrata, é juridicamente reconhecida para conferir o exercício de direitos e assumir compromissos na ordem civil. É uma pessoa que participa da vida dos negócios, figurando como titular de direitos e obrigações, atuando ao lado da pessoa natural. Só existe um tipo de pessoa jurídica que não é constituída por pessoas, são as fundações privadas, constituídas por bens doados, destinados a um fim social, sem finalidade lucrativa.

As pessoas jurídicas têm uma existência, cuja duração é fixada entre o termo inicial e o termo final de sua atividade, que é independente da duração da vida das pessoas físicas.

Para que um agrupamento de pessoas com fins comuns, formando uma unidade social e jurídica, se torne uma pessoa jurídica ou um sujeito de direito, distinguindo-se, portanto, das pessoas físicas que a compõem, é necessário constituir-se de acordo com a lei.

A lei, por sua vez, exige pelo menos, dois requisitos principais para ter início à personalidade jurídica: a) constituição por escrito; b) registro no órgão competente.

Esse documento que se forma por ocasião da constituição da pessoa jurídica recebe o nome de contrato ou estatuto social. Quando a pessoa jurídica toma a forma de uma sociedade empresária (de pessoas) recebe o nome de contrato social e quando toma a forma de uma sociedade empresária (de capital) como é o caso da sociedade anônima ou por ações, o nome será estatuto social.

Enquanto não houver o registro desse documento no órgão competente, a sociedade será meramente em comum, também chamada, de fato, sem personalidade jurídica.

No momento em que uma sociedade ou associação registra seu ato constitutivo no órgão competente, inicia-se a sua existência enquanto sujeito de direito, passando a ser pessoa jurídica, adquirindo personalidade jurídica e capacidade de possuir patrimônio próprio, nome próprio e a praticar todos os atos jurídicos.

Assim, a pessoa jurídica é um sujeito de direito que possui patrimônio autônomo e exerce direitos em nome próprio, além de possuir nome, domicílio e nacionalidade. Portanto, não se confunde a pessoa jurídica com as pessoas que deram lugar ao seu nascimento. Sendo a pessoa jurídica absolutamente distinta das pessoas que as integram, seu patrimônio não pertence a nenhum dos indivíduos componentes dela e, caso um dos seus sócios seja demandado por sua dívida particular, não podem ser penhorados bens da pessoa jurídica.

Uma pessoa natural fala e escreve, podendo assim manifestar a sua vontade. A pessoa jurídica não fala e é uma criação do legislador, um ente abstrato que, para manifestar a sua vontade no mundo dos negócios, necessita de uma pessoa natural, geralmente o sócio indicado no contrato social para esse fim. Por exemplo: se o contrato social determinar, que a sociedade será representada por dois sócios ao mesmo tempo, só terá validade o ato que contar com as assinaturas dos sócios designados para esse fim. O contrato social indica as pessoas que podem exteriorizar a vontade das pessoas jurídicas.

Através da representação, a pessoa jurídica pode falar, agir e praticar os atos da vida civil, figurando a pessoa natural como simples intermediária da manifestação de sua vontade, desde que não abuse dos poderes que determine o seu ordenamento interno, que é o contrato ou estatuto social.

É necessário examinar as disposições do contrato social de cada pessoa jurídica, pois a lei exige que ela se faça representar pelos seus sócios, não qualquer sócio, mas aquele ou aqueles cujo contrato dispuser a respeito da representação. Se, porém o contrato indicar Fulano ou Beltrano como representante da sociedade em juízo ou fora dele, qualquer manifestação de um outro sócio não terá validade.

Toda pessoa jurídica tem o seu respectivo ato constitutivo inscrito no órgão público competente para conhecimento de terceiros, exatamente para que estes, quando forem negociar com aquelas, saibam quem as representa.

Essa é a finalidade do registro, tornar o documento público válido contra terceiros. É um meio de publicidade para que não se alegue desconhecimento ou ignorância de sua existência.

Outro fator importante do reconhecimento da pessoa jurídica é o nome empresarial que ela recebe quando feito o arquivamento de seus atos constitutivos. O nome empresarial é aquele utilizado pelo empresário individual ou pela sociedade empresária para se identificar, enquanto sujeito de direito que exerce a atividade econômica.

O nome empresarial vem a ser a identificação que será adotada pela pessoa física (empresário individual) ou jurídica (sociedade empresária) para o exercício da empresa, podendo ser firma individual, firma social ou denominação.

O Código Civil, Lei nº 10.406, de 10 de janeiro de 2002, determina que para os efeitos de proteção da lei, equipara-se ao nome empresarial, a denominação das sociedades simples, associações e fundações.

1.3. Associações e Fundações

Segundo o Moderno Dicionário da Língua Portuguesa,[9] associação significa: *"sf (associar+ção) – ato ou efeito de associar; organização de pessoas para um fim ou interesse comum; sociedade, agremiação, clube".*

No Código Civil brasileiro de 2002 encontramos o conceito de associações em seu artigo 53, que determina: *"Constituem-se as associações pela união de pessoas que se organizem para fins não econômicos. Parágrafo único. Não há, entre os associados, direitos e obrigações recíprocos".*

Maria Helena Diniz pondera que a associação *"é uma pessoa jurídica de direito privado voltada à realização de finalidades culturais, sociais, pias, religiosas, recreativas etc., cuja existência legal surge com a inscrição do estatuto social, que a disciplina, no registro competente".*[10]

Para Roberto Senise Lisboa *"associação é a entidade de direito privado sem fins lucrativos que se constitui formalmente a partir da convergência de vontade de duas ou mais pessoas, inserida em um documento escrito denominado ata constitutiva, cujo regime jurídico é adotado na forma de estatuto".*[11]

Entende-se que associação é o ato em que duas ou mais pessoas reúnem, seus conhecimentos ou suas atividades com fins diversos da participa-

9 MICHAELIS 2000. *Moderno dicionário da língua portuguesa.* São Paulo: Melhoramentos, 2000, v. 1, p. 243.

10 DINIZ, Maria Helena. *Código civil anotado.* São Paulo: Saraiva, 2002, p. 69

11 LISBOA, Roberto Senise. *Manual de direito civil.* v. 1, São Paulo: Saraiva, 2009, p. 265.

ção de lucro, ou seja, com objetivos de natureza artística, social, cultural etc., cuja existência perante a lei está subordinada à inscrição de um estatuto no Registro Civil de Pessoas Jurídicas.

Assim, quando regularmente registrada e constituída, a associação é uma pessoa jurídica na qual não há finalidade econômica. É formada por pessoas naturais que têm objetivos comuns, exceto o de auferir lucro e caso seja auferido o lucro, este se reverterá em prol da própria instituição.

No Brasil, as organizações não governamentais (ONGs) são, do ponto de vista legal, associações. Portanto, há grande diferença entre associação e sociedade, pois nas sociedades (com exceção das cooperativas que têm regras específicas e diferenciadas) a principal finalidade é a obtenção de lucro e a partilha dos resultados entre os sócios.

Para se constituir uma pessoa jurídica sob a forma de uma associação é preciso realizar alguns procedimentos legais para que tenha personalidade jurídica. O processo de criação da associação se inicia com a reunião de pessoas que deliberam e decidem fundar uma entidade com personalidade jurídica. Toda associação tem um estatuto que é aprovado pela Assembleia Geral, convocada em edital publicado em mídia de acesso ao território que se planeja representar. O estatuto deve observar a disciplina do artigo 54 e seguintes do Código Civil brasileiro de 2002 e, assim como a ata, deve ser assinado por um advogado devidamente registrado na Ordem dos Advogados do Brasil. Depois de aceito o estatuto e a ata da reunião, assinada pelos presentes e descrito todos os responsáveis, dentre eles, presidente e secretário, eleitos pelos presentes, os documentos são encaminhados ao Registro Civil de Pessoas Jurídicas, para registrar a inscrição no Cadastro Nacional da Pessoa Jurídica.

Toda associação com personalidade jurídica é dotada de patrimônio e movimentação financeira, porém não poderá repartir o retorno econômico entre os associados, uma vez que será usado para o seu próprio fim. As associações não estão sujeitas à falência e nem a recuperação extrajudicial ou judicial.

Os estatutos, enquanto conjunto de regras que orientam e regem a atividade e caráter corporativo da associação, dão corpo ao que é, ao que se pretende e ao seu funcionamento.

O instituto da fundação surgiu pelo espírito de solidariedade, atributo do ser humano, dirigido a uma busca de meios ou formas de auxílio às pessoas necessitadas. Desde os primórdios da civilização, foram registradas atitudes de homens que, imbuídos pelo amor às artes, à sabedoria, à cultura ou o singelo e mais profundo amor ao próximo, destinavam seus bens para uma finalidade social. Fundação é na verdade um instrumento através do qual o ser humano enquanto pessoa física ou jurídica pode transmitir à sociedade atual e sucessivas gerações seus ideais e convicções e seguir atuando como vivo mesmo depois de morto. Este desejo de sobrevivência, de interferência ou intervenção no seu próprio mundo, que é comum aos homens de todos os tempos, pode ser uma das explicações pela qual a figura jurídica de fundação *lato sensu* é conhecida desde a antiguidade e conseguiu chegar até os dias atuais, superando, por certo, desconfianças, receios e, inclusive, proibições dos poderes públicos. Os antecedentes da figura fundacional podem estar localizados no antigo Egito, onde atos filantrópicos, próprios daquela civilização, foram institucionalizados e depois cristalizados com maior consistência na Grécia. Os romanos chamavam-na de *piae causa*, que corresponde ao legado pio.[12]

Segundo o Moderno Dicionário da Língua Portuguesa,[13] fundação significa: *"sf (lat. fundatione), ato ou efeito de fundar – pessoa jurídica instituída por liberalidade privada, ou pelo Estado, para um fim de utilidade pública, ou de beneficência".*

As fundações encontram-se reguladas pelo Código Civil brasileiro de 2002 em seus artigos 62 e seguintes, determinando o legislador que: *"Para criar uma fundação, o seu instituidor fará, por escritura pública ou testamento, dotação especial de bens livres, especificando o fim a que se destina, e declarando, se quiser, a maneira de administrá-la. Parágrafo único. A fundação somente poderá constituir-se para fins religiosos, morais, culturais ou de assistência".*

Maria Helena Diniz conceitua fundações como *"um complexo de bens livres (universitatis bonorum) colocado por uma pessoa física ou jurídica a serviço de um fim lícito e especial com alcance social pretendido pelo seu instituidor, em atenção ao disposto em seu estatuto".*[14]

Assevera Roberto Senise Lisboa que *"fundação é a entidade de direito privado, constituída por ato de dotação patrimonial, inter vivos ou mortis causa, para determinada finalidade não econômica".*[15]

Fundação seria a ação de fundar. De forma geral, é uma instituição caracterizada como pessoa jurídica composta pela organização de um patrimônio destinado à consecução de certo fim, mas que não tem proprietário, nem titular, nem sócios. As fundações se distinguem de todas as espécies de sociedades, associações e corporações, onde o elemento indivíduo é considerado para a sua existência. A fundação se gera da patrimonização de bens a que se dá uma personalidade jurídica, para que possa existir por si mesma. É uma entidade de direito privado, constituída por ata dotação patrimonial,

---

12 Legado pio. A parte da herança que o testador destinou à satisfação dos encargos da sua alma, como a celebração de missas, esmolas e outros atos de caridade, piedade ou devoção.

13 MICHAELIS 2000. *Moderno dicionário da língua portuguesa.* São Paulo: Melhoramentos, 2000, v. 1, p. 999.

14 DINIZ, Maria Helena. *Código civil anotado.* São Paulo: Saraiva, 2002, p. 74.

15 LISBOA, Roberto Senise. *Manual de direito civil.* v. 1, São Paulo: Saraiva, 2009, p. 271.

inter vivos ou *causa mortes* para determinada finalidade econômica não distributiva, sendo fiscalizada pelo Ministério Público, conforme dispõe o artigo 1.199 e segs do Código de Processo Civil.

Portanto, é uma pessoa jurídica composta por um patrimônio juridicamente indisolúvel e personalizado, destacado pelo seu instituidor ou instituidores públicos ou privados, para uma ou mais finalidades específicas, não distributivas, com relação a sua renda, que deve forsosamente ser reincorporada. Não tem proprietário, nem titular, dai seu carater não distributivo, que a lei estabelece, desde os primórdios da civilização. Consiste apenas num patrimônio administrado, determinado pela própria lei que a autoriza. A fundação é dirigida por administradores ou curadores, autorizados e fiscalizados, na conformidade de seus estatutos, esses aprovados pelo Ministério Público a que está juricamente subordinado.

As fundações são instituições formadas pela vontade de uma pessoa ou do Estado, para um fim permanente e lícito de beneficência ou de utilidade pública. A determinação de seu escopo é dada pela vontade da pessoa, natural ou jurídica, que fornece os meios econômicos suficientes, que lhe pertencem, para atingir tal objetivo.

Legar bens para algum fim permanente de utilidade coletiva foi prática que sempre existiu em quase todos os agrupamentos humanos, nos quais se alcançou uma estabilidade institucional e legal. Assim, na Grécia antiga, Platão legava a famosa Academia, com suas terras produtivas, aos seus sucessores, enquanto os Ptolomeus doavam uma biblioteca para a lendária Alexandria, e Plínio, o Jovem, uma escola à sua cidade. Já no conceito moderno muitas dessas fundações apareceram por toda a Idade Média, com o fito de executar regularmente certos serviços – todas adjuntas aos mosteiros e abadias locais – que doavam edifícios e instituições para a manutenção das estradas, conservações de escolas, orfanatos, hospitais e hospedarias.

A título de curiosidade Histórica, a Ordem Beneditina preceituava a pobreza, a castidade, a obediência, a oração e o trabalho, bem como a obrigação de hospedar peregrinos e viajantes em seus mosteiros, dar assistência aos pobres e promover o ensino. Por este último motivo, ao lado dos seus mosteiros, havia sempre uma escola, razão pela qual, a ordem tornou-se um dos centros culturais da idade Média, com as suas bibliotecas reunindo o que restara das obras e ensinamentos da Antiguidade.

As primeiras fundações surgidas no Brasil foram as Santas Casas, primordialmente destinadas ao atendimento aos doentes.

1.4. Definições e Conceitos de Sociedade

Na etimologia, o vocábulo *sociedade "do latim societas (associação, reunião, comunidade de interesses), gramaticalmente e em sentido amplo, significa reunião, agrupamento ou agremiação de pessoas, na intenção de realizar um fim, ou de cumprir um objetivo de interesse comum, para o qual todos devem cooperar ou trabalhar".*[16]

Segundo o Moderno Dicionário da Língua Portuguesa,[17] "sociedade" significa *"sf (lat. societate) – conjunto relativamente complexo de indivíduos de ambos os sexos e de todas as idades, permanentemente associados e equipados de padrões culturais comuns, próprios para garantir a continuidade do todo e a realização de seus ideais; contrato consensual, em que duas ou mais pessoas convencionam combinar os seus esforços, ou recursos, no intuito de conseguir um fim comum".*

Sociedade é a união de duas ou mais pessoas que juntam seus esforços e riquezas na consecução de objetivos comuns de natureza econômica e partilham entre si os resultados. É o contrato em que duas ou mais pessoas, físicas ou jurídicas, convencionam ou ajustam a sua constituição, contribuindo cada uma delas com parte de seu capital ou com seu trabalho tendo em vista a exploração de um determinado negócio, cujos resultados serão posteriormente repartidos entre si.

Para Maria Helena Diniz,[18] *"o contrato de sociedade é a convenção por via da qual duas ou mais pessoas se obrigam a conjugar seus serviços, esforços, bens ou recursos para a consecução de fim comum e partilha dos resultados entre si, obtidos com o exercício de atividade econômica, que pode restringir-se à realização de um ou mais negócios determinados".*

Rubens Requião utiliza a *"palavra sociedade para designar a entidade constituída por várias pessoas, com objetivos econômicos".*[19]

Assevera Arnaldo Rizzardo que a sociedade *"se trata de um contrato sinalagmático, através do qual duas ou mais pessoas colocam alguma coisa em comum com vistas a partilhar o benefício que daí possa resultar".*[20]

Para Ricardo Negrão *"sociedade é o contrato celebrado entre pessoas físicas e/ou jurídicas, ou somente entre pessoas físicas (art. 1.039), por meio do qual estas se obrigam reciprocamente a contribuir, com bens ou serviços, para o exercício de atividade econômica e a partilhar, entre si, os resultados".*[21]

Fran Martins define a sociedade empresária, dizendo que, *"denomina-se sociedade empresária a organização proveniente de acordo de duas ou*

---

16 SILVA, De Plácido e. *Vocabulário jurídico.* Rio de Janeiro: Forense, 2009, p. 1300.

17 MICHAELIS 2000. *Moderno dicionário da língua portuguesa.* São Paulo: Melhoramentos, 2000, v. 1, p. 1961.

18 DINIZ, Maria Helena. *Código civil anotado.* São Paulo: Saraiva, 2002, p. 582.

19 REQUIÃO, Rubens. *Curso de direito comercial.* São Paulo: Saraiva, 2007, p. 371.

20 RIZZARDO, Arnaldo. *Contratos.* Rio de Janeiro: Forense, 2006, p. 1090.

21 NEGRÃO, Ricardo. *Manual de direito comercial e de empresa.* São Paulo: Saraiva, 2010, p. 269.

mais pessoas, que pactuam a reunião de capitais e trabalho para um fim lucrativo".[22]

Fábio Ulhoa Coelho salienta que *"a realização de investimentos comuns para a exploração de atividade econômica pode revestir várias formas jurídicas, entre as quais sociedade empresária".*[23]

Marcelo M. Bertoldi e Márcia Carla Pereira Ribeiro ensinam que *"temos hoje as sociedades empresárias, as quais são as organizações econômicas, dotadas de personalidade jurídica e patrimônio próprio, constituídas ordinariamente por mais de uma pessoa, que têm como objetivo a produção ou a troca de bens ou serviços com fins lucrativos".*[24]

O Código Comercial brasileiro de 1850 não definiu a sociedade comercial, que surgiu com o revogado Código Civil brasileiro de 1916, através de seu artigo 1.363, nos termos seguintes: *"Celebram contrato de sociedade as pessoas que mutuamente se obrigam a combinar seus esforços ou recursos para lograr fins comuns".*

Atualmente as sociedades encontram-se reguladas pelos artigos 981 e seguintes do Código Civil brasileiro de 2002, determinando que: *"Celebram contrato de sociedade as pessoas que reciprocamente se obrigam a contribuir, com bens ou serviços, para o exercício de atividade econômica e a partilha, entre si, dos resultados. Parágrafo único. A atividade pode restringir-se à realização de um ou mais negócios determinados".*

O Código Civil italiano em seu artigo 1.247 apresenta conceito semelhante ao do Código Civil brasileiro, *dizendo que: "Com il contratto di società due o più persone conferiscono benio servizi per l'esercizio in comune di uma attività econômica allo scopo di dividerne gli utili".*

No que tange ao objeto de suas atividades, o Código Civil brasileiro de 2002, dividiu as sociedades em duas categorias, denominando-as de sociedades simples e sociedades empresárias, conforme estabelece o artigo 982: *"Salvo as exceções expressas, considera-se empresária a sociedade que tem por objeto o exercício de atividade própria de empresário sujeito ao Registro Público de Empresas Mercantis; e simples, as demais. Parágrafo único. Independentemente de seu objeto, considera-se empresária a sociedade por ações, e, simples, a cooperativa".*

As sociedades são organizações de pessoas que conjugam seus esforços ou recursos para a obtenção de fins comuns. Sua natureza é contratual e institucional, pois sendo o contrato a base da sociedade, seu registro é necessário para a constituição da personalidade jurídica. Sem o registro, a sociedade se

22 MARTINS, Fran. *Curso de direito comercial.* Rio de Janeiro: Forense, 2009, p. 173.

23 COELHO, Fábio Ulhoa. *Curso de direito comercial.* São Paulo: Saraiva, 2011, p. 23.

24 BERTOLDI, Marcelo M. e RIBEIRO, Márcia Carla Pereira. *Curso avançado de direito comercial.* São Paulo: Revista dos Tribunais, 2008, p. 146.

diz "em comum", respondendo, entretanto, perante terceiros, mesmo que, por qualquer circunstância, seja nulo o ato constitutivo.

Para finalizar, entende-se que sociedade é uma aglutinação de esforços para o bom desenvolvimento da atividade econômica, das quais uma única pessoa natural não daria conta.

1.5. Sociedades Simples e Sociedades Empresárias

O Código Civil brasileiro de 2002 estabeleceu duas categorias de sociedades, considerando-as empresárias ou simples, conforme dispõe o artigo 982, segundo tenham ou não por objeto o exercício de uma atividade própria de empresário sujeito ao Registro Público de Empresas Mercantis.

O empresário que está sujeito ao Registro Público de Empresas Mercantis encontra-se definido no artigo 966, que assim considera *"quem exerce profissionalmente atividade econômica organizada para a produção ou circulação de bens ou de serviços"*.

A problemática da conceituação do empresário e da sociedade empresária encontra-se no exercício de uma atividade econômica organizada.

Portanto, se faz necessário esclarecer o que se deve entender por atividade econômica organizada, para posteriormente se diferenciar o empresário do não-empresário, e, por via de conseqüência, a sociedade empresária da sociedade simples.

O legislador brasileiro, ao adotar essa classificação, inspirou-se no Código Civil italiano de 1942, em seu artigo 2.082, que utiliza os mesmos termos para definir o empresário, *in verbis*: "*Imprenditore. É imprenditore chi esercita professionalmente uma attivitá econômica organizzata al fine della produzione o dello scambio di beni o di servizi*".

O Código Civil italiano esboça o conceito de empresário em seu artigo 2.082 e enumera as atividades consideradas comerciais em seu artigo 2.195, preservando assim o conceito jurídico de comerciante, são elas: as industriais, as propriamente comerciais, que seriam as de intermediação na circulação de bens, as de transporte, as bancárias e as que forem auxiliares das precedentes.[25]

25 Código Civil italiano. Artigo 2.195. *"Imprenditorisoggetti a registrazione. Sono soggetti all'obbligo dell'iscrizione nel registro delle imprese gli imprenditori che esercitano: 1) un'attività industriale diretta alla produzione di beni o di servizi; 2) un'attività intermediaria nella circolazione dei beni; 3) un'attività di trasporto per terra, per acqua o per ária; 4) un'attività bancaria o assicurativa; 5) altre attività ausiliarie delle precedenti. Le disposizioni della legge che fanno riferimento alle attività e alle imprese commerciali si applicano, se non risulta diversamente, a tutte lê attività indicate in questo articolo e alle imprese che lê esercitano"*.

O direito brasileiro abandonou por inteiro o conceito jurídico de comerciante, referindo-se basicamente na existência ou não de uma atividade econômica organizada, que nada mais é do que a própria empresa.

O empresário e a sociedade empresária exercem a atividade econômica organizada e a empresa é a atividade econômica organizada; ausente a empresa, tem-se a figura do profissional autônomo ou liberal e da sociedade simples.

O profissional autônomo ou liberal e o empresário individual, ambos exercem uma atividade econômica profissional, voltada ao mercado de consumo, porém o primeiro exerce atividade econômica não organizada, ou seja, não possui uma estrutura empresarial, enquanto que o segundo exerce atividade econômica organizada, coordenando e dirigindo a sua própria empresa.

No que tange às sociedades, verifica-se o mesmo, pois a sociedade empresária é a titular de uma empresa, possui uma organização coordenada, enquanto que a sociedade simples, por não contar com uma organização, desenvolve a sua própria atividade, através do trabalho dos sócios.

A classificação das sociedades em simples e empresárias depende da natureza estrutural e funcional da atividade desenvolvida e se apóia na existência ou não da organização, resultando daí o regime jurídico da entidade para fins de registro, escrituração contábil e recolhimento de tributos.

A estrutura organizacional é que vai distinguir o profissional autônomo ou liberal do empresário. O autônomo ou liberal exerce a sua atividade econômica de forma pessoal, ou com a colaboração de auxiliares subalternos ou até mesmo de outros profissionais, mas o que prevalece é o seu trabalho pessoal. O mesmo acontece com a sociedade simples, que tem no trabalho pessoal dos sócios o núcleo de sua atividade produtiva. Ainda que tenha empregados, estes apenas colaboram, mas o que se exterioriza, é o trabalho dos próprios sócios, ou de um administrador designado que opere de forma pessoal.

O empresário e as sociedades empresárias operam através da sua organização e não do trabalho pessoal dos sócios, que poderão atuar como dirigentes, mas que não serão, de forma predominante, os operadores diretos da atividade-fim exercida.

A empresa necessita de um estabelecimento, de uma estrutura organizacional de pessoas e de meios materiais para sua existência, que nada mais é do que o complexo de bens e pessoas que a fazem atuar.

O profissional autônomo ou liberal também poderá estabelecer-se, sem que essa circunstância venha retirar a sua condição de não-empresário, porque o estabelecimento não subentende necessariamente a organização, ou seja, a empresa pressupõe um estabelecimento, mas o estabelecimento por si só não confere a condição de empresário.

O que separa o empresário e a sociedade empresária, do trabalhador autônomo ou liberal e da sociedade simples, é exatamente a organização, conforme determinada no artigo 966 do Código Civil brasileiro de 2002.

Por exemplo: uma sociedade, cuja atividade econômica exercida seria a de um restaurante. Esta sociedade poderia ser simples ou empresária. Se operada pelos próprios sócios, inclusive no atendimento aos clientes, seria uma sociedade simples. Se os sócios somente coordenassem o trabalho dos profissionais encarregados do exercício do objeto social, seria sociedade empresária.

Uma transportadora pode ter a existência de uma sociedade simples ou empresária. Se os sócios desenvolverem uma atividade de forma pessoal, será uma sociedade simples, se a atividade for desenvolvida através de uma organização, será sociedade empresária.

Um salão de beleza também pode ser uma sociedade simples ou empresária. Se os sócios desenvolverem a própria atividade atendendo os clientes será sociedade simples, caso exista a organização será empresária.

No que tange ao trabalho intelectual, de natureza científica, literária ou artística a sociedade será sempre simples, a não ser que o trabalho intelectual represente elemento de empresa.

Entende-se por trabalho intelectual como elemento de empresa, aquele que representa um mero componente, do produto ou serviço oferecido pela empresa, podendo ser até o mais importante, mas não o produto ou serviço em si mesmo.

Tullio Ascarelli brilhantemente ensina que: *"naturalmente la soluzione è opposta per uma società che, nell'esercizio della sua attività, utilizzi poi anche l'opera di professioonisti dei quali offra cosi i servizi, ad esempio attraverso case di salute o case di cura, cosi come ricorrerà la ipotesi dell'imprenditore quando l'attività professionale (e seppure prevalente) costituisce elemento (come, di nuovo, nelle ipotesi delle case di cura) di um'attività (imprenditrice)".*[26]

O ilustre professor italiano desvenda, sem sombra de dúvidas, o que seria o trabalho intelectual como elemento de empresa, ao referir-se à sociedade que, *"com o exercício de sua atividade, ofereça os serviços de profissionais"*, intelectuais, apresentando os exemplos das casas de saúde e dos sanatórios.

No exemplo de Ascarelli, a casa de saúde ou o hospital seria uma sociedade empresária, pois embora o trabalho dos médicos fosse de extrema importância, seria apenas um trabalho componente do objeto social, o hospital necessitaria além desse trabalho, de farmácia, equipamentos, salas de cirurgias, enfermeiras, etc, enfim, necessitaria de todo um aparato de materiais para o seu bom funcionamento.

Ao contrário do hospital, toma-se como base uma clínica médica, ou um laboratório de análises clínicas, dotado de uma estrutura organizacional, onde vários profissionais sócios ou contratados, exercessem a sua própria

26 ASCARELLI, Tullio. *Corso di diritto commerciale*. Milano: Giuffrè, 1962, 169.

atividade intelectual através de consultas, diagnósticos e exames, seriam evidentemente uma sociedade simples.

No exemplo do hospital, temos o trabalho intelectual como um elemento da empresa, ou seja, um componente; no exemplo da clínica médica ou do laboratório de análises, o trabalho intelectual é o próprio serviço oferecido pela sociedade.

O vocábulo elemento significa *"cada uma das partes integrantes e fundamentais de uma coisa, por exemplo: a água é o elemento dos peixes"*.[27]

Conclui-se que, o trabalho intelectual será considerado um elemento de empresa somente quando, a criação científica, literária ou artística representar um componente desse objeto, ou seja, somente quando for uma parcela do produto ou do serviço oferecido pela empresa ao mercado, jamais o próprio produto ou serviço.

Em uma sociedade de músicos com a formação de uma orquestra sinfônica que explorasse as suas exibições como um trabalho artístico, se estaria diante de uma sociedade simples. Porém, se esta mesma sociedade de músicos se dedicasse a exploração fonográfica e não simplesmente em suas apresentações, estariam usando o trabalho artístico como elemento de empresa e seria então, uma sociedade empresária.

Uma sociedade de engenheiros, dedicada à elaboração de projetos seria uma sociedade simples. Caso esta mesma sociedade se dedicasse à execução desses projetos seria empresária, pois o trabalho científico dos engenheiros seria um elemento da empresa, e produto final não seria o esforço da criação dos projetos dos engenheiros, mas sim a realização da obra, com seus vários componentes.

O Código Civil brasileiro de 2002, em seu artigo 1.150, apresenta dois sistemas de registro para as organizações preexistentes: o Registro Público de Empresas Mercantis e o Registro Civil das Pessoas Jurídicas. No primeiro será feita a inscrição dos empresários individuais e das sociedades empresárias, e no segundo a inscrição das sociedades simples.

A sociedade será empresária conforme os fatores determinantes do artigo 982 do Código Civil brasileiro: a) exercício de atividade própria de empresário, que é a atividade econômica organizada; e b) não incidência das "exceções expressas", que são as relativas ao trabalho intelectual.

A sociedade simples ocorre por exclusão, ou seja, se a sociedade não é empresária, será simples.

A exceção seria a sociedade anônima e a sociedade em comandita por ações destinadas aos grandes negócios, que por força de lei sempre serão empresárias. E as sociedades cooperativas, que independentemente de seu objeto sempre serão simples.

27 MICHAELES. *Moderno dicionário da língua portuguesa.* São Paulo: Melhoramentos, 2000, p. 770.

As sociedades simples são regidas pelo Direito de Empresa constante no Código Civil, mas o seu objeto não é a prática da atividade própria de empresário, mas sim a prestação de serviços.

As sociedades simples constituem-se segundo o disposto nos artigos 997 a 1.038 do Código Civil.

Para Amador Paes de Almeida, *"sociedade empresária é aquela estruturada empresarialmente para o exercício da atividade econômica, voltada para a produção e circulação de bens ou serviços"*.[28]

As sociedades empresárias estão subordinadas ao Direito de Empresa, têm por objetivo a prática de atividade econômica e a sua finalidade é a obtenção do lucro.

Para que as sociedades se digam empresárias, além da forma legal, é necessário que as pessoas que as componham explorem certo ramo de comércio ou indústria, com interesse comum, sob uma responsabilidade, limitada, ilimitada ou mista, e que se destinem ao exercício habitual da atividade econômica.

As sociedades empresárias vinculam-se ao Registro Público de Empresas Mercantis e constituem-se segundo um dos tipos regulados nos artigos 1.039 a 1.092 do Código Civil brasileiro.

A sociedade empresária é um tipo de aglutinação de esforços de diversos agentes, interessados nos lucros que uma atividade econômica complexa promete propiciar, além de exigir muitos investimentos e diferentes capacitações. É a que explora uma empresa, ou seja, desenvolve atividade econômica de produção ou circulação de bens e serviços. A própria sociedade é titular da atividade econômica. O termo é diferente de sociedade empresarial, que designa uma sociedade de empresários. No caso em questão, a pessoa jurídica é o agente econômico organizador da empresa. Os integrantes da sociedade empresária não são considerados titulares da empresa, porque essa qualidade é a da pessoa jurídica, e não de seus membros.

No Direito Societário, empresário, para todos os efeitos, é a sociedade, e não seus sócios. Estes serão chamados de empreendedores, ou seja, aqueles que investem capital e são responsáveis pela concepção e condução do negócio, ou investidores, que contribuem apenas com o capital para o desenvolvimento da empresa.

A sociedade surge nas relações jurídicas como sujeito de direitos e é a pessoa jurídica que exerce a atividade econômica. A empresa constitui o objeto dos direitos e apresenta-se tal qual a organização da atividade econômica do empresário, ou seja, corresponde à própria atividade por ele desenvolvida.

---

28 ALMEIDA, Amador Paes de. *Direito de empresa no novo código civil*. São Paulo: Saraiva, 2004, p. 71.

1.6. Natureza Jurídica do Ato Constitutivo da Sociedade

Atualmente, prevalece o entendimento segundo o qual a sociedade é oriunda de um ato constitutivo de natureza contratual plurilateral, onde os interesses são paralelos. Essa teoria é proveniente dos estudos de Tullio Ascarelli, [29] na Itália, defendendo a idéia segundo a qual na sociedade é possível haver mais de duas partes que são detentoras de direitos e obrigações em relação a todos os sócios e também em relação a própria sociedade, onde os sócios estão lado a lado e têm um objetivo comum que é o lucro. Diferente de um contrato bilateral onde as partes estão em posições antagônicas, uma em frente da outra.

Também, na Itália, Cesare Vivante deu um passo à frente. Para ele, a sociedade comercial surge mediante um contrato, a que chama de ato constitutivo, e suas alterações, sendo outros tantos contratos, denomina de contratos adjuntos. Mas, adverte que esse contrato não implica uma troca de valores e com brilhantismo assevera que: *"Com esse contrato, se realiza uma entrega de bens em propriedade ou uso da nova pessoa a que se dá vida, com o fim de proporcionar aos sócios, mediante a exploração daquele fundo social, um ganho que não teriam podido conseguir se ficasse dividido entre eles. Se no momento em que concluem aquele ato constitutivo estão um frente ao outro, como em qualquer contrato bilateral e comutativo, depois, ao realizá-lo, trocam de posição e se encontram um ao lado do outro, porque, mediante o ato de sociedade, seus interesses opostos se fundem em um interesse comum: o contrato de sociedade opera a transformação de seus interesses individuais e divididos, em um só interesse coletivo.*[30]

Salienta Fran Martins que *"no contrato de sociedade....., os interesses, em vez de serem antagônicos, são paralelos; quem a outrem se associa com a finalidade de constituir uma sociedade não está embuído de um interesse contrário ao seu sócio. Têm, ambos, o mesmo interesse na partilha dos lucros líquidos da sociedade. Não estão, assim, as partes em oposição, mas ambas se caracterizam por terem pontos de vista idênticos"*.[31]

Conclui-se que sociedade designa a pessoa jurídica ou a entidade que se forma do contrato ou estatuto ajustado entre as partes. São organizações de pessoas que conjugam seus esforços e riquezas para a obtenção de fins comuns. Sua natureza é contratual e institucional, pois, sendo o contrato a base da sociedade, seu registro é necessário para a constituição da personalidade

---

29 ASCARELLI, Tullio. *Corso de diritto commercialle – introduzione e teoria dell'imprensa*. Milão: Giufrrè, 1962, p. 235.

30 VIVANTE, Cesare. *Trattato di Diritto Commerciale*. 4ª ed. Dott. Francesco Vallardi. Milão: Casa Editrice, 1912, p. 34.

31 MARTINS, Fran. *Curso de direito comercial*. Rio de Janeiro: Forense. 2009, p. 175.

jurídica. O contrato que é consensual, plurilateral e oneroso, tem, em certos casos, forma estatutária, e deve sempre ser escrito.

Embora sendo através de um contrato ou estatuto que as partes convencionam as condições de sua existência, a sociedade se apresenta com personalidade própria, configurando-se uma entidade que possui individualidade diversa separada das pessoas naturais ou jurídicas que dela participem.

Nas sociedades as pessoas dos sócios, indispensáveis para a sua formação, não se identificam com a pessoa jurídica, por meio de que se vêm manifestar na ordem legal. São pessoas distintas, individualizadas e protegidas legalmente.

Fran Martins salienta que *"uma vez criada, e adquirindo personalidade jurídica, a sociedade se autonomiza, separando-se das pessoas que a constituíram"*[32]

As sociedades são sempre personalizadas, ou seja, são pessoas distintas dos sócios, titularizam seus próprios direitos e obrigações.

1.7. Personalidade Jurídica da Sociedade

A constituição de uma sociedade é um negócio jurídico e segundo o artigo 104 do Código Civil brasileiro requer para a sua validade: agente capaz; objeto lícito, possível, determinado ou determinável; forma prescrita ou não defesa em lei.

O início de uma sociedade depende da vontade de seus integrantes, que, mediante ajuste, concordarão em buscar uma finalidade comum por meio do exercício de uma atividade econômica organizada.

Entretanto, a mera manifestação de vontade apenas confere à sociedade uma existência de fato, pois legalmente a consolidação da sua existência somente ocorrerá quando da inscrição do ato constitutivo perante o respectivo registro.

Determina o artigo 45 do Código Civil brasileiro: *"Começa a existência legal das pessoas jurídicas de direito privado com a inscrição do ato constitutivo no respectivo registro, precedida, quando necessário, de autorização ou aprovação do Poder Executivo, averbando-se no registro todas as alterações por que passar o ato constitutivo. Parágrafo único. Decai em três anos o direito de anular a constituição das pessoas jurídicas de direito privado, por defeito do ato respectivo, contado o prazo da publicação e sua inscrição no registro".*

O registro confere existência legal à sociedade, nascendo sua personalidade jurídica.

Para De Plácido e Silva *"personalidade jurídica é a denominação propriamente dada à personalidade que se atribui ou se assegura às pessoas*

32 MARTINS, Fran. *Curso de direito comercial.* Rio de Janeiro: Forense, 2009, p. 173.

jurídicas, em virtude do que se investe de uma qualidade de pessoa, que as tornam suscetíveis de direitos e obrigações e com direito a uma existência própria, protegida pela lei. É, assim, uma especialização terminológica da personalidade civil para designar as pessoas constituídas por força de lei, em distinção à personalidade física, própria às pessoas naturais".[33]

Rubens Requião diz que *"a sociedade transforma-se em novo ser, estranho à individualidade das pessoas que participam de sua constituição, dominando um patrimônio próprio, possuidor de órgãos de deliberação e execução que ditam e fazem cumprir sua vontade. Seu patrimônio, no terreno obrigacional, assegura sua responsabilidade direta em relação a terceiros. Os bens sociais, como objetos de sua propriedade, constituem a garantia dos credores, como ocorre com os de qualquer pessoa natural"*[34]

Existindo legalmente, a pessoa jurídica passará a usufruir de personalidade jurídica, conforme determina o artigo 985 do Código Civil brasileiro: *"A sociedade adquire personalidade jurídica com a inscrição, no registro próprio e na forma da lei, dos seus atos constitutivos (artigos 45 e 1.150)".*

A sociedade responderá perante terceiros, em seu nome próprio, embora seja comandada pelos seus sócios, pois a responsabilidade da sociedade e o seu patrimônio não se confundem com o dos seus integrantes, salvo exceções, referentes aos casos em que existem a responsabilidade pessoal do sócio e a desconsideração da personalidade jurídica.

Todas as sociedades, como regra geral, possuem personalidade jurídica a partir do momento em que seja efetuado o registro no órgão competente.

As exceções encontram-se nos artigos 986 a 996 do Código Civil, que dispõem sobre as sociedades não personificadas, ou seja, aquelas despidas de personalidade jurídica. São elas as sociedades em comum, em que não há registro dos seus atos constitutivos, e as sociedades em conta de participação, onde a atividade econômica é exercida apenas pelo sócio ostensivo, em seu nome individual e sob sua própria e exclusiva responsabilidade.

Com a aquisição da personalidade jurídica, a sociedade torna-se sujeito de direito, adquirindo direitos e obrigações e podendo estar em juízo ativa e passivamente; adquire autonomia patrimonial, ou seja, qualquer que seja sua modalidade, o patrimônio responde ilimitadamente pelas obrigações contraídas em seu nome. Em decorrência de ser um contrato plurilateral, poderá sofrer alterações, desde que registradas de acordo com a lei, e admitir ingresso de novos sócios.

A personalidade jurídica é adquirida quando são registrados os seus atos constitutivos e o seu término será: a) no caso de dissolução, regulada no artigo 51 do Código Civil, ficando mantida durante toda a fase de liquidação; b) pelo decurso do prazo de sua duração, conforme artigo 69, primeira parte

33 SILVA, De Plácido e. *Vocabulário jurídico.* Rio de Janeiro: Forense, 2009, p. 1033.

34 REQUIÃO, Rubens. *Curso de direito comercial.* São Paulo: Saraiva, 2003, v. 1, p. 373.

e artigo 1.033, inciso I; c) pelo distrato ou dissolução deliberada de forma unânime pelos sócios, conforme artigo 1.033, inciso II; d) por deliberação dos sócios, tomada por maioria absoluta, na sociedade por prazo indeterminado, conforme artigo 1.033, inciso III; e) pela falta de pluralidade de sócios, caso a sociedade simples não seja reconstituída em até 180 (cento e oitenta) dias, conforme artigo 1.033, inciso IV; f) por determinação legal, se ocorrer alguma das causas extintivas previstas normativamente, segundo artigo 1.033; g) pelo implemento da condição ou termo a que foi subordinada a sua duração, conforme artigos 127, 128 e 135 do Código Civil; e h) por outras causas previstas no contrato social, segundo artigo 1.035.

Em qualquer caso, a extinção da sociedade não é imediata, pois, havendo bens em seu patrimônio e dívidas a resgatar, será realizada sua liquidação conforme estabelece o artigo 51 do mesmo diploma legal, subsistindo sua personalidade, para viabilizar a realização do ativo e o pagamento do passivo.

1.8. Desconsideração da Personalidade Jurídica

Atribui-se personalidade à pessoa jurídica para que ela possa titularizar e exercer direitos próprios, correspondentes aos interesses que lhes são afetos, e não aos seus membros individualmente. Sabendo-se que o direito individual é um interesse juridicamente protegido, as pessoas jurídicas, como unidades abstratas e centro subjetivado de interesses, possui direitos próprios, inconfundíveis com os de seus membros, conferindo-lhes o direito à qualidade de seu sujeito.

A pessoa jurídica deve agir em busca da realização de seus respectivos interesses. A personificação da sociedade e a limitação de sua responsabilidade não podem servir de anteparo para encobrir as irregularidades das pessoas que as constituem. Em caso de fraude ou má-fé, permite-se que o Juiz retire o véu que dá forma à pessoa jurídica e penetre em seu âmago, a fim de alcançar bens e pessoas que dentro dela se escondem com o objetivo de violar a lei ou causar prejuízo a terceiros. Neste caso, entende-se que não foi a sociedade quem praticou o ato, mas o seu sócio, diretor ou gerente, que apenas se valeu do instrumento da personificação.

Com a desconsideração da personalidade jurídica, opera-se a ineficácia e não a nulidade ou anulabilidade da constituição da pessoa jurídica usada como meio de fraude, no tocante, exclusivamente, ao ato praticado com desvio de seus fins. Continua a entidade a subsistir para todos os demais efeitos.

Para Fábio Ulhoa Coelho *"a aplicação da teoria da desconsideração não implica a anulação ou o desfazimento do ato constitutivo da sociedade empresária, mas apenas a sua ineficácia episódica".*[35]

35 COELHO, Fábio Ulhoa. *Curso de direito comercial*. v. 2. São Paulo: Saraiva, 2011, p. 61.

Não se trata de afastar o aforismo *"societas distat a singulis"*, mas de reafirmá-lo, no pressuposto de que o ato seja realmente praticado no interesse da sociedade, o que não ocorrerá se o for no interesse de seus membros.

A desconsideração da personalidade jurídica surgiu na Inglaterra em fins do século XIX, onde se discutia a falência de uma sociedade fictícia (pai o sócio majoritário, com seus dois filhos), apenas para apresentar-se como pessoa jurídica.

Este caso é citado como o *"leading case"* da teoria da desconsideração, embora tenha sido acolhida em primeira instância, mas rejeitada em grau de recurso.

Conhecida também como *"disregard doctrine"*; *"teoria de la penetración"* (Argentina); *"teoria della personalità giuridica"* (Itália), por meio da qual o Juiz ou Tribunal *"lifts the veil"* (levanta o véu) ou *"cracks open the corporate shell"* (quebra a concha da corporação), a desconsideração vinha sendo aplicada com base na doutrina até que o Código de Defesa do Consumidor, no seu artigo 28, introduziu-a no Direito positivo brasileiro, *"o juiz poderá desconsiderar a personalidade jurídica da sociedade quando, em detrimento do consumidor, houver abuso de direito, excesso de poder, infração da lei, fato ou ato ilícito ou violação dos estatutos ou contrato social. A desconsideração também será efetivada quando houver falência, estado de insolvência, encerramento ou inatividade da pessoa jurídica provocados por má administração."*

A Lei nº 12.529, de 30 de novembro de 2011 também acolhe expressamente em seu artigo 34: *"a personalidade jurídica do Responsável por infração da ordem econômica poderá ser desconsiderada quando houver da parte deste, excesso de poder, infração da lei, fato ou ato ilícito ou violação dos estatutos ou contrato social.*

Parágrafo único. A desconsideração trambém será efetivada quando houver falência, estado de insolvência, encerramento ou inatividade da pessoa jurídica provacados por má administração."

Encontra-se também, referência a desconsideração da personalidade jurídica, no artigo 4º, da Lei nº 9.606/98, que dispõe sobre a responsabilidade por lesões ao meio ambiente, *in verbis: "Poderá ser desconsiderada a pessoa jurídica sempre que sua personalidade for obstáculo ao ressarcimento de prejuízos causados à qualidade do meio ambiente".*

O Código Civil brasileiro a contempla em seu artigo 50 que diz: *"Em caso de abuso da personalidade jurídica, caracterizado pelo desvio de finalidade, ou pela confusão patrimonial, pode o juiz decidir, a requerimento da parte, ou do Ministério Público quando lhe couber intervir no processo, que os efeitos de certas e determinadas relações de obrigações sejam estendidos aos bens particulares dos administradores ou sócios da pessoa jurídica".*

Segue abaixo Enunciados do Conselho da Justiça Federal, aprovados na I e IV Jornada de Direito Civil referentes a desconsideração da personalidade jurídica, são eles:

Enunciado nº 7: *"Só se aplica a desconsideração da personalidade jurídica quando houver a prática de ato irregular e, limitadamente, aos administradores ou sócios que nela hajam incorrido".*

Enunciado nº 281: *"A aplicação da teoria da desconsideração, descrita no art. 50 do Código Civil, prescinde da demonstração de insolvência da pessoa jurídica".*

Enunciado nº 282: *"O encerramento irregular das atividades da pessoa jurídica, por si só, não basta para caracterizar abuso da personalidade jurídica".*

Enunciado nº 284: *"As pessoas jurídicas de direito privado sem fins lucrativos ou de fins não-econômicos estão abrangidas no conceito de abuso da personalidade jurídica".*

Enunciado nº 285: *"A teoria da desconsideração, prevista no art. 50 do Código Civil, pode ser invocada pela pessoa jurídica, em seu favor".*

Apesar de constar de textos legislativos especiais, nada impede que a teoria da desconsideração, como um princípio de aplicação generalizada, tenha o seu campo de incidência ampliado, sempre que ocorrer abuso de direito na constituição de pessoas jurídicas.

Assevera Fábio Ulhoa Coelho que *"a teoria da desconsideração da personalidade jurídica não é uma teoria contrária à personalização das sociedades empresárias e à sua autonomia em relação aos sócios. Ao contrário, seu objetivo é preservar o instituto, coibindo práticas fraudulentas e abusivas que dele se utilizam".*[36]

Na I Jornada de Direito Civil, realizada em Brasília, no ano de 2002, foi aprovado o enunciado de nº 51, determinando que *"A teoria da desconsideração da personalidade jurídica – disregard doctrine – fica positivada no novo Código Civil, mantidos os parâmetros existentes nos microssistemas legais e na construção jurídica sobre o tema".*[37]

Portanto, a personalidade jurídica não é um direito absoluto, pois está sujeita há duas teorias: a da fraude contra credores e a do abuso de direito.

1.9. Classificação das Sociedades Empresárias

São diversos os critérios existentes para a classificação das sociedades. Restringe-se aqui aos que dizem respeito à responsabilidade dos sócios, à personalidade jurídica e à estrutura econômica.

Quanto à responsabilidade dos sócios, além de subsidiária[38] iremos encontrar sociedades de responsabilidade limitada, ilimitada e mista.

---

36 COELHO, Fábio Ulhoa. *Curso de direito comercial*. v. 2. São Paulo: Saraiva, 2011, p. 58.

37 BRASIL. *Jornadas de Direito Civil. I, III e IV. Enunciados aprovados*. Conselho da Justiça Federal. Brasília, 2002.

38 Enquanto não exaurido o patrimônio social, não se pode comprometer o patrimônio dos sócios para satisfazer dívidas referentes a sociedade.

Nas sociedades de responsabilidade limitada, os sócios respondem pela integralização total do capital social ou pelo valor de suas contribuições, respectivamente, por exemplo: a sociedade limitada, a sociedade anônima e a sociedade cooperativa.

Nas sociedades de responsabilidade ilimitada, todos os sócios assumem uma responsabilidade solidária e ilimitada, respondendo com seus bens particulares, pelas obrigações assumidas. Os sócios oferecem seu patrimônio em garantia pelos compromissos sociais, por exemplo: a sociedade em comum e a sociedade em nome coletivo.

Nas sociedades de responsabilidade mista há dois tipos de sócios: um com responsabilidade limitada e outro com responsabilidade ilimitada. Isto ocorre, por exemplo, na sociedade em comandita simples e na sociedade em comandita por ações.

Existem ainda as Sociedades em Conta de Participação, onde os sócios ostensivos respondem ilimitadamente perante os sócios ocultos e terceiros, e os sócios ocultos respondem perante os ostensivos e terceiros, ilimitada ou limitadamente, conforme dispuser o contrato social.

Quanto à personalidade jurídica, as sociedades classificam-se em não personificadas e personificadas.

Sociedades não personificadas são as sociedades em comum (de fato e irregular), previstas no artigo 986 do Código Civil, e as sociedades em conta de participação, previstas no artigo 991 do mesmo diploma legal.

Sociedades personificadas são as sociedades simples, previstas nos artigos 997 a 1.038, e as sociedades empresárias, previstas nos artigos 1.039 a 1.092 do Código Civil brasileiro, devidamente registradas em seu órgão competente e que são chamadas de sociedades com personalidade jurídica.

Quanto à estrutura econômica, encontramos as sociedades de pessoas e as sociedades de capital.

Considera-se sociedade de pessoas ou contratual aquela na qual a pessoa dos sócios tem papel preponderante, não só na sua constituição, mas também durante toda a vida em que fica a eles subordinada. Morrendo ou afastando-se um sócio, o fato se reflete na sociedade, que se dissolve por desaparecimento da chamada *"Affectio Societatis"*. São elas: a sociedade em comandita simples e a sociedade em nome coletivo.

Não se aponta a sociedade em conta de participação, porque não existe entre terceiros, mas apenas entre os sócios.

Salienta Rubens Requião que *"as sociedades de pessoas são, constituídas em função da qualidade pessoal dos sócios – 'porque o que forma uma sociedade somente se liga com pessoa de sua eleição' (Tít. XXV, 5, Institutas de Justiniano)"*.[39]

39 REQUIÃO, Rubens. *Curso de direito comercial*. São Paulo: Saraiva, 2007, p. 376.

Fran Martins ensina que nas sociedades de pessoas *"a morte ou incapacidade de um refletirá na pessoa jurídica, provocando a sua dissolução"*.[40]

Sociedades de capital ou institucional são aquelas em que a pessoa dos sócios não é levada em conta para a sua constituição e funcionamento, não sofrendo assim qualquer conseqüência com a morte ou incapacidade de algum de seus sócios. Importante é a contribuição do sócio para o capital social. Tais sociedades podem ser: a sociedade anônima e a sociedade em comandita por ações.

As sociedades limitadas poderão ser híbridas, ou seja, de capital ou de pessoas, conforme esteja prevista em seu contrato social a possibilidade ou não de livre cessão das quotas, sem a anuência dos demais sócios. Portanto, somente consultando-se o contrato social será possível saber se a sociedade limitada é de pessoas ou de capital, o que se mostra determinante para a penhora da quota social. Daí a razão das sociedades limitadas serem consideradas híbridas.

Para o Prof. Fábio Ulhoa Coelho *"o critério de distinção das sociedades em de pessoas ou de capital é útil, na medida em que traz relevantes conseqüências para a equação dos interesses dos sócios na questão relativa às condições da cessão da participação societária"*.[41]

1.10. Características Gerais das Sociedades

As sociedades constituem-se por contrato (sociedades contratuais) ou ato estatutário (sociedades institucionais) entre duas ou mais pessoas. No Brasil, as sociedades unipessoais somente existem em duas hipóteses: uma de natureza definitiva e outra de natureza transitória. A primeira ocorre no caso de subsidiária integral, que é uma sociedade anônima que tem como único acionista uma sociedade (de qualquer tipo) brasileira. A segunda prevista desde 1940 na revogada Lei das Sociedades Anônimas, dá-se quando a sociedade fica desfalcada, com apenas um único sócio, podendo assim permanecer até a assembléia geral subseqüente (anualmente obrigatória), quando, então, o quadro social deverá ser preenchido, segundo consta no artigo 206, I, "d", da Lei nº 6.404/76, que dispõe: *"Dissolve-se a companhia: I – de pleno direito: d) pela existência de um único acionista, verificada em assembléia geral ordinária, se o mínimo de dois não for reconstituído até à do ano seguinte, ressalvado o disposto no artigo 251"*.

Para os outros tipos societários que não as sociedades anônimas, o prazo para reconstituição será de 180 (cento e oitenta) dias, contados da unipessoalidade, conforme dispositivo do Código Civil, em seu artigo 1.033,

40 MARTINS, Fran. *Curso de direito comercial.* Rio de Janeiro: Forense, 2009, p. 204.

41 COELHO, Fábio Ulhoa. *Curso de direito comercial.* v. 2. São Paulo: Saraiva, 2011, p. 43.

IV: *"Dissolve-se a sociedade quando ocorrer: IV – a falta de pluralidade de sócios, não reconstituída no prazo de cento e oitenta dias".*

Com o advento da entrada em vigor da Lei nº 12.441, de 11 de julho de 2011 e a inserção do parágrafo único no artigo 1.033 do Código Civil, não se aplica o disposto no inciso IV do referido artigo, caso o sócio remanescente, inclusive na hipótese de concentração de todas as cotas da sociedade sob sua titularidade, requeira, no Registro Público de Empresas Mercantis, a transformação do registro da sociedade para empresário individual ou para empresa individual de responsabilidade limitada, observado, no que couber, o disposto nos artigos 1.113 e 1.115 do Código Civil.

Dispõe o Enunciado nº 483 do Conselho da Justiça Federal aprovado na V Jornada de Direito Civil que *"Admite-se a transformação do registro da sociedade anônima, na hipótese do artigo 206, I, d, da Lei nº 6.404/1976, em empresário individual ou empresa individual de responsabilidade limitada".*

As sociedades nascem com o arquivamento do contrato ou estatuto no Registro Público das Empresas Mercantis, quando adquirem personalidade jurídica própria operando a separação patrimonial e jurídica da pessoa dos sócios (*societas distat a singulis*). Antes disso a sociedade tem apenas existência de fato e há comunhão dos bens dos sócios e da sociedade, respondendo sempre, nessa circunstância, pelas obrigações sociais. Se a sociedade empresária for indevidamente registrada no Cartório de Registro Civil de Pessoas Jurídicas será, por tal motivo, considerada irregular.

Os Enunciados 394, 395 e 396 do Conselho da Justiça Federal aprovado na IV Jornada de Direito Civil, assim dispõe sobre o assunto:

Enunciado nº 394 *"Ainda que não promovida a adequação do contrato social no prazo previsto no art. 2.031 do Código Civil, as sociedades não perdem a personalidade jurídica adquirida antes de seu advento".*

Enunciado nº 395: *"A sociedade registrada antes da vigência do Código Civil não está obrigada a adaptar seu nome às novas disposições".*

Enunciado nº 396: *"A capacidade para contratar a constituição da sociedade submete-se à lei vigente no momento do registro".*

As sociedades têm por nome empresarial uma firma ou denominação social, dependendo do tipo societário a ser constituído.

Extinguem-se pela dissolução deliberada pelos sócios (distrato), expiração de seu prazo (sociedades com prazo determinado), pela lei (morte de um dos sócios em sociedades de pessoas), salvo disposição contrária; ou ato dissolutório, por ato de autoridade administrativa (quando cassada a autorização governamental de funcionamento ou quando se revele perniciosa) ou judicial (falência, dissolução pedida por um dos sócios).

As sociedades possuem vida, direitos, obrigações e patrimônio próprios, já que os atos praticados pela sociedade são imputados a ela, e não aos sócios.

Elas são representadas por quem o estatuto ou contrato designar, podendo ser o diretor ou administrador, uma vez que são órgãos da sociedade, as quais necessitam de pessoas naturais para atuar e manifestar-se. Não existe a vontade do representante e da sociedade, como se fossem de dois entes distintos, mas apenas a vontade da sociedade, manifestada através de um órgão social seu.

Quem exerce a atividade empresarial é a sociedade e não os sócios, de modo que a atividade econômica é de autoria dela. Na quebra é a sociedade, e não os sócios, que irá à falência, embora estes possam ser atingidos por alguns de seus efeitos, conforme disposto nos artigos 81 e 82 da Lei n° 11.101/05, que dispõe:

Artigo 81. *"A decisão que decreta a falência da sociedade com sócios ilimitadamente responsáveis também acarreta a falência destes, que ficam sujeitos aos mesmos efeitos jurídicos produzidos em relação à sociedade falida e, por isso, deverão ser citados para apresentar contestação, se assim o desejarem. § 1º O disposto no caput deste artigo aplica-se ao sócio que tenha se retirado voluntariamente ou que tenha sido excluído da sociedade, há menos de 2 (dois) anos, quanto às dívidas existentes na data do arquivamento da alteração do contrato, no caso de não terem sido solvidas até a data da decretação da falência. § 2º As sociedades falidas serão representadas na falência por seus administradores ou liquidantes, os quais terão os mesmos direitos e, sob as mesmas penas, ficarão sujeitos às obrigações que cabem ao falido".*

Artigo 82. *"A responsabilidade pessoal dos sócios de responsabilidade limitada, dos controladores e dos administradores da sociedade falida, estabelecida nas respectivas leis, será apurada no próprio juízo da falência, independentemente da realização do ativo e da prova da sua insuficiência para cobrir o passivo, observado o procedimento ordinário previsto no Código de Processo Civil."*

As sociedades sempre respondem ilimitadamente pelas suas obrigações. A sociedade tem responsabilidade principal e originária pelas obrigações que contrair, até a exaustão de seu patrimônio. Conforme o tipo societário, os sócios poderão ter ou não responsabilidade subsidiária pelas obrigações sociais.

Determina o artigo 1.023 do Código Civil: *"Se os bens da sociedade não lhe cobrirem as dívidas, respondem os sócios pelo saldo, na proporção em que participem das perdas sociais, salvo cláusula de responsabilidade solidária".*

Dispõe o artigo 1.024 do mesmo diploma legal: *"Os bens particulares dos sócios não podem ser executados por dívidas da sociedade, senão depois de executados os bens sociais".*

As sociedades podem modificar sua estrutura, seu tipo ou se transformar. Isso significa que a sociedade pode sofrer a saída ou entrada de sócios e passar pelos processos de fusão (união de duas ou mais sociedades para formar uma terceira); incorporação (absorção de uma sociedade por outra);

cisão (transferência total ou parcial de parcela do patrimônio de uma sociedade para outra existente ou constituída na oportunidade); ou transformação, que compreende a mudança de um tipo societário para outro.

Para a formação do nome empresarial e da responsabilidade, as sociedades dependerão de seu tipo de constituição. Enquanto as sociedades de pessoas têm firma por nome empresarial, as sociedades de capital possuem denominação social. As sociedades limitadas podem optar em adotar firma ou denominação social.

Classificam-se em sociedades de pessoas e de capital, pois poderão ser constituídas em atenção às qualidades pessoais dos sócios, em que estará presente a *"affectio societatis"*, ou indiferentemente ao caráter *"intuitu personae"*. No segundo caso, importará apenas a contribuição dos sócios para a formação do capital social.

1.11. Princípios Gerais dos Contratos Sociais

A origem etimológica do vocábulo contrato conduz ao vínculo jurídico das vontades com vistas a um objeto específico. O verbo *contrahere* conduz a *contractus*, que traz o sentido de ajuste, convenção ou pacto, sendo um acordo de vontades criador de direitos e obrigações. É o acordo entre duas ou mais pessoas para um fim qualquer. É o trato em que duas ou mais pessoas assumem certos compromissos ou obrigações, ou asseguram entre si algum direito.[42]

Contrato é o acordo de vontade entre duas ou mais pessoas com a finalidade de adquirir, resguardar, modificar, transferir ou extinguir direitos.

Na definição de Ulpiano contrato *"est pactio duorum pluriumve in idem placitum consensus"*, que em vernáculo significa *"o mútuo consenso de duas ou mais pessoas sobre o mesmo objeto"*.[43]

Para Maria Helena Diniz, *"contrato é o acordo de duas ou mais vontades, na conformidade da ordem jurídica, destinado a estabelecer uma regulamentação de interesses entre as partes, com o escopo de adquirir, modificar ou extinguir relações jurídicas de natureza patrimonial"*.[44]

Nos ensinamentos de Orlando Gomes *"contrato é, assim, o negócio jurídico bilateral, ou plurilateral, que sujeita as partes à observância de conduta idônea à satisfação dos interesses que regularam"*.[45]

42 LARROUSSE. *Grande enciclopédia Larousse cultura*. v. 7, São Paulo: Nova Cultural, 1998, p.1598.

43 A palavra *"pactum"* deriva de *"pactione"* . O pacto é o consentimento de duas, ou mais (pessoas) sobre o mesmo objeto. (Ulpiano, l. 1. § 1. 2. Dig. *De pactis* = dos pactos).

44 DINIZ, Maria Helena. *Curso de direito civil brasileiro*, vol. 3. São Paulo: Saraiva, 2010, p. 12.

45 GOMES,Orlando. *Contratos*. Rio de Janeiro: Forense, 2000, p. 10.

Na concepção moderna contrato é negócio jurídico bilateral que gera obrigações para ambas as partes, que convencionam, por consentimento recíproco, a dar, fazer ou não fazer alguma coisa, verificando, assim, a constituição, modificação ou extinção do vínculo patrimonial. Porém, conforme explanação feita sobre a natureza jurídica do ato constitutivo de sociedade, verificou-se que tal ato se trata de um negócio jurídico plurilateral, assim as sociedades simples e empresárias dependendo do seu tipo, se constituem por um contrato, que pode ser por escritura pública ou por documento particular. Este contrato é denominado contrato social.

No Código Civil brasileiro a definição de contrato social encontra-se em seu artigo 981, que diz: *"Celebram contrato de sociedade as pessoas que reciprocamente se obrigam a contribuir, com bens ou serviços, para o exercício de atividade econômica e a partilha, entre si, dos resultados. Parágrafo único. A atividade pode restringir-se à realização de um ou mais negócios determinados".*

A constituição de uma sociedade é um negócio jurídico e para a validade desse negócio a sociedade requer das pessoas nele envolvidas que sejam capazes, seu objeto seja lícito, possível, determinado ou determinável e respeitem a forma prescrita ou não defesa em lei, pois assim dispõe o Código Civil brasileiro em seu artigo 104: *"A validade do negócio jurídico requer: I. agente capaz; II. objeto lícito, possível, determinado ou determinável; III. forma prescrita ou não defesa em lei".*

O artigo 1° do Código Civil determina que: *"Toda pessoa é capaz de direitos e deveres na ordem civil"*. Mas nem toda pessoa é capaz de exercê-los. A expressão *"toda pessoa"* é abrangente, no sentido de não só os homens como as mulheres também. A pessoa pode ter a capacidade de direito e não possuir a capacidade de fato, ou seja, não possuir a capacidade desse direito. Para o exercício desse direito a lei exige o atributo da capacidade. Entende-se por capacidade a aptidão de alguém para exercer por si os atos da vida civil.

O artigo 3° do Código Civil exclui certas pessoas de exercerem pessoalmente os atos da vida civil, por incapacidade absoluta. Essa incapacidade é a de fato, por faltar-lhes a necessária aptidão.

Artigo 3° – *"São absolutamente incapazes de exercer pessoalmente os atos da vida civil: I. os menores de 16 (dezesseis) anos; II. os que, por enfermidade ou deficiência mental, não tiverem o necessário discernimento para a prática desses atos; III. os que, mesmo por causa transitória, não puderem exprimir sua vontade".*

Portanto, conforme o artigo acima transcrito, são considerados nulos de pleno direito os contratos celebrados por menores de dezesseis anos, por pessoas enfermas ou deficientes mentais e por aqueles que se acharem, em motivo transitório, impedidos de exprimir sua vontade como, por exemplo, as pessoas que se encontram em estabelecimento hospitalar, num CTI (Centro de Terapia Intensiva), as quais, embora capazes, não têm, naquele momento, condições de se manifestar e carecem de quem as represente.

Objeto lícito significa dizer que o objeto do contrato deve ser aquele não proibido por lei, isto é, estar de acordo com os fins éticos do direito e que não seja ofensivo à moral e aos bons costumes. Assim também não poderão ser objeto de contrato as coisas impossíveis. Se o objeto for ofensivo à moral ou às leis de ordem pública ou impossível, não lhe será reconhecido o direito de validade.

O objeto também deverá ser determinado ou, pelo menos, suscetível de determinação, pelo gênero e quantidade, sob pena de nulidade absoluta, prevista no artigo 166, II do mesmo diploma legal, que dispõe: *"É nulo o negócio jurídico quando: II. for ilícito, impossível ou indeterminável o seu objeto".*

Forma prescrita ou não defesa em lei significa dizer que para a declaração da vontade ter eficácia jurídica não depende de forma especial, senão nos casos em que a lei expressamente a exigir. Para os casos de liberdade de forma, as partes devem sempre dar aos seus atos objetividade e clareza, apresentando uma consistência imune à má-fé e à dúbia interpretação. Portanto, o contrato deve estipular minuciosamente e detalhadamente todos os direitos e obrigações das partes. Há casos em que a lei determina forma especial. Uma vez desobedecida tal forma, não vale como contrato é nulo de pleno direito.

Nas sociedades por ações, nas limitadas e em comandita por ações, podem as ações ou quotas ser adquiridas por menores ou interditos, que devem ser representados por pais, tutores ou curadores. Nas sociedades cooperativas é condição necessária que os sócios que as compõem pertençam à mesma classe ou exerçam a mesma profissão.

1.12. Princípios Básicos dos Contratos Sociais

Segundo o Código Civil brasileiro de 1916, eram considerados princípios básicos do contrato de sociedade a autonomia da vontade, a supremacia da ordem pública e a obrigatoriedade do contrato.

A autonomia da vontade significa a liberdade das partes de contratar, de escolher o tipo e o objeto do contrato e de dispor o conteúdo contratual de acordo com os interesses a serem auto-regulados.

A supremacia da ordem pública significa que a autonomia da vontade é relativa, pois está sujeita à lei e aos princípios da moral e da ordem pública.

A obrigatoriedade do contrato significa que o contrato faz lei entre as partes, ou seja, expressão derivada do latim *"pacta sunt servanda"* designando que os contratos devem ser cumpridos.

"Ninguém é obrigado a tratar, mas se o faz, é obrigado a cumprir".

"Pode calar-se ou falar. Mas se fala, e falando promete, a lei o constrange a cumprir tal promessa".

O Código Civil brasileiro de 2002, com uma visão mais moderna determina em seus artigos 421 e 422, que a liberdade de contratar será exercida em razão e nos limites da função social do contrato e que os contratantes são obrigados a guardar, assim na conclusão do contrato, como em sua execução, os princípios da probidade e boa-fé. Não se entendendo atualmente que o contrato faz lei entre as partes, mas sim a boa-fé objetiva dos contratantes.

O legislador fala no Código Civil sobre a função social do contrato em seu artigo 421, da mesma forma que ela está prevista para a propriedade, no artigo 5º, XXIII da Constituição Federal de 1988 que diz: *"a propriedade atenderá a sua função social"*.

Trata-se, sem sombra de dúvida, do princípio básico que deve reger todo o ordenamento normativo no que diz respeito à matéria contratual.

O contrato, embora aprioristicamente se refira somente às partes pactuantes (relatividade subjetiva), também gera repercussões e por que não dizer, que gera deveres jurídicos para terceiros, além da própria sociedade, de forma difusa.

Assevera Maria Helena Diniz que *"com a função social do contrato teremos o justo processo legal substantivo. O contrato deve ter alguma utilidade social, de modo que os interesses dos contratantes venham a amoldar-se ao interesse da coletividade"*.[46]

A função social do contrato seria uma síntese entre uma função econômica e uma função pedagógica. Na função econômica o contrato auxilia no processo de circulação das riquezas e na função pedagógica ele é meio de civilização, de educação do povo para viver em sociedade. Nas cláusulas contratuais as partes empenham sua própria palavra, se fazem respeitar e ensinam a respeitar os direitos dos outros.

O legislador também consagrou no Código Civil brasileiro de 2002, outro princípio básico regente da matéria contratual que é o da boa-fé objetiva.

É o que se extrai do novel artigo 422, que preceitua: *"Os contratantes são obrigados a guardar, assim na conclusão do contrato, como em sua execução, os princípios de probidade e boa-fé."*

A boa-fé que se procura preservar, prestigiando-se no texto legal, é a objetiva, entendida essa como a exigível do homem mediano, numa aplicação específica do critério do *"reazonable man"*, do sistema norte-americano.

Não se trata, portanto, da boa-fé subjetiva, tão cara aos Direitos Reais, na forma do artigo 1.201 do Código Civil brasileiro de 2002.

Destaque-se que, nesse aspecto, o Código Civil pode ser considerado mais explícito, no prestígio à boa-fé, que o próprio Código de Defesa do Consumidor, uma das leis mais avançadas do país, que consagra, indubitavelmente, o instituto, mas não de forma tão expressa e genérica.

46 DINIZ, Maria Helena. *Curso de direito civil brasileiro*. v. 3. São Paulo: Saraiva, 2010, p. 23.

Salienta Carlos Roberto Gonçalves que *"a boa-fé que constitui a inovação do Código de 2002 e acarretou profunda alteração no direito obrigacional clássico é a objetiva, que se constitui em uma norma jurídica fundada em um princípio geral do direito, segundo o qual todos devem comportar-se de boa-fé nas suas relações recíprocas"*.[47]

O princípio da boa-fé objetiva refere-se a um dever imposto às partes que deverão agir de acordo com certos padrões de correção e lealdade. Quando o contrato vier gerar dúvidas na sua função interpretativa, o princípio determina que seja interpretado conforme seu sentido objetivo aparente e quando o próprio sentido objetivo suscite dúvidas, deve ser entendido que o significado da boa-fé aponte o que for mais razoável.

1.13. Características Gerais dos Contratos Sociais

Além dos elementos de ordem geral (agente capaz, objeto lícito, possível, determinado ou determinável e forma prescrita ou não defesa em lei), o contrato de sociedade deverá também conter os elementos de ordem essencial, tais como:

a) forma escrita, pública ou particular determinada pelo artigo 997, somente dispensada para a sociedade em conta de participação, conforme artigo 992;

b) publicidade, pois não basta o contrato escrito; é preciso sua publicidade mediante a inscrição no registro competente, para que terceiros tenham conhecimento da existência da sociedade, conforme disposto no artigo 998. O seu descumprimento fará com que seja considerada uma sociedade em comum ou de fato, de acordo com o disposto no artigo 986, e os sócios passarão a responder diretamente pelos débitos da sociedade, sem direito ao benefício de ordem disposto no artigo 1.024 do mesmo diploma legal, que diz: *"Os bens particulares dos sócios não podem ser executados por dívidas da sociedade, senão depois de executados os bens sociais"*;

c) *"Affectio Societatis"*, que seria a afeição social, o *"animus contrahendi societatis"*, (a intenção de contrair sociedade), ou a *"societatis contrahendi causa"*, (a causa de contrair sociedade).

A *"Affectio Societatis"* significa a intenção dos sócios de reunir esforços para a realização de um fim comum. Realização esta do enriquecimento pela comunhão de capitais e de atividades dos sócios;

Os contratos sociais deverão também conter as cláusulas obrigatórias constantes do artigo 997 do Código Civil, sem as quais serão considerados nulos. São elas:

47 GONÇALVES, Carlos Roberto. *Direito civil brasileiro*. v. 3. São Paulo: Saraiva, 2010, p. 56.

a) qualificação dos sócios – nomes, nacionalidade, estado civil, profissão e residência dos sócios, se pessoas naturais, e a firma ou a denominação, nacionalidade e sede dos sócios, se jurídicas;

b) denominação, objeto, sede e prazo da sociedade; O objeto social compreende a atividade desenvolvida pela sociedade, prevista no contrato social, com a função de definir o âmbito em que se exerce a sociedade empresária.

c) capital da sociedade, expresso em moeda corrente, podendo compreender qualquer espécie de bens suscetíveis de avaliação pecuniária; capital social é o valor, mencionado no contrato social, da entrada inicial dos sócios, correspondente aos bens e dinheiro que transferiram ou se obrigaram a transferir para a sociedade a título de integralização de suas quotas.

d) a quota de cada sócio no capital social e o modo de realizá-la;

e) as prestações a que se obriga o sócio, cuja contribuição consista em serviços;

f) as pessoas naturais incumbidas da administração da sociedade e seus poderes e atribuições;

g) a participação de cada sócio nos lucros e nas perdas;

h) responsabilidade ou não, subsidiariamente, pelas obrigações sociais.

Além das cláusulas acima elencadas, compõem o contrato social todas as cláusulas e condições necessárias para que se determinem com precisão os direitos e obrigações dos sócios entre si e para com terceiros.

Será ineficaz em relação a terceiros qualquer pacto separado contrário ao disposto no instrumento do contrato.

Quando os instrumentos contratuais forem por documentos particulares, podem ser manuscritos ou datilografados, e tirados em tantas vias quanto necessitarem os interessados.

Os contratos sociais se constituem em três partes distintas: a) preliminar é a parte constituída pelo cabeçalho e nela se declaram os nomes dos contratantes, profissão, nacionalidade e domicílio, dando-se a finalidade da sociedade; b) central é a parte em que se estipulam as condições e se redigem as cláusulas, que regulam a existência da sociedade. Esta é a parte contratual, pois é aí que se dispõem as obrigações, espécies de sociedade, prazo, capital e as demais condições pactuadas, desde que não colidam com as regras legais; c) final é o fecho do contrato, seguindo para a última cláusula, e em seguida irão às assinaturas dos contratantes e testemunhas.

A simples elaboração do contrato não é suficiente para que a sociedade esteja constituída e apta para agir como pessoa jurídica. Há determinadas formalidades legais que são indispensáveis, para sua existência. Antes que o contrato seja enviado à Junta Comercial para o competente registro e arquivamento, são necessários: a) a assinatura dos contratantes ou mandatários especiais, com poderes expressamente declarados no mandato; b) assinatura de duas testemunhas, a seguir à dos sócios; c) rubrica dos sócios em todas as folhas do contrato, para autenticá-las; d) reconhecimento da firma de todas as assinaturas dos contratantes e testemunhas.

Para o seu nascimento as sociedades empresárias deverão arquivar seu ato constitutivo no Registro Público de Empresas Mercantis a cargo das Juntas Comerciais. As formalidades do registro têm por finalidade dar garantia, publicidade, autenticidade, segurança e eficácia aos atos jurídicos, promovendo assim a inscrição da pessoa jurídica, para que o contrato surta os efeitos legais em relação aos sócios ou contra terceiros.

Após o exame do contrato e atendidas todas as formalidades legais, a Junta Comercial arquivará uma das vias; as demais, depois de anotadas com o número do registro e data em que se efetivou, serão devolvidas aos interessados.

O registro ou inscrição do contrato e o arquivamento do instrumento correspondem ao registro de nascimento da sociedade empresária para que, por ele, adquira sua qualidade de pessoa jurídica. Começará a partir daí a existência legal da sociedade e ela passará a ser protegida pela lei.

A Junta Comercial competente para o registro é a do local em que a sociedade vai estabelecer a sua sede. Se ela for exercer atividades em outras cidades, fora da jurisdição em que tem sua sede principal, terá de promover idênticos registros nas Juntas Comerciais onde mantiver filiais, sucursais ou agências.

Uma vez legalizado o contrato, com todas as formalidades legais, este fica sendo, em relação aos sócios, sua própria lei, desde que suas cláusulas não colidam com as normas legais.

1.14. Tipos de Sociedades

No Código Civil brasileiro de 10 de janeiro de 2002, encontramos as sociedades não personificadas e as sociedades personificadas.

As sociedades não personificadas dividem-se em: a) sociedade em comum (artigos 986 a 990); e b) sociedade em conta de participação (artigos 991 a 996).

As sociedades personificadas dividem-se em: sociedade simples (artigos 997 a 1.038); sociedades empresárias (artigos 1.039 a 1.092); e sociedade cooperativa (artigos 1.093 a 1.096 e Lei nº 5.764/71).

As sociedades empresárias têm por objeto o exercício de atividade própria de empresário e está sujeita ao Registro Público de Empresas Mercantis. São elas: a) sociedade em nome coletivo (artigos 1.039 a 1.044); b) sociedade em comandita simples (artigos 1.045 a 1.051); c) sociedade limitada (artigos 1.052 a 1.087); d) sociedade anônima (artigos 1.088 e 1.089. Lei nº 6.404/76); e) sociedade em comandita por ações (artigos 1.090 a 1.092 e Lei nº 6.404/76).

Capítulo II

SOCIEDADES NÃO PERSONIFICADAS

Sumário: 2.1. Disposições gerais das sociedades não personificadas. **2.2.** Sociedade em comum. **2.3.** Sociedade em conta de participação.

2.1. Disposições Gerais das Sociedades não Personificadas

Sociedades não personificadas são aquelas cujo ato constitutivo não foi registrado no órgão competente. São também chamadas de entes despersonalizados ou anteriormente ao Código Civil de 2002 de sociedades irregulares ou de fato.

Segundo Gladston Mamede existe diferença entre uma sociedade de fato e uma sociedade de direito. Para ele *"haverá sociedade apenas de fato – e não de direito – quando o seu objeto for ilícito, a exemplo da quadrilha formada para a prática de atos ilícitos. Nos demais casos, não haverá sociedades apenas de fato, mas sociedades sem personalidade jurídica, como adequadamente foram chamadas pelo artigo 12, VII e § 2º, do Código de Processo Civil".*[1]

Assevera Amador Paes de Almeida que *"as sociedades não personalizadas são aquelas que se constituem sem as regras dispostas em lei e que, por isso mesmo, não adquirem personalidade jurídica".*[2]

Ricardo Negrão preleciona que *"por princípio, as sociedades são sempre personificadas porque classificadas, ao lado das associações e das fundações, como pessoas jurídicas de direito privado. Entretanto, o Código Comercial já excetuava essa natureza à sociedade em conta de participação (arts. 325 a 328), no que o seguiu o novo Código Civil (arts. 991 a 996)".*[3]

---

1 MAMEDE, Gladston. *Direito societário: sociedades simples e empresárias*. São Paulo: Atlas, 2007, p. 13.

2 ALMEIDA, Amador Paes de. *Manual das sociedades comerciais*. São Paulo: Saraiva, 2004, p. 94.

3 NEGRÃO, Ricardo. *Manual de direito comercial e de empresa*. São Paulo: Saraiva, v. 1, 2003, p. 294.

As sociedades não personificadas podem ser constituídas de forma verbal ou documental. Se forem constituídas através de um instrumento escrito, mesmo assim não terão personalidade jurídica própria porque não formalizaram o arquivamento ou registro dos seus atos constitutivos. Portanto, o contrato ou acordo tem validade somente entre os sócios, não tendo força contra terceiros.

O Código Civil de 2002 prevê dois tipos de sociedades não personificadas: a sociedade em comum (artigo 986 ao artigo 990) e a sociedade em conta de participação (artigo 991 ao artigo 996).

Segundo Enunciado nº 208 do Conselho da Justiça Federal, aprovado na III Jornada de Direito Civil *"As normas do Código Civil para as sociedades em comum e em conta de participação são aplicáveis independentemente de a atividade dos sócios, ou do sócio ostensivo, ser ou não própria de empresário sujeito a registro (distinção feita pelo art. 982 do Código Civil entre sociedade simples e empresária)"*.

2.2. Sociedade em Comum

Para Ricardo Negrão *"sociedade comum nada mais é do que a sociedade cujos atos ainda não foram inscritos em um órgão de Registro Público – Junta Comercial e Cartório de Registro Civil de Pessoas Jurídicas -, que a doutrina anterior tratava sob as rubricas 'sociedade irregular' e 'de fato' "*.[4]

Segundo Enunciado nº 58 do Conselho da Justiça Federal, aprovado na I Jornada de Direito Civil *"A sociedade em comum compreende as figuras doutrinárias da sociedade de fato e da irregular"*.

As sociedades em comum são aquelas que não têm existência legal, não possuindo registro nem publicidade, porém existem, e isso é o suficiente para serem equiparadas às sociedades regulares, no que se refere a responsabilidade para com terceiros. Pelo Código Civil de 2002 elas estão classificadas entre as sociedades não personificadas e estão previstas do artigo 986 ao artigo 990.

Dispõe o artigo 986. *"Enquanto não inscritos os atos constitutivos, reger-se-á a sociedade, exceto por ações em organização, pelo disposto neste Capítulo, observadas, subsidiariamente e no que com ele forem compatíveis, as normas da sociedade simples"*.

Determina o Enunciado nº 209 do Conselho da Justiça Federal, aprovado na III Jornada de Direito Civil que *"O art. 986 deve ser interpretado em sintonia com os arts. 985 e 1.150, de modo a ser considerada em comum a sociedade que não tiver seu ato constitutivo inscrito no registro próprio ou em desacordo com as normas legais previstas para esse registro (art.1.150), ressalvadas as hipóteses de registros efetuados de boa-fé"*.

4 NEGRÃO, Ricardo. *Manual de direito comercial e de empresa*. São Paulo: Saraiva, v. 1, 2003, p. 295.

A falta de registro e, conseqüentemente, de personalidade jurídica, implica na comunhão patrimonial e jurídica da sociedade com a de seus membros, confundindo-se os direitos e obrigações da sociedade com os dos sócios. O Código de Processo Civil em seu artigo 12, VII, reconhece a sociedade em comum, ao dizer que a sociedade sem personalidade jurídica pode ser representada em juízo, ativa ou passivamente, pela pessoa a quem couber a administração de seus bens.

Na sociedade em comum, os sócios, nas relações entre si ou com terceiros, somente podem provar a existência da sociedade por escrito, mas os terceiros podem prová-la de qualquer modo.

Os sócios são titulares em comum de todo o patrimônio especial da sociedade, constituído pelos bens e dívidas sociais. Os bens sociais respondem pelos atos de gestão praticados por qualquer dos sócios, exceto se houver restrições limitativas de poderes, que somente terão eficácia contra o terceiro que as conheça ou deva conhecer.

Segundo Enunciado nº 210 do Conselho da Justiça Federal, aprovado na III Jornada de Direito Civil *"O patrimônio especial a que se refere o art. 988 é aquele afetado ao exercício da atividade, garantidor de terceiro, e de titularidade dos sócios em comum, em face da ausência de personalidade jurídica"*.

Neste tipo societário os sócios respondem ilimitadamente e solidariamente para com terceiros, excluído o benefício de ordem e estas sociedades também estão sujeitas à falência.

Determina o artigo 990 do Código Civil: *"Todos os sócios respondem solidária e ilimitadamente pelas obrigações sociais, excluído do benefício de ordem, previsto no artigo 1.024, aquele que contratou pela sociedade"*.

Conforme Enunciado nº 212 do Conselho da Justiça Federal, aprovado na III Jornada de Direito Civil *"Embora a sociedade em comum não tenha personalidade jurídica, o sócio que tem seus bens constritos por dívida contraída em favor da sociedade, e não participou do ato por meio do qual foi contraída a obrigação, tem o direito de indicar bens afetados às atividades empresariais para substituir a constrição"*.

Na sociedade em comum não existe o chamado benefício de ordem, previsto no artigo 1.024, que dispõe: *"Os bens particulares dos sócios não podem ser executados por dívidas da sociedade, senão depois de executados os bens sociais"*.

Ricardo Negrão ao dispor sobre a sociedade em comum enumera 9 (nove) atos indicativos de sua existência, são eles: *"1) negociação promíscua e comum; 2) aquisição, alheação, permutação ou pagamento comum; 3) se um dos associados se confessa sócio, e os outros o não contradizem por uma forma pública; 4) se duas ou mais pessoas propõem um administrador ou gerente comum; 5) a dissolução da associação como sociedade; 6) o emprego do prenome 'nós' ou 'nosso' nas cartas de correspondência, livros, faturas, contas e mais papéis comerciais; 7) o fato de receber ou responder cartas endereçadas ao nome ou firma social; 8) o uso de marca comum nas fazendas ou volumes; 9) o uso do nome com a adição 'e companhia' ".*[5]

Diferente das sociedades informais, as sociedades irregulares são aquelas que se constituem dentre as prescrições legais, mas que deixam de cumprir as obrigações impostas por lei, embora conservem a personalidade. Diz-se irregular aquela que, embora possa estar registrada, deixou de levar ao registro os seus atos modificativos ou até mesmo a sua dissolução formal regular. Nessas hipóteses, não se aplica o aforismo *"societas distat a sungulis"* (a sociedade não se confunde com os seus sócios), operando-se a comunhão patrimonial e jurídica da sociedade e dos sócios, os quais passarão a responder pessoalmente pelas dívidas sociais.

O saudoso professor Fran Martins exemplifica dizendo que *"uma sociedade em comandita simples por prazo determinado ultrapassa esse prazo sem renovar o contrato social; continua nesse caso a sociedade a funcionar irregularmente, perdendo os sócios que limitaram sua responsabilidade, ou seja, os sócios comanditários, esse benefício, tornando-se ilimitadamente responsáveis"*[6]

Amador Paes de Almeida não faz distinção entre sociedade irregular e em comum e assevera ser tanto uma quanto a outra *"aquela que não está constituída regularmente por não ter elaborado seu contrato social ou por não ter levado a registro na Junta Comercial"*.[7]

2.3. Sociedade em Conta de Participação

Amador Paes de Almeida explica que *"a sociedade em conta de participação é uma sociedade sui generis, com características que a distinguem fundamentalmente das demais espécies societárias. Não constituindo pessoa jurídica (os negócios são exercidos em nome do sócio ostensivo), não pode, por isso mesmo, ser conceituada como sociedade empresária"*.[8]

A sociedade em conta de participação surgiu na época medieval, provavelmente oriunda do contrato de comenda, que propiciou o nascimento de duas sociedades mercantis, uma pública, denominada em comandita, e uma outra oculta, chamada em participação.

O saudoso professor Fran Martins ensina que *"as sociedades em conta de participação provêm das antigas sociedades em comandita, com as quais*

5 NEGRÃO, Ricardo. *Manual de direito comercial e de empresa.* São Paulo: Saraiva, v. 1, 2003, p. 295.

6 MARTINS, Fran. *Curso de direito comercial.* Rio de Janeiro: Forense, 2003, p. 175.

7 ALMEIDA, Amador Paes de. *Manual das sociedades comerciais.* São Paulo: Saraiva, 2004, p. 96.

8 ALMEIDA, Amador Paes de. *Manual das sociedades comerciais.* São Paulo: Saraiva, 2004, p. 119.

se confundiam, até que a Lei de Florença, de 30 de novembro de 1408, regulou detalhadamente as comanditas, caracterizando-as como sociedades que possuem patrimônio diverso do patrimônio particular dos sócios. Nos contratos de comenda, era normal que o comanditário (commentator) ficasse oculto, sendo toda a negociação feita em nome e sob a responsabilidade do sócio comanditado (tractator). Instituindo-se o costume de serem depositados os nomes dos sócios no registro do município ou da corporação, para que não pudessem os mesmos fraudar os terceiros, dele resultou o nascimento da sociedade em comandita, que passou a ter o caráter de pessoa jurídica. No entanto, persistiram os contratos de comenda sem que os nomes dos sócios fossem depositados nos registros; essas sociedades eram conhecidas apenas entre sócios, não aparecendo perante terceiros e não tendo, assim, personalidade jurídica. Os sócios desconhecidos dos terceiros tiveram a denominação de sócios ocultos; ainda hoje uma das características de tais sociedades é que os sócios ocultos não respondem perante terceiros pelas obrigações sociais; se tal acontecer, a sociedade perderá o caráter de participação. Compreenda-se, porém, que sócio oculto, juridicamente, não é aquele de nome desconhecido para os terceiros; é o que não age em nome da sociedade, não realiza as transações, não assume compromissos".[9]

A sociedade em conta de participação é uma típica sociedade interna, que existe apenas nas relações entre os sócios. Inexistindo, nas relações com terceiros, portanto não tem personalidade jurídica. Porém, não se trata de uma sociedade de fato, porquanto, ainda que não tenha personalidade jurídica, existe, no mundo jurídico, conforme o artigo 991 do Código Civil, que dispõe: *"Na sociedade em conta de participação, a atividade constitutiva do objeto social é exercida unicamente pelo sócio ostensivo, em seu nome individual e sob sua própria e exclusiva responsabilidade, participando os demais dos resultados correspondentes. Parágrafo único. Obriga-se perante terceiro tão-somente o sócio ostensivo; e, exclusivamente perante este, o sócio participante, nos termos do contrato social".*

Sociedade em conta de participação é a união de duas ou mais pessoas, para a exploração de determinado fim, exercida exclusivamente pelo sócio ostensivo, em seu nome individual e sob sua própria e exclusiva responsabilidade e outro ou outros em posição oculta, participando dos resultados correspondentes.

O sócio ostensivo obriga-se perante o sócio oculto e terceiros, obrigando-se o sócio oculto exclusivamente perante o ostensivo, nos termos do contrato social.

Amador Paes de Almeida explica que *"a sociedade em conta de participação se constitui de duas ou mais pessoas que se associam para*

9 MARTINS, Fran. *Curso de direito comercial.* Rio de Janeiro: Forense, 2003, p. 178.

a realização de empreendimentos, levados a efeito em nome exclusivo do denominado sócio ostensivo, que responde solidária e ilimitadamente pelas obrigações sociais, assumidas em seu nome pessoal. Os sócios ocultos, também denominados participantes, por sua vez, só se obrigam para com o sócio ostensivo".[10]

No antigo Código Comercial de 1850, a sociedade em conta de participação recebia a designação de sociedade acidental, momentânea, porque constituída por tempo limitado para determinadas operações mercantis; ou ainda anônima, por não ter a sua existência conhecida por terceiros.

Seria uma sociedade oculta, no sentido de que o seu contrato apenas interessaria aos contratantes, sendo, indiferente a terceiros, por exemplo: O fato de determinado empresário, para o desenvolvimento de seu negócio, aceitar capital de terceiros não empresários, os quais por esta participação, receberiam certa porcentagem nos lucros.

Na hipótese figurada, o empresário que já tivesse sua firma individual registrada na Junta Comercial, nenhuma outra providência lhe caberia adotar em conseqüência do contrato de participação que celebrara.

O sócio ostensivo é aquele em nome de quem todos os negócios são realizados, e o sócio oculto aquele que apenas ingressa na conta de participação, mas não aparece.

A sociedade em conta de participação independe de qualquer formalidade e pode provar-se por todos os meios admitidos em direito. O contrato social somente produz efeito entre os sócios, e a eventual inscrição de seu instrumento em qualquer registro não confere personalidade jurídica à sociedade.

O sócio oculto poderá fiscalizar todos os atos de gestão dos negócios sociais, porém está impedido de tomar parte nas relações do sócio ostensivo com terceiros, sob pena de responder solidariamente com este pelas obrigações em que intervier.

A contribuição do sócio oculto, juntamente com a do sócio ostensivo, constitui patrimônio especial, sendo objeto da conta de participação relativa aos negócios sociais.

O patrimônio especial, formado pela contribuição do sócio participante e do sócio ostensivo, trata-se de uma especialização patrimonial que somente produzirá efeitos em relação aos sócios, não sendo patrimônio da sociedade. Por não ter autonomia patrimonial, não possui personalidade jurídica sendo considerada uma sociedade não personificada.

A sociedade em conta de participação constitui-se de um instrumento moderno de captação de recursos a serem aplicados em certas operações financeiras, repartindo-se o lucro obtido entre os sócios.

10 ALMEIDA, Amador Paes de. *Manual das sociedades comerciais*. São Paulo: Saraiva, 2004, p. 118.

Sendo uma sociedade despersonalizada e secreta, não adotará nenhum nome empresarial.

Não tendo personalidade jurídica, essa sociedade não pode ir à falência, que só incidirá sobre o sócio ostensivo.

Segundo Amador Paes de Almeida a sociedade em conta de participação *"não pode ser declarada falida, pois, se falência houver, recairá exclusivamente sobre o sócio ostensivo"*.[11]

Os sócios participantes não podem requerer a falência do sócio ostensivo na sua qualidade de sócio, mas poderão fazê-lo na condição de credor.

A situação dos sócios ocultos não se altera por força da falência do sócio-gerente ou ostensivo. Daí porque não podem os credores e o próprio administrador judicial exigir dos sócios ocultos o cumprimento de qualquer obrigação fundada no contrato social, pois este não existe em relação a terceiros.

Porém, o administrador judicial pode reclamar dos sócios ocultos o que estiverem a dever ao sócio-gerente por ocasião da falência.

A falência do sócio ostensivo acarreta a dissolução da sociedade e a liquidação da respectiva conta, cujo saldo constituirá crédito quirografário. Falindo o sócio oculto, o contrato social ficará sujeito às normas que regulam os efeitos da falência nos contratos bilaterais do falido.

Nessa sociedade, no que tange a entrada de novos sócios, se nada estiver dispondo o contrato, o sócio ostensivo não poderá admiti-los sem o consentimento expresso dos demais sócios, conforme dispõe o artigo 995 do Código Civil de 2002, *in verbis*: *"Salvo estipulação em contrário, o sócio ostensivo não poderá admitir novo sócio sem o consentimento expresso dos demais"*.

Determina o Código Civil de 2002, em seu artigo 996, que deverá aplicar-se à sociedade em conta de participação, subsidiariamente e no que com ela for compatível, o disposto para a sociedade simples, e que a sua liquidação se fará conforme normas relativas à prestação de contas, na forma da lei processual.

São características da sociedade em conta de participação: a) a existência de duas espécies de sócios: ostensivo e oculto; b) somente o sócio ostensivo se obriga perante terceiros; c) possui patrimônio especial; d) não possui firma ou denominação social; e) não possui personalidade jurídica; f) todos os negócios sociais são feitos em nome do sócio ostensivo; g) não tem sede nem domicílio, apenas um endereço indicador do centro de suas operações; h) não está sujeita ao registro; i) desta sociedade não será requerida falência, e não poderá ela requerer recuperação judicial ou extrajudicial; j) o sócio oculto poderá requerer a falência do sócio ostensivo na condição de credor e não de sócio.

---

11 ALMEIDA, Amador Paes de. *Manual das sociedades comerciais*. São Paulo: Saraiva, 2004, p. 119.

No que tange à constituição da sociedade em conta de participação de caráter civil, ensina Fran Martins que *"nada impede que a conta de participação seja feita em caráter civil; basta que o sócio ostensivo, que vai, em seu nome, agir pela sociedade e obrigar-se perante terceiros, não seja comerciante. Apesar de somente o Código Comercial regular, como o fez com as demais sociedades, a conta de participação, pessoas não-comerciantes, ou mesmo um comerciante, sócio oculto, e um não-comerciante, sócio ostensivo, podem entre si constituir esse tipo de sociedade. Foi, sem dúvida, por essa razão que o projeto de Código Civil de 1973 não determinou que o sócio ostensivo fosse obrigatoriamente um empresário sujeito a registro ou uma sociedade empresária"*.[12]

12 MARTINS, Fran. *Curso de direito comercial.* Rio de Janeiro: Forense, 2003, p. 181.

Capítulo III

SOCIEDADES PERSONIFICADAS
SOCIEDADES SIMPLES

3.1. Sociedades Personificadas

Sociedades personificadas são aquelas onde os sócios registram seu ato constitutivo no órgão competente. São chamadas de entes personalizados, conhecidas também por sociedades regulares ou de direito.

Para Amador Paes de Almeida, sociedades personalizadas são *"assim consideradas aquelas cujo ato constitutivo (contrato social) foi ultimado e devidamente arquivado na Junta Comercial".*[1]

O artigo 45 do Código Civil, Lei nº 10.406, de 10 de janeiro de 2002, dispõe que: *"Começa a existência legal das pessoas jurídicas de direito privado com a inscrição do ato constitutivo no respectivo registro, precedida, quando necessário, de autorização ou aprovação do Poder Executivo, averbando-se no registro todas as alterações por que passar o ato constitutivo. Parágrafo único. Decai em três anos o direito de anular a constituição das pessoas jurídicas de direito privado, por defeito do ato respectivo, contado o prazo da publicação e sua inscrição no registro".*

São consideradas sociedades personificadas as sociedades simples (artigos 997 a 1.038) e as sociedades empresárias (artigos 1.039 a 1.044).

As sociedades só se personificam com a inscrição dos seus atos constitutivos no órgão competente, ou seja, as sociedades empresárias no Registro Público de Empresas Mercantis e Atividades Afins, regulado pela Lei nº 8.934, de 18 de novembro de 1994, regulamentada pelo Decreto nº 1.800, de

1 ALMEIDA, Amador Paes de. *Manual das sociedades comerciais*. São Paulo: Saraiva, 2004, p. 94.

30 de janeiro de 1996, a cargo das Juntas Comerciais e as sociedades simples no Registro Civil de Pessoas Jurídicas.

Segundo o Enunciado nº 199 do Conselho da Justiça Federal aprovado na III Jornada de Direito Civil *"A inscrição do empresário ou sociedade empresária é requisito delineador de sua regularidade, e não de sua caracterização".*

3.2. Sociedades Simples

As sociedades simples foram introduzidas no Código Civil de 2002 em substituição às sociedades civis reguladas pelo revogado Código Civil de 1916, abrangendo aquelas sociedades que não exercem atividade própria de empresário sujeito ao Registro Público de Empresas Mercantis, isto é atividades não empresariais ou atividade de empresário rural.

A sociedade simples, segundo o Código Civil de 2002, segue o modelo europeu adotado pela Suiça e Itália, apesar de sua divisão em tipos societários, o que não ocorre na Europa.

A sociedade simples estava prevista no velho Código de Obrigações suíço do final do século XIX que no seu artigo 530 assim a previa: *"A sociedade é uma sociedade simples no sentido do presente título quando ela não oferece característicos distintivos de uma das outras sociedades reguladas pela lei".*

O Código Civil italiano de 1942 prevê a sociedade simples nos artigos 2.251 a 2.290, sem, no entanto, fornecer seu conceito apenas dizendo que o contrato não está sujeito a uma forma especial. Assim dispõe seu artigo 2.251. *"Contratto sociale. Nella società semplice il contratto non è soggetto a forme speciali, salve quelle richieste dalla natura dei beni conferiti".*

No Código Civil brasileiro de 2002 as sociedades simples estão reguladas pelos artigos 997 a 1.038 e a responsabilidade dos sócios depende de previsão contratual e em caso de omissão será ilimitada e subsidiária.

Segundo o Enunciado nº 479 do Conselho da Justiça Federal aprovado na V Jornada de Direito Civil *"Na sociedade simples pura (art. 983, parte final, do CC/2002), a responsabilidade dos sócios depende de previsão contratual. Em caso de omissão, será ilimitada e subsidiária, conforme o disposto nos arts. 1.023 e 1.024 do CC/2002".*

A sociedade simples é uma pessoa jurídica de direito privado, conforme previsto no artigo 44 do Código Civil de 2002 que visa uma atividade econômica, onde o lucro obtido será repartido entre os sócios, no exercício de certas profissões ou através da prestação de serviços técnicos.

As sociedades simples são aquelas que não se destinam à exploração da atividade empresarial sujeita ao Registro Público de Empresas Mercantis. São as atividades econômicas praticadas pelos empresários prestadores de serviços, cujo exercício da profissão constitui elemento de empresa e vinculam-se ao Registro Civil das Pessoas Jurídicas, do local onde tiver sua sede, podendo adotar um dos tipos das sociedades empresárias.

Independentemente do seu objeto, considera-se sociedade empresária a sociedade por ações e sociedade simples, a cooperativa.

Segundo o Enunciado 207 do Conselho da Justiça Federal aprovado na III Jornada de Direito Civil *"A natureza de sociedade simples da cooperativa, por força legal, não a impede de ser sócia de qualquer tipo societário, tampouco de praticar ato de empresa"*.

O Enunciado nº 57 do Conselho da Justiça Federal aprovado na I Jornada de Direito Civil diz que: *"A opção pelo tipo empresarial não afasta a natureza simples da sociedade"*.

E, conforme dispõe o Enunciado nº 477 do Conselho da Justiça Federal aprovado na V Jornada de Direito Civil *"O art. 983 do Código Civil permite que a sociedade simples opte por um dos tipos empresariais dos arts. 1.039 a 1.092 do Código Civil. Adotada a forma de sociedade anônima ou de comandita por ações, porém, ela será considerada empresária"*.

Para Amador Paes de Almeida, *"sociedade simples é aquela que não possui estrutura empresarial, ou seja, empresário, estabelecimento, empregados e atividade – os elementos constitutivos da empresa"*.[2]

Assevera Rubens Requião que *"o legislador não foi claro ao traçar o perfil da sociedade simples. Prestando-se de um lado, como espécie de um 'standard' específico, e do outro, como um compartimento comum ou esquema para os demais tipos de sociedades de pessoas, às quais suas normas poderão ser aplicadas subsidiariamente e, ao mesmo tempo, permitindo que ela assuma o tipo de certas sociedades empresárias, criou-se um fator de ambigüidade que lança a sociedade simples numa zona gris. Na falta da definição legal da sociedade simples, com trabalho se achará o seu perfil"*.[3]

Para Maria Helena Diniz *"a sociedade será simples se não exercer atividade empresarial, econômica, técnica e organizada para a produção ou circulação de bens ou serviços, mesmo que venha a adotar quaisquer das formas empresárias, como permite o artigo 983, 2ª parte, do Código Civil, exceto se for por ações que, por força de lei, será sempre empresária"*.[4]

A sociedade simples define-se como forma de exclusão das outras características societárias, pois o artigo 982 do Código Civil brasileiro de 2002, assim determina: *"Considera-se empresária a sociedade que tem por objeto o exercício de atividade própria de empresário sujeito a registro (art. 967); e, simples, as demais"*.

---

2 ALMEIDA, Amador Paes de. *Manual das sociedades comerciais*. São Paulo: Saraiva, 2004, p. 95.

3 REQUIÃO, Rubens. *Curso de direito comercial*. São Paulo: Saraiva, v. 1, 2003, p. 402.

4 DINIZ, Maria Helena. *Curso de direito civil brasileiro*. São Paulo: Saraiva, v. 8, 2011, p. 222.

Assim sendo, uma sociedade simples não exerce atividade econômica organizada para a produção ou circulação de bens, mais sim de prestação de serviços, destinando-se principalmente as atividades intelectuais, científicas, literárias ou artísticas que unem capitais e criam uma pessoa jurídica.

Consoante Enunciado nº 196 do Conselho da Justiça Federal aprovado na III Jornada de Direito Civil *"A sociedade de natureza simples não tem seu objeto restrito às atividades intelectuais"*.

No que tange a responsabilidade dos sócios, segundo o Enunciado nº 474 do Conselho da Justiça Federal aprovado na V Jornada de Direito Civil *"Os profissionais liberais podem organizar-se sob a forma de sociedade simples, convencionando a responsabilidade limitada dos sócios por dívidas da sociedade, a despeito da responsabilidade ilimitada por atos praticados no exercício da profissão"*.

Ainda, conforme o Enunciado nº 382 do Conselho da Justiça Federal aprovado na IV Jornada de Direito Civil *"Nas sociedades, o registro observa a natureza da atividade (empresarial ou não – art. 966); as demais questões seguem as normas pertinentes ao tipo societário adotado (art. 983). São exceções as sociedades por ações e as cooperativas (art. 982, parágrafo único)"*.

3.3. Contrato Social e Registro

A sociedade simples apresenta natureza de sociedade contratual, constituindo-se mediante contrato escrito, que poderá ser público ou particular.

Consoante ao contrato social, que deverá ser escrito, assim determina o Enunciado nº 383 do Conselho da Justiça Federal aprovado na IV Jornada de Direito Civil *"A falta de registro do contrato social (irregularidade originária – art. 998) ou de alteração contratual versando sobre matéria referida no art. 997 (irregularidade superveniente – art. 999, parágrafo único) conduz à aplicação das regras da sociedade em comum (art. 986)"*.

O contrato social deverá mencionar além das cláusulas estipuladas pelas partes, as seguintes mencionadas no artigo 997 do Código Civil de 2002:

a) Nome, nacionalidade, estado civil, profissão e residência dos sócios, se pessoas naturais, e a firma ou a denominação, nacionalidade e sede dos sócios, se jurídicas.

A sociedade simples poderá ser constituída por pessoas naturais ou por pessoas jurídicas, que deverão estar devidamente qualificadas no contrato social.

A pessoa natural deverá estar individualizada constando o nome, nacionalidade, estado civil, profissão, residência e números do registro geral – RG e do cadastro de pessoa físicas – CPF. Se a pessoa natural for estrangeira deverá apresentar a documentação exigida de seu país de origem e o visto permanente ou temporário. Se solteira deverá constar a data de seu nascimento para averiguação de sua capacidade civil.

A pessoa jurídica, deverá prestar informações referentes a sua firma ou denominação social, nacionalidade, sede, número de inscrição no registro de empresas – NIRE, número de inscrição no cadastro de pessoas jurídicas – CNPJ e à pessoa natural que a representa.

A pessoa jurídica sócia de uma sociedade simples poderá estar constituída sob qualquer uma das formas de sociedades, seja empresária ou simples.

b) Denominação, objeto, sede e prazo da sociedade.

A sociedade simples será identificada por um nome e determina o artigo 1.155, parágrafo único do Código Civil de 2002 que, equipara-se ao nome empresarial, para os efeitos de proteção da lei, a denominação das sociedades simples. Nome empresarial é aquele sob o qual a empresa exerce sua atividade e se obriga nos atos a ela pertinentes. O nome pelo qual a sociedade simples será identificada sempre atenderá aos princípios da veracidade e da novidade e identificará, quando assim o exigir a lei, o tipo jurídico da sociedade. O nome adotado pela sociedade simples não poderá conter palavras ou expressões que sejam atentatórias contra a moral e aos bons costumes. A denominação social é formada com palavras de uso comum ou vulgar na língua nacional ou estrangeira ou com expressões de fantasia, devendo designar a indicação do objeto da sociedade. A sociedade simples opera sob denominação designativa do objeto social, devendo ser acompanhada das expressões "Sociedade Simples" por extenso, ou abreviada. Exemplo: Kalakau Imóveis S/S; Assessoria Contábil Comex S/S, etc.

No que tange ao nome empresarial, o artigo 997, II determina que, será usada uma denominação para a sua formação, porém segundo Enunciado nº 213 do Conselho da Justiça Federal, aprovado na III Jornada de Direito Civil *"não exclui a possibilidade de sociedade simples utilizar firma ou razão social"*.

Caso a sociedade simples venha a utilizar uma firma ou razão social, nela deverá constar o nome de um ou alguns dos sócios, pessoa física que estiver administrando a sociedade, acompanhado do tipo societário por extenso ou abreviadamente. Por exemplo: Luiz Miranda & Cia S/S.

Referente ao objeto social, este deverá estar indicado pelo gênero e espécie, devendo ainda ser uma atividade lícita e possível exercida pela sociedade. É necessário particularizar a atividade que será desenvolvida. Por exemplo: imobiliária, assessoria contábil, serviços médicos, etc.

Deverá também estar indicada a sede da sociedade simples, que será o local onde esta exercerá a sua atividade econômica organizada.

Referente a sede da sociedade, determina o Enunciado nº 215 do Conselho da Justiça Federal aprovado na III Jornada de Direito Civil *que "A sede a que se refere o caput do art. 998 poderá ser a da administração ou a do estabelecimento onde se realizam as atividades sociais"*.

O prazo da sociedade deverá ser estabelecido pelos sócios no contrato social, que poderá ser determinado ou indeterminado. Poderá também ser determinável, no caso da elaboração de uma obra ou na realização de uma pesquisa, onde deverá se extinguir com o termino da atividade.

c) Capital da sociedade, expresso em moeda corrente, podendo compreender qualquer espécie de bens, suscetíveis de avaliação pecuniária.

Não há sociedade sem que os sócios tragam efetiva colaboração à sua existência, esta contribuição sempre foi de extrema importância e deverá estar expressa no contrato social em moeda corrente.

O capital social é uma parcela do patrimônio da sociedade, é a contribuição de cada sócio para a sua constituição. É com o capital social que a sociedade simples se organiza para atender seus objetivos econômicos, representado pela cotas com que os sócios se obrigam a entrar para a sociedade.

O capital social poderá ser constituído por qualquer bem suscetível de avaliação pecuniária, por exemplo: dinheiro, bens móveis ou bens imóveis, intangíveis (marcas ou patentes) ou até por recebíveis (duplicatas).

Assinado o contrato social, os sócios são obrigados a entrar para o fundo social com a sua contribuição, total ou parcialmente, conforme estiver previsto no ato constitutivo da sociedade.

d) A cota de cada sócio no capital social, e o modo de realizá-la.

O capital social está dividido em cotas que poderão ser iguais ou desiguais, subscritas pelos sócios. Essas cotas serão integralizadas no ato da constituição da sociedade ou a integralizar, devendo o contrato social, prever a forma de integralização. Sendo a contribuição em dinheiro, e havendo atraso, o sócio pagará juros de mora; sendo a contribuição em serviço ou bens, e da mora resultar dano, por este responderá o sócio faltoso. Em qualquer um dos casos, os demais sócios poderão preferir, em vez de indenização ou juros de mora a exclusão do sócio remisso.

e) As prestações a que se obriga o sócio, cuja contribuição consista em serviços.

Na sociedade simples, será admissível a contribuição dos sócios através da prestação de serviços que deverá estar devidamente especificada no contrato social.

Conforme dispõe o artigo 1.006 do Código Civil, os sócios cuja contribuição consista somente em serviços, não poderá, salvo convenção em contrário, participar em atividade estranha à sociedade, sob pena de perder o direito de participar dos lucros e dela ser excluído.

No que tange a contribuição que consista em prestação de serviços, assim dispõe o Enunciado nº 206 do Conselho da Justiça Federal, aprovado na III Jornada de Direito Civil *"... é permitida nas sociedades cooperativas (art. 1.094, I) e nas sociedades simples propriamente ditas (art. 983, 2ª parte)".*

f) As pessoas naturais incumbidas da administração da sociedade, e seus poderes e atribuições.

Deverá estar previsto no contrato social a pessoa natural ou as pessoas naturais que irão administrar a sociedade, com delimitação de suas atribuições e poderes, devendo ainda constar proibições referentes à prática de atos que onerem a sociedade. O administrador da sociedade deverá exercer as suas funções com cuidado e diligência que toda homem íntegro costuma empregar na administração de seus próprios negócios. Se nada estiver dispondo o contrato social, a administração da sociedade compete separadamente a cada sócio.

g) A participação de cada sócio nos lucros e nas perdas;

O contrato social deverá prever a participação dos sócios nos lucros e nas perdas da sociedade, proporcionalmente a sua contribuição para a formação do capital social, sendo admissível também outro modo de participação. Segundo o artigo 1.008 do Código Civil, é nula a estipulação contratual que exclua qualquer dos sócios dessa participação.

Referente ao sócio que entrou somente com a prestação de serviços, dispõe o artigo 1.007 que ele participará somente dos lucros na proporção da média do valor das cotas.

Newton De Lucca exemplifica da seguinte maneira: *"numa sociedade composta por quatro sócios, sendo três capitalistas e um de serviços, em que o sócio "A" tem direito a 60% dos lucros; o sócio "B" a 30% dos lucros; e o "C" a 10% dos lucros; então, o único sócio de serviço deverá receber 33% dos lucros distribuídos, cuja participação deverá ser debitada também proporcionalmente do quinhão dos demais sócios para que seja atingida a média determinada na norma".*[5]

h) A responsabilidade dos sócios, subsidiariamente ou não, pelas obrigações sociais.

O contrato social deverá conter cláusula referente a responsabilidade dos sócios em suas relações externas, determinando se será subsidiária ou não.

Entende-se por responsabilidade subsidiária dos sócios, aquela que vem reforçar a responsabilidade principal, desde que não seja esta suficiente para atender os imperativos da obrigação assumida. É o que ocorre em relação a responsabilidade solidária dos sócios, que se fixa numa responsabilidade subsidiária, onde, caso a sociedade não tenha haveres para cumprir suas obrigações, subsidiariamente vêm os sócios cumpri-las com o produto de seus bens particulares.

Segundo o Enunciado nº 61 do Conselho da Justiça Federal aprovado na I Jornada de Direito Civil *"O termo 'subsidiariamente' constante do inc. VIII do art. 997 do Código Civil deverá ser substituído por 'solidariamente' a fim de compatibilizar esse dispositivo com o art. 1.023, do mesmo Código".*

Consoante ao Enunciado nº 214 do Conselho da Justiça Federal, aprovado na III Jornada de Direito Civil *"As indicações contidas no art. 997*

5 LUCCA, Newton de. *A atividade empresarial no âmbito do projeto do código civil. In: Direito empresarial contemporâneo.* São Paulo: Juarez de Oliveira, 2000.

não são exaustivas, aplicando-se outras exigências contidas na legislação pertinente, para fins de registro".

No que tange ao arquivamento de seus atos constitutivos, a sociedade simples deverá requerer a inscrição do seu contrato social no Registro Civil das Pessoas Jurídicas do local da sua sede, nos trinta dias seguintes à sua constituição.

Será ineficaz em relação a terceiros qualquer pacto separado, contrário ao disposto no contrato social.

O pedido de inscrição do contrato social no Registro Civil das Pessoas Jurídicas deverá estar acompanhado do instrumento autenticado do contrato, e, se algum sócio houver sido representado por procurador, exige-se a autenticação da respectiva procuração, e se for o caso, nas sociedades dependentes de autorização, a prova competente.

A inscrição será lavrada por termo em livro próprio e obedecerá a um número de ordem contínua para todas as sociedades inscritas.

As modificações na sociedade que tenham por objeto matéria referente às cláusulas obrigatórias constantes do artigo 997 do Código Civil dependem do consentimento de todos os sócios; as demais podem ser, decididas por maioria absoluta de votos, se nada contrário estiver previsto no contrato social. Qualquer modificação referente às cláusulas do contrato social será averbada no órgão competente.

Quando a sociedade simples instituir sucursal, filial ou agência na circunscrição de outro Registro Civil das Pessoas Jurídicas, deverá neste também inscrever-se, apresentando a prova da sua inscrição originária, sendo também em qualquer caso averbada no Registro Civil da respectiva sede.

3.4. Direitos e Obrigações dos Sócios

As obrigações dos sócios iniciam-se na data do contrato, ou em época nele designada, e terminam depois de dissolvida a sociedade e satisfeitas e extintas todas as suas responsabilidades, conforme disposto no artigo 1.001 do Código Civil; *"As obrigações dos sócios começam imediatamente com o contrato, se este não fixar outra data, e terminam quando, liquidada a sociedade, se extinguirem as responsabilidades sociais".*

Após o início das obrigações, o sócio somente poderá ser substituído em suas funções, com o consentimento expresso dos demais sócios e através de alteração averbada no registro competente.

Poderá ocorrer a hipótese em que o sócio não é substituído, mas deseja ceder integral ou parcialmente a sua cota a terceiro, configurando uma espécie de associação desse terceiro à sociedade, sendo necessário nesse caso o consentimento dos demais sócios e a averbação da modificação do contrato social no registro competente. O sócio cedente responderá solidariamente com o cessionário perante a sociedade e terceiros, pelas obrigações que tinha enquanto sócio até dois anos após, averbada a modificação do contrato social.

Durante esses dois anos, cedente e cessionário ficarão responsáveis em cumprir as obrigações sociais, de maneira solidária e integral.

Se, porém, a cessão se operar sem a concordância dos demais sócios, não terá nenhuma eficácia perante os demais sócios e à sociedade, sendo considerada absolutamente nula, e, portanto, inexistente.

Os sócios podem contribuir para a integralização do capital social com dinheiro, bens móveis ou imóveis e também com prestação de serviços.

Segundo o Enunciado nº 478 do Conselho da Justiça Federal aprovado na V Jornada de Direito Civil *"A integralização do capital social em bens imóveis pode ser feita por instrumento particular de contrato social ou de alteração contratual, ainda que se trate de sociedade sujeita ao registro exclusivamente no registro civil de pessoas jurídicas".*

Os sócios são obrigados a entregar para a sociedade o valor ou bens que se comprometeram a realizar e, se não o fizerem, serão notificados por ela, para que cumpram o que foi estipulado no contrato social.

Se após 30 (trinta) dias do recebimento da notificação não o fizerem, responderão pelos danos que forem causados em decorrência de sua mora, sendo facultado aos demais sócios, optar pela exclusão ou pela redução da quota ao valor que já tenha sido realizado.

Poderá ocorrer que os demais sócios complementem o valor da referida quota, mas, se não o fizerem, o capital social será reduzido.

Caso o capital venha a ser composto por coisa alheia ou litigiosa, e os demais sócios desconheçam tal situação, os danos relativos à evicção deverão ser ressarcidos à sociedade, que perante terceiros responderá pelos prejuízos ocasionados, conforme disposto no artigo 1.005 do Código Civil, *in verbis*: *"O sócio que, a título de quota social, transmitir domínio, posse ou uso, responde pela evicção; e pela solvência do devedor, aquele que transferir crédito".*

Na sociedade simples os sócios poderão contribuir somente com serviços para a composição do capital social, pois assim determina o Enunciado nº 206 do Conselho da Justiça Federal aprovado na III Jornada de Direito Civil *"A contribuição do sócio exclusivamente em prestação de serviços é permitida nas sociedades cooperativas (art. 1.094, I) e nas sociedades simples propriamente ditas (art. 983, 2ª parte)".*

O sócio que contribuir somente com serviços para a composição do capital social não poderá exercer atividade alheia à consecução do objetivo da sociedade, sob pena de ser privado de seus lucros e dela excluído, exceto se for autorizado expressamente.

Os sócios, se nada estiver disposto em contrário, participam dos lucros e das perdas, na proporção das respectivas quotas sociais, mas aquele cuja contribuição consistir somente em serviços participará dos lucros na proporção da média do valor das quotas.

Será considerada nula no contrato social a cláusula que exclua qualquer sócio de participar dos lucros e das perdas.

Segundo o Enunciado nº 475 do Conselho da Justiça Federal aprovado na V Jornada de Direito Civil *"Considerando ser da essência do contrato de sociedade a partilha do risco entre os sócios, não desfigura a sociedade simples o fato de o respectivo contrato social prever distribuição de lucros, rateio de despesas e concurso de auxiliares"*.

Constituída a sociedade, os sócios terão direitos e obrigações.

São direitos dos sócios: a) participar dos lucros sociais, segundo o valor de sua contribuição ou conforme dispuser o contrato (artigo 997, VII); b) fiscalizar a gestão social (artigo 1.020); c) fiscalizar a escrituração social (artigo 1.021); d) votar nas deliberações sociais nas sociedades contratuais (artigo 1.010).

São obrigações dos sócios: a) tornar efetiva a contribuição prometida – bens materiais, dinheiro ou prestação em serviços (artigo 1.004); b) responder pelas perdas na mesma proporção que nos lucros (artigo 1.007); c) responder perante a sociedade e terceiros pela deterioração e perda da sociedade que pode ou não suceder do capital (artigo 1.003, § único).

3.5. Deliberação dos Sócios

Quando competir aos sócios deliberar sobre os negócios da sociedade, estas serão tomadas por maioria simples de votos, contados segundo o valor das quotas de cada um.

Para a formação da maioria absoluta são necessários votos que correspondam a mais da metade do capital social.

Existem algumas deliberações relativas à modificação das matérias elencadas pelo artigo 997 do Código Civil que devem ser objeto de consenso dos sócios e não por maioria de votos, a não ser que o contrato social estabeleça de maneira diversa.

No caso de empate, valerá a decisão aceita pelo maior número de sócios, e, se, ainda assim, este persistir, o problema deverá ser submetido ao Poder Judiciário, devendo decidir a respeito.

O sócio que tiver interesse contrário à sociedade e participar de alguma deliberação que a aprove através do seu voto responderá por perdas e danos.

Determina o artigo 1.010 do Código Civil que, *"Quando, por lei ou pelo contrato social, competir aos sócios decidir sobre os negócios da sociedade, as deliberações serão tomadas por maioria de votos, contados segundo o valor das quotas de cada um. §1º Para formação da maioria absoluta são necessários votos correspondentes a mais da metade do capital. §2º Prevalece a decisão sufragada por maior número de sócios no caso de empate, e, se este persistir, decidirá o juiz. §3º Responde por perdas e danos o sócio que, tendo em alguma operação interesse contrário ao da sociedade, participar da deliberação que a aprove graças a seu voto".*

3.6. Administração da Sociedade

O administrador da sociedade deverá agir no exercício de suas funções com todo o cuidado, diligência e probidade. Em regra, ele será indicado no ato constitutivo ou em ato separado, e será responsável pela administração da sociedade, não podendo os demais sócios interferir em suas atividades, cabendo-lhes apenas o direito de informação e acesso aos livros e documentos.

Não poderão ser administradores aqueles impedidos por lei especial e aqueles condenados a pena que vede, ainda que temporariamente, o acesso a cargos públicos; ou por crime falimentar, de prevaricação, peita ou suborno, concussão, peculato; ou contra a economia popular, contra as relações de consumo, a fé pública ou a propriedade, enquanto perdurarem os feitos da condenação.

O administrador nomeado em ato separado deverá averbá-lo no registro competente e responderá pessoal e solidariamente com a sociedade pelos atos que praticar.

A administração da sociedade será feita separadamente por intermédio de cada sócio, exceto se houver cláusula restritiva no contrato social. Se a administração for feita separadamente por vários administradores, cada um poderá impugnar a operação pretendida pelo outro, cabendo a decisão aos sócios, por maioria de votos.

O administrador que realizar operações, sabendo que estava em desacordo com a maioria dos sócios, responderá por perdas e danos perante a sociedade.

Os administradores respondem solidariamente perante a sociedade e terceiros prejudicados, se houver culpa no desempenho de suas funções, e aqueles que, sem o consentimento dos demais sócios, aplicarem créditos ou bens sociais, em proveito próprio ou de terceiros, serão obrigados a restituí-los à sociedade, ou pagar o equivalente, com todos os lucros resultantes, respondendo também pelos prejuízos, se houver.

Segundo o Enunciado nº 59 do Conselho da Justiça Federal aprovado na I Jornada de Direito Civil *"Os sócios gestores e os administradores das empresas são responsáveis subsidiária e ilimitadamente pelos atos ilícitos praticados, de má gestão ou contrários ao previsto no contrato social ou estatuto, consoante estabelecem os arts. 990, 1.009, 1.016, 1.017 e 1.091, todos do Código Civil".*

Determina também o Código Civil que é proibido ao administrador fazer-se substituir no exercício de suas funções, sendo-lhes permitido, constituir mandatários da sociedade, especificando no instrumento de mandato os atos e operações que poderão praticar.

Os administradores são obrigados a prestar contas justificadas de sua administração aos sócios, bem como a apresentar o inventário, balanço patrimonial e de resultado econômico anualmente. O sócio pode, a qualquer tempo, examinar os livros, documentos, estado de caixa e a carteira da sociedade, salvo se houver estipulação que determine época apropriada.

3.7. Relações com Terceiros

Após a sua constituição, a sociedade adquire direitos e assume obrigações, por meio de seus administradores com poderes especiais quando houver.

Se os bens da sociedade não forem suficientes para lhe cobrirem as dívidas, salvo cláusula de responsabilidade solidária, os sócios respondem pelo saldo, na proporção em que participem das perdas sociais, mas os seus bens particulares não poderão ser executados por dívidas da sociedade, a não ser após terem sido executados todos os bens sociais.

Quando o sócio for admitido em alguma sociedade já constituída, não se eximirá das dívidas sociais anteriores à sua admissão.

O credor particular de um dos sócios pode na insuficiência de outros bens do devedor, cobrá-lo sobre o que lhe couber nos lucros da sociedade, ou na parte que lhe caberia em caso de liquidação. Se a sociedade não estiver dissolvida, o credor poderá requerer a liquidação da quota do devedor, cujo valor será depositado em dinheiro, no juízo da execução, até noventa dias após a liquidação.

Diante do exposto, se faz interessante a observação dos Enunciados nº 387, 388 e 389 do Conselho da Justiça Federal aprovado na IV Jornada de Direito Civil:

Enunciado nº 387: *"A opção entre fazer a execução recair sobre o que ao sócio couber no lucro da sociedade ou sobre a parte que lhe tocar em dissolução orienta-se pelos princípios da menor onerosidade e da função social da empresa"*.

Enunciado nº 388: *"O disposto no art. 1.026 do Código Civil não exclui a possibilidade de o credor fazer recair a execução sobre os direitos patrimoniais da quota de participação que o devedor possui no capital da sociedade"*.

Enunciado nº 389: *"Quando se tratar de sócio de serviço, não poderá haver penhora das verbas descritas no art. 1026, se de caráter alimentar"*.

Os herdeiros do cônjuge de sócio, ou o cônjuge do que se separou judicialmente, não poderão exigir de imediato a parte que lhes caberia na quota social, mas deverão concorrer à divisão periódica dos lucros, até que se liquide a sociedade.

Explica Rubens Requião que *"na sociedade simples clássica, se os bens sociais não forem suficientes para atender ao passivo, os sócios responderão de modo subsidiário, pelo saldo faltante, na proporção da participação individual que tiverem nas perdas sociais. O contrato poderá estabelecer solidariedade para qualificar a responsabilidade dos sócios (art. 1.023). A sociedade simples pode adotar a forma da sociedade empresária (art. 983 c/c o art. 1.150), pelo que a responsabilidade de um, alguns ou todos os sócios pode ser limitada à participação no capital social".*[6]

3.8. Resolução da Sociedade em Relação a um Sócio

Segundo o artigo 1.028 do Código Civil, a morte de um dos sócios acarretará a liquidação de sua cota e, conseqüentemente, o seu desligamento da sociedade mediante a dissolução parcial, que ocorrerá após a realização de um balanço especial para apuração dos haveres.

Na liquidação será apurado o valor em relação à cota parte do sócio falecido, passando seus sucessores a ocuparem o lugar de credores do montante referente a ela.

Em regra, o falecimento de um dos sócios na sociedade de pessoas opera a dissolução parcial, podendo em 3 (três) situações distintas ocorrer a continuidade da sociedade: a) se o contrato dispuser de outra forma; b) se os sócios remanescentes optarem pela dissolução integral; ou c) se houver acordo com os herdeiros sobre a substituição do sócio falecido.

Segundo Enunciado nº 221 do Conselho da Justiça Federal aprovado na III Jornada de Direito Civil: *"Diante da possibilidade de o contrato social permitir o ingresso na sociedade do sucessor de sócio falecido, ou de os sócios acordarem com os herdeiros a substituição de sócio falecido, sem liquidação da quota em ambos os casos, é lícita a participação de menor em sociedade limitada, estando o capital integralizado, em virtude da inexistência de vedação no Código Civil".*

Pelo fato de ser o contrato de sociedade um acordo de vontades, não só a morte enseja sua resolução parcial, como também qualquer sócio que assim o desejar, em qualquer tempo, poderá se retirar da sociedade. Se a sociedade for por prazo indeterminado, qualquer sócio, com antecedência mínima de 60 (sessenta) dias, deverá enviar uma notificação aos demais. Se por prazo determinado, a lei é mais exigente, devendo o sócio provar judicialmente a justa causa, que poderá referir-se a alguma situação legal ou contratual que enseje a sua extinção. Nos 30 (trinta) dias subseqüentes à notificação, os demais sócios podem optar pela dissolução da sociedade.

Segundo o Enunciado nº 390 do Conselho da Justiça Federal aprovado na IV Jornada de Direito Civil *"Em regra, é livre a retirada de sócio nas sociedades limitadas e anônimas fechadas, por prazo indeterminado, desde que tenham integralizado a respectiva parcela do capital, operando-se a denúncia (arts. 473 e 1.029)".*

6 REQUIÃO, Rubens. *Curso de direito comercial.* São Paulo: Saraiva, v. 1, 2003, p. 406.

O sócio poderá optar em se retirar ou ser excluído judicialmente da sociedade, sendo os motivos, o disposto no artigo 1.030 e parágrafo único do Código Civil: a) falta grave no cumprimento de suas obrigações; b) incapacidade superveniente; c) declaração de falência; d) liquidação de quota.

Consoante ao Enunciado nº 481 do Conselho da Justiça Federal aprovado na V Jornada de Direito Civil *"O insolvente civil fica de pleno direito excluído das sociedades contratuais das quais seja sócio"*.

Quando da retirada de um dos sócios, o valor da sua quota será liquidado, com base na situação patrimonial da sociedade, à data da resolução, em balanço especialmente levantado, exceto se houver disposição contratual diversa. Neste caso o capital social irá sofrer uma redução, a não ser que os demais sócios venham completar o valor da quota. A quota liquidada será paga em dinheiro, no prazo de 90 (noventa) dias, a partir da liquidação, exceto se houver um acordo diverso, ou estiver estipulado no contrato social.

Consoante ao Enunciado nº 62 do Conselho da Justiça Federal aprovado na I Jornada de Direito Civil *"Com a exclusão do sócio remisso, a forma de reembolso das suas quotas, em regra, deve-se dar com base em balanço especial, realizado na data da exclusão"*.

Os sócios que se retirarem da sociedade, forem excluídos ou vierem a falecer, e também seus herdeiros, não se eximem da responsabilidade pelas obrigações sociais anteriores, ficando responsáveis, até dois anos após, averbada a resolução da sociedade.

3.9. Dissolução da Sociedade

A dissolução da sociedade poderá ser total, parcial ou judicial. Será total, quando houver a extinção da personalidade jurídica, o desfazimento de todos os vínculos pactuados, o fim da conjugação paralela de intenções em torno do objeto social, e a morte da entidade. Será parcial, quando houver a retirada de um ou alguns dos sócios, que deixam de integrá-la.

Segundo o artigo 1.033 do Código Civil, ocorre a dissolução total, nos seguintes casos: a) por deliberação unânime dos sócios; b) vontade unânime dos sócios; c) por deliberação da maioria social na sociedade por prazo indeterminado; d) por extinção da autorização para funcionar, quando necessária; e) judicialmente, exaurido o fim social ou em face de sua inexeqüibilidade; f) anulação judicial de sua constituição; g) pela falência; h) pela desvinculação de um dos sócios, na sociedade de apenas dois sócios; ou i) por condição contratual judicialmente verificável, se contestada.

Nada impede que o contrato estipule outras causas para a dissolução. Porém, se contestadas, deverão ser apuradas judicialmente. A falência de um dos sócios não acarreta a dissolução da sociedade, pois segundo a Lei de Falências, na quebra do sócio entrarão para sua massa falida os haveres que tiver na sociedade.

Diz a Lei nº 11.101, de 9 de fevereiro de 2005, em seu artigo 123: *"Se o falido fizer parte de alguma sociedade, como sócio comanditário ou cotista, para a massa falida entrarão somente os haveres que na sociedade ele possuir e forem apurados na forma estabelecida no contrato ou estatuto social. § 1º Se o contrato ou estatuto nada disciplinar a respeito, a apuração far-se-á judicialmente, salvo se, por lei, pelo contrato ou estatuto, a sociedade tiver de liquidar-se, caso em que os haveres do falido, somente após o pagamento de todo o passivo da sociedade, entrarão para a massa falida. § 2º Nos casos de condomínio indivisível de que participe o falido, o bem será vendido e deduzir-se-á do valor arrecadado o que for devido aos demais condôminos, facultada a estes a compra da quota-parte do falido nos termos da melhor proposta obtida".*

Ocorre a dissolução parcial (resolução) da sociedade quando houver: a) exclusão do sócio; b) saída do sócio; c) morte do sócio.

A dissolução parcial (resolução) não dissolve a sociedade, pois ela continua com os sócios remanescentes, sua personalidade jurídica permanece e a empresa é preservada; apenas opera-se o rompimento do pacto originário em relação aos sócios que se retiram da sociedade.

A morte do sócio somente irá configurar a dissolução da sociedade por opção dos sócios remanescentes ou se houver previsão contratual.

Encontra-se a dissolução parcial somente nas sociedades contratuais, assentadas na *"affectio societatis"*, mesmo porque inexiste tal dissolução na sociedade por ações.

Segundo disposto no artigo 1.034 do Código Civil, a dissolução judicial da sociedade ocorre a requerimento de qualquer dos sócios, quando anulada a sua constituição, ou exaurido o fim social, ou ainda, se este se mostrar inexeqüível.

É a dissolução declarada por sentença, sempre que houver conflito de pretensões entre os sócios sobre a dissolução ou quando ocorrer a falência da sociedade. O sócio também poderá procurar o amparo judicial sempre que sofrer ou estiver na iminência de sofrer lesão a direito individual.

3.10. Liquidação e Extinção da Sociedade

Ocorrida a dissolução, os administradores deverão providenciar imediatamente um liquidante e restringir a gestão própria aos negócios inadiáveis, vedadas novas operações, pelas quais responderão solidária e ilimitadamente. Dissolvida de pleno direito a sociedade, o sócio poderá requerer a liquidação judicial.

O liquidante deverá estar designado no contrato da sociedade ou eleito por deliberação dos sócios, podendo a escolha recair em pessoa estranha ao quadro social. O liquidante poderá ser destituído a qualquer tempo nos seguintes casos: a) se eleito, através de deliberação dos sócios; ou b) em qualquer caso, por via judicial, a requerimento de um ou mais sócios, ocorrendo justa causa.

O Ministério Público poderá requerer a liquidação da sociedade quando, tratando-se de sociedade que necessita de autorização para funcionar, esta for extinta e os seus administradores ou o sócio não o fizerem no prazo de 30 (trinta) dias seguintes à perda da autorização. Caso o representante do Ministério Público não venha requerer a liquidação, a autoridade encarregada da autorização nomeará interventor provisório para requerer a liquidação, até que seja nomeado o liquidante.

O liquidante, que não seja administrador da sociedade, irá se investir nas suas funções, após averbada a sua nomeação no registro competente.

Os deveres do liquidante encontram-se no artigo 1.103 do Código Civil, que dispõe: *"Constituem deveres do liquidante: I – averbar e publicar a ata, sentença ou instrumento de dissolução da sociedade; II – arrecadar os bens, livros e documentos da sociedade, onde quer que estejam; III – proceder, nos quinze dias seguintes ao da sua investidura e com a assistência, sempre que possível, dos administradores, à elaboração do inventário e do balanço geral do ativo e do passivo; IV – ultimar os negócios da sociedade, realizar o ativo, pagar o passivo e partilhar o remanescente entre os sócios ou acionistas; V – exigir dos quotistas, quando insuficiente o ativo à solução do passivo, a integralização de suas quotas e, se for o caso, as quantias necessárias, nos limites da responsabilidade de cada um e proporcionalmente à respectiva participação nas perdas, repartindo-se, entre os sócios solventes e na mesma proporção, o devido pelo insolvente; VI – convocar assembléia dos quotistas, cada seis meses para apresentar relatório e balanço do estado da liquidação, prestando conta dos atos praticados durante o semestre, ou sempre que necessário; VII – confessar a falência da sociedade e pedir a recuperação judicial ou extrajudicial, de acordo com as formalidades prescritas para o tipo de sociedade liquidanda; VIII – finda a liquidação, apresentar aos sócios o relatório da liquidação e as suas contas finais; IX – averbar a ata da reunião ou da assembléia, ou o instrumento firmado pelos sócios, que considerar encerrada a liquidação"*.

O liquidante empregará em todos os atos, documentos ou publicações, a firma ou denominação social seguida da cláusula *"em liquidação"* e de sua assinatura individual, com a declaração de sua qualidade.

A liquidação judicial é processada perante o juiz e observada as regras do artigo 655 do Decreto-lei nº 1.608, de 18 de setembro de 1939 (antigo Código de Processo Civil), mantidas em vigor pelo artigo 1.218, VII, do atual Código de Processo Civil, conforme determinação a seguir: I. Petição inicial, instruída com o contrato ou estatuto; II. Nos casos de dissolução de pleno direito, o juiz ouvirá os interessados e no prazo de 48 (quarenta e oito) horas decidirá, (Decreto-lei nº 1.608/39, artigo 656); III. Dissolução contenciosa, o juiz ouvirá os interessados e decidirá em 05 (cinco) dias; IV.

Se o juiz decretar a dissolução, na mesma sentença nomeará liquidante a pessoa a quem pelo contrato, ou pela lei, competir tal função, (Decreto-lei nº 1.608/39, artigo 657); V. Nomeado liquidante, este assinará o termo em 48 (quarenta e oito) horas, (Decreto-lei nº 1.608/39, artigo 658); VI. Obrigações do liquidante: a) levantar inventário da sociedade e fazer o balanço social; b) promover a cobrança de dívidas ativas e pagar as passivas; c) vender com autorização do juiz os bens de fácil deterioração ou de guarda dispendiosa; d) praticar os atos necessários para assegurar os direitos da sociedade; e) apresentar ao juiz balancete da liquidação; f) propor a forma de divisão, ou partilha, ou do pagamento dos sócios; g) prestar contas de sua gestão, (Decreto-lei nº 1.608/39, artigo 660); VII. Os liquidantes poderão ser destituídos pelo juiz, ou por qualquer interessado se faltarem aos seus compromissos, (Decreto-lei nº 1.608/39, artigo 661); VIII. Apresentado o plano de partilha, os interessados manifestar-se-ão em prazo comum de 05 (cinco) dias; vencidos os prazos e conclusos os autos, o juiz aprovará ou não o plano de partilha, homologando-o por sentença, (Decreto-lei nº 1.608/39, artigos 664 e 665); IX. A divisão e a partilha dos bens sociais serão feitas de acordo com os princípios que regem a partilha dos bens de herança, (Decreto-lei nº 1.608/39, artigo 671); X. O Foro competente será o do lugar da sede ou domicílio da sociedade.

O liquidante deverá representar a sociedade e praticar todos os atos necessários à sua liquidação, inclusive se necessário poderá alienar bens móveis ou imóveis, transigir, receber e dar quitação.

O liquidante não poderá, sem estar expressamente autorizado pelo contrato social, ou pelo voto da maioria dos sócios, gravar de ônus reais os móveis e imóveis, e contrair empréstimos, a não ser quando forem indispensáveis ao pagamento de obrigações inadiáveis. Sendo proibido, também, prosseguir na atividade social, mesmo que seja para facilitar a liquidação.

Incumbe ainda ao liquidante o pagamento proporcional das dívidas sociais, respeitando os direitos dos credores preferenciais, sem distinção entre as dívidas vencidas e vincendas, porém obtendo desconto para as que ainda vierem a vencer.

Pago o passivo e partilhado o remanescente, o liquidante convocará assembléia de sócios para a prestação final de contas. Após aprovadas todas as contas, fica encerrada a liquidação, extinguindo-se a sociedade, após ser averbada no registro competente a ata da assembléia e os seguintes documentos: a) prova de contribuição sindical; b) certificado de quitação do INSS (negativa de débito); c) certidão negativa do Imposto de Renda; d) certidão negativa de débito salarial; e) guia de recolhimento dos emolumentos devidos.

O credor que não estiver satisfeito, após encerrada a liquidação, terá direito a exigir dos sócios individualmente, o pagamento do seu crédito, até o limite da soma por eles recebida em partilha, e a propor contra o liquidante ação de perdas e danos conforme disposto no artigo 1.110 do Código Civil que diz: *"Encerrada a liquidação, o credor não satisfeito só terá direito a exigir dos sócios, individualmente, o pagamento do seu crédito, até o limite da soma por eles recebida em partilha, e a propor contra o liquidante ação de perdas e danos"*

Capítulo IV

SOCIEDADES EMPRESÁRIAS

Sumário: 4.1. Disposições gerais das sociedades empresárias. **4.2.** Espécies de sociedades empresárias.

4.1. Disposições Gerais das Sociedades Empresárias

Sociedades empresárias são aquelas que se destinam à exploração da atividade empresarial sujeita ao Registro Público de Empresas Mercantis e Atividades Afins, a cargo da Junta Comercial. São as atividades econômicas praticadas pelos empresários comerciantes e industriais podendo adotar os seguintes tipos: sociedade em conta de participação, sociedade em nome coletivo, sociedade em comandita simples, sociedade limitada, sociedade anônima e sociedade em comandita por ações.

Para Amador Paes de Almeida, *"sociedade empresária é a sociedade regular ou de direito (personalizada) que explora atividade econômica organizada"*.[1]

Assevera Waldo Fazzio Júnior que *"identifica-se como sociedade empresária a pessoa jurídica de direito privado, implementada por um contrato, cujo objeto social é a exploração de atividade empresarial, ou que, independentemente de seu objeto, adota a forma societária por ações"*.[2]

Sociedade empresária é aquela onde duas ou mais pessoas se obrigam a prestar certa contribuição para a formação do capital social destinado ao exercício da atividade econômica, com a intenção de partilhar os lucros entre si.[3]

4.2. Espécies de Sociedades Empresárias

A lei brasileira reconhece seis espécies de sociedades empresárias, sendo quatro reguladas pelo Código Civil brasileiro de 2002 e duas por leis

1 ALMEIDA, Amador Paes de. *Manual das sociedades comerciais*. São Paulo: Saraiva, 2004, p. 95.

2 FAZZIO JÚNIOR, Waldo. Manual de direito comercial. São Paulo: Atlas, 2004, p. 152.

3 Quanto às sociedade unipessoais, observar artigo 251, da Lei nº 6.404, de 15 de dezembro de 1976 (Lei de Sociedades por Ações), que dispõe sobre a Subsidiária Integral, também chamada de *"wholly owned subsidiary"*. *"Art. 251. A companhia pode ser constituída, mediante escritura pública, tendo como único acionista sociedade brasileira"*.

especiais. As sociedades reguladas pelo Código Civil brasileiro de 2002 são: a sociedade em conta de participação (artigos 991 a 996), a sociedade em nome coletivo (artigos 1.039 a 1.044), a sociedade em comandita simples (artigos 1.045 a 1.051) e a sociedade limitada (artigos 1.052 a 1.087). As sociedades reguladas por lei especial são: a sociedade por ações e a sociedade em comandita por ações, introduzidas em nosso ordenamento jurídico pela Lei nº 6.404, de 15 de dezembro de 1976.

A sociedade em conta de participação era regulada pelo antigo Código Comercial, Lei nº 556, de 25 de junho de 1850, em seus artigos 325 a 328, hoje regulada pelo Código Civil brasileiro de 2002, em seus artigos 991 a 996. É considerada uma sociedade não personificada, onde aparece perante terceiros, somente um dos sócios, chamado de ostensivo ou aparente e que responde ilimitadamente pelas obrigações assumidas. A sociedade existe apenas entre os sócios e não perante terceiros, não tendo, por essa razão, personalidade jurídica.

A sociedade em nome coletivo, anteriormente regulada pelo antigo Código Comercial em seus artigos 315 e 316, hoje regulada pelo Código Civil de 2002, em seus artigos 1.039 a 1.044, é aquela em que todos os sócios possuem responsabilidade subsidiária, ilimitada e solidária, pelas obrigações sociais.

A sociedade em comandita simples também era regulada pelo antigo Código Comercial em seus artigos 311 a 314. Hoje regulada pelo Código Civil de 2002, em seus artigos 1.045 a 1.051, é aquela que possui duas categorias de sócios, o comanditário que responde, apenas pela importância com que entra para a formação do capital social e o comanditado que responde ilimitadamente.

A sociedade limitada, anteriormente regulada pelo Decreto nº 3.708, de 10 de janeiro de 1919, é hoje regulada pelo Código Civil de 2002, em seus artigos 1.052 a 1.087, caracteriza-se por ser aquela onde os sócios respondem limitadamente, perante terceiros, pelo total do capital social.

As sociedades por ações também chamadas de sociedades anônimas eram, primitivamente, reguladas pelo Código Comercial de 1850, em seus artigos 295 a 299, sendo esta parte do Código substituída pela Lei nº 3.150, de 4 de novembro de 1882, que passou a reger a constituição e funcionamento dessas sociedades e das sociedades em comandita por ações. Mais tarde Miranda Valverde foi encarregado de elaborar um anteprojeto de lei das sociedades por ações que logo foi transformado, com as devidas alterações, no Decreto-Lei nº 2.627, de 26 de setembro de 1940, que permaneceu em vigor até a promulgação da Lei nº 6.404, de 15 de dezembro de 1976.

As sociedades por ações caracterizam-se por terem o seu capital dividido em partes iguais, denominadas ações, que são títulos negociáveis livremente, e onde os sócios respondem limitadamente pelas ações subscritas ou adquiridas.

As sociedades em comandita por ações são reguladas pela Lei nº 6.404, de 15 de dezembro de 1976, em seus artigos 280 a 284 e têm o seu capital dividido em ações, porém os sócios diretores ou gerentes respondem ilimitada e solidariamente, pelas obrigações sociais.

Capítulo V

SOCIEDADE EM NOME COLETIVO

5.1. Disposições Gerais da Sociedade em Nome Coletivo

Sociedade em nome coletivo era aquela outrora comumente constituída, em razão mesmo da melhor garantia oferecida de honestidade e de atividade, tendo suas origens nas comunidades familiares de irmãos, pais e filhos que se dedicavam à mesma atividade nas cidades medievais. Foi formada no comércio medieval italiano, recebendo o nome de sociedade geral, livre ou ordinária. É um produto do corporativismo medievo, batizada no Brasil como sociedade em nome coletivo ou como firma.

Assevera Fran Martins que *"as sociedades em nome coletivo tiveram sua origem na Idade Média. Quando o comércio começou a desenvolver-se nas cidades italianas, as sociedades em nome coletivo, substituindo as antigas sociedades familiares, em que o patrimônio da família respondia pelas obrigações assumidas pelos seus membros, principiaram a constituir-se em larga escala. Não é, no dizer dos mestres, a em nome coletivo o tipo mais antigo das sociedades comerciais: a sociedade em comandita simples lhe é anterior, pois data do começo do desenvolvimento do comércio marítimo, fato que antecedeu o desenvolvimento do comércio terrestre. No entanto, a sociedade em nome coletivo teve as suas normas registradas pelos estatutos das cidades italianas antes da sociedade em comandita. Sob esse ponto de vista existiu, portanto, anteriormente à sociedade em comandita simples, se bem que esta, de fato, se tenha antecipado à em nome coletivo"*. [1]

O Código Comercial de 1850, em seu artigo 315, determinava que a sociedade em nome coletivo era aquela constituída por duas ou mais pessoas, ainda que algumas não comerciantes, que se uniam para comerciar em comum, debaixo de uma firma social.

---

1 MARTINS, Fran. *Curso de direito comercial.* Rio de Janeiro: Forense, 2003, p. 184.

Este conceito do artigo 315 do antigo Código Comercial há muito se encontrava superado, pois tal definição servia para todos os tipos de sociedades, com exceção das sociedades anônimas e a em conta de participação.

A sociedade em nome coletivo poderá ser formada sem que qualquer dos sócios seja empresário comerciante. Nem o fato de sua participação societária conferirá ao sócio a qualidade de empresário comerciante, pois este (comerciante), como já visto, será sempre a sociedade.

Portanto, não fazia sentido declarar o artigo 315 do antigo Código Comercial que os sócios *"se unem para comerciar em comum, debaixo de uma firma social"*, como se eles, e não a sociedade, como ocorre, fossem os empresários comerciantes.

Não faz sentido também o artigo 315 do antigo Código Comercial declarar que: *"Não podem fazer parte da firma social nomes de pessoas que não sejam sócios comerciantes"*.

Possuindo todos os sócios da sociedade em nome coletivo responsabilidade ilimitada, o nome de qualquer deles poderá figurar na firma social.

Por último, observa-se ainda no artigo 316 do antigo Código Comercial que os sócios gerentes só poderiam usar da firma social quando, do contrato, fossem autorizados a tanto.

Mas se uma das prerrogativas dos sócios gerentes é usar a firma social, não há necessidade de que o contrato mencione, cabendo-lhes somente indicar quais os sócios gerentes, pois, na omissão do contrato, todos os sócios poderão valer-se da gerência.

Fran Martins, observando os artigos 315 e 316 do antigo Código Comercial de 1850, define sociedade em nome coletivo como a *"sociedade formada por duas ou mais pessoas, em que todos os sócios respondem subsidiariamente pelas obrigações sociais, de forma solidária e ilimitada"*.[2]

Diz Fábio Ulhoa Coelho que *"na sociedade em nome coletivo, todos os sócios são pessoas físicas e responsáveis solidários pelas obrigações sociais. A exploração de atividade econômica por esse tipo de associação de esforços, portanto, não preserva nenhum dos sócios dos riscos inerentes ao investimento empresarial. Se a empresa não resultar frutífera – eventualidade que nenhum empreendedor ou investidor afasta seriamente -, isso poderá significar a ruína total dos sócios e de sua família, uma vez que os patrimônios daqueles podem ser integralmente comprometidos no pagamento dos credores da sociedade"*.[3]

O atual Código Civil determina em seu artigo 1.039 que somente pessoas físicas poderão tomar parte na sociedade em nome coletivo, respondendo todos os sócios, solidária e ilimitadamente, pelas obrigações sociais.

---

2 MARTINS, Fran. *Curso de direito comercial*. Rio de Janeiro: Forense, 2003, p. 183.

3 COELHO, Fábio Ulhoa. *Curso de direito comercial*. São Paulo: Saraiva, 2002, v. 2, p. 475.

Determina ainda o Código Civil que os sócios, no ato constitutivo, ou por unânime convenção posterior, poderão limitar entre si a responsabilidade de cada um, claro que, sem prejuízo da responsabilidade perante terceiros.

Consoante o artigo 1.039 do Código Civil, a característica principal da sociedade em nome coletivo é a responsabilidade solidária ilimitada de todos os sócios.

Assevera Rubens Requião que *"na sociedade em nome coletivo todos os sócios são ilimitadamente e solidariamente responsáveis pelas obrigações sociais, porém respondem subsidiariamente por essas obrigações"*.[4]

Pelo artigo 1.039, parágrafo único do Código Civil, os sócios, através do ato constitutivo ou de deliberação, sempre unânime, podem redistribuir entre si a responsabilidade, não podendo um ou mais sócios obter isenção. Esta limitação de responsabilidade não será oponível a terceiros, sendo um pacto interno dos sócios entre si e em face da sociedade. Dispõe o referido artigo: *"Sem prejuízo da responsabilidade perante terceiros, podem os sócios, no ato constitutivo, ou por unânime convenção posterior, limitar entre si a responsabilidade de cada um"*.

Esta sociedade é considerada tipicamente uma sociedade de pessoas, onde predomina o *"intuitus personae"*. Regulada anteriormente pelo Código Comercial de 1850, em seus artigos 315 e 316, atualmente rege-se pelo disposto nos artigos 1.039 a 1.044 do Código Civil e, no que seja omisso, pelas normas das sociedades simples.

5.2. Constituição da Sociedade em Nome Coletivo

As sociedades em nome coletivo constituem-se por meio de contrato celebrado por instrumento público ou particular. Esse contrato deverá conter os requisitos do artigo 997 do Código Civil e ser arquivado na Junta Comercial de sua sede.

O objeto da sociedade deverá ser uma atividade econômica, de livre escolha dos sócios, porém deve ser lícito e não contrário à moral e aos bons costumes.

Uma vez arquivado os seus atos constitutivos, a sociedade adquire personalidade jurídica, sendo considerada pessoa jurídica de direito privado, conforme disposto nos artigos 44 e 45 do Código Civil, que dispõem *"São pessoas jurídicas de direito privado: I – as associações; II – as sociedades; III – as fundações. Parágrafo único. As disposições concernentes às associações aplicam-se, subsidiariamente, às sociedades que são objeto do Livro II da Parte Especial deste Código"*.

"Começa a existência legal das pessoas jurídicas de direito privado com a inscrição do ato constitutivo no respectivo registro, precedida, quando

4 REQUIÃO, Rubens. *Curso de direito comercial*. São Paulo: Saraiva, 2003, v. 1, p. 416.

necessário, de autorização ou aprovação do Poder Executivo, averbando-se no registro todas as alterações por que passar o ato constitutivo. Parágrafo único. Decai em 3 (três) anos o direito de anular a constituição das pessoas jurídicas de direito privado, por defeito do ato respectivo, contado o prazo da publicação e sua inscrição no registro".

O contrato social, além das indicações feitas para a sociedade simples, dispostas no artigo 997, deverá ainda mencionar a firma que será adotada pela sociedade, que diz respeito ao nome sob o qual girará a designação da pessoa jurídica.

5.3. Nome Empresarial

O nome empresarial que deverá ser aplicado para as sociedades em nome coletivo está previsto no artigo 1.157 do Código Civil, que dispõe: *"A sociedade em que houver sócios de responsabilidade ilimitada operará sob firma, na qual somente os nomes daqueles poderão figurar, bastando para formá-la aditar ao nome deles a expressão 'e companhia' ou sua abreviatura".*

Sempre que uma sociedade possuir designação seguida da expressão companhia, por extenso ou abreviada, significa que os sócios que emprestam os nomes ali contidos serão responsáveis ilimitada e solidariamente.

As sociedades em nome coletivo usam como nome empresarial uma firma, que poderá conter os nomes de todos os sócios ou, pelo menos, o nome de um deles acompanhado da palavra "& Cia", por extenso ou abreviadamente.

Exemplo: Uma firma onde façam parte os sócios: Luiz Pereira, Antonio Oliveira e Ivaldo Silva, se apenas o nome de Ivaldo Silva figurar na firma, ter-se-á uma das seguintes formas: Ivaldo Silva & Companhia ou Ivaldo Silva & Cia.

Se figurar os nomes de alguns sócios, acrescidos, nesse caso, também, da expressão "& Cia", ter-se-á: Luiz Pereira, Antonio Oliveira & Cia.

Poderá também a firma ser constituída com o nome de todos os sócios, por exemplo: Pereira, Oliveira & Silva.

A expressão "& Cia", abreviada ou por extenso, somente será usada quando faltar o nome de um ou de alguns dos sócios.

5.4. Administração e Fiscalização

A administração da sociedade compete exclusivamente aos sócios, sendo o uso da firma privativo dos que tenham os necessários poderes.

As sociedades em nome coletivo serão administradas pelos sócios que o contrato designar. Não enunciando no contrato o sócio que irá administrá-la, a lei supre a omissão presumindo que compete separadamente a cada um dos sócios, conforme disposto no artigo 1.013 do Código Civil: *"A administra-*

ção da sociedade, nada dispondo o contrato social, compete separadamente a cada um dos sócios".

Se a administração competir a vários administradores separadamente, cada um deles poderá impugnar qualquer operação pretendida pelo outro, sendo que a decisão caberá aos sócios, por maioria de votos.

O administrador que realizar operações, agindo em desacordo com a maioria, responderá por perdas e danos, perante a sociedade.

5.5. Liquidação da Quota por Credor de Sócio

A sociedade em nome coletivo não admite que um credor particular do sócio pretenda a liquidação antecipada de sua quota, senão após a dissolução da sociedade.

A regra da não liquidação antecipada admite duas exceções: a) a prorrogação tácita da sociedade; e b) o acolhimento judicial da oposição do credor em relação à prorrogação.

Os dois casos referem-se à prorrogação do prazo, relativo a sociedades em nome coletivo por prazo determinado, onde o credor poderá reivindicar a liquidação antecipada da quota. O legislador pretendeu evitar a conduta de má-fé por parte do sócio devedor que, sabendo das prerrogativas de seu credor e na iminência do fim do prazo societário, promove a sua prorrogação.

Determina o artigo 1.043 do Código Civil: *"O credor particular de sócio não pode, antes de dissolver-se a sociedade, pretender a liquidação da quota do devedor. Parágrafo único. Poderá fazê-lo quando: I. a sociedade houver sido prorrogada tacitamente; II. tendo ocorrido prorrogação contratual, for acolhida judicialmente oposição do credor, levantada no prazo de noventa dias, contado da publicação do ato dilatório".*

5.6. Características da Sociedade em Nome Coletivo

O que caracteriza a sociedade em nome coletivo é a responsabilidade ilimitada e solidária de todos e de cada um dos sócios pelas obrigações sociais descritas no artigo 1.039 do Código Civil.

Embora ilimitada e solidária essa responsabilidade é subsidiária, conforme determina o artigo 1.024 do Código Civil: *"Os bens particulares dos sócios não podem ser executados por dívidas da sociedade, senão depois de executados os bens sociais".*

É também o que declara o artigo 596 do Código de Processo Civil: *"Os bens particulares dos sócios não respondem pelas dívidas da sociedade senão nos casos previstos em lei; o sócio, demandado pelo pagamento da dívida, tem direito a exigir que sejam primeiro excluídos os bens da sociedade".*

Assim, no caso de falência da sociedade, os bens sociais são arrecadados conjuntamente com os particulares dos sócios, formando-se duas massas distintas. Entretanto, os credores sociais só serão pagos pelas massas dos bens dos sócios, se os da sociedade não forem suficientes ao seu pagamento.

A responsabilidade ilimitada dos sócios não pode ser contratualmente restringida, pois a pactuação que se fizer neste sentido será ineficaz perante terceiros, somente prevalecendo nas relações internas entre os sócios.

Capítulo VI

SOCIEDADE EM COMANDITA SIMPLES

6.1. Histórico e Origens da Sociedade em Comandita Simples

Na seqüência histórica, a sociedade em comandita vem depois da mais antiga e mais universal forma de sociedade que é a em nome coletivo, e, além desta colocação cronológica, vem a conotação lógica de ser a comandita a forma societária que abre a série de outras empenhadas em funcionar com limitação de riscos.

É também da época medieval, ancorada no vocábulo *"comenda"*, que vem do latim *"commendare"*, isto é, confiar. A fonte está no Direito Marítimo, onde a comenda constituía uma união de esforços para uma empresa comum, entrando o comerciante com a mercadoria, o armador com o navio, os capitalistas com recursos, e marinheiros com suas forças.

Ao lado da comenda estava a *"colonna"*, uma associação de co-interessados em uma viagem marítima, uma espécie de parceria marítima comparada com a antiga sociedade de capital e indústria, ao lado ainda do contrato de pacotilha, em que o tripulante, em vez de receber um determinado pagamento, tinha certo espaço para transportar mercadoria, e a mercadoria que lhe era confiada era designada por pacotilha, ou *"paccotiglia"*, costume muito usado nas cidades italianas do século XII.

A sociedade em comandita é considerada uma sociedade *"mista"*, pela existência de dois tipos de sócios, uns com responsabilidade ilimitada (comanditados) e outros com responsabilidade limitada (comanditários).

Antigamente havia duas críticas ao conceito de sociedade em comandita descritos no Código Comercial de 1850. A primeira refere-se à expressão empregada pelo legislador no artigo 311, *"de simples prestadores de capitais"*, aos comanditários, o que parecia retirar-lhes a condição de sócios plenos, confundindo-os com simples participantes.

A outra se refere à aparente dualidade atribuída à sociedade, abalando a unidade de que deveria revestir-se, ao estipular o artigo 311, na sua segunda alínea: *"Se houver mais de um sócio solidariamente responsável, ou sejam muitos os encarregados da gerência ou um só, a sociedade será ao mesmo tempo em nome coletivo para este, e em comandita para os sócios prestadores de capitais"*.

Hoje já se tem como pacífica a interpretação correta de que não seriam dois tipos de sociedades acopladas na comandita, mas sim que se aplicariam aos sócios comanditados as regras da sociedade em nome coletivo.

Atualmente a sociedade em comandita simples encontra-se regulada pelo Código Civil nos seus artigos 1.045 a 1.051, determinando que na sociedade em comandita simples tomam parte duas categorias de sócios: os comanditados, que são pessoas físicas, responsáveis solidária e ilimitadamente pelas obrigações sociais, e os comanditários, que são obrigados somente pelo valor da sua quota, devendo o contrato social, discriminar os comanditados e os comanditários.

Amador Paes de Almeida esclarece que *"a definição legal deixa entrever duas características fundamentais da sociedade nominada: a) os sócios comanditados (solidários) só podem ser pessoas físicas; b) os sócios comanditários, ao revés, podem ser pessoas físicas ou jurídicas"*.[1]

Dispõe o artigo 1.047 do Código Civil: *"Sem prejuízo da faculdade de participar das deliberações da sociedade e de lhe fiscalizar as operações, não pode o comanditário praticar qualquer ato de gestão, nem ter o nome na firma social, sob pena de ficar sujeito às responsabilidades de sócio comanditado"*.

Com este artigo se justifica a extensão da solidariedade aos sócios comanditários que, em violação à lei, praticam atos de gestão: *"... sob pena de ficar sujeito às responsabilidades de sócio comanditado"*.

Fábio Ulhoa Coelho conceitua a sociedade em comandita simples como *"aquela composta por sócios de duas categorias: os comanditados, necessariamente pessoas físicas com responsabilidade solidária e ilimitada pelas obrigações sociais, e o comanditário, pessoa física ou jurídica com responsabilidade limitada ao valor de sua quota. O perfil do empreendedor estaria relacionado à primeira, e o de investidor, à segunda, fosse o tipo societário utilizado com freqüência hoje em dia"*.[2]

No que for compatível serão aplicadas às sociedades em comandita as normas das sociedades em nome coletivo. Os sócios comanditados terão os mesmos direitos e obrigações dos sócios da sociedade em nome coletivo.

1 ALMEIDA, Amador Paes de. *Manual das sociedades comerciais*. São Paulo: Saraiva, 2004, p. 102.

2 COELHO, Fábio Ulhoa. *Curso de direito comercial*. São Paulo: Saraiva, 2002, v. 2, p. 473.

6.2. Responsabilidade dos Sócios

O artigo 1.045 descreve com precisão a responsabilidade dos sócios, ao dispor: *"Na sociedade em comandita simples tomam parte sócios de duas categorias: os comanditados, pessoas físicas, responsáveis solidária e ilimitadamente pelas obrigações sociais; e os comanditários, obrigados somente pelo valor de sua quota"*.

Os sócios comanditários são os prestadores de capital, portanto eles são os sócios capitalistas, respondem somente pela integralização das quotas subscritas, prestam só o capital e não o trabalho.

Os sócios comanditados são os prestadores do capital e do trabalho, assumem a direção da empresa e respondem ilimitadamente.

Nos dizeres do saudoso professor Fran Martins *"nas sociedades em comandita simples existem, como vimos, duas espécies de sócios: os que assumem subsidiariamente responsabilidade ilimitada e solidária, pelas obrigações sociais, e que são chamados sócios comanditados, e os que limitam a sua responsabilidade apenas às importâncias com que entram para a formação do capital, chamados sócios comanditários"*.[3]

6.3. Contribuição do Capital Social

A contribuição do capital social pode ser feita em dinheiro ou qualquer espécie de bens suscetíveis de avaliação.

O sócio comanditário não poderá contribuir com trabalho ou indústria, sempre contribuirá em dinheiro ou com bens móveis ou imóveis.

6.4. Nome Empresarial

Neste tipo de sociedade é obrigatório o uso da firma, conforme determinado pelo artigo 1.157 do Código Civil, e deverá ser composta com o nome dos sócios comanditados, acompanhada da palavra *"& Companhia"*, por extenso ou abreviadamente.

O emprego da palavra *"& Companhia"* é obrigatório, pois sobre ela se ocultam os nomes dos sócios comanditários, que de nenhum modo podem figurar na firma social, e os dos sócios comanditados que eventualmente dela não constem.

Em uma sociedade em comandita simples, onde Adilson Pires e Alberto Leme são sócios comanditados e Rui Oliveira é sócio comanditário, a firma social será composta da seguinte maneira: Alberto Leme & Cia; Pires, Leme & Cia; ou Adilson Pires & Cia.

3 MARTINS, Fran. *Curso de direito comercial*. Rio de Janeiro: Forense. 2003, p. 193.

Determina o final do artigo 1.047 do Código Civil que o sócio comanditário não pode ter o seu nome na firma social, sob pena de ficar sujeito às responsabilidades do sócio comanditado.

6.5. Direitos e Impedimentos dos Sócios Comanditários

O artigo 1.047 do Código Civil expressa claramente o impedimento de os sócios comanditários tomarem parte na administração da sociedade e fazerem parte da firma social.

Por outro lado dá-lhes a permissão de participarem nas deliberações da sociedade, como também de fiscalizarem as operações e o estado da sociedade.

O Código Civil ampliou a atuação do sócio comanditário, permitindo que seja constituído procurador da sociedade, para negócio determinado e com poderes especiais.

Assevera Rubens Requião que *"o sócio comanditário deve, pois, permanecer em sua posição discreta e secundária de simples prestador de capital. Não deve de forma alguma comparecer perante terceiro, dando a impressão de que seja sócio solidário ou gerente, induzindo-o, como já se acentuou, à confusão, à dúvida ou ao erro sobre a sua verdadeira posição em face dos negócios sociais. Esta discrição não pode inibir o comanditário de participar das deliberações da sociedade e de fiscalizar suas operações. Esses atos são direitos dos sócios, em qualquer categoria de sociedade, e devem ser praticados normalmente, pois não implicam manifestação de poder de administração".*[4]

A diminuição da quota do comanditário, caso tenha sido reduzido o capital social, somente produz efeito, quanto a terceiros, após ser averbada a modificação do contrato no órgão competente, sempre sem prejuízo dos credores preexistentes.

A discriminação dos lucros recebidos e perdas sofridas constarão do balanço, fazendo jus o sócio comanditário ao recebimento dos lucros que forem demonstrados. O sócio comanditário não estará obrigado à reposição dos lucros recebidos de boa-fé e de acordo com o balanço.

No entanto, se ocorrer, em virtude de falha na apuração dos lucros, a redução do capital correspondente, o comanditário ficará privado do recebimento dos lucros até que seja reintegrado o capital diminuído.

No caso de morte do sócio comanditário, a sociedade continuará com os seus sucessores, que designarão quem os represente, exceto previsão diversa no contrato social.

---

4 REQUIÃO, Rubens. *Curso de direito comercial*. São Paulo: Saraiva. 2003, v. 1, p. 419.

6.6. Dissolução da Sociedade

A sociedade em comandita simples dissolve-se de pleno direito: a) por qualquer das causas previstas para a dissolução das sociedades simples, constantes do artigo 1.033 do Código Civil; e b) quando por mais de cento e oitenta dias, perdurar a falta de uma das categorias dos sócios.

Quando houver a falta de sócio comanditado, os comanditários nomearão administrador provisório para praticar, durante o período de cento e oitenta dias e sem assumir a condição de sócio, os atos de administração.

Capítulo VII

SOCIEDADE LIMITADA

Sumário: 7.1. Histórico e origens da sociedade limitada. **7.2.** Conceito e sistema legal da sociedade limitada. **7.3.** Características da sociedade limitada. **7.4.** Nome empresarial. **7.5.** Constituição da sociedade limitada. **7.6.** Capital social. **7.7.** Quotas sociais. **7.8.** Responsabilidade dos sócios. **7.9.** Sede e duração. **7.10.** Menores na sociedade limitada. **7.11.** Sociedade limitada entre marido e mulher. **7.12.** Morte, incapacidade, retirada ou exclusão dos sócios. **7.13.** Número de sócios reduzido a apenas um. **7.14.** Administração da sociedade limitada. **7.15.** Conselho fiscal. **7.16.** Deliberação dos sócios. **7.17.** Aumento e redução do capital social. **7.18.** Resolução da sociedade em relação aos sócios minoritários. **7.19.** Dissolução da sociedade limitada. **7.20.** Aplicação da Lei de sociedades anônimas.

7.1. Histórico e Origens da Sociedade Limitada

Quase todos os autores brasileiros registram o projeto elaborado por Nabuco de Araújo, em 1865, sobre *"uma nova forma de sociedade tendente a realizar a liberdade da associação"*, sendo a primeira tentativa, entre os juristas brasileiros, para a criação da sociedade de responsabilidade limitada, que veio a ser regulada no Brasil pelo Decreto nº 3.708, de 10 de janeiro de 1919; e posteriormente pela Lei nº 10.406, de 10 de janeiro de 2002, Código Civil brasileiro.

Inglês de Sousa, em 1912, na Introdução ao seu Projeto de Código Comercial, justificando a adoção das sociedades por ele denominadas de limitadas, reguladas nos artigos 79 a 83, foi o primeiro a dar-lhes tal origem, ao declarar: *"Já em 1865, o conselheiro Nabuco de Araújo as pretendera introduzir entre nós, à semelhança das que existiam na Inglaterra e na França. A sua adoção pela Alemanha e os ótimos resultados obtidos em Portugal pela lei de 1901, conforme mo atestou o Exmo. Sr. José A. de Melo e Sousa, antigo conselheiro de Estado, par do Reino e governador do Banco de Portugal, homem de grande inteligência e vasta influência comercial, com quem tive a honra de travar relações em Paris, convenceram-me da vantagem de consagrar-lhes um capítulo do projeto, adaptando-as ao sistema da codificação e expurgando-as das excessivas minúcias da lei portuguesa"*.[1]

1 INGLÊS DE SOUSA. Projeto de código comercial. v. I, Introdução. Rio de Janeiro, 1913, p. 25.

A afirmativa do ilustre comercialista de que Nabuco de Araújo pretendera introduzir entre nós as sociedades de responsabilidade limitada, sem maior exame foi repetida pelos que posteriormente versaram sobre o assunto.

A sociedade limitada surgiu para atender às necessidades econômicas do comércio médio, que não possuía um tipo societário gozando dos benefícios da limitação da responsabilidade dos sócios, princípio específico das sociedades anônimas e da forma de constituição privada ou contratual comum às sociedades de pessoas. As sociedades de responsabilidade limitada, que em Portugal e no Brasil tomaram o nome de *"sociedades por quotas, de responsabilidade limitada"*, se destacam, no ponto de vista histórico, por serem uma criação intencional do legislador.

A sociedade por quotas de responsabilidade limitada é uma criação do legislador alemão, em Lei de 1892. É um tipo da sociedade por ações, de modo a corresponder as formas de capitalismo pequeno e interno. Enquanto as sociedades por ações destinavam-se aos grandes empreendimentos, havia a necessidade de uma sociedade que, como na Itália, substituísse a chamada pequena sociedade anônima. O tipo societário ideal foi a sociedade por quotas de responsabilidade limitada.

Assevera Waldo Fazzio Júnior que *"a sociedade limitada nasceu da necessidade de se criar um tipo societário que permitisse à pequena burguesia européia, sobretudo a germânica e a inglesa, escapar à responsabilidade ilimitada e solidária das sociedades em nome coletivo, sem cair na draconiana e complexa estruturação legal das sociedades por ações. Em outras palavras, o que se pretendia era uma sociedade contratual composta por sócios de responsabilidade mitigada, restrita à respectiva quota de participação. Em outros termos, uma formatação jurídica capaz de minimizar os riscos decorrentes do exercício da empresa, em relação ao patrimônio particular dos sócios"*.[2]

A sociedade por quotas de responsabilidade limitada surgiu na Alemanha, nos fins do século XIX, em 20 de abril de 1892, em decorrência do acentuado desenvolvimento mercantil, com a finalidade de se expandirem unidades industriais, pelo incentivo da limitação da responsabilidade dos sócios. Sendo um novo e bem aceito modelo societário, a sociedade por quotas de responsabilidade limitada serviu de paradigma a outras legislações, tendo sido adotada por Portugal em 1901, Áustria em 1906, Inglaterra em 1907, e Brasil em 1919.

O Brasil foi o quinto país do mundo a legislar sobre as sociedades de responsabilidade limitada, baixando, em 10 de janeiro de 1919, o Decreto nº 3.708, que introduziu em nosso sistema legal esse novo tipo societário. A lei se baseou em grande parte nas leis portuguesa e alemã, mas alguns princípios próprios foram nela introduzidos.

2 FAZZIO JÚNIOR, Waldo. *Sociedades limitadas*. São Paulo: Atlas. 2003, p. 26.

Na verdade, após o Decreto nº 3.708, de 10 de janeiro de 1919, foi a lei francesa de 1925 que trouxe a contribuição mais apreciável para o conceito jurídico das sociedades de responsabilidade limitada. Divergindo em vários pontos essenciais do Direito legislado em vigor, essa lei influenciou de maneira efetiva as legislações que lhe surgiram, fazendo-as afastarem-se do sistema alemão, que até essa época era o padrão quase exclusivo para os diversos diplomas legais, uma vez que poucos foram os países adeptos da orientação inglesa, baseada nos princípios das sociedades anônimas e consagrada pela *"common law"*, que dá ao Direito inglês uma concepção bem diversa da continental. Temos, então, que, com a lei francesa, três correntes ou sistemas jurídicos passaram a caracterizar as sociedades limitadas: o sistema inglês, o alemão e o francês. As demais legislações em geral adotaram os princípios de um ou de mais de um conjuntamente desses sistemas, raras sendo as que trouxeram uma contribuição própria para o conceito jurídico desse novo e importante setor do direito societário.

No Brasil, a sociedade por quotas de responsabilidade limitada perdurou, regulada pelo Decreto nº 3.708, de 10 de janeiro de 1919, até a entrada em vigor do atual Código Civil, Lei nº 10.406, de 10 de janeiro de 2002, que, sem dúvida, trouxe as maiores modificações no âmbito societário no que diz respeito às sociedades limitadas, cujas regras de constituição e funcionamento foram modificadas.

Assevera Ricardo Negrão que *"... a sociedade limitada se tornou a mais comum em solo brasileiro, ganhando a preferência de empresários e não empresários para o exercício de atividades de pequeno, médio e grande porte"*.[3]

7.2. Conceito e Sistema Legal da Sociedade Limitada

Segundo o saudoso Professor Fran Martins, *"sociedade por quotas de responsabilidade limitada é aquela que é formada por duas ou mais pessoas, assumindo todas, de forma subsidiária, responsabilidade solidária pelo total do capital social"*.[4]

Waldo Fazzio Júnior formula um conceito-síntese que contempla *"a sociedade limitada como a pessoa jurídica constituída por sócios de responsabilidade limitada à integralização do capital social, individualizada por nome empresarial que contém o adjuntivo limitada"*.[5]

O Código Civil, em seu artigo 1.052, deu uma nova denominação para a sociedade por quotas de responsabilidade limitada, chamando-a simples-

3 NEGRÃO, Ricardo. *Manual de direito comercial e de empresa.* v. . São Paulo: Saraiva, 2010, p. 385.

4 MARTINS Fran. *Curso de direito comercial.* Rio de Janeiro: Forense, 2003, p. 201.

5 FAZZIO JÚNIOR, Waldo. *Manual de direito comercial.* São Paulo: Atlas, 2004, p. 194.

mente de sociedade limitada e não a conceituou, deixando tal incumbência para os doutrinadores.

Dispõe o artigo 1.052 do novo diploma legal: *"Na sociedade limitada, a responsabilidade de cada sócio é restrita ao valor de suas quotas, mas todos respondem solidariamente pela integralização do capital social"*.

Segundo Enunciado 65 do Conselho da Justiça Federal, aprovado na I Jornada de Direito Civil: A expressão *"sociedade limitada"* tratada no artigo 1.052 e seguintes do novo Código Civil deve ser interpretada *stricto sensu*, como *"sociedade por quotas de responsabilidade limitada"*.

Determina o legislador que o limite da responsabilidade dos sócios pelas obrigações sociais é pelo total do capital social subscrito e não integralizado.

Cada sócio contribui para o capital social, ficando responsável pela integralização (= pagamento) de suas próprias quotas subscritas (= adquiridas ou compradas) e solidariamente pelas dos demais sócios ainda não integralizadas (= não liberadas), exclusivamente e tão-só em caso de falência, até a integralização total do capital social.

Por isso se diz que a responsabilidade dos sócios, em princípio restrita às próprias quotas, limita-se à importância total do capital social. O sócio tem o dever de integralizar as próprias quotas adquiridas, cujo valor perderá em caso de insucesso da sociedade.

Pelos atos normais da sociedade, seus credores nada poderão exigir dos sócios. Apenas se estes agirem com violação social ou da lei.

Ricardo Negrão assevera que *"ordinariamente os sócios respondem pela integralização de sua contribuição na constituição do capital social. A subscrição pode ser realizada à vista ou em parcelas iguais e vencíveis em certo prazo, ensejando eventuais atrasos ou inadimplência por parte do sócio contratante. Nesse caso, a sociedade deve notificar o sócio remisso para que, no prazo de trinta dias, regularize a pendência, nos termos do art. 1.004 do Código Civil"*.[6]

Diz Fábio Ulhoa Coelho que *"os sócios respondem, na limitada, pelas obrigações sociais, dentro de certo limite – essa regra, aliás, explica o nome do tipo societário. Claro que a sociedade, acionada por obrigação dela, pessoa jurídica, responde integralmente; assim como o sócio, demandado por obrigação dele próprio, não pode pretender nenhuma limitação. O que o atual plano evolutivo do direito societário brasileiro admite é, unicamente, a limitação da responsabilidade do sócio por dívida da sociedade"*.[7]

---

6 NEGRÃO, Ricardo. *Manual de direito comercial e de empresa*. São Paulo: Saraiva, v. 1, 2003, p. 348.

7 COELHO, Fábio Ulhoa. *Curso de direito comercial*. São Paulo: Saraiva, v. 2, 2002, p. 403.

Para Amador Paes de Almeida, *"na sociedade mencionada, em princípio, cada sócio assume para com a sociedade a obrigação fundamental de contribuir com o valor de sua quota-parte, para a constituição do capital social. Contudo, todos os sócios têm responsabilidade solidária pelo total do capital social, como enfatiza o art. 1.052 do N. Código Civil".*[8]

Segundo Gladston Mamede *"na sociedade limitada, os sócios são responsáveis apenas pelo valor da quota ou quotas sociais que subscreveram e, assim, devem adimplir, como se afere do artigo 1.052 do Código Civil. Uma vez que todo o capital subscrito tenha sido integralizado, realizado, não se fazem necessários novos desembolsos, não havendo responsabilidade subsidiária pelas obrigações sociais. Esteja atento, no entanto, para a parte final do artigo 1.052; não obstante cada sócio esteja obrigado apenas à integralização do valor de sua quota ou quotas, enquanto todo o capital social não seja realizado, todos os sócios respondem pelos valores ainda pendentes e, solidariamente entre si, pela obrigação daquele ou daqueles que não adimpliram sua contribuição social".*[9]

A sociedade limitada encontra-se entre as sociedades de responsabilidade limitada, onde a responsabilidade dos sócios é limitada ao valor das suas quotas, mas todos respondem solidariamente pela integralização do capital social. A situação dos sócios nesta sociedade equipara-se à dos acionistas nas sociedades por ações, contudo há em nossa legislação uma peculiaridade que é a fixação da responsabilidade dos sócios ao valor total do capital social. Isto quer dizer que os sócios são responsáveis solidariamente pelas quotas subscritas pelos outros sócios, quando não integralizadas.

Tomando-se como exemplo uma sociedade limitada de três sócios, com capital social de R$ 100.000,00 (cem mil reais), dividido em 100.000 cem mil quotas. O sócio A possui 30.000 (trinta mil quotas); o sócio B, 35.000 (trinta e cinco mil quotas); e o sócio C, 35.000 (trinta e cinco mil quotas). Deve-se verificar se todas as quotas foram integralizadas, isto é, pagas à sociedade. Se isto ocorreu, cessa qualquer responsabilidade dos sócios pelas obrigações da sociedade, pois, tendo os sócios pago suas quotas, nada mais os credores sociais poderão exigir deles. Porém, se um ou alguns deixarem de integralizar as quotas que subscreveram (total ou parcialmente), os outros sócios ficarão também responsáveis pelo valor dessas quotas. Os sócios chamados a responder pela parte faltante do capital terão direito de regresso contra o sócio que não as integralizou.

8 ALMEIDA, Amador Paes de. *Manual das sociedades comerciais*. São Paulo: Saraiva, 2004, p. 128.

9 MAMEDE, Gladston. *Direito societário: sociedades simples e empresárias*. São Paulo: Atlas, 2007.

A responsabilidade do sócio na sociedade limitada é maior do que na sociedade por ações, onde o acionista responde somente pela integralização de suas ações, não se responsabilizando solidariamente pelos demais acionistas da companhia.

7.3. Características da Sociedade Limitada

No Brasil, segundo o Código Civil, a sociedade limitada apresenta as seguintes características: a) será constituída por duas ou mais pessoas, mesmo não sendo empresários; b) reúnem-se sob firma ou denominação, integrada pela palavra final limitada ou a sua abreviatura; c) todos os sócios deverão contribuir para a formação do capital social; d) o capital social divide-se em quotas, iguais ou desiguais, cabendo uma ou diversas a cada sócio; e) os sócios respondem solidariamente durante 5 (cinco) anos da data do registro da sociedade, pela exata estimação de bens conferidos ao capital social; f) é proibida a contribuição que consista em prestação de serviços; g) a responsabilidade dos sócios é limitada à importância total do capital social, subscrito e não integralizado; h) o contrato deverá ser escrito, sob a forma estabelecida no artigo 997 do Código Civil, referente à sociedade simples; i) o contrato social poderá prever a regência supletiva da sociedade limitada pelas normas das sociedades por ações.

Salienta Ricardo Negrão que *"nesse tipo societário, se cada sócio integralizar a parte que subscreveu no capital social – se cada um deles ingressar com o valor prometido no contrato – , nada mais podem exigir os credores. Entretanto, se um, alguns ou todos deixarem de entrar com os fundos que prometeram, haverá solidariedade entre eles pelo total da importância faltante, perante a sociedade e terceiros".*[10]

7.4. Nome Empresarial

A sociedade limitada possui um nome empresarial, e este pode ser sob a espécie de firma ou denominação, integrada pela palavra final limitada ou sua abreviatura, conforme dispõe o artigo 1.158 do Código Civil.

Firma é o nome pelo qual a sociedade atua juridicamente. Equivale ao nome da pessoa física.

O nome jurídico da sociedade varia segundo o caráter das relações havidas entre os sócios e destes para com terceiros. Em se tratando de sociedade de pessoas, em que os sócios se solidarizam entre si e respondem pelas obri-

10 NEGRÃO, Ricardo. *Manual de direito comercial e de empresa.* v. 1. São Paulo: Saraiva, 2010.

gações sociais, subsidiariamente, além das importâncias com que concorrem para a formação do capital, adotarão elas uma firma, da qual conste o nome de pelo menos um dos sócios, sendo assim a firma social uma característica extrínseca desses tipos sociais.

Se a sociedade limitada adotar firma, deverá designar o nome de um ou mais sócios, desde que pessoas físicas, de modo indicativo da relação social. Sendo de um ou alguns sócios, é imprescindível colocar em seguida a expressão *"& companhia limitada"*, por extenso ou abreviadamente. Se o nome de todos os sócios constarem da firma, basta acrescentar a expressão limitada, sob os riscos de, não constando, nas operações geradoras de obrigações, serem ilimitadamente responsabilizados, não somente os sócios que do nome fizerem uso, mas toda a sociedade solidariamente. Por exemplo: o nome de pelo menos um dos sócios + a palavra companhia *"Ltda"* (limitada) por extenso ou abreviadamente – Lucas de Oliveira & Cia Ltda.

Necessária é, contudo, que a firma seja sempre seguida da palavra limitada, pois é ela que irá determinar o tipo social.

Se a sociedade adotar denominação, desta deverá constar a atividade desenvolvida pela sociedade ou o objeto proposto, sendo permitido figurar o nome de um ou mais sócios, devendo ser seguida da palavra *"Ltda"*, por extenso ou abreviadamente, por exemplo: o nome fantasia acompanhado do ramo de atividade + a palavra Ltda (limitada) por extenso ou abreviadamente – Alfa Jóias Ltda.

A omissão da palavra *"limitada"* determina a responsabilidade solidária e ilimitada dos administradores que assim empregarem a firma ou a denominação da sociedade. É a palavra limitada, junto à firma ou denominação, que particulariza esse tipo de sociedade, dando aos sócios, responsabilidades apenas pelo total do capital, segundo princípio da nossa lei. E se no contrato essa palavra é omitida, a omissão interessa à sociedade e não apenas aos sócios administradores. Assim, todos os sócios responderão ilimitadamente, como sócios realmente coletivos, que passam a ser.

O que particulariza as sociedades limitadas, é que elas poderão possuir não só firma como também denominação. Essa faculdade que a lei lhes dá decorre do fato de ocuparem posição entre sociedades de pessoas e de capitais, participando de características essenciais das duas.

7.5. Constituição da Sociedade Limitada

Estatui o artigo 1.053 do Código Civil que a sociedade limitada reger-se-á, nas omissões do Capítulo IV, pelas normas da sociedade simples, e que o contrato social poderá prever a regência supletiva da sociedade limitada pelas normas da sociedade anônima.

Segundo Enunciado nº 214 do Conselho da Justiça Federal, aprovado na III Jornada de Direito Civil *"As indicações contidas no art. 997 não são exaustivas, aplicando-se outras exigências contidas na legislação pertinente, para fins de registro"*.

O Enunciado 223 do Conselho da Justiça Federal, aprovado na III Jornada de Direito Civil explica que: *"O parágrafo único do art. 1.053 não significa a aplicação em bloco da Lei n. 6.404/76 ou das disposições sobre a sociedade simples. O contrato social pode adotar, nas omissões do Código sobre as sociedades limitadas, tanto as regras das sociedades simples quanto as das sociedades anônimas"*.

Segundo dispõe o Enunciado 217 do Conselho da Justiça Federal, aprovado na III Jornada de Direito Civil: *"Com a regência supletiva da sociedade limitada, pela lei das sociedades por ações, ao sócio que participar de deliberação na qual tenha interesse contrário ao da sociedade aplicar-se-á o disposto no art. 115, § 3º, da Lei nº 6.404/76. Nos demais casos, incide o art. 1.010, § 3º, se o voto proferido foi decisivo para a aprovação da deliberação, ou o art. 187 (abuso do direito), se o voto não tiver prevalecido"*.

A sociedade poderá constituir-se por instrumento público, isto é, escritura passada em cartório, ou instrumento particular, assinado por todos os sócios e do qual constem as cláusulas obrigatórias e outras cuja adoção dependerá da vontade das partes.

De fato, estabelece o artigo 997 do Código Civil que a sociedade constitui-se mediante contrato escrito, particular ou público.

Instrumento público é o escrito lavrado por oficial público, em seu distrito, segundo suas atribuições, com as formalidades legais. Entre eles estão as escrituras lavradas por tabeliães, em seus livros de notas, e os traslados que desses livros se extraírem. Tal escritura faz prova plena, não somente entre as partes, mas também, em relação à terceiros, quanto à existência do negócio jurídico e aos fatos certificados pelo oficial público. Naturalmente, as escrituras públicas, requerem agente capaz, objeto lícito, possível, determinado ou determinável e forma prescrita ou não defesa em lei; sem que tal aconteça, são nulos esses negócios jurídicos.

Instrumento particular é o escrito feito e assinado, ou somente assinado por quem se acha na livre disposição e administração de seus bens. Se o documento além de assinado pela pessoa, que se obriga for subscrito por duas testemunhas, prova obrigações de qualquer valor, entre as partes, independentemente de ser reconhecido em Juízo.

Em qualquer hipótese, o ato constitutivo ou contrato social será levado a arquivamento no Registro Público de Empresas Mercantis, a cargo da Junta Comercial, no lugar da sede da empresa.

O arquivamento feito na Junta Comercial vale para todo o Estado no qual ela tenha jurisdição.

7.6. Capital Social

Capital social e patrimônio são coisas diferentes, sendo o capital social nominal e intangível e o patrimônio real e variável. O primeiro possui uma característica flexível e o segundo uma mobilidade. Capital social representa o montante de recursos que os sócios disponibilizam para a constituição da sociedade. Para existência e início das atividades, a pessoa jurídica necessita de dinheiro ou bens, que são providenciados pelas pessoas que a constituem.

O capital social constitui o primeiro patrimônio da sociedade empresária. É o seu fundo originário e essencial. Todos os sócios devem contribuir para a sua formação.

Capital social é o valor mencionado no contrato social, da entrada inicial dos sócios, correspondente aos bens e dinheiro que transferiram ou se obrigaram a transferir para a sociedade a título de integralização de suas quotas. Na sociedade limitada o capital social poderá ser formado por dinheiro ou bens (móveis ou imóveis).

O valor do capital social deve ser especificado no contrato, estipulando-se a parte de cada sócio, quando e de que forma será integralizado. Em nosso sistema legal, não há limite mínimo nem máximo, ficando a critério exclusivo dos sócios, e segundo as necessidades de seu empreendimento a fixação do seu valor. O único critério é a impossibilidade da participação de sócio sem capital.

Na cláusula do contrato social referente ao capital, é necessário repetir-se que *"a responsabilidade dos sócios é limitada à importância total do capital social"*, pois será essa cláusula determinante para considerar a pessoa jurídica como limitada.

Deve-se também indicar a forma de integralização, não devendo ser inferior a 10% (dez por cento) a parcela inicial, indicando-se o prazo para integralização do restante.

Na constituição da sociedade só podem participar sócios que contribuam com capital, não sendo admitidos sócios prestadores de serviço, isto é, sócio cuja participação para a sociedade seja representada por serviço, conforme o § 2º do artigo 1.055 do Código Civil que diz: *"É vedada contribuição que consista em prestação de serviços"*.

Salienta o Enunciado 222 do Conselho da Justiça Federal, aprovado na III Jornada de Direito Civil que, *"Não se aplica o art. 997, V, à sociedade limitada na hipótese de regência supletiva pelas regras das sociedades simples"*.

A subscrição do capital social, no ato constitutivo ou em alterações subseqüentes, é um ato preliminar em que o interessado em fazer parte do quadro social assina a quantidade de cotas que quer integralizar. Integralização é o ato do pagamento das cotas subscritas e integralizar é o mesmo que realizar, podendo ser em dinheiro, bens móveis, imóveis, títulos de crédito, ou direitos, como patente de invenção, certificado de marca; podendo ainda ser a vista ou a prazo dividido em parcelas, dependendo do acordo prévio entre os sócios. Portanto ao contrair a sociedade, o subscritor já estará sabendo de que forma poderá fazer a integralização e como se obrigará perante a sociedade.

No que tange a integralização do capital social, dinheiro é a maneira mais simples, basta a entrega da quantia para o caixa da sociedade mediante recibo. Referente aos bens móveis, se opera a transferência com a simples tradição para compor o patrimônio da empresa. Tratando-se de veículo automotor é necessária a transferência junto ao Detran e a emissão de novo certificado de propriedade em nome da sociedade. Quanto aos bens imóveis não é necessária a escritura pública para a incorporação do bem, podendo ser feita no próprio instrumento particular do contrato social ou alteração, desde que constem todos os elementos, tais como: descrição, identificação, área, dados da titularidade e da matrícula imobiliária do imóvel, objeto da incorporação e a anuência do outro cônjuge, quando for o caso. Resumindo, todos os elementos necessários para uma escritura pública. Na ausência de algum desses requisitos, o documento não poderá ser registrado na Junta Comercial, devido a proibição legal contida no artigo 35, VII, “a” e “b”, da Lei nº 8.934/94. Sendo aceito pela Junta Comercial e aprovado o seu registro, o mesmo documento será hábil para proceder a transferência da propriedade junto ao Registro de Imóveis, conforme disposto no artigo 64 da Lei nº 8.934/94, combinado com o artigo 1.245 do Código Civil e artigo 167 da Lei nº 6.015/73.

Os títulos de crédito transferem-se por endosso ou cessão de crédito. O sócio endossante ou cedente permanecerá responsável até a solvência pelo devedor junto à sociedade, a transferência opera-se em caráter pro-solvendo. Caso ocorra a inadimplência, o sócio se tornará remisso e responderá pela solvência.

A quitação pro-solvendo significa que esta se dará somente após a solvência do título pelo devedor, enquanto isso o sócio que cedeu o título fica na condição de devedor solidário, ao contrário da quitação pro-soluto, pela qual a quitação é imediata, independentemente dos resultados futuros.

Outros títulos de valores, tais como patente de invenção e certificado de registro de marca, também são transferidos por instrumento de cessão de direitos, devendo ser averbada a sua transferência junto ao Instituto Nacional da Propriedade Industrial.

Em princípio os bens móveis e imóveis dependem de uma avaliação prévia, para deliberação dos demais sócios, porém, caso haja consenso unânime em recebê-los para integrar o patrimônio da sociedade limitada, não será necessária a avaliação prévia, equivalendo à avaliação o acordo unânime dos sócios.

A proteção ao capital social é necessária para preservar os recursos inicialmente conferidos à sociedade para a consecução de seu objeto e também para evitar fraudes ou prejuízo a terceiros.

Eventual fraude poderá ser demonstrada em juízo por quem tenha interesse, em especial os credores.

Embora constitua direito dos sócios o recebimento dos lucros e, conforme autorização prevista no contrato social, em determinadas retiradas, eles ficam obrigados a repor os lucros e quantias sempre que houver prejuízo do capital.

Os sócios apenas poderão usufruir dos resultados que não comprometam o capital social, pois, do contrário, estariam reduzindo os investimentos que fizeram inicialmente.

7.7. Quotas Sociais

Na etimologia da palavra quota *"é o vocábulo derivado do latim quotus (de ou em que número), de quot (quantos), exprimindo, assim, a quantidade ou a porção ou o quantum com que cada pessoa deve entrar para a formação ou composição de uma totalidade ou de um todo. A ortografia oficial adota, presentemente, a grafia cota em lugar de quota*".[11]

Em relação às sociedades empresárias, cota seria a quantidade ou porção de bens ou valores a ser entregue pelo sócio para a formação do capital social.

Na sociedade limitada o capital social divide-se em cotas, podendo ser iguais ou desiguais e cabendo uma ou diversas a cada sócio, sendo indivisível perante a sociedade, exceto para efeito de transferência.

Assevera Ricardo Negrão que *"... as quotas podem ser conferidas em uma única ou em múltiplas unidades a cada sócio. Dizem-se iguais ou desiguais porque um sócio pode adquirir um número diferente do que outro vier a adquirir"*.[12]

O critério para a divisão das quotas entre os sócios tomará em conta o valor correspondente à contribuição prestada individualmente pelos sócios, e representa uma parcela do capital social.

Salienta Gladston Mamede que *"o legislador não criou qualquer limite para o capital e para a participação societária. Assim, não há capital social mínimo, nem capital social máximo para a sociedade limitada"*.[13]

Os sócios respondem solidariamente, até o prazo de 5 (cinco) anos da data do registro da sociedade, pela exata estimação de bens conferidos ao capital social.

---

11 SILVA, de Plácido e. *Vocabulário jurídico*. Rio de Janeiro: Forense, 2009, p. 1142.

12 NEGRÃO, Ricardo. *Manual de direito comercial e de empresa*. v. 1. São Paulo: Saraiva, 2010, p. 399.

13 MAMEDE, Gladston. *Direito societário: sociedades simples e empresárias*. São Paulo: Atlas, 2007, p. 298.

Segundo Enunciado nº 224 do Conselho da Justiça Federal, aprovado na III Jornada de Direito Civil, *"A solidariedade entre os sócios da sociedade limitada pela exata estimação dos bens conferidos ao capital social abrange os casos de constituição e aumento do capital e cessa após cinco anos da data do respectivo registro".*

O Código Civil fala em condomínio de quotas, e que os direitos a ela inerentes somente podem ser exercidos pelo condômino representante, ou pelo espólio do sócio falecido. Determina, também, que os condôminos de quota indivisa respondem solidariamente pelas prestações necessárias à sua integralização.

No direito societário, condomínio de quotas "*é a propriedade em comum por duas ou mais pessoas simultaneamente. Em casos tais, a quota é indivisível perante a sociedade, pelo que os condôminos deverão designar um deles como seu representante perante esta*".[14]

A quota social, conforme determina o artigo 1.056 do novo diploma legal, é indivisível perante a sociedade, mas pode ter diversos titulares em co-propriedade. O que a lei não admite é o seu fracionamento. A quota social pode conjuntamente pertencer a diversas pessoas, que seria o caso de condomínio de quotas, devendo, nesta hipótese, os co-proprietários elegerem um deles, que irá representá-los perante a sociedade.

Se nada dispuser o contrato, o sócio poderá ceder a sua quota, total ou parcialmente, a quem seja sócio, independentemente de autorização dos demais, e a estranho, somente se não houver oposição dos titulares de mais de um quarto do capital social.

A cessão das quotas sociais somente terá eficácia perante a sociedade e terceiros, após a averbação do respectivo instrumento, subscrito pelos sócios anuentes. O cedente responde solidariamente com o cessionário, perante a sociedade e terceiros, pelas obrigações que tinha como sócio até 2 (dois) anos depois de averbada a modificação do contrato social.

Segundo Enunciado nº 225 do Conselho da Justiça Federal, aprovado na III Jornada de Direito Civil, *"Na omissão do contrato social, a cessão de quotas sociais de uma sociedade limitada pode ser feita por instrumento próprio, averbado no registro da sociedade, independentemente de alteração contratual, nos termos do art. 1.057 e parágrafo único do Código Civil".*

O Enunciado nº 391 do Conselho da Justiça Federal, aprovado na IV Jornada de Direito Civil diz que: *"A sociedade limitada pode adquirir suas próprias quotas, observadas as condições estabelecidas na Lei das Sociedades por Ações".*

---

14 ALMEIDA, Amador Paes de. *Manual das sociedades comerciais*. São Paulo: Saraiva, 2004, p. 139.

A integralização do capital social pode ser à vista ou parcelada, conforme disposto no ato constitutivo da sociedade, devendo os sócios, obedecerem aos prazos de vencimento que ali forem convencionados.

O pagamento do valor das quotas sociais subscritas constitui obrigação dos sócios. Porém, pode ocorrer que algum sócio não integralize a sua quota social, sendo então denominado sócio remisso. Neste caso, os demais sócios podem tomá-la para si ou transferi-la a terceiros, excluindo o sócio primitivo titular e devolvendo-lhe o que tenha pago, deduzidos os juros de mora, as prestações estabelecidas no contrato e mais as despesas necessárias, respondendo ainda perante a sociedade pelo dano emergente da mora.

Preleciona Fábio Ulhoa Coelho que *"o sócio remisso é aquele que não cumpre, no prazo, a obrigação de integralizar a quota subscrita. A sociedade pode cobrar-lhe o devido, em juízo, ou expulsá-lo. Nesta última hipótese, deve restituir ao remisso as entradas feitas, deduzidas as quantias correspondentes aos juros de mora, cláusula penal expressamente prevista no contrato social e despesas".* [15]

Ensina Amador Paes de Almeida que poderão ser admitidas quotas ordinárias e preferenciais, devendo o contrato social estabelecer os direitos dos respectivos titulares, inclusive a restrição do direito de voto aos possuidores de quotas preferenciais. Assevera o ilustre doutrinador que *"o dispositivo legal nominado, objeto de sérias controvérsias entre os doutrinadores, faculta, com relação ao funcionamento da sociedade limitada e aos direitos dos sócios quotistas, as regras contidas na Lei das Sociedades Anônimas, obviamente compatíveis com a natureza e as características da primeira.*

Admitidas as quotas ordinárias e preferenciais, deve o contrato social estabelecer os direitos dos respectivos titulares, inclusive a restrição do direito de voto aos possuidores de quotas preferenciais".[16]

Compartilhamos com a opinião do douto magistrado, pois, como determina o parágrafo único do artigo 1.053 do Código Civil, *"o contrato social poderá prever a regência supletiva da sociedade limitada pelas normas da sociedade anônima"*, facultando-se assim à sociedade limitada adotar, em seu ato constitutivo, quotas ordinárias e preferenciais.

7.8. Responsabilidade dos Sócios

A responsabilidade dos sócios é limitada à importância total do capital social subscrito e não integralizado, por decorrência do artigo 1.052, da Lei

15 COELHO, Fábio Ulhoa. *Curso de direito comercial.* São Paulo: Saraiva. 2002, v. 2, p. 400.

16 ALMEIDA, Amador Paes de. *Manual das sociedades comerciais.* São Paulo: Saraiva. 2004, p. 136.

nº 10.406, de 10 de janeiro de 2002, e limitada, apenas, à parcela de capital representada pelas quotas pertencentes a cada sócio.

Se o sócio subscreve e integraliza as suas quotas, nada mais deverá à sociedade e nem a terceiros credores, ainda que o total do ativo não seja suficiente para saldar o passivo circulante ou real.

Porém, se subscritas as quotas, o sócio não as realiza e a sociedade vai à falência, será ele compelido a saldar as obrigações sociais até o limite do capital total da sociedade a que pertence, embora subsidiariamente.

Na hipótese de o sócio não possuir bens que garantam o pleno direito dos credores, a quota dele voltará à sociedade, assumindo, solidariamente, os demais sócios pela quantia que faltar à integralização do capital. Depois, poderão os demais sócios tomar as iniciativas judiciais cabíveis pelo prejuízo causado pelo sócio faltoso ou expurgá-lo da sociedade.

Ensina Ricardo Negrão que *"o sócio responde, solidariamente com os outros sócios, pela integralização de todo o capital social, mesmo que tenha integralizado sua parte. Essa obrigação visa à intangibilidade do capital social, segurança dos credores que negociam com a sociedade limitada"*.[17]

A responsabilidade dos sócios na sociedade limitada diverge da responsabilidade dos sócios na sociedade por ações, já que nesta cada acionista responde apenas pela parte com que entra para a sociedade.

No que tange à responsabilidade fiscal dos sócios na sociedade limitada, a maioria da jurisprudência tende a admitir essa responsabilidade apenas aos administradores, quando eles praticam atos com abuso ou excesso de poder.

7.9. Sede e Duração

O contrato social deverá indicar com precisão a sede, que será o local onde a sociedade irá exercer as suas atividades e o prazo de duração, que poderá ser determinado ou indeterminado.

Referente à sede da sociedade, determina o Enunciado nº 215 do Conselho da Justiça Federal aprovado na III Jornada de Direito Civil *que "A sede a que se refere o caput do art. 998 poderá ser a da administração ou a do estabelecimento onde se realizam as atividades sociais"*.

O Enunciado nº 466 do Conselho da Justiça Federal aprovado na V Jornada de Direito Civil diz que *"Para fins do Direito Falimentar, o local do principal estabelecimento é aquele de onde partem as decisões empresariais, e não necessariamente a sede indicada no registro público"*.

---

17 NEGRÃO, Ricardo. *Manual de direito comercial e de empresa.* v. 1. São Paulo: Saraiva, 2010, p. 391.

7.10. Menores na Sociedade Limitada

O menor cotista é um problema que não tem sido, em geral, resolvido pacificamente pela doutrina. O menor pode ou não ser sócio de uma sociedade limitada?

Em regra, renomados doutrinadores, tais como Fran Martins[18] e Rubens Requião,[19] entendem que o menor não pode ser sócio das chamadas sociedades de pessoas. Mas a questão se complica no caso das sociedades limitadas, pois trata-se de um tipo híbrido, possuindo a um só tempo características das sociedades de pessoas e de capitais.

No pólo oposto encontramos o Professor Eunápio Borges que conclui: *"a) o menor pode, como herdeiro, tornar-se quotista da sociedade por quotas de responsabilidade limitada, independentemente de autorização judicial, se o capital social estiver integralizado; b) de igual modo, se todo o capital social for integralizado no ato da constituição da sociedade, o menor poderá subscrever quotas sociais, por intermédio de seu representante legal, se absolutamente incapaz, ou com a assistência do pai ou tutor, se relativamente incapaz; c) devidamente autorizado pelo juiz competente, poderá o menor, por subscrição inicial, ou por sucessão causa mortis, ingressar em sociedade por quotas, de capital não integralizado, pelas mesmas razões por que todos admitem a autorização judicial para a subscrição de ações não integralizadas no ato da subscrição".*[20]

No nosso Registro de Empresas, vigorava tempos atrás entendimento contrário à participação do menor, como sócio, na sociedade por quotas de responsabilidade limitada. Entretanto, após decisão do Supremo Tribunal Federal, em sessão plenária de 26 de maio de 1976, no julgamento do Recurso Extraordinário nº 82.433, o Departamento Nacional de Registro do Comércio – DNRC, através de Ofício Circular nº 22, instruiu as Juntas Comerciais do país, no sentido de aceitarem e deferirem *"os contratos sociais onde figurem menores impúberes, desde que as suas quotas estejam integralizadas e não constem nos contratos sociais atribuições aos mesmos relativas à gerência ou administração".*

O assunto foi objeto da Instrução Normativa nº 12, de 29 de outubro de 1986, onde o artigo 4º estabelece que o arquivamento de atos de sociedade por quotas de responsabilidade, da qual participem menores, será procedido pelo órgão de registro desde que: *"I – o capital da sociedade esteja totalmente integralizado, tanto na constituição como nas altera-*

---

18 MARTINS, Fran. *Curso de direito comercial.* Rio de Janeiro: Forense, 2003, p. 209.

19 REQUIÃO, Rubens. *Curso de direito comercial.* São Paulo: Saraiva, v. 2, 2003, p. 96.

20 BORGES, João Eunápio. *Curso de direito comercial terrestre.* Rio de Janeiro: Forense, 1975, p. 356.

ções contratuais; II – não sejam atribuídos ao menor quaisquer poderes de gerência ou administração".

Consoante a Instrução Normativa nº 46/96, do Departamento Nacional do Registro do Comércio – DNRC, são requisitos para o arquivamento de atos das sociedades limitadas, da qual participem menores, que o capital esteja integralizado e que não sejam atribuídos ao menor poderes de gerência ou administração.

Pelo Código Civil de 2002, em seu artigo 972, a atividade de empresário poderá ser exercida por todos aqueles que estiverem em pleno gozo da capacidade civil e não forem legalmente impedidos.

Determina o mesmo diploma legal, em seu artigo 5º, que a maioridade plena é adquirida aos 18 anos completos, quando a pessoa fica habilitada à prática de todos os atos da vida civil.

Pelo artigo 4º, inciso I, são considerados relativamente incapazes os maiores de 16 (dezesseis) anos e menores de 18 (dezoito) anos. Porém, em conformidade com o parágrafo único do artigo 5º, cessará, para esses menores, a incapacidade: *"I – pela concessão dos pais, ou de um deles na falta do outro, mediante instrumento público, independentemente de homologação judicial, ou por sentença do juiz, ouvido o tutor, se o menor tiver dezesseis anos completos; II – pelo casamento; III – pelo exercício de emprego público efetivo; IV – pela colação de grau em curso de ensino superior; V – pelo estabelecimento civil ou comercial, ou pela existência de relação de emprego, desde que, em função deles, o menor com dezesseis anos completos tenha economia própria".*

Determina o artigo 974 do Código Civil que o menor poderá suceder a seus pais, em caso de morte destes, e que em tais casos, os negócios serão administrados por seu representante, com a precedente autorização judicial, que poderá a qualquer tempo, antes da maioridade, ser revogada, sem prejuízo dos direitos adquiridos por terceiros.

Se o representante ou assistente do incapaz for pessoa que, por disposição de lei, não puder exercer a atividade de empresário, será nomeado, com aprovação do juiz, um ou mais gerentes.

A prova da emancipação, a da autorização do incapaz, e a da eventual revogação destas, será inscrita ou averbada no Registro Público de Empresas Mercantis, sendo o uso da firma, conforme o caso, do gerente, do representante do incapaz, ou do menor, quando autorizado.

Artigo 974 – *"Poderá o incapaz, por meio de representante ou devidamente assistido, continuar a empresa antes exercida por ele enquanto capaz, por seus pais ou pelo autor da herança.*

§ 1º – *Nos casos deste artigo, precederá autorização judicial, após exame das circunstâncias e dos riscos da empresa, bem como da conveniência em continuá-la, podendo a autorização ser revogada pelo juiz, ouvidos os pais, tutores ou representantes legais do menor ou do interdito, sem prejuízo dos direitos adquiridos por terceiros.*

§ 2º – *Não ficam sujeitos ao resultado da empresa os bens que o incapaz já possuía, ao tempo da sucessão ou da interdição, desde que estranhos ao acervo daquela, devendo tais fatos constar do alvará que conceder a autorização".*

Artigo 975 – *"Se o representante ou assistente do incapaz for pessoa que, por disposição de lei, não puder exercer atividade de empresário, nomeará, com a aprovação do juiz, um ou mais gerentes.*

§ 1º – *Do mesmo modo será nomeado gerente em todos os casos em que o juiz entender ser conveniente.*

§ 2º – *A aprovação do juiz não exime o representante ou assistente do menor ou do interdito da responsabilidade pelos atos dos gerentes nomeados".*

Artigo 976 – *"A prova da emancipação e da autorização do incapaz, nos casos do artigo 974, e a eventual revogação desta, serão inscritas ou averbadas no Registro Público de Empresas Mercantis.*

Parágrafo único – O uso da nova firma caberá, conforme o caso, ao gerente; ou ao representante do incapaz; ou a este, quando puder ser autorizado".

Assevera Waldo Fázzio Júnior que *"não há impedimento para o menor participar de sociedade limitada, desde que devidamente assistido, uma vez que o capital social tenha sido integralizado. Os herdeiros menores dos sócios poderão possuir cotas das sociedades limitadas pela mesma razão que podem ser acionistas das sociedades por ações".*[21]

7.11. Sociedade Limitada entre Marido e Mulher

Desde o advento da Lei nº 4.121, de 27 de agosto de 1962, Estatuto da Mulher Casada, quando a lei passou a prever os bens reservados e adquiridos com os frutos do trabalho exclusivo de um dos cônjuges, a doutrina e a jurisprudência dominantes vêm admitindo sociedades entre marido e mulher.

A vedação ocorre apenas se visam a fraudar o regime de bens do casamento, (estabelecendo uma comunhão, quando a lei impõe necessariamente o regime da separação de bens, por exemplo); ou, a limitar a responsabilidade dos sócios pelo exercício da empresa que, na realidade, seria sob a forma individual.

O Código Civil em seu artigo 977 faculta a sociedade entre marido e mulher, desde que não estejam casados no regime de comunhão universal de bens ou no da separação obrigatória.

Artigo 977 – *"Faculta-se aos cônjuges contratar sociedade, entre si ou com terceiros, desde que não tenham casado no regime de comunhão universal de bens, ou no da separação obrigatória".*

21 FAZZIO JÚNIOR, Waldo. *Manual de direito comercial.* São Paulo: Atlas. 2004, p. 207.

Em caso de violação ao regime de bens, caberá declarar-se a nulidade do contrato social, pela fraude à lei. No abuso da personalidade, praticado para efeito de impor limitação à responsabilidade pessoal dos sócios, será hipótese de aplicação da teoria da desconsideração, conforme disposto no artigo 50 do Código Civil, *"Em caso de abuso da personalidade jurídica, caracterizado pelo desvio de finalidade, ou pela confusão patrimonial, pode o juiz decidir, a requerimento da parte, ou do Ministério Público quando lhe couber intervir no processo, que os efeitos de certas e determinadas relações de obrigações sejam estendidos aos bens particulares dos administradores ou sócios da pessoa jurídica"*.

7.12. Morte, Incapacidade, Retirada ou Exclusão dos Sócios

A morte, incapacidade ou retirada dos sócios poderá levar à dissolução da sociedade. Porém, conforme dispuser o contrato social, a sociedade poderá continuar com algumas alterações.[22]

O contrato social poderá dispor sobre o tratamento a ser dado às quotas pertencentes ao sócio falecido, conforme determina o Código Civil em seu artigo 1.028 – *"No caso de morte de sócio, liquidar-se-á sua quota, salvo: I – se o contrato dispuser diferentemente; II – se os sócios remanescentes optarem pela dissolução da sociedade; III – se, por acordo com os herdeiros, regular-se a substituição do sócio falecido"*.

Existindo omissão, a participação do sócio falecido será, em princípio, liquidada e o valor da liquidação atribuído aos herdeiros. Existindo acordo com os demais sócios, os herdeiros poderão ser admitidos na sociedade, ou os sócios poderão deliberar pela dissolução da sociedade.

Preleciona Waldo Fazzio Júnior que *"o princípio segundo o qual mors omnia solvit significa aqui o desfazimento dos laços contratuais do sócio com a sociedade, com a conseqüente liquidação de sua quota.*

Se morre o sócio, a regra geral determina a liquidação de sua quota, se o contrário não prever o contrato social, ou seja, se o contrato social for omisso ou dispuser sobre outra solução"[23]

Além dos casos previstos na lei ou no contrato, qualquer sócio pode se retirar da sociedade. No caso de sociedade por prazo indeterminado, o sócio

---

22 "Embora tratando-se de sociedade comercial composta de dois sócios, a morte de um deles não leva à dissolução plena, mas simplesmente parcial, porquanto deve prevalecer a tendência moderna da preservação da empresa, no resguardo do interesse público, e não a prevalência da vontade individual do sócio ou de seus herdeiros. Mesmo que, no caso concreto, se esteja favorecendo quem jamais colaborou para o engrandecimento da empresa, impõe-se a solução, que consulta o interesse mais relevante: a preservação da empresa". (TJSP – Ap. 150.847-2 – 11ª C. – J. 7-12-89 – Rel. Des. Odyr Porto – RT 651/79).

23 FAZZIO JÚNIOR, Waldo. *Sociedades limitadas*. São Paulo: Atlas. 2003, p. 275.

que se retirar deverá notificar os demais sócios, com antecedência mínima de 60 (sessenta) dias, e no caso de sociedade por prazo determinado, provando judicialmente justa causa.

Nos 30 (trinta) dias subseqüentes à notificação, os demais sócios podem optar pela dissolução da sociedade.

O sócio poderá ser excluído judicialmente da sociedade, mediante iniciativa da maioria dos demais sócios, por falta grave no cumprimento de suas obrigações, ou, ainda, por incapacidade superveniente. Será de pleno direito excluído da sociedade o sócio declarado falido, ou aquele cuja quota tenha sido liquidada por credor particular.

Determina o Código Civil, em seu artigo 1.032, que: *"A retirada, exclusão ou morte do sócio, não o exime, ou a seus herdeiros, da responsabilidade pelas obrigações sociais anteriores, até dois anos após averbada a resolução da sociedade; nem nos dois primeiros casos, pelas posteriores e em igual prazo, enquanto não se requerer a averbação".*

7.13. Número de Sócios Reduzido a Apenas Um

O número de sócios reduzido a apenas um não provoca a dissolução da sociedade, podendo o sócio remanescente reconstituir a sociedade no prazo de 180 (cento e oitenta) dias, conforme disposto no Código Civil, em seu artigo 1.033 que diz: *"Dissolve-se a sociedade quando ocorrer: IV. a falta de pluralidade de sócios, não reconstituída no prazo de cento e oitenta dias".*

Com o advento da entrada em vigor da Lei nº 12.441, de 11 de julho de 2011 e a inserção do parágrafo único no artigo 1.033 do Código Civil, não se aplica o disposto no inciso IV do referido artigo, caso o sócio remanescente, inclusive na hipótese de concentração de todas as cotas da sociedade sob sua titularidade, requeira, no Registro Público de Empresas Mercantis, a transformação do registro da sociedade para empresário individual ou para empresa individual de responsabilidade limitada, observado, no que couber, o disposto nos artigos 1.113 e 1.115 do Código Civil.

Dispõe o Enunciado nº 483 do Conselho da Justiça Federal aprovado na V Jornada de Direito Civil que *"Admite-se a transformação do registro da sociedade anônima, na hipótese do artigo 206, I, d, da Lei nº 6.404/1976, em empresário individual ou empresa individual de responsabilidade limitada".*

7.14. Administração da Sociedade Limitada

O administrador da sociedade deverá, no exercício das suas funções, ter o cuidado e a diligência que todo homem íntegro costuma empregar na administração de seus próprios negócios.

Waldo Fazzio Júnior entende *"a administração social como o órgão monogrático ou colegiado, conforme o caso, exercido por sócios e/ou não sócios, cuja meta é a concretização do objeto social previsto no contrato social, como via de acesso ao fito dos sócios de obtenção de benefícios".*[24]

O Enunciado nº 66 do Conselho da Justiça Federal aprovado na I Jornada de Direito Civil diz que: *"A teor do § 2º do art. 1.062 do Código Civil, o administrador só pode ser pessoa natural".*

Determina o Código Civil que a administração da sociedade limitada poderá ser feita por uma ou mais pessoas designadas no contrato social ou em ato separado. Se a administração for atribuída a todos os sócios no contrato social, esta não se estenderá de pleno direito aos que posteriormente adquirirem este direito.

Se o contrato permitir a designação de administradores não sócios, dependerá de aprovação da unanimidade dos sócios, se o capital social não estiver totalmente integralizado e da aprovação de 2/3 (dois terços) no mínimo, após a integralização.

Se o administrador for designado em ato separado que não no contrato social, deverá investir-se na função mediante termo de posse lavrado no livro de atas da administração. Se o termo não for assinado nos 30 (trinta) dias subseqüentes à sua designação, esta se tornará sem efeito.

O administrador, após 10 (dez) dias da sua investidura no cargo, deverá requerer que sua nomeação seja averbada no registro competente, mencionando o seu nome, nacionalidade, estado civil, residência, exibição do documento de identidade, o ato e a data da sua nomeação e o prazo de gestão.

O exercício do cargo de administrador cessa pela destituição a qualquer tempo, ou pelo término do prazo, se não houver recondução, fixada no contrato social ou em ato separado.

A destituição de sócio nomeado administrador no contrato social, salvo disposição contratual diversa, somente se opera pela aprovação de titulares de quotas correspondente a 2/3 (dois terços) no mínimo, e a cessação do exercício do cargo de administrador deverá ser averbada no registro competente, através de requerimento nos próximos 10 (dez) dias após a ocorrência.

O administrador que agir com culpa no desempenho de suas funções responde solidariamente perante a sociedade e terceiros prejudicados.

Assevera Fábio Ulhoa Coelho que *"o administrador da limitada tem os mesmos deveres do administrador da anônima: diligência e lealdade.*

Se descumprir seus deveres, e a sociedade, em razão disso, sofrer prejuízo, ele será responsável pelo ressarcimento dos danos".[25]

Se o administrador vier a renunciar a seu cargo, esta renúncia se tornará eficaz, em relação à sociedade a partir do momento em que ela tomar conhe-

24 FAZZIO JÚNIOR, Waldo. *Sociedades limitadas.* São Paulo: Atlas. 2003, p. 189.

25 COELHO, Fábio Ulhoa. *Curso de direito comercial.* São Paulo: Saraiva. 2002, v. 2, p. 441.

cimento da comunicação escrita do renunciante, e em relação a terceiros, somente após a averbação e publicação no registro competente.

O administrador não poderá ser substituído no exercício de suas funções, sendo-lhe permitido, nos limites dos seus poderes, constituir mandatários da sociedade, especificados no instrumento os atos e operações que poderão praticar.

O uso do nome empresarial (firma ou denominação social) será privativo dos administradores que tenham os necessários poderes.

Ao término de cada exercício social, os administradores deverão proceder à elaboração do inventário, balanço patrimonial e balanço de resultado econômico, que serão apresentados aos sócios através da assembléia ou da reunião.

O Código Civil relaciona determinadas circunstâncias em que as pessoas se encontram impedidas de exercer cargos administrativos na sociedade limitada. São elas: as pessoas impedidas por lei especial, os condenados a pena que vede, ainda que temporariamente, o acesso a cargos públicos; ou por crime falimentar, de prevaricação, peita ou suborno, concussão, peculato; ou contra a economia popular, contra o sistema financeiro nacional, contra as normas de defesa da concorrência, contra as relações de consumo, a fé pública ou a propriedade, enquanto perdurarem os efeitos da condenação.

No que tange à responsabilidade tributária, o administrador é pessoalmente responsável pelas obrigações da sociedade limitada, quando originadas de atos praticados com excesso de poderes ou infração da lei, contrato social ou estatuto.

Para Fábio Ulhoa Coelho, *"o administrador (gerente) é responsável tributário pelas obrigações da sociedade limitada quando esta possuía o dinheiro para o recolhimento do tributo, mas aquele o destinou a outra finalidade, como antecipação de lucro, pagamento de pro labore aos sócios, aplicações financeiras. Não haverá, porém, responsabilidade se o inadimplemento da obrigação tributária decorreu da inexistência de numerário no caixa da sociedade, por motivo não imputável à gerência".*[26]

7.15. Conselho Fiscal

Para Amador Paes de Almeida, *"o conselho fiscal é um órgão fiscalizador da sociedade, cumprindo-lhe o exame dos atos dos administradores e o cumprimento, por parte destes, das disposições legais e contratuais".*[27]

Diz Waldo Fazzio Júnior que *"a função essencial do conselho fiscal é a de exercer permanente fiscalização sobre os órgãos de administração da so-*

26 COELHO, Fábio Ulhoa. *Curso de direito comercial.* São Paulo: Saraiva, 2002, v. 2, p. 443.

27 ALMEIDA, Amador Paes de. *Manual das sociedades comerciais.* São Paulo: Saraiva, 2004. p. 143.

ciedade, especificamente em relação às contas, e à legalidade e regularidade dos atos de gestão. Sua atuação é instrumental, já que disponibiliza aos sócios as informações necessárias para o exercício do direito de fiscalizar e exara parecer sobre a regularidade das prestações de contas. Sua eventual inserção entre os órgãos societários deve ter sempre a finalidade de melhor atender ao interesse da sociedade limitada, cuja prevalência sobre os interesses menores dos sócios ou grupos de sócios deve ser preservada e estimulada".[28]

O contrato social ou a assembléia anual de sócios poderá constituir conselho fiscal, que será composto por 3 (três) ou mais membros e respectivos suplentes, podendo ser sócios ou não, residentes no País.

Estão proibidas de fazer parte do conselho fiscal as pessoas impedidas, por lei especial, os condenados a pena que vede, ainda que temporariamente, o acesso a cargos públicos, ou ainda aqueles condenados por crime falimentar, prevaricação, peita ou suborno, concussão, peculato, contra a economia popular, contra o sistema financeiro nacional, contra as normas de defesa da concorrência, contra as relações de consumo, a fé pública, enquanto perdurarem os efeitos da condenação.

Não podem ainda fazer parte do conselho fiscal os membros dos demais órgãos da sociedade ou de outra por ela controlada, os empregados de quaisquer delas ou dos respectivos administradores, o cônjuge ou parente destes até o terceiro grau.

Os sócios minoritários que representem pelo menos 1/5 (um quinto) do capital social, poderão eleger, separadamente, um dos membros do conselho fiscal e o seu respectivo suplente.

O membro do conselho fiscal eleito ou seu respectivo suplente ficará investido em suas funções, que exercerá até a assembléia anual subseqüente, após assinar o termo de posse no livro de atas e pareceres do conselho fiscal, mencionando seu nome, nacionalidade, estado civil, residência e a data da escolha. Se o termo não for assinado nos 30 (trinta) dias subseqüentes à eleição, esta se tornará sem efeito.

O conselho fiscal receberá uma remuneração, que será fixada, anualmente, pela assembléia dos sócios que os eleger.

Além de outras atribuições determinadas na lei ou estipuladas no contrato social, são deveres do conselho fiscal: a) examinar, pelo menos trimestralmente, os livros e papéis da sociedade e o estado de caixa e da carteira, devendo os administradores ou liquidantes prestar-lhes as informações solicitadas; b) lavrar no livro de atas e pareceres do conselho fiscal o resultado dos exames referidos acima; c) exarar no mesmo livro e apresentar à assembléia anual dos sócios parecer sobre os negócios e as operações sociais do exercício em que servirem, tomando por base o balanço patrimonial e o de

28 FAZZIO JÚNIOR. Waldo. *Sociedade limitada*. São Paulo: Atlas, 2003, p. 229.

resultado econômico; d) denunciar os erros, fraudes ou crimes que descobrirem, sugerindo providências úteis à sociedade; e) convocar a assembléia de sócios se a diretoria retardar por mais de 30 (trinta) dias a sua convocação anual, ou sempre que ocorram motivos graves e urgentes; f) praticar, durante o período da liquidação da sociedade, os atos a que se referem estas obrigações, tendo em vista as disposições especiais reguladoras da liquidação.

Os poderes e atribuições conferidos ao conselho fiscal não podem ser outorgados a outro órgão da sociedade, e a responsabilidade de seus membros será a mesma aplicada aos administradores. O conselho fiscal poderá escolher para assisti-lo, no exame dos livros, balanços e contas, contabilista legalmente habilitado, que receberá uma remuneração atribuída e aprovada pela assembléia dos sócios.

Assevera o saudoso professor Fran Martins que *"segundo as normas das leis estrangeiras, para melhor facilidade na fiscalização dos negócios sociais, deverá a sociedade por cotas possuir Conselho Fiscal desde que o seu número de sócios seja elevado. Haveria, com certeza, um trabalho mais cuidadoso e eficiente, pois, deixando-se aos sócios em geral a fiscalização dos negócios da sociedade, sendo grande o número de sócios, naturalmente haverá dispersão"*.[29]

7.16. Deliberação dos Sócios

No antigo Decreto nº 3.708, de 10 de janeiro de 1919, as decisões da sociedade limitada eram tomadas em reuniões de sócios, prevalecendo a maioria do capital social. Pelo Código Civil de 2002 essas decisões serão tomadas em assembléia de sócios ou reunião, dependendo do número de sócios.

Para Waldo Fazzio Júnior, *"a assembléia é um organismo permanente, constituído pela congregação dos sócios convocados na forma da lei e suas deliberações tornam-se eficazes quando obtidas de modo eficiente. A eficiência diz respeito ao quorum exigido pela lei ou pelo contrato. A eficácia refere-se à imperatividade resultante da deliberação, seu efeito de obrigar a coletividade societária"*.[30]

As deliberações dos sócios serão tomadas em reunião ou em assembléia, devendo ser convocada pelos administradores nos casos previstos na lei ou no contrato social.

As deliberações em assembléia serão obrigatórias sempre que o número de sócios for superior a 10 (dez). As formalidades da convocação da assem-

29 Martins, Fran. *Sociedade por quotas no direito estrangeiro e brasileiro*. Rio de Janeiro: Forense. 1976, vol. 2, p. 729.

30 FAZZIO JÚNIOR, Waldo. *Sociedades limitadas*. São Paulo: Atlas, 2003, p. 240.

bléia serão dispensadas, quando todos os sócios a ela comparecerem ou se declararem, por escrito, cientes do local, data, hora e ordem do dia.

Quando todos os sócios decidirem por escrito sobre a matéria objeto da assembléia ou reunião de sócios, esta será dispensada de suas formalidades.

Se houver urgência e com autorização de titulares de mais da metade do capital social, os administradores poderão requerer a recuperação da empresa.

As deliberações dos sócios, tomadas em conformidade com a lei e o contrato, vinculam todos os sócios, ainda que ausentes ou dissidentes.

Nos casos omissos no contrato, aplica-se à reunião de sócios o disposto para as assembléias.

Sem prejuízo de outras matérias indicadas na lei ou no contrato social, dependem da deliberação dos sócios, com o respectivo quorum: a) a aprovação das contas da administração; b) a designação dos administradores, quando feita em ato separado; c) a destituição dos administradores; d) o modo de sua remuneração, quando não estabelecido no contrato; e) a modificação do contrato social; f) a incorporação, a fusão e a dissolução da sociedade, ou a cessação do estado de liquidação; g) a nomeação e destituição dos liquidantes e o julgamento das suas contas; h) o pedido de recuperação judicial ou extrajudicial.

Quando as deliberações dos sócios, determinada por lei ou pelo contrato social, competir decidir sobre os negócios da sociedade, serão tomadas por maioria de votos, contados segundo o valor das quotas de cada um. Para a formação da maioria absoluta são necessários votos correspondentes a mais da metade do capital. No caso de empate, prevalecerá a decisão sufragada por maior número de sócios, e, se este persistir, pelo juiz.

O sócio que, em alguma operação, tenha interesse contrário ao da sociedade, participar da deliberação que a aprove graças ao seu voto, responderá por perdas e danos.

A reunião ou assembléia pode também ser convocada: a) pelo sócio, quando os administradores retardarem a convocação, por mais de 60 (sessenta) dias, nos casos previstos em lei ou no contrato, ou por titulares de mais de 1/5 (um quinto) do capital, quando não atendido, no prazo de 8 (oito) dias pedido de convocação fundamentado, com indicação das matérias a serem tratadas; b) pelo conselho fiscal, se a diretoria retardar por mais de 30 (trinta) dias a sua convocação anual, ou sempre que ocorram motivos graves e urgentes.

A assembléia dos sócios instala-se em primeira convocação, com a presença, de titulares de no mínimo ¾ (três quartos) do capital social, e, em segunda, com qualquer número.

Conforme Enunciado nº 226 do Conselho da Justiça Federal aprovado na III Jornada de Direito Civil, *"A exigência da presença de três quartos do capital social, como quórum mínimo de instalação em primeira convocação, pode ser alterada pelo contrato de sociedade limitada com até dez sócios, quando as deliberações sociais obedecerem à forma de reunião, sem prejuízo da observância das regras do art. 1.076 referentes ao quorum de deliberação".*

O Enunciado nº 227 do Conselho da Justiça Federal aprovado na III Jornada de Direito Civil diz que: *"O quórum mínimo para a deliberação da cisão da sociedade limitada é de três quartos do capital social".*

O sócio poderá ser representado na assembléia por outro sócio, ou por advogado, mediante a outorga de mandato com especificação dos atos autorizados, devendo o instrumento ser levado a registro juntamente com a ata. Nenhum sócio, por si ou na condição de mandatário, poderá votar matéria que lhe diga respeito diretamente.

Segundo Enunciado nº 484 do Conselho da Justiça Federal aprovado na V Jornada de Direito Civil *"Quando as deliberações sociais obedecerem à forma de reunião, na sociedade limitada com até 10 (dez) sócios, é possível que a representação do sócio seja feita por outras pessoas além das mencionadas no § 1º do art. 1.074 do Código Civil (outro sócio ou advogado), desde que prevista no contrato social".*

A assembléia será presidida e secretariada por sócios escolhidos entre os presentes. A ata será lavrada no livro de atas da assembléia, assinada pelos membros da mesa e pelos sócios participantes da reunião, sem prejuízo dos demais presentes que queiram assiná-la. Nos 20 (vinte) dias subseqüentes à reunião, a cópia da ata autenticada pelos administradores, ou pela mesa, será apresentada ao Registro Público das Empresas Mercantis para arquivamento e averbação. Será entregue uma cópia da ata ao sócio que a solicitar.

Fica ressalvado o disposto no artigo 1.061 do Código Civil, que diz: *"se o contrato permitir administradores não sócios, a designação deles dependerá de aprovação da unanimidade dos sócios, enquanto o capital não estiver integralizado, e de 2/3 (dois terços) no mínimo, após a integralização".*

Fica também ressalvado o §1º do artigo 1.063 do Código Civil que diz: *"Tratando-se de sócio nomeado administrador no contrato, sua destituição somente se opera pela provação de titulares de quotas correspondentes, no mínimo, a 2/3 (dois terços) do capital social, salvo disposição contratual diversa".*

As deliberações dos sócios serão tomadas: a) pelos votos correspondentes, no mínimo, a ¾ (três quartos) do capital social, nos casos de: modificação do contrato social e incorporação, fusão e dissolução da sociedade, ou a cessação do estado de liquidação; b) pelos votos correspondentes a mais da metade do capital social, nos casos de: designação dos administradores, quando feita em ato separado; destituição de administradores; modo de remuneração, quando não estabelecido no contrato e no pedido de recuperação judicial; c) pela maioria de votos dos presentes e nos demais casos previstos, na lei ou no contrato, se este não exigir maioria mais elevada.

Dispõe o Enunciado nº 485 do Conselho da Justiça Federal aprovado na V Jornada de Direito Civil que: *"O sócio que participa da administração societária não pode votar nas deliberações acerca de suas próprias contas, na forma dos arts. 1.071, I, e 1.074, § 2º, do Código Civil".*

Sempre que houver modificação do contrato, fusão da sociedade, incorporação de outra, ou dela por outra, o sócio dissidente terá o direito de se retirar da sociedade, nos 30 (trinta) dias subseqüentes à reunião, aplicando-se, no silêncio do contrato social antes vigente, o disposto no artigo 1.031 do Código Civil, que diz: *"Nos casos em que a sociedade se resolver em relação a um sócio, o valor da sua quota, considerada pelo montante efetivamente realizado, liquidar-se-á, salvo disposição contratual em contrário, com base na situação patrimonial da sociedade, à data da resolução, verificada em balanço especialmente levantado. §1º – O capital social sofrerá a correspondente redução, salvo se os demais sócios suprirem o valor da quota. §2º – A quota liquidada será paga em dinheiro, no prazo de 90 (noventa) dias, a partir da liquidação, salvo acordo, ou estipulação contratual em contrário".*

Segundo Enunciado nº 392 do Conselho da Justiça Federal aprovado na IV Jornada de Direito Civil, *"Nas hipóteses do art. 1.077 do Código Civil, cabe aos sócios delimitar seus contornos para compatibilizá-los com os princípios da preservação e da função social da empresa, aplicando-se, supletiva (art. 1.053, parágrafo único) ou analogicamente (art. 4º da LICC), o art. 137, § 3º, da Lei das Sociedades por Ações, para permitir a reconsideração da deliberação que autorizou a retirada do sócio dissidente".*

A assembléia de sócios deverá ser realizada, pelo menos uma vez por ano, nos quatro meses seguintes ao término do exercício social, com a seguinte finalidade: a) tomar as contas dos administradores e deliberar sobre o balanço patrimonial e o de resultado econômico; b) designar administradores, quando for o caso; c) tratar qualquer outro assunto constante da ordem do dia.

Todos os documentos referidos acima devem ser postos, por escrito, e com a prova do respectivo recebimento, até 30 (trinta) dias da data marcada para a assembléia, à disposição dos sócios que não exerçam a administração.

Instalada a assembléia, será feita a leitura de todos os documentos apresentados pelos administradores, os quais serão submetidos, pelo presidente, a discussão e votação, não podendo tomar parte nelas os membros da administração, e se houver, os do conselho fiscal.

A aprovação, sem reserva, do balanço patrimonial e do de resultado econômico, salvo erro, dolo ou simulação, exonera de responsabilidade os membros da administração e do conselho fiscal, se houver, extinguindo-se em 2 (dois) anos o direito a sua anulação.

Conforme Enunciado nº 228 do Conselho da Justiça Federal aprovado na III Jornada de Direito Civil *"As sociedades limitadas estão dispensadas da publicação das demonstrações financeiras a que se refere o § 3º do art. 1.078. Naquelas de até dez sócios, a deliberação de que trata o art. 1.078 pode dar-se na forma dos §§ 2º e 3º do art. 1.072, e a qualquer tempo, desde que haja previsão contratual nesse sentido".*

Aplica-se à reunião de sócios, nos casos omissos no contrato, o disposto para as assembléias. As deliberações infringentes do contrato ou da lei tornam ilimitada a responsabilidade daqueles que expressamente as aprovaram.

Dispõe o Enunciado nº 229 do Conselho da Justiça Federal aprovado na III Jornada de Direito Civil que: *"A responsabilidade ilimitada dos sócios pelas deliberações infringentes da lei ou do contrato torna desnecessária a desconsideração da personalidade jurídica, por não constituir a autonomia patrimonial da pessoa jurídica escudo para a responsabilização pessoal e direta".*

7.17. Aumento e Redução do Capital Social

O capital social é mutável, podendo ser aumentado ou reduzido. O mais comum e normal é que seja aumentado com novas contribuições dos sócios atuais; com a admissão de novos sócios; com a capitalização de reservas estatutárias e voluntárias; com a correção da expressão monetária do ativo; com a incorporação de outra sociedade; ou com a versão do patrimônio oriundo de uma operação de cisão societária. São operações que ocorrem com certa freqüência e normalidade. A redução do capital é menos comum, e acontece pela retirada de algum sócio sem a correspondente substituição ou pela geração de prejuízo e não de lucro, conforme normalmente se espera.

Integralizadas as quotas e ressalvado o disposto em lei especial, o capital social poderá ser aumentado, com a correspondente modificação do contrato social. Até 30 (trinta) dias após a deliberação, os sócios terão o direito de preferência para participar do aumento, na proporção das quotas de que sejam titulares.

Para o direito de preferência, aplica-se o caput do artigo 1.057 do Código Civil, que diz: *"Na omissão do contrato, o sócio pode ceder sua quota, total ou parcialmente, a quem seja sócio, independentemente de audiência dos outros, ou a estranho, se não houver oposição de titulares de mais de ¼ (um quarto) do capital social".*

Após o término do prazo da preferência, e assumida pelos sócios, ou por terceiros, a totalidade do aumento, haverá reunião ou assembléia dos sócios, para que seja aprovada a modificação do contrato.

Assevera Waldo Fazzio Júnior que *"o aumento pode advir de contribuições dos próprios sócios, pela incorporação de outra sociedade, pela recepção de novos sócios ou pela capitalização de reservas".*[31]

Assim como é permitido o aumento do capital social, a sociedade poderá também reduzir o seu capital, mediante a correspondente modificação do contrato social, nos seguintes casos: a) depois de integralizado, se houver perdas irreparáveis; b) se excessivo em relação ao objeto da sociedade.

31 FAZZIO JÚNIOR, Waldo. *Sociedades limitadas*. São Paulo: Atlas, 2003, p. 260.

No caso de perdas irreparáveis, e depois de integralizado, a redução do capital será realizada com a diminuição proporcional do valor nominal das quotas, tornando-se efetiva a partir da averbação, no órgão competente, da ata da assembléia que a tenha aprovado.

No caso de capital excessivo em relação ao objeto da sociedade, a sua redução será feita restituindo-se parte do valor das quotas aos sócios, ou dispensando-se as prestações ainda devidas, com diminuição proporcional, em ambos os casos, do valor nominal das quotas. No prazo de 90 (noventa) dias, contados da publicação da ata da assembléia que aprovar a redução do capital social, o credor quirografário, portador de título líquido anterior a essa data, poderá se opor ao que foi deliberado. A redução do capital social somente será eficaz, se dentro do prazo acima citado, não houver impugnação por parte de qualquer credor ou se provado o pagamento da dívida ou o depósito judicial do respectivo valor.

Satisfeitas todas as condições estabelecidas pela lei, proceder-se-á à averbação, no Registro Público das Empresas Mercantis, da ata que tenha aprovado a redução.

Waldo Fazzio Júnior comenta que *"sobre a redução do capital social calou-se o Decreto nº 3.708/19, o que, aliás, também ocorreu com o Código Comercial. O que não significa que não possa ocorrer, por exemplo: na perda por fracasso da empresa; na perda por reembolso do sócio dissidente; na perda por exclusão de sócio; no excesso de capital; e na perda pelo pagamento da quota do sócio falecido".*[32]

7.18. Resolução da Sociedade em Relação aos Sócios Minoritários

A exclusão do sócio poderá ocorrer em duas hipóteses: a) se remisso; ou b) por justa causa.

Sócio remisso é aquele que está inadimplente perante a sociedade, pelo fato de não ter integralizado as quotas que adquiriu. Portanto, poderá ser cobrado pelos demais sócios ou, até mesmo, excluído da sociedade, uma vez constituído em mora, mediante notificação regular com prazo de 30 (trinta) dias. Os sócios poderão excluí-lo ou cobrá-lo judicialmente.

Assevera Fábio Ulhoa Coelho que *"o sócio remisso é aquele que não cumpre, no prazo, a obrigação de integralizar a quota subscrita. A sociedade pode cobrar-lhe o devido, em juízo, ou expulsá-lo. Nesta última hi-*

32 FAZZIO JÚNIOR, Waldo. *Sociedades limitadas*. São Paulo: Atlas, 2003, p. 262.

pótese, deve restituir ao remisso as entradas feitas, deduzidas as quantias correspondentes aos juros de mora, cláusula penal expressamente prevista no contrato social e despesas".[33]

Conforme disposto no artigo 1.058 do Código Civil, não integralizada a quota do sócio remisso, os outros sócios ou a própria sociedade podem tomar a quota para si ou transferi-la a terceiros, excluindo o primitivo titular e devolvendo-lhe o que houver pago, deduzidos os juros da mora, as prestações estabelecidas no contrato mais as despesas pertinentes, ficando o novo titular da participação societária encarregado de sua integralização.

A exclusão por justa causa depende de prévia estipulação no contrato social. Se existente, a maioria dos sócios (representativa de mais da metade do capital social), entendendo que um ou mais sócios estão colocando em risco a continuidade da empresa, em virtude de atos de inegável gravidade, poderá excluí-los da sociedade, mediante alteração do contrato social.

Segundo Enunciado nº 67 do Conselho da Justiça Federal aprovado na I Jornada de Direito Civil, *"A quebra do affectio societatis não é causa para a exclusão do sócio minoritário, mas apenas para dissolução (parcial) da sociedade".*

A exclusão por justa causa deverá ser determinada em reunião ou assembléia especialmente convocada para esse fim, ciente o acusado em tempo hábil para permitir seu comparecimento e o exercício do direito de defesa.

Preleciona Waldo Fazzio Júnior que *"nessa modalidade de exclusão, a decisão deve provir da reunião ou assembléia (conforme o caso) extraordinária, quer dizer, convocada especificamente para essa finalidade. Deve ser observado o contraditório formal, quer dizer, os sócios acusados devem ser cientificados em tempo hábil, o que significa dizer em tempo de preparar e instruir sua defesa para comparecer à reunião/assembléia onde, querendo, poderá deduzir suas razões de defesa.*

A omissão desses pré-requisitos pode redundar na anulação judicial da assembléia, em decorrência de ação proposta pelo sócio efetivamente prejudicado".[34]

7.19. Dissolução da Sociedade Limitada

Fran Martins ensina que *"por dissolução da sociedade compreende-se o processo de extinção da pessoa jurídica. Nascendo esta com o arquivamento do contrato social no Registro Público das Empresas Mercantis e Atividades Afins, está apta a realizar o seu objetivo, independentemente dos sócios que a compõem, durante todo o prazo para o qual foi constituída.*

33 COELHO, Fábio Ulhoa. *Curso de direito comercial*. São Paulo: Saraiva, 2002, v. 2, p. 400.

34 FAZZIO JÚNIOR, Waldo. *Sociedades limitadas*. São Paulo: Atlas, 2003, p. 273.

Sua atuação se faz sentir, nesse tempo, como sujeito de direitos, podendo, de tal maneira, obrigar-se a praticar os atos que se tornarem precisos para a consecução do fim social.

Mas a sociedade um dia poderá desaparecer, seja por haver-se esgotado o prazo de sua duração, seja pela superveniência de causas que impossibilitem a sua continuação ainda na vigência do contrato. Deverá, desse modo, dissolver-se extinguindo-se não só a pessoa jurídica como os vínculos contratuais que uniram os sócios".[35]

O processo de encerramento das sociedades passa por três fases distintas, compreendendo a dissolução, a liquidação e a extinção. Por força da teoria da preservação da empresa, deve-se evitar a dissolução total da sociedade quando for possível a sua dissolução parcial, apurando-se os haveres dos sócios que dela se retiram.

A dissolução dá-se por deliberação dos sócios (distrato), expiração de seu prazo (nos casos de sociedades por tempo determinado), pela lei (morte de um dos sócios em sociedades de pessoas, salvo disposição contrária, ou ato legal dissolutório), por ato de autoridade administrativa (quando cassada a autorização governamental de funcionamento ou quando se revele perniciosa), ou judicial (falência, dissolução por vontade de um dos sócios nas sociedades por tempo indeterminado).

Com a dissolução, ocorre o encerramento da fase ativa da sociedade e passa-se à sua liquidação. Após a dissolução, a sociedade ainda mantém a sua personalidade jurídica, sem, contudo, realizar novos negócios, mas apenas com a finalidade de ultimar seus atos.

Na liquidação, será nomeado um liquidante (que poderá ser um administrador ou terceiro), que ficará encarregado de receber eventuais créditos da sociedade e de pagar todo o seu passivo.

Chega-se, enfim, à partilha, onde os bens remanescentes serão entregues aos sócios, após o pagamento de todos os credores. Uma vez aprovadas pelos sócios as contas do liquidante, deverá ser requerido o cancelamento junto ao Registro Público das Empresas Mercantis.

Muitas vezes as sociedades são extintas sem satisfazer todas as suas dívidas, deixando, por exemplo, de pagar um credor trabalhista, comercial ou fiscal. Neste caso a sociedade simplesmente fecha suas portas sem o cumprimento das formalidades exigidas, entendendo-se que sua extinção foi irregular, acarretando a responsabilidade pessoal dos sócios pelas dívidas da sociedade. Isto explica e justifica a penhora de bens dos sócios para a liquidação das obrigações sociais.

Aplica-se à dissolução da sociedade limitada o disposto para as sociedades simples, e previsto no artigo 1.044, do Código Civil.

35 MARTINS, Fran. *Curso de direito comercial.* Rio de Janeiro: Forense, 2003, p. 218.

7.20. Aplicação da Lei de Sociedades Anônimas

A sociedade limitada surgiu como opção entre as sociedades de pessoas e as sociedades de capitais, reunindo assim, condições de ambas as espécies societárias. É por isso que encontramos na sociedade limitada elementos próprios das duas espécies, muito embora tenha características próprias e inconfundíveis. É constituída através de simples contrato social e regida pelos artigos 1.052 a 1.087 do Código Civil, podendo o contrato prever a adoção da sociedade por ações.

Conforme determinação do parágrafo único do artigo 1.053 do Código Civil, em caso de omissão do disposto nos artigos 1.052 a 1.087 do mesmo diploma legal, deve-se recorrer ao contrato social, e se também for omisso a respeito, deverão ser observadas às sociedades limitadas, as disposições da lei das sociedades por ações.

Deve-se ressaltar que as disposições da lei das sociedades por ações aplicáveis à sociedade limitada são aquelas compatíveis com a sua natureza jurídica, pois o Código Civil já adota, para a sociedade limitada, regras comuns à sociedade por ações, destacando-se o conselho fiscal e a assembléia geral.

A sociedade limitada não poderá cartularizar as suas quotas sociais, lançando-as no mercado de valores mobiliários, como acontece com as ações. Também não poderá emitir debêntures, bônus de subscrição e partes beneficiárias.

Capítulo VIII

MERCADO DE CAPITAIS

Sumário: 8.1. Mercado de capitais. **8.2.** Bolsa de valores e sua origem histórica. **8.3.** Constituição das bolsas de valores. **8.4.** Objetivos e atividades das bolsas de valores. **8.5.** Sociedades corretoras. **8.6.** Corretores. **8.7.** Corretores de mercadorias. **8.8.** Corretores de valores. **8.9.** Sociedades distribuidoras de títulos e valores mobiliários. **8.10.** Mercado de balcão organizado. **8.11.** Bancos múltiplos e bancos de investimento. **8.12.** Administradores de carteiras. **8.13.** Agentes autônomos de investimento. **8.14.** Investidores institucionais. **8.15.** Investidores pessoas físicas e jurídicas não financeiras. **8.16.** Investidores estrangeiros. **8.17.** Mercado primário e mercado secundário.

8.1. Mercado de Capitais

O marco de desenvolvimento do mercado de capitais se deu com a Lei nº 4.728 de 15 de julho de 1965, também conhecida como Lei de Mercado de Capitais. Essa lei colocou o mercado de capitais sob a disciplina do Conselho Monetário Nacional e fiscalização do Banco Central do Brasil.

Na época, os corretores de valores que eram pessoas físicas, foram transformados em sociedades corretoras, constituindo uma base mais sólida e viabilizando seu crescimento.

A Lei nº 4.728/65 definiu as instituições componentes do sistema de distribuição de valores mobiliários e obrigou que essa distribuição fosse feita somente através dessas instituições, nos termos fixados pelo Conselho Monetário Nacional.

A Lei de Mercado de Capitais criou também, o registro de empresas no Banco Central do Brasil, sendo necessário para aquelas empresas que tivessem por objeto qualquer atividade de intermediação na distribuição, ou colocação, de títulos ou valores mobiliários, no mercado financeiro.

Em 1976, foram introduzidas novas modificações no mercado de capitais, em decorrência da alta nas cotações, que teve seu ponto máximo em 1971, e das fases de queda e relativa estagnação que se seguiram.

Em 7 de setembro de 1976, através da Lei nº 6.385, foi criada a Comissão de Valores Mobiliários, órgão especializado no mercado de capitais. Essa lei juntamente com a Lei nº 6.404/76 que regula as sociedades por ações, tiveram por objetivo a proteção do acionista na empresa e do investidor no mercado financeiro.

No final dos anos 80, foram introduzidas importantes alterações no mercado de capitais através de duas resoluções do Conselho Monetário Nacional, a Resolução nº 1.289/87 e a Resolução nº 1.524/88.

A primeira Resolução nº 1.289/87 flexibilizou as regras para o investidor estrangeiro e a segunda Resolução nº 1.524/88, instituiu o Banco Múltiplo, cuja característica é operar, sob uma única denominação jurídica, diferentes carteiras, tais como: banco comercial, banco de investimento, financeira, crédito imobiliário, distribuidora de títulos e valores mobiliários, dentre outras.

No início do ano 2000, o Conselho Monetário Nacional através da Resolução nº 2.689, flexibilizou ainda mais as regras para o investidor estrangeiro, permitindo o ingresso e transito livre desses investidores a todos os produtos disponíveis no mercado brasileiro, admitindo também aplicações de investidores individuais e simplificando os procedimentos operacionais.

O mercado de capitais é um sistema de distribuição de valores mobiliários, que tem o propósito de proporcionar liquidez aos títulos de emissão de empresas e viabilizar seu processo de capitalização. Esse mercado é constituído pelas bolsas de valores, sociedades corretoras e outras instituições financeiras autorizadas.

No mercado de valores mobiliários, conhecido também por mercado de capitais, os principais títulos negociáveis são os representativos do capital das empresas, tais como as ações, ou os de empréstimos tomados, via mercado, por empresas, como as debêntures, bônus de subscrição e *"commercial papers"*,[1]

---

1 Após longo período de gestação, resolveu o Conselho Monetário Nacional, através da Resolução nº 1.723, de 27/06/90, expedida pelo Banco Central do Brasil, autorizar a emissão de notas promissórias, como valor mobiliário, pelas sociedades por ações. Esta Resolução introduz no sistema legal brasileiro o *"Commercial Paper"* (*CP*), há muito difundido nos Estados Unidos e largamente utilizado pelas empresas americanas. Genericamente, o *Commercial Paper* é um título de crédito de curto prazo, sem qualquer garantia, emitido por pessoas jurídicas, contendo uma obrigação de pagar em determinado dia ou prazo, quantia consubstanciada no próprio título. Com a emissão, a sociedade visa captar recursos no mercado a um custo inferior ao que obteria junto às instituições bancárias, para fazer frente a dispêndios imediatos (aquisição de insumos, pagamento de tributos, etc.). Ao contrário do que ocorre nas necessidades de recursos a longo prazo, normalmente captados pelas empresas através do complexo sistema de emissão de debêntures, com a negociação das cláusulas e condições atinentes, o lançamento de *Commercial Paper* é efetivado de maneira mais simplificada, resultando para as sociedades uma maior agilidade na captação dos recursos desejados. Instituído pela primeira vez nos Estados Unidos, há quem afirme que já nos idos de 1790 alguns corretores de Nova York e Boston precocemente negociavam esse espécie de papel. Mas é com certeza que somente a partir de 1830 o mercado de *Commercial Paper* passou a ser conhecido e suas transações publicadas no *Financial Register of the United States.*

que permitem a circulação de capital para custear o desenvolvimento econômico. Essas operações são realizadas em mercados organizados e bolsas, sendo que os principais participantes são os investidores institucionais e as empresas de grande porte, na qualidade de emissoras de valores mobiliários ou de investidoras. Existem também, operações realizadas pelos investidores de varejo, que são pessoa física ou jurídica.

O mercado de capitais abrange, ainda, as negociações com direitos e recibos de subscrição de valores mobiliários, certificados de depósitos de ações e demais derivativos autorizados à negociação.

À medida que cresce o nível de poupança, maior é a disponibilidade para investir. A poupança individual e a poupança das empresas constituem a fonte principal do financiamento dos investimentos de um país. Tais investimentos são o motor do crescimento econômico e este, por sua vez, gera aumento de renda, com conseqüente aumento da poupança e do investimento, e assim por diante.

Esse é o esquema da circulação de capital, presente no processo de desenvolvimento econômico. As empresas, à proporção que se expandem, carecem de mais e mais recursos, que podem ser obtidos através de: a) empréstimos de terceiros; b) reinvestimentos de lucro; c) participação de acionistas.

As duas primeiras fontes de recursos são limitadas. Geralmente, as empresas utilizam-nas para manter sua atividade operacional. Mas é através da participação de novos sócios, os acionistas, que uma empresa ganha condições de obter novos recursos não exigíveis, como contrapartida à participação no seu capital.

Com os recursos necessários, as empresas têm condições de investir em novos equipamentos ou no desenvolvimento de pesquisas, melhorando seu processo produtivo, tornando-o mais eficiente e beneficiando toda a comunidade.

O investidor em ações contribui assim para a produção de bens, dos quais ele também é consumidor. Como acionista, ele é sócio da empresa e se beneficia da distribuição de dividendos sempre que a empresa obtiver lucro.

Essa é a mecânica da democratização do capital de uma empresa e da participação em seus lucros.

Para operar no mercado secundário de ações, é necessário que o investidor se dirija a uma sociedade corretora, membro de uma bolsa de valores, onde funcionários especializados poderão fornecer os mais diversos esclarecimentos e orientação na seleção do investimento, de acordo com os objetivos definidos pelo aplicador. Se pretender adquirir ações de emissão nova, ou seja, no mercado primário, o investidor deverá procurar um banco, uma corretora ou uma distribuidora de valores mobiliários que participem do lançamento das ações pretendidas.

8.2. Bolsa de Valores e sua Origem histórica

A origem das bolsas de valores é bastante escassa, não havendo uma definição histórica registrada através da escrita. Alguns doutrinadores salientam que elas surgiram no *emporium* da Grécia antiga, outros a localizam no *collegium mercatorum* de Roma.

Bolsa, do grego *býrsa*, em sentido etimológico significa saquinho de trazer dinheiro.[2]

No sentido técnico-comercial e econômico, bolsa designa a organização, devidamente autorizada pelos poderes públicos, que tem por objeto reunir, em determinado local e em certas ocasiões, vários comerciantes ou outras essas interessadas, para tratarem de negociações concernentes a seu comércio.[3]

Em sentido técnico-jurídico bolsa significa a organização, em virtude da qual se permite a reunião de certas pessoas para fins que se tem em vista, também, por extensão, expressa o local em que essas reuniões se realizam.[4]

Em sentido econômico e financeiro, a palavra bolsa surgiu na Bélgica, na cidade de Breges, local onde se realizavam assembléias de comerciantes, que na época eram feitas em suas próprias casas, *Van der Burse*, em cuja fachada havia um escudo com três bolsas, que significava o brasão das armas do proprietário.

Na Idade Média, até o século XVII, os negócios eram limitados pela escassez de capitais, pela ausência de crédito e pelas dificuldades de comunicação e as operações de bolsa eram feitas somente para a compra e venda de moedas, letras de câmbio e pedras preciosas.

Na França, a Bolsa de Paris foi implantada em 1141 por Luis VII e regulamentada em 1304. Foi fixada em um prédio suntuoso por Napoleão I onde permanece até hoje.

Em Londres a Bolsa de Fundos Públicos foi fundada em 1698. Embora as operações com valores mobiliários já estivessem legalizadas, devido ao enorme crescimento das negociações naquele ano foi necessário a sua organização em caráter oficial.

Foi no século XVIII que essas instituições atingiram grande desenvolvimento, quando as exigências de crédito público obrigaram os banqueiros a fracionar os empréstimos em títulos de participação.

No século XIX, as bolsas começaram a realizar operações a futuro com mercadorias.

---

2 MICHAELIS. *Moderno dicionário da língua portuguesa.* São Paulo: Melhoramentos, 2000, p. 342.

3 SILVA, De Plácido e. *Vocabulário jurídico.* Rio de Janeiro: Forense, 2009, p. 224.

4 SILVA, De Plácido e. *Vocabulário jurídico.* Rio de Janeiro: Forense, 2009, p. 225.

Podemos considerar o capitalismo um regime que oficialmente foi implantado a partir de finais do século XVIII, após a chamada *Era das Revoluções*. Atravessou alguns momentos de angústia representada pela 1ª Guerra Mundial e a Revolução Russa de 1917. Mas, a crise de 1929 responde pelo seu derradeiro teste de sobrevivência.

Do século XIX até início do século XX, a economia mundial tinha seu eixo de importância na Europa. Países como Inglaterra, França, Alemanha e outros comandavam as decisões econômicas, estabeleciam estratégias financeiras, controlavam mercados consumidores, monopolizavam fontes de matérias primas, ditavam preços e prazos. A libra esterlina era a moeda de troca internacional. Ali estava reunida a fortuna do mundo.

Mas, já no início do século XX, crises, conflitos e vaidades políticas prenunciavam tempestades no horizonte, que nem sempre eram azuis. Os países europeus, por não conseguirem conciliar interesses, acabaram por se envolver num confronto mundial que, praticamente, pôs fim a essa *belle époque*.

Diante desse confronto, o grande beneficiário foram os Estados Unidos da América. Já na virada do século, quando os ânimos entre os países europeus se acirraram, os americanos do norte aproveitaram-se da situação para se infiltrarem nas regiões sul e central da América é, gradativamente, conquistar certo predomínio econômico nessas regiões, conquistando mercados e substituindo os europeus na exploração econômica da América latina.

Veio a guerra, e mais uma vez, vantagem para os Estados Unidos. Os países europeus em guerra voltaram sua produção para a indústria bélica, diminuindo a produção de bens de consumo geral. Produtos manufaturados americanos eram exportados em massa para o mercado europeu.

Em 1918, terminada a guerra, novamente a presença americana é flagrante. Empréstimos e mais empréstimos são contratados pelos europeus visando à reconstrução dos países destruídos.

Esses fatores condicionaram aos Estados Unidos da América uma prosperidade sem precedentes. Um período de grande abundância gerou uma idêntica euforia social. Os empresários americanos nadavam em capitais, e exportavam o modelo de homens de negócios, o *self-made-mam*, que era aquele empreendedor, que, saindo das camadas humildes da população, competentemente conseguiu prosperar. Toda essa riqueza gerou, nos Estados Unidos da América, um novo ideal de vida ou um novo estilo de vida americano, chamado de *american way of life*. Na época, houve euforia total, alegria geral e contagiante entusiasmo. Mas foi breve, muito breve e de presságios fúnebres.

No século XX foram desenvolvidas operações a futuro com ativos financeiros e operações com opções. O conjunto dessas operações recebeu o nome de mercado de derivativos, servindo tanto para as operações de *hedge*[5] como de alavancagem, movimentando quantias expressivamente superiores aos tradicionais mercados a vista.

Atualmente, vivemos no século das transformações, o século XXI. São mudanças tecnológicas, econômicas, políticas, biológicas, culturais e principalmente sociais, onde a Ética e a Moral também passam por certas mudanças; mudanças de ideologia e até mesmo de ecletismo de valores.

A administração, como ciência, veio se desenvolvendo constantemente ao longo do século passado. Novas ferramentas de gestão surgiram e tornaram-se manias mundiais, mas logo desapareceram. No entanto, alguns valores essenciais como a ética, o trabalho em equipe e o planejamento estratégico na gestão empresarial continuam fortes, além de outros novos, como a responsabilidade social e ambiental, cada vez com uma maior importância no perfil de qualquer administrador no início desse novo século.

Alguns fatos recentes demonstram a importância cada vez maior da ética no segmento administrativo empresarial, principalmente, os sucessivos escândalos de fraudes contábeis ocorridos nos Estados Unidos da América. Os diretores-executivos, cada vez mais preocupados e obstinados por lucros a qualquer custo, deixaram a ética de lado, maquiando os balanços contábeis para inflar o preço das ações de suas empresas. Tudo isso causou uma enorme enxurrada de investimento nas bolsas de valores, no entanto, quando essas fraudes contábeis foram descobertas, houve um colapso nas bolsas de todo o mundo. Agora, devido a toda a essa euforia por lucros, o investidor mundial está com sua confiança completamente abalada e o mercado financeiro sente essa incerteza generalizada.

Além disso, o dogma de que os profissionais, não só da área da administração, mas de qualquer profissão, deveriam ser especialistas e individualistas, caiu por terra. As teorias mais modernas explicam que o profissional desse novo século deve ter uma visão global de sua profissão, ou seja, deve saber de tudo um pouco. Junto a isso, além do administrador ter uma visão generalizada, ele deve trabalhar em equipe e fazer uma convergência das idéias até chegar a um consenso. Dessa forma, os resultados são aperfeiçoados constantemente.

Por outro lado, o planejamento estratégico empresarial, pouco usado na primeira metade do século passado, passou a ser de uso comum e constante durante a segunda metade e os primeiros anos do século passado e desse novo século, respectivamente. Os sucessivos abalos sofridos pela economia mundial clarearam a mente da maioria dos executivos. Crises, passageiras ou

5 Em finanças, chama-se cobertura (*hedge*, em inglês) ao instrumento que visa proteger operações financeiras contra o risco de grandes variações de preço de determinado ativo. Uma estratégia de *hedging* consiste em realizar um determinado investimento com o objetivo específico de reduzir ou eliminar o risco de outro investimento ou transação.

não, como a do México, da Rússia, do Oriente Médio, do próprio Brasil com a incerteza eleitoral em 2002, das ações da Internet, das fraudes contábeis e do ataque terrorista de 11 de setembro, obrigaram os executivos a traçarem planos antecipadamente para poderem sobreviver a esses períodos de turbulência econômica.

Portanto, está claro que o administrador do século passado está mudando bastante rumo ao novo século. O perfil dos administradores desse novo milênio é de rígidos limites éticos, de um envolvimento cada vez maior em trabalhos em equipe, de constante atualização e aperfeiçoamento, planejamento estratégico, responsabilidade social e ambiental. Tudo isso, para a sobrevivência em um mundo cada vez mais globalizado e, portanto, sempre suscetível a turbulências econômicas que afetam o rumo das mais diversas empresas e países.

8.3. Constituição das Bolsas de Valores

O Regulamento anexo à Resolução CMN nº 2.690, de 28 de janeiro de 2000, altera e consolida as normas que disciplinam a constituição, organização e o funcionamento das bolsas de valores.

De acordo com o Regulamento, as bolsas de valores poderão ser constituídas como associações civis ou sociedades anônimas, sendo que, as que se constituírem como associações civis, sem finalidade lucrativa, não poderão distribuir parcela de patrimônio ou resultado para as sociedades membros, exceto se houver, expressa autorização da Comissão de Valores Mobiliários.

Para início de suas operações, as bolsas de valores dependem de prévia autorização da Comissão de Valores Mobiliários, sob cuja supervisão e fiscalização funcionam.

As bolsas de valores, ao requererem à Comissão de Valores Mobiliários a autorização para funcionamento, devem instruir o pedido com os seus atos constitutivos, compreendendo: o estatuto social devidamente revestido das formalidades legais; a comprovação da integralização do patrimônio ou do capital social; a documentação relativa aos integrantes do conselho de administração, comprobatórios do preenchimento dos requisitos exigidos no Regulamento; o estudo que evidencia sua capacidade de cumprir o objeto social; e demais documentos necessários exigidos pela Comissão de Valores Mobiliários.

O estatuto social das bolsas de valores deve estabelecer, além do exigido pela legislação aplicável, regras básicas relativas à adoção de estrutura administrativa e operacional que permitam assegurar o pleno atendimento do seu objeto social e dos requisitos inerentes à sua condição de instituição auxiliar da Comissão de Valores Mobiliários, enquanto entidade reguladora e fiscalizadora do mercado.

O patrimônio ou capital social das bolsas de valores deve ser formado, quando da constituição, mediante realização em dinheiro, e será dividido, conforme o caso, em títulos patrimoniais ou ações ordinárias com direito de voto pleno, devendo ser fixado pela Comissão de Valores Mobiliários, a quantidade e o valor inicial de emissão de títulos patrimoniais.

O Conselho de Administração será integrado, no mínimo, por 7 (sete) e, no máximo, por 13 (treze) conselheiros, devendo o estatuto social da bolsa de valores estabelecer, além do que for exigido pela legislação aplicável, as regras relativas a sua composição.

O Conselho de Administração será integrado, obrigatoriamente, por um representante dos investidores não qualificados como institucionais e um representante de companhias abertas cujos valores mobiliários estejam admitidos à negociação, em se tratando de bolsa no âmbito da qual sejam negociados valores mobiliários.

Nas bolsas de valores constituídas como associações civis, deverá existir um Superintendente Geral que será membro nato do Conselho de Administração.

Na composição do Conselho de Administração, salvo disposição legal em contrário, não pode haver mais de um conselheiro vinculado à mesma sociedade membro, companhia aberta, conglomerado, grupo ou investidor institucional.

Nas bolsas de valores são negociáveis títulos e valores mobiliários registrados na Comissão de Valores Mobiliários.

Somente ao representante da sociedade membro é permitido operar nos pregões e sistemas de bolsa de valores. De acordo com o regulamento elaborado pelas bolsas de valores e após sua aprovação pela Comissão de Valores Mobiliários, outras pessoas poderão ter acesso aos seus pregões e sistemas.

O representante da sociedade membro, no pregão ou perante o público, deve obter aprovação em exame de matérias concernentes a títulos ou valores mobiliários e à respectiva legislação e regulamentação, o qual será promovido pela bolsa de valores em que deva atuar, sob supervisão da Comissão de Valores Mobiliários.

A corretagem para operações com títulos ou valores mobiliários em bolsa de valores será livremente pactuada entre o prestador do serviço de corretagem e seus clientes.

A sociedade membro é responsável, nas operações realizadas em bolsas de valores, para com seus comitentes e para com outras sociedades com as quais haja operado, por sua liquidação, pela legitimidade dos títulos ou valores mobiliários entregues, e pela autenticidade dos endossos em títulos e valores mobiliários e legitimidade de procuração ou documento necessário à transferência deles.

As bolsas de valores devem dispor de um sistema de registro de operações, sob a responsabilidade do Superintendente Geral ou do Diretor Geral, com a finalidade de registrar operações à vista, a termo, a futuro, com opções ou assemelhadas, de responsabilidade de sociedade membro ou de seus comitentes.

8.4. Objetivos e Atividades das Bolsas de Valores

Conforme determinações da Resolução n° 2.690, de 28 de janeiro de 2000, os objetivos e atividades das bolsas de valores são:

1. manter local ou sistema adequado à realização de operações de compra e venda de títulos e valores mobiliários em mercado livre e aberto, organizado e fiscalizado pela própria bolsa, sociedade membros e pelas autoridades competentes;

2. deixar, permanentemente, o referido local ou sistema de todos os meios necessários à pronta e eficiente realização e visibilidade das operações;

3. estabelecer sistemas de negociação que propiciem continuidade de preços e liquidez ao mercado de títulos ou valores mobiliários;

4. criar mecanismos regulamentares e operacionais que possibilitem o atendimento, pelas sociedades membros, de quaisquer ordens de compra e venda dos investidores, sem prejuízo de igual competência da Comissão de valores Mobiliários, que poderá, inclusive, estabelecer limites mínimos considerados razoáveis em relação ao valor monetário das referidas ordens;

5. efetuar registro das operações;

6. preservar elevados padrões éticos de negociação, estabelecendo, para esse fim, normas de comportamento para as sociedades membros e para as companhias abertas e demais emissoras de títulos ou valores mobiliários, fiscalizando sua observância e aplicando penalidades, no limite de sua competência, aos infratores;

7. divulgar as operações realizadas, com rapidez, amplitude e detalhes;

8. conceder, à sociedade membro, crédito para assistência de liquidez, com vistas a resolver situação transitória, até o limite do valor de seus títulos patrimoniais ou de outros ativos especificados no estatuto social mediante apresentação de garantias subsidiárias adequadas, observando o que a respeito dispuser a legislação aplicável;

9. exercer outras atividades expressamente autorizadas pela Comissão de Valores Mobiliários.

8.5. Sociedades Corretoras

As sociedades corretoras são instituições financeiras constituídas sob a forma de sociedade anônima ou sociedade limitada, tendo por principal função, promover, de forma eficiente, a aproximação entre compradores e vendedores de títulos e valores mobiliários. As sociedades corretoras exercem o papel de unificadoras do mercado, dando segurança e liquidez aos títulos transacionados.

As principais atividades das sociedades corretoras são;

1. operar com exclusividade na bolsa de valores da qual são membros, com títulos e valores mobiliários de negociação autorizada;

2. comprar, vender e distribuir títulos e valores mobiliários, por conta de terceiros, e efetuar lançamentos públicos de ações, ou seja, as operações de *underwriting*;

3. encarregar-se da administração de carteiras de valores e da custódia de títulos e valores mobiliários;

4. instituir, organizar e administrar fundos de investimento e clubes de investimento;

5. prestar serviços, como transferência de títulos, desdobramento de cautelas, recebimento de juros, dividendos e encarregar-se da subscrição de títulos e valores mobiliários, etc.;

6. operar no mercado aberto, *open market* e intermediar as operações de câmbio.

8.6. Corretores

O vocábulo "corretor" é originário do verbo, correr, em seu significado semântico quer dizer: o que anda, procura, agencia negócios comerciais ou civis, serve de intermediário em compras e vendas de bens.

As palavras têm juridicamente o significado que este lhes empresta. As acepções variam de acordo com o sentido que o jurista lhes atribui. O nome "corretor" não escapa a essa regra.

O vocábulo "corretor", quando vier a ser utilizado no direito positivo, irá nos apresentar várias significações, tais como: a) agente empresarial levando em conta que o corretor, irá intermediar vários atos, aproximando as partes para a realização de um negócio; b) aqueles que recebem corretagem, ou seja, pessoas que se dedicam à aproximação das partes interessadas na realização de determinado negócio, mediante um pagamento pela tarefa realizada, que se denomina corretagem; c) profissional autônomo, pois hoje, a maioria dos corretores, deixou de pertencer a categoria dos corretores livres, para ingressarem na espécie de corretores oficiais.

Os corretores são profissionais autônomos, que poderão trabalhar individualmente ou constituírem-se em forma de sociedade, cuja função será a aproximação de pessoas na realização de um negócio, mediante o pagamento de uma remuneração denominada corretagem.

Corretor é toda pessoa física ou jurídica que serve como intermediário entre vendedor e comprador. É o mediador, com a finalidade de aproximar as partes, numa operação empresarial ou civil. Finda a operação, cessa sua atuação, que deverá receber uma comissão pelo seu trabalho denominada de corretagem.

No Direito Francês, Michel Pédamon entende que *"o corretor é um profissional que tem por função aproximar pessoas que desejam contratar uma operação comercial ou civil"*.[6]

6 Segundo Pédamon, Michel: *"Le courtier est un professionnel qui a pour fonction de rapprocher les personnes qui desirent traiter ensemble une opération commerciale (on parfois civile)"*, in "Droit Commercial", Dalloz, Paris, 1994, p.592.

Porém no Direito Italiano temos a definição de corretor no artigo 1.754 do Código Civil que diz: *"Mediatore – É mediatore colui che mette in relazione due o più parti per la conclusione di un affare, senza essere legato ad alcuna di esse da rapporti di collaborazione, di dipendenza o di reppresentanza".*

As obrigações do corretor giram em torno da agenciação e podem ser expressamente, estipuladas ou decorrer de lei, ou dos usos e costumes. Em princípio, cabe-lhe empregar esforços e dedicar sua atividade na angariação do negócio ou do contrato, podendo investigar, anunciar etc.

Para Rubens Requião, *"a função do corretor é, tão-somente, aproximar os empresários, levando-os a contratar entre si".*[7]

Assevera Fran Martins que *"são denominados corretores as pessoas que se interpõem entre duas ou mais pessoas, físicas ou jurídicas, para a realização de transações comerciais. Caracterizam-se, assim, os corretores pelos atos de intermediação praticados para a realização de uma operação comercial, finda a qual cessa a sua atuação. São eles, portanto, mediadores, promovendo a realização de contratos e auferindo do seu trabalho, um pagamento chamado corretagem. Algumas operações de venda só podem ser realizadas por intermédio de corretores, sendo, por lei, privativas de suas funções".*[8]

Encontramos no exercício da profissão os corretores livres e os corretores regulamentados. Os corretores livres são mediadores sem designação oficial ou regulamentação, por exemplo: os corretores de automóveis, de espetáculos públicos, de diversões, de esportistas profissionais etc.

Os corretores regulamentados são aqueles que possuem uma profissão especializada, e regulada por lei, por exemplo: os corretores de mercadorias, de navios, de seguros, de valores e de imóveis.

8.7. Corretores de Mercadorias

Os corretores de mercadorias ou operadores da Bolsa de Mercadorias e Futuro são empregados de corretoras que os habilitam para "operar" em rodas de viva-voz ou eletrônica, cuja função é arrematar mercadorias em nomes de seus clientes.

Os operadores são rigorosamente identificados através dos jalecos e crachás que usam, dos quais consta o nome da instituição que representam, as siglas que o identificam como operador, e o respectivo número.

As corretoras de mercadorias são regulamentadas pela Instrução da Comissão de Valores Mobiliários nº 402, de 27 de janeiro de 2004.

7 REQUIÃO, Rubens. *Curso de direito comercial.* São Paulo: Saraiva, v. 1, 2007, p. 202.

8 MARTINS, Fran. *Curso de direito comercial.* Rio de Janeiro: Forense, 2003, p.123.

Antigamente no Distrito Federal era atribuído ao Presidente da República o ato de nomeação dos corretores de mercadorias, sendo o seu número fixado pelo Ministério do Trabalho. Porém no resto do País, a competência de nomeação dos corretores de mercadorias pertencia aos Governos Estaduais.

A Lei nº 4.726, de 13 de julho de 1965, que regulou o Registro do Comércio, disciplinando a função das Juntas Comerciais, determinava que elas eram competentes para nomear os corretores de mercadorias, porém a Lei nº 8.934 de 18 de novembro de 1994, que regula o Registro Público das Empresas Mercantis e Atividades Afins, revogou a Lei nº 4.726, de 13 de julho de 1965 e silenciou sobre os corretores de mercadorias, perdendo eles, a vantagem decorrente da habilitação, nomeação e fiscalização empreendida pelas Juntas Comerciais.

Segundo Instrução da Comissão de Valores Mobiliários nº 387, de 28 de abril de 2003 considera-se operador especial a pessoa natural ou firma individual detentora de título de bolsa de mercadorias e futuros, habilitada a atuar no pregão e nos sistemas eletrônicos de negociação e de registro de operações, executando operações por conta própria e por conta de corretoras, desde que autorizadas pela bolsa.

As mercadorias negociadas por estes corretores ou operadores na Bolsa de Mercadoria & Futuro, recebem o nome de "Commodities".

A Bolsa de Mercadorias & Futuro mantém, a negociação de contratos nas modalidades, físico, futuro, opções e termo, nos mercados de balcão, eletrônico (GTS), e viva-voz, referenciados, nas seguintes commodities: taxas de juro, taxas de câmbio, índice de ações, ouro, cupom cambial, títulos da dívida, soja, milho, açúcar, café, boi gordo, álcool anidro e algodão.

O interessado deve procurar uma corretora associada à Bolsa de Mercadoria & Futuro, que o orientará acerca dos procedimentos para a realização de negócios nos mercados futuros. É fundamental conhecer os fundamentos, as características dos contratos futuros e tirar todas as dúvidas com o corretor ou mesmo com um funcionário da Bolsa.

8.8. Corretores de Valores

Os corretores de valores são regulados pela Lei nº 4.728 de 14 de julho de 1965 (Lei de Mercado de Capitais); pela Lei nº 6.385, de 07 de dezembro de 1976 (Comissão de Valores Mobiliários); e pela Resolução do Banco Central nº 1.656, de 26 de outubro de 1989 (Constituição, Organização e Funcionamento das Bolsas de Valores).

Os corretores de valores não são pessoas isoladas, mas sim uma instituição financeira especializada integrante do Sistema Financeiro Nacional – SFN.

As sociedades corretoras de Títulos e Valores Mobiliários promovem a aproximação desses valores entre vendedores e compradores. Devem ser membros da Bolsa de Valores onde operam com exclusividade

As Bolsas de Valores são constituídas como associações, sem finalidade lucrativa, e, para o início de suas operações, dependem de prévia autorização da Comissão de Valores Mobiliários.

Somente ao representante da sociedade corretora, que é permitido operar nos pregões das Bolsas de Valores.

O representante da sociedade corretora, no pregão ou perante o público, deve obter aprovação em exame de matérias concernentes a valores mobiliários e a respectiva legislação e regulamentação, o qual será promovido pela Bolsa de Valores em que deva atuar, sob supervisão da Comissão de Valores Mobiliários.

O representante da sociedade corretora, após sua aprovação, deverá ter seu nome divulgado no Boletim Oficial da Bolsa e afixado em lugar público, no interior do prédio da Bolsa, por um período de 10 (dez) dias, durante o qual qualquer membro da Bolsa poderá opor-se ao mesmo, por escrito e fundamentadamente.

Nas Bolsas de Valores, são negociados pelos corretores de valores, os chamados, valores mobiliários, que são: as ações, debêntures, bônus de subscrição, certificado de depósito de valores mobiliários, outros títulos criados e emitidos pelas sociedades por ações, conforme disposto no artigo 2º, da Lei nº 6.385/76.

8.9. Sociedades Distribuidoras de Títulos e Valores Mobiliários

As sociedades distribuidoras de títulos e valores mobiliários são constituídas sob a forma de empresas individuais, sociedade por ações ou sociedade limitada, cuja autorização para funcionamento é dada pelo Banco Central do Brasil, que também irá estipular os capitais mínimos a que estão obrigadas em função da região em que atuam. As distribuidoras estão principalmente voltadas para as operações de varejo do mercado de capitais.

As atividades básicas das sociedades distribuidoras de títulos e valores mobiliários são determinadas pela Resolução nº 76, de 22 de novembro de 1967, do Banco Central do Brasil, consistindo em:

1. subscrever isoladamente ou em consórcio, emissões de títulos ou valores mobiliários para revenda e intermediar a colocação de emissões no mercado;
2. contratar com a emissora, em conjunto ou separadamente, a sustentação de preços dos títulos no mercado, no período de lançamento e colocação da emissão;
3. encarregar-se da venda de títulos e valores mobiliários por conta de terceiros;
4. operar também no mercado aberto *open market,* desde que satisfaça às condições exigidas pelo Banco Central do Brasil;
5. instituir, organizar e administrar fundos e clubes de investimento.

8.10. Mercado de Balcão Organizado

O mercado de balcão organizado negocia os valores mobiliários das companhias abertas que não têm registro, sendo que, em 1996, por meio da Instrução da Comissão de Valores Mobiliários n° 243, foi disciplinado o funcionamento do mercado de balcão organizado.

As entidades do mercado de balcão organizado são constituídas sob a forma de sociedade simples ou empresária, sendo consideradas órgãos-reguladores, auxiliares da Comissão de Valores Mobiliários, devendo fiscalizar seus respectivos participantes e as operações nelas realizadas.

São objetivos do mercado de balcão organizado:

1. manter sistema adequado à realização de compra e venda de valores mobiliários, em mercado livre e aberto;
2. favorecer, permanentemente, o referido sistema de todos os meios necessários à pronta e eficiente realização e visibilidade das operações;
3. estabelecer sistemas de negociação que propiciem continuidade de preços e liquidez do mercado;
4. criar mecanismos regulamentares e operacionais que possibilitem o atendimento, pelos intermediários e participantes, das ordens de compra e venda dos investidores;
5. efetuar o registro das operações;
6. preservar elevados padrões éticos de negociação, estabelecendo, para esse fim, normas de comportamento para intermediários, participantes e companhias, fiscalizando e aplicando penalidades aos infratores;
7. divulgar as operações realizadas com rapidez, amplitude e detalhes;
8. exercer outras atividades expressamente autorizadas pela Comissão de Valores Mobiliários.

8.11. Bancos Múltiplos e Bancos de Investimento

Os bancos múltiplos e os bancos de investimento atuam na área de valores mobiliários como *underwrites* e administradores de recursos de terceiros. Esses bancos poderão coordenar, liderar e participar de emissões no mercado primário e administrar carteiras no mercado secundário.

8.12. Administradores de Carteiras

Os administradores de carteiras são pessoas físicas ou jurídicas, credenciadas junto a Comissão de Valores Mobiliários, cuja atividade é administrar recursos de terceiros. A atividade dos administradores de carteiras foi inicialmente disciplinada pela Instrução da Comissão de Valores Mobiliários n° 82/1988 e esta, posteriormente disciplinada pela Instrução n° 306/1999.

Conforme Resolução do Conselho Monetário Nacional nº 2.451/1997 e Instrução da Comissão de Valores Mobiliários nº 306/1999, e seguindo tendência internacional, as instituições financeiras devem segregar a administração de recursos de terceiros das demais atividades da instituição, constituindo divisão com diretoria própria ou contratando administradora de recursos independente.

8.13. Agentes Autônomos de Investimento

Os agentes autônomos de investimento são pessoas físicas credenciadas por bancos de investimento, sociedades de crédito, financiamento e investimento, sociedades de crédito imobiliário, sociedades corretoras e sociedades distribuidoras, para desempenhar, exclusivamente por conta e ordem das sociedades credenciadas, as seguintes atividades:

1. colocação ou venda de títulos e valores mobiliários registrados na Comissão de Valores Mobiliários, de emissão ou coobrigação de instituição financeira;
2. colocação de cotas de fundos de investimento;
3. outras atividades autorizadas expressamente pelo Banco Central do Brasil e pela Comissão de Valores Mobiliários.

Para efeito da Lei nº 4.595-65, os agentes autônomos de investimento equiparam-se às instituições financeiras.

8.14. Investidores Institucionais

Os investidores institucionais são aplicações coletivas de poupança voluntária ou compulsória, administrados por terceiros ou não.

Os investidores institucionais são figuras de grande importância para o mercado de valores mobiliários, pois garantem fluxo de recursos razoavelmente constante e parte deles tem objetivos de longo prazo, o que confere certa estabilidade ao sistema.

Os principais investidores institucionais são:

1. entidades de previdência privada fechadas e entidades de previdência privada abertas, também chamadas de fundos de pensão;
2. fundos de aposentadoria programa individual – FAPI e planos geradores de benefícios livres – PGBL;
3. sociedades seguradoras e de capitalização;
4. fundos mútuos de investimento.

8.15. Investidores Pessoas Físicas e Jurídicas não Financeiras

Os investidores pessoas físicas e jurídicas não financeiras são aqueles investidores que aplicam suas poupanças ou disponibilidades diretamente em valores mobiliários, sendo chamados genericamente de investidores de varejo.

A presença direta dos investidores de varejo no mercado de capitais se deu na década de 80 e 90, cuja opção era nos investimentos por meio de fundos e clubes de negócios. Isso ocorreu em virtude da crescente complexidade dos mercados, aos ganhos de escala obtidos pelos investidores institucionais e à própria política do governo e das instituições financeiras, no sentido de encaminhar esses investidores aos fundos e clubes.

A partir de 1999, o investidor pessoa física voltou a interessar-se pela autuação direta no mercado acionário, atraído pelas facilidades proporcionadas pelo serviço *home broker-Bovespa*, que permite operações via internet, e pela implantação do pregão noturno independente *After Market-Bovespa.*

Com relação à pessoa jurídica não financeira, sua atuação direta no mercado pode ter objetivos especiais, tais como:

a) comprar e vender ações de sua própria emissão, dentro dos limites estabelecidos pela regulamentação, para conferir liquidez às mesmas e sustentar seu preço, ou por estratégia financeira corporativa;

b) comprar ações de outras empresas, para fins de investimento ou ainda participar de sua administração.

8.16. Investidores Estrangeiros

A participação dos investidores estrangeiros no mercado de capitais brasileiro dá-se por meio dos mecanismos da Resolução nº 2.680 de 2000, em vigor a partir de 31 de março de 2000, substituindo outras modalidades de investimento estrangeiro de portofólio anteriormente existentes.

As principais características da referida Resolução são:

1. podem investir no Brasil tanto investidores institucionais, quanto investidores individuais;

2. os investidores não residentes podem investir nos mesmos produtos disponíveis para os aplicadores locais. Não há restrições para aplicações em derivativos ou renda fixa. Esses investidores podem aplicar também em fundos de investimento em títulos e valores mobiliários e fundos de renda fixa. É possível migrar de investimentos em bolsa para a renda fixa;

3. para fazer aplicações no país, o investidor não residente precisa nomear um representante, que ficará responsável pela prestação de informações e registros junto ao Banco Central e Comissão de Valores Mobiliários;

4. a tributação do investimento do não residente depende da regulamentação tributária do país de procedência dos recursos.

Além do disposto na Resolução nº 2.689 de 2000, existe a possibilidade do investidor estrangeiro aplicar por meio das modalidades previstas pela Resolução do Conselho Monetário Nacional nº 1.289 de 1987, Anexos III (Carteira de Investimento – Capital Estrangeiro) e V (Programas

Internacionais de Recibos e Depósitos – *Depositary Receipts*). Essas duas modalidades de aplicação são constituídas no exterior.

8.17. Mercado Primário e Mercado Secundário

No mercado primário, a companhia aberta lança valores mobiliários, no caso, ações que são colocadas no mercado pelos bancos múltiplos e de investimentos, corretoras e distribuidoras, junto aos investidores institucionais, de varejo e estrangeiros.

Posteriormente, os investidores emitem ordem para suas corretoras para venda dessas ações nas bolsas, quando julgarem oportuno. Nesse momento, termina o mercado primário e começa o mercado secundário.

Capítulo IX

SOCIEDADE POR AÇÕES

Lei nº 6.404, de 15 de dezembro de 1976

9.1. Histórico da Sociedade por Ações

Os autores não chegaram a uma conclusão sobre a origem histórica da sociedade por ações. Para alguns, os seus antecedentes históricos se encontrariam nas *"societas vectigalium"* ou *"societas publicanorum"*, do Direito Romano. Para outros, sua origem mais remota encontra-se no Banco ou *"Casa di San Giorgio"*, em Gênova, dentro de um longo período que se estende de 1409 até 1799. Nascida da reunião de credores do Estado, a *"Casa di San Giorgio"* realizou operações de crédito, em todo o mundo, tornando-se um dos mais poderosos bancos da sua época.

A maioria dos autores, no entanto, prefere conferir à Holanda a origem da moderna sociedade por ações. Já no século XVII, ainda dentro dessa fase citada, as sociedades anônimas passaram a desempenhar um papel bem mais agressivo, ao menos ganhando a preferência daqueles que se dedicavam a empreendimentos de natureza colonizadora, em época de mercantilismo. O primeiro registro da existência de uma companhia vem da Holanda e data de 1602. Em 1621 constituiu-se a *"Companhia das Índias Ocidentais"*, fortemente ligada à história do Nordeste brasileiro, especialmente ao estado de Pernambuco.

O grande êxito alcançado pela Holanda levou a Inglaterra, a França e Portugal a organizarem as suas próprias companhias.

Com o advento do Código Comercial francês em 1807, as sociedades anônimas foram consideradas, como mercantis, fixando-se a limitação da responsabilidade do acionista ao valor das ações subscritas e a divisão do capital em ações. Era o século XIX considerado a época da febre da criação dessas sociedades, em virtude do desenvolvimento do sistema capitalista e da transferência da concentração do capital. Porém, não faltava a interferência do governo francês na sua organização, ao passo que a Inglaterra se mostrava mais liberal, o que fez muito capital francês migrar para a ilha, robustecendo dessa maneira a sua economia.

Em 10 de outubro de 1808, por alvará do príncipe regente, criava-se em nosso país, o Banco do Brasil, sob a forma de sociedade anônima, limitando a responsabilidade do acionista a sua entrada, devendo o dividendo ser pago semanalmente.

No entanto, foi em 10 de janeiro de 1849, que se promulgou em nosso país o primeiro decreto sobre a sociedade anônima, o Decreto nº 575, dispondo no seu artigo 1º que: *"Nenhuma sociedade anônima poderá ser incorporada sem autorização do Governo e sem que seja por ele aprovado o contrato, que a constituir"*.

O Código Comercial brasileiro de 1850 pautou-se no modelo gaulês e acolheu a sociedade anônima, regulando-a nos artigos 295 a 298, revogados pelo Decreto-lei nº 2.627, de 26 de setembro de 1940.

Atualmente a sociedade por ações encontra-se regulada pela Lei nº 6.404, de 15 de dezembro de 1976, com sensíveis modificações sofridas pela Lei nº 9.457, de 5 de maio de 1997, que alterou não somente a Lei das Sociedades por Ações, mas também a que dispõe sobre o Mercado de Capitais, Lei nº 6.385, de 7 de dezembro de 1976. Novas alterações foram introduzidas pela Lei nº 10.303, de 31 de outubro de 2001, contendo regras que visam maior proteção aos acionistas minoritários e o fortalecimento da Comissão de Valores Mobiliários.

O Código Civil brasileiro, Lei nº 10.406, de 10 de janeiro de 2002, dispõe sobre a sociedade anônima em seu artigo 1.088 determinando que: *"Na sociedade anônima ou companhia, o capital divide-se em ações, obrigando-se cada sócio ou acionista somente pelo preço de emissão das ações que subscrever ou adquirir"*. Dispondo ainda em seu artigo 1.089 que: *"A sociedade anônima rege-se por lei especial, aplicando-se-lhe, nos casos omissos, as disposições deste Código"*.

Em nosso ordenamento jurídico a sociedade por ações encontra-se regulada pela Lei nº 6.404, de 15 de dezembro de 1976 e somente nos casos omissos é que se aplicará as normas do Código Civil brasileiro.

9.2. Conceitos de Sociedade por Ações

Sociedade por ações é a pessoa jurídica de direito privado, de natureza mercantil, composta de dois ou mais acionistas, com o capital dividido em ações, sob uma denominação, limitando-se a responsabilidade dos acionistas ao preço de emissão das ações subscritas ou adquiridas.

Determina a Lei nº 6.404/76 em seu artigo 1º que: *"A companhia ou sociedade anônima terá o capital dividido em ações, e a responsabilidade dos sócios será limitada ao preço de emissão das ações subscritas ou adquiridas"*.

Rubens Requião preleciona que *"a sociedade anônima, como qualquer outro tipo de sociedade comercial, constitui empresa de fim lucrativo, sujeita às normas de licitude, isto é, de conformidade com a lei, com a ordem pública e com os bons costumes. Uma particularidade da sociedade anônima deve ser posta em destaque: qualquer que seja seu objeto, mesmo civil, sempre será ela comercial. A comercialidade lhe é inerente; é da própria essência estrutural da sociedade. Não se concebe, em face da lei, sociedade anônima de natureza civil".*[1]

Para Amador Paes de Almeida, *"sociedade anônima é a pessoa jurídica de direito privado, de natureza mercantil, com o capital dividido em ações, sob uma denominação, limitando-se a responsabilidade dos acionistas ao preço de emissão das ações subscritas ou adquiridas".*[2]

Waldo Fázzio Júnior assevera que a *"sociedade anônima ou companhia é a pessoa jurídica de direito privado, empresária por força de lei, regida por um estatuto e identificada por uma denominação, criada com o objetivo de auferir lucro mediante o exercício da empresa, cujo capital é dividido em frações transmissíveis, composta por sócios de responsabilidade limitada ao pagamento das ações subscritas".*[3]

Ensina Fábio Ulhoa Coelho que *"a sociedade anônima, também referida pela expressão "companhia", é a sociedade empresária com capital social dividido em ações, espécie de valor mobiliário, na qual os sócios, chamados acionistas, respondem pelas obrigações sociais até o limite do preço de emissão das ações que possuem".*[4]

Nas sociedades anônimas tanto pode se usar a expressão *"companhia"* como *"sociedade anônima"*. Na etimologia da palavra, *"companhia"*, campanha + ia, significa ação de acompanhar; reunião de pessoas para um fim comum; sociedade comercial ou industrial formada por acionistas.[5] É expressão que sempre se dá a idéia de reunião de pessoas para execução de determinado objetivo. A lei adota os dois termos como sinônimos.

Sociedade anônima é uma espécie de sociedade empresária composta de dois ou mais acionistas, cujo capital se divide em parcelas iguais representadas por ações, transferíveis livremente. Ela é identificada por denominação e a responsabilidade dos acionistas será limitada ao montante das ações por

1 REQUIÃO, Rubens. *Curso de direito comercial.* São Paulo: Saraiva, 2003, v. 2, p. 2.

2 ALMEIDA, Amador Paes de. *Manual das sociedades comerciais.* São Paulo: Saraiva, 2004, p. 185.

3 FAZZIO JÚNIOR, Waldo. *Manual de direito comercial.* São Paulo: Atlas, 2004, p. 224.

4 COELHO, Fábio Ulhoa. *Curso de direito comercial.* São Paulo: Saraiva, 2002, v. 2 p. 63.

5 MICHAELIS. *Moderno dicionário da língua portuguesa.* São Paulo: Melhoramentos. 2000, p. 544.

eles subscritas. São consideradas sociedades institucionais e não contratuais e somente podem ser constituídas mediante escritura pública ou assembléia.

9.3. Objeto Social e Objetivo de Lucro

O objeto social é a razão da constituição da empresa, é a própria empresa, como organização da atividade econômica voltada para a produção ou a circulação de bens ou de serviços.

Empresa é o organismo que, através de alguns elementos, ou fatores, exercita um comportamento repetitivo e metódico, exteriorizando a atividade do empresário. Empresa é a atividade do empresário, que objetiva o atendimento do mercado e a obtenção de lucro. Trata-se de uma atividade econômica organizada, e a companhia existe para exercer esta atividade empresarial.

A sociedade anônima é de natureza eminentemente lucrativa, pois a companhia sempre será empresária, independentemente do seu objeto, ainda que se dedique, por exemplo, a prestação de serviços, atividade fora dos limites das sociedades empresárias, prevalecendo o modo de organização da sociedade e o seu arquivamento no Registro Público de Empresas Mercantis.

Determina a Lei n° 6.404/76, em seu artigo 2° que: *"Pode ser objeto da companhia qualquer empresa de fim lucrativo, não contrário à lei, à ordem pública e aos bons costumes. § 1°. Qualquer que seja o seu objeto, a companhia é mercantil e se rege pelas leis e usos do comércio. § 2°. O estatuto social definirá o objeto de modo preciso e completo. § 3°. A companhia pode ter por objeto participar de outras sociedades; ainda que não previsto no estatuto, a participação é facultada como meio de realizar o objeto social, ou para beneficiar-se de incentivos fiscais".*

O objeto social é o conjunto de atividades a que a sociedade vai se dedicar. Essas atividades, em regra geral, devem ser de fins lucrativos, já que a sociedade é constituída visando a obter lucros que deverão ser distribuídos entre os acionistas. Não se trata de fins meramente econômicos, pois esses podem existir na empresa sem, contudo, o seu resultado reverter em benefício dos participantes da sociedade. Daí dizer que o objeto da companhia é *"qualquer empresa de fim lucrativo"*, onde empresas sem fim lucrativo, ainda que os atos praticados por elas sejam de caráter econômico, não podem ser objeto das sociedades anônimas brasileiras.

O parágrafo segundo determina que o estatuto da sociedade, ao definir o objeto desta, deverá declarar o gênero de atividade da empresa, a espécie dessas atividades e, finalmente, o local da exploração.

O objeto social deverá ser devidamente definido no estatuto, de modo a impedir que os administradores pratiquem atos que, pela má caracterização do objeto, possam vir a prejudicar os acionistas. Uma vez realizados atos não abrangidos pelo objeto social, haverá abuso de poder por parte dos administradores, respondendo, assim, eles, civilmente, pelos prejuízos causados por tais atos.

O parágrafo terceiro determina que a sociedade poderá ter como objeto a participação em outras sociedades, assim, o fim lucrativo a que se refere o caput do artigo 2° está compreendido nos resultados que as sociedades controladas poderão ter nas suas negociações. Consagra-se, então, o princípio da *"holding"* em toda a sua plenitude, seja a *"holding pura"*, em que a sociedade controladora se destina apenas a controlar as atividades das subordinadas, seja a *"holding mista"*, na qual a controladora exerce também atividade empresarial e ao mesmo tempo controla as atividades das demais.

O artigo 982 do Código Civil determina que: *"Salvo as exceções expressas, considera-se empresária a sociedade que tem por objeto o exercício de atividade própria de empresário sujeito a registro (artigo 967); e, simples, as demais. Parágrafo único. Independentemente de seu objeto, considera-se empresária a sociedade por ações; e, simples, a cooperativa"*.

Portanto, a sociedade por ações, independentemente do seu objeto, sempre será empresária e o seu registro será feito no Registro Público de Empresas Mercantis, a cargo das Juntas Comerciais.

Não se deve confundir objeto social com objetivo social. Objeto social é a atividade econômica exercida pela empresa, enquanto o objetivo social é o que se pretende alcançar através da atividade empresarial. O legislador, ao preceituar no artigo 2°, que: *"Pode ser objeto da companhia qualquer empresa de fim lucrativo, não contrário a lei, à ordem pública e aos bons costumes"*, diz que o seu objeto é a empresa e o seu objetivo é o lucro. Portanto, o lucro é parte integrante para o perfil e fim social das companhias.

9.4. Nome Empresarial

A Lei n° 6.404/76 emprega as expressões, sociedade anônima, sociedade por ações e companhia. A sinonímia surgiu com a Lei n° 1.083, de 1860, porque, antes dela, o Código Comercial de 1850 empregava as expressões "sociedades comerciais", para os diversos tipos societários e "companhias de comércio", para designar as sociedades anônimas. O adjetivo anônima é usado para indicar que a companhia é de capital e que não se trata de uma sociedade de pessoas.

A sociedade por ações adotará uma denominação acompanhada das expressões *"Companhia"* no início, ou *"Sociedade Anônima"* por extenso ou abreviadamente, conforme disposto no artigo 3° da respectiva lei que dispõe: *"A sociedade será designada por denominação acompanhada das expressões "companhia", ou "sociedade anônima", expressas por extenso ou abreviadamente mas vedada a utilização da primeira ao final. § 1°. O nome do fundador, acionista, ou pessoa que, por qualquer outro modo tenha concorrido para o êxito da empresa, poderá figurar na denominação. § 2°.*

Se a denominação for idêntica ou semelhante a de companhia já existente assistirá à prejudicada o direito de requerer a modificação, por via administrativa (artigo 97) ou em juízo, e demandar as perdas e danos resultantes".

O Código Civil brasileiro determina, em seu artigo 1.160, que a sociedade por ações, necessariamente deverá adotar uma denominação social, designando o objeto social, integrada pelas expressões *"sociedade anônima"* ou *"companhia"*, por extenso ou abreviadamente, podendo constar da denominação o nome do fundador, acionista, ou pessoa que haja concorrido para o bom êxito da formação da empresa. Exemplo: Fábrica de Tecidos Alvorada S/A; Banco Americano S.A.; Cia e Vinícola Gaúcha; ou Cia e Livraria José de Alencar.

Diz o artigo 1.160 do Código Civil que: *"A sociedade anônima opera sob denominação designativa do objeto social, integrada pelas expressões "sociedade anônima" ou "companhia", por extenso ou abreviadamente. Parágrafo único. Pode constar da denominação o nome do fundador, acionista, ou pessoa que haja concorrido para o bom êxito da formação da empresa".*

A Lei nº 6.404/76 determina, em seu artigo 3º, que a sociedade será designada por denominação acompanhada das expressões *"companhia"* ou *"sociedade anônima"*, expressas por extenso ou abreviadamente, vedada a utilização da primeira ao final.

A diferença entre um ordenamento jurídico e outro, ou seja, entre a Lei nº 6.404/76 e a Lei nº 10.406/02, encontra-se na expressão *"companhia"*. No Código Civil o legislador não acrescentou que seu uso deverá ser somente no início do nome empresarial, para que não haja semelhança ou alguma confusão com a firma ou razão social utilizada pelas sociedades com sócios de responsabilidade ilimitada, onde a expressão companhia figura no final do nome empresarial. Na lei societária está expresso que é vedada a utilização da expressão companhia no final do nome empresarial.

Determina ainda a lei das sociedades por ações que ela poderá adotar na denominação o nome do fundador, acionista, ou pessoa que, por qualquer modo tenha concorrido para o bom êxito da sociedade. Sabe-se que, anteriormente, não poderia figurar na denominação nome de pessoa. A regra foi, entretanto superada, permitindo nas legislações mais modernas, o uso do nome de pessoas nas denominações sociais. Justifica-se essa orientação porque o que caracteriza, de fato, a denominação são as palavras *"companhia"* ou a expressão *"sociedade anônima"*, identificadoras do tipo de sociedade.

Se a denominação for semelhante à de companhia já existente, a prejudicada terá o direito de requerer a modificação, por via administrativa ou em juízo, e demandar perdas e danos resultantes. Cabe à junta comercial não registrar denominações idênticas, arcando com a responsabilidade se tal fato ocorrer. Uma vez arquivados os estatutos de sociedades que tenham a mesma denominação, cabe à que primeiro arquivou demandar o cancelamento do arquivamento feito em época posterior.

9.5. Características da Sociedade por Ações

São características essenciais da sociedade por ações: a) sociedade empresária, cujo capital é dividido em ações, que correspondem a frações de igual valor nominal; b) sociedade de capital constituída por frações com titularidade móvel e impessoal, ou seja, seu capital é dividido em ações suscetíveis de transferência, não tendo relevância a pessoa de seus detentores; c) a responsabilidade dos acionistas é limitada ao preço de emissão das ações subscritas ou adquiridas; d) sociedade de natureza empresarial outorgada por lei, independentemente do seu objeto, cuja finalidade é lucrativa; e) assina-se por uma denominação e não por uma firma; f) sociedade institucional, porque seu ato constitutivo é um estatuto resultante de deliberação em assembléia ou escritura pública.

Caracteriza-se, assim, a lei brasileira das sociedades por ações pelo fato de ser o seu capital dividido em ações, cuja emissão está materialmente representada em documentos. Dada a essa relevância estamos diante de uma sociedade de capital e não de pessoas.

Assevera Modesto Carvalhosa que: *"O colégio de acionistas pode ser total ou parcialmente substituído ou modificado pela simples transferência das ações. Daí ser a anônima uma sociedade unicamente de capitais e não de pessoas. Constitui-se por subscrição pública ou particular. Pode constituir-se com apenas dois acionistas (art.80). Por força de lei, é sempre comercial, mesmo que os fins sejam civis; sua comercialidade advêm da forma e não do objeto".*[6]

Dessa forma, as ações tornam prática a negociabilidade de seus possuidores, pois estão inseridas em títulos, hoje escriturais, que são registrados em livros próprios da companhia.

Outra característica diz respeito a responsabilidade dos sócios, que é limitada às importâncias com que se obrigam perante a sociedade e persiste enquanto não fizerem o pagamento do preço de emissão das ações. O valor da totalidade das ações adquiridas determina a dimensão da responsabilidade, que persiste até que se dê o respectivo pagamento. Segundo a lei, estamos diante da responsabilidade limitada dos acionistas que responderão até o montante das ações subscritas enquanto não integralizadas.

Mais uma característica é a empresariedade, não se admitindo, por força de lei, finalidades assistenciais, pois assim determina o seu artigo 2º: *"Pode ser objeto da companhia qualquer empresa de fim lucrativo, não contrário à lei, à ordem pública e aos bons costumes".*

No que tange ao nome empresarial usa-se uma denominação acompanhada das expressões companhia ou sociedade anônima, mas proibida a

6 CARVALHOSA, Modesto. *Comentários à lei de sociedades anônimas.* São Paulo: Saraiva, 1982, p. 5.

utilização da palavra companhia no final. Tal proibição ocorre para que o nome empresarial da sociedade anônima não se confunda com outros tipos societários onde os sócios possuem responsabilidade ilimitada.

Outro fator preponderante de sua característica é a sua constituição feita através de um estatuto social decidido em assembléia de constituição ou por escritura pública.

9.6. Companhia Aberta ou Fechada

Segundo o artigo 4º da Lei nº 6.404/74, a companhia é aberta ou fechada conforme os valores mobiliários de sua emissão estejam ou não admitidos à negociação no mercado de valores mobiliários.

Determina o artigo 4º que: *"Para os efeitos desta Lei, a companhia é aberta ou fechada conforme os valores mobiliários de sua emissão estejam ou não admitidos à negociação no mercado de valores mobiliários".*

A lei não exige que a companhia negocie seus valores mobiliários no mercado de capitais, para que seja considerada como aberta; exige, porém, que ela esteja autorizada a fazê-lo, pois o legislador usa a expressão *"estejam admitidos à negociação"*, diferente de *"sejam negociados"*.

A companhia será aberta quando os valores mobiliários de sua emissão, depois de registrados na Comissão de Valores Mobiliários, estejam admitidos à negociação em bolsa ou fora dela por meio de instituição financeira habilitada.

A companhia será fechada quando as ações e outros títulos mobiliários da sua emissão não são negociados em bolsa ou fora dela.

Vimos a existência de duas espécies de sociedade por ações: a companhia aberta e a companhia fechada. Somente a aberta é que procura captar recursos financeiros no mercado pela emissão de papéis. Estes representam valores mobiliários previstos por lei, desde que se criou a Comissão de Valores Mobiliários. São eles: as ações, partes beneficiárias, debêntures, os cupons desses títulos e os bônus de subscrições, os certificados de depósitos de valores mobiliários, outros títulos criados ou emitidos pelas sociedades anônimas, a critério do Conselho Monetário Nacional.

Assevera Waldo Fazzio Juúnior que *"a companhia aberta (open corporation, publicy-held) é a sociedade anônima cujo capital pode ser disseminado pelo público, segundo índices e percentagens obrigatórios, e cujas ações e outros títulos mobiliários de sua emissão, depois de registro na CVM, se negociam em Bolsa ou fora dela por meio de instituição financeira habilitada".*[7]

Ressalta o mesmo autor que *"a companhia fechada (close corporation, private company) é a sociedade anônima cujas ações e outros títulos mobi-*

7 FAZZIO JÚNIOR, Waldo. *Manual de direito comercial.* São Paulo: Atlas, 2004, p. 234.

liários de sua emissão não são negociados em Bolsa ou fora dela. Não faz apelo de fundos, não enceta captação de recursos da poupança pública".[8]

Para a companhia aberta transformar-se em fechada será necessário requerer o cancelamento do registro na, Comissão de Valores Mobiliários, nos termos da Instrução da Comissão de Valores Mobiliários nº 220/85.

Não será feita nenhuma distribuição pública de valores mobiliários sem antes estarem registrados na Comissão de Valores Mobiliários.

A Comissão de Valores Mobiliários poderá classificar as companhias abertas em categorias, segundo as espécies e classes dos valores mobiliários por ela emitidos no mercado, especificando as normas sobre companhias abertas aplicáveis a cada categoria.

O registro de companhia aberta para negociação de ações no mercado somente poderá ser cancelado se a companhia emissora de ações, o acionista controlador ou a sociedade que a controle direta ou indiretamente, formular oferta pública para adquirir a totalidade das ações em circulação no mercado.

9.7. Capital Social

Capital social é o montante de capital de uma sociedade anônima que os acionistas vinculam ao seu patrimônio como recursos próprios, destinados ao cumprimento dos seus objetivos. É a cifra que corresponder em dinheiro nacional a totalidade das contribuições com que os sócios concorrerem ou se obrigarem a concorrer, em bens ou direitos, para que a sociedade consiga atingir os seus objetivos. Não se confunde com o patrimônio, que é a totalidade dos bens de propriedade da empresa.

O capital social, como nas demais sociedades, deve ser expresso em moeda nacional e deverá estar fixado nos estatutos. Esse valor será corrigido anualmente pelos índices de atualização monetária, conforme disposto na Lei nº 6.404/76, em seu artigo 5º, que diz: *"O estatuto da companhia fixará o valor do capital social, expresso em moeda nacional. Parágrafo único. A expressão monetária do valor do capital social realizado será corrigida anualmente".*

Para a formação do capital social, embora seu valor seja expresso no estatuto em moeda nacional, poderão ser incluídas quaisquer espécies de bens: móveis, imóveis, corpóreos e incorpóreos, suscetíveis de avaliação em dinheiro. A avaliação dos bens entregues pelos subscritores das ações, deverá ser promovida por profissional qualificado, mediante determinadas formalidades legais, o que não ocorre nas demais sociedades, que podem ter a avaliação dos bens entregues para a formação do capital social feita pelos próprios sócios.

8 FAZZIO JÚNIOR, Waldo. *Manual de direito comercial*. São Paulo: Atlas, 2004, p. 235.

Na assembléia de constituição da sociedade ou na assembléia geral de deliberação do aumento do capital social, serão nomeados três peritos ou empresa especializada que deverão apresentar laudos devidamente fundamentados e acompanhados de documentos, com a indicação dos critérios utilizados. Aceitos os valores pelos subscritores que os ofereceram, serão eles aprovados pela assembléia geral e, após, incorporados ao patrimônio da sociedade. Nos casos de divergências ou conflitos de interesses entre o subscritor e a sociedade, não poderá ele votar o laudo. Não serão incorporados bens por valor superior ao oferecido pelo subscritor.

O capital social representa a garantia dos credores das sociedades. Tendo em vista o valor do capital social, a sociedade terá maiores ou menores dificuldades para a obtenção de créditos. A segurança dessa garantia decorre do princípio da intangibilidade do capital social, resultante das disposições legais, que dificultavam ou impediam a sua redução. Contudo, em se tratando de sociedade anônima, esse princípio vem perdendo a predominância.

A lei das sociedades por ações dispõe sobre a modificação do capital social, enumerando as hipóteses de aumento e de redução. A deliberação da modificação é de competência das Assembléias Gerais.

9.8. Aumento e Redução do Capital Social

O aumento do capital social está previsto nos artigos 166 a 172 da Lei nº 6.404/76.

O capital social poderá ser aumentado nas seguintes hipóteses: a) por deliberação da assembléia geral ordinária, para correção da expressão monetária do seu valor; b) por deliberação da assembléia geral ou do Conselho de Administração, observado o que a respeito dispuser o estatuto, nos casos de emissão de ações dentro do limite autorizado no estatuto; c) por conversão, em ações, de debêntures ou partes beneficiárias e pelo exercício de direitos conferidos por bônus de subscrição, ou de opção de compra de ações; d) por deliberação da assembléia geral extraordinária convocada para decidir sobre reforma do estatuto social, no caso de inexistir autorização de aumento, ou dela estar esgotada.

A reserva de capital constituída através do balanço de encerramento do exercício social e resultante da correção monetária do capital realizado será capitalizada por deliberação da assembléia geral ordinária que aprovar o balanço.

Na companhia aberta, a capitalização será feita sem modificação do número de ações emitidas e com aumento do valor nominal das ações, se for o caso. Se a sociedade tiver ações com e sem valor nominal, a correção do capital correspondente às ações com valor nominal será feita separadamente, sendo a reserva resultante capitalizada em benefício dessas ações.

O estatuto social poderá conter autorização para aumento do capital social independentemente de reforma estatutária, devendo a autorização especificar: a) o limite de aumento, em valor do capital ou em número de ações, e as espécies e classes das ações que poderão ser emitidas; b) o órgão competente para deliberar sobre as emissões, que poderá ser a assembléia geral ou o Conselho de Administração; c) as condições a que estiverem sujeitas as emissões; d) os casos ou as condições em que os acionistas terão direito de preferência para subscrição, ou de inexistência desse direito.

Assevera Waldo Fazzio Júnior que *"no estatuto já está presente a autorização para aumento do capital sem necessidade de reforma estatutária. É a concordância antecipada de todos os acionistas no aumento do capital"*.[9]

Para Fábio Ulhoa Coelho, *"capital autorizado é o dispositivo estatutário que permite, dentro de certo limite, o aumento do capital social, com a emissão de novas ações, independentemente de alteração do estatuto"*.[10]

Quando o limite de autorização for fixado em valor do capital social, será anualmente corrigido pela assembléia geral ordinária, com base nos mesmos índices adotados na correção do capital social.

Assevera Fábio Ulhoa Coelho que *"o aumento do capital social pode ser realizado, também, sem ingresso de novos recursos na sociedade, isto é, pela capitalização de lucros e reservas ou pela conversão de debêntures ou partes beneficiárias em ações"*.[11]

O aumento do capital social poderá estar previsto mediante capitalização de lucros ou de reservas que importará alteração do valor nominal das ações ou distribuição das ações novas, correspondentes ao aumento, entre acionistas, na proporção do número de ações que possuírem. Na companhia com ações sem valor nominal, a capitalização de lucros ou de reservas poderá ser efetivada sem modificação do número de ações.

Explica Rubens Requião que *"o aumento do capital, mediante a incorporação de lucros e reservas, importará necessariamente a alteração do valor nominal das ações ou distribuição das ações novas, correspondentes ao aumento, entre acionistas, na proporção do número de ações que possuírem. Como se vê, a companhia goza de duas opções: ou a de emitir novas ações e com elas bonificar os acionistas, ou a de apenas alterar o valor nominal das ações. Essa segunda hipótese é mais cômoda para a companhia, que não terá o dispêndio de serviços e de materiais para atender a nova emissão. Nas companhias com ações sem valor nominal, a capitalização dos lucros ou das reservas poderá ser efetivada sem modificação do número de ações. O valor acresce fatalmente ao preço das ações, conforme cotação do mercado"*.[12]

---

9 FAZZIO JÚNIOR, Waldo. *Manual de direito comercial*. São Paulo: Atlas. 2004, p. 262.

10 COELHO, Fábio Ulhoa. *Curso de direito comercial*. São Paulo: Saraiva. 2002, v. 2, p. 169.

11 COELHO, Fábio Ulhoa. Curso de direito comercial. São Paulo: Saraiva. 2002, v. 2, p. 168.

12 REQUIÃO, Rubens. *Curso de direito comercial*. São Paulo: Saraiva. 2003, v. 2, p. 65.

Fábio Ulhoa Coelho ensina que *"quando se opera a capitalização de lucros e reservas, pode a companhia emitir novas ações para distribuí-las, proporcionalmente, entre os acionistas ou manter o mesmo número, caso em que elas terão o seu valor nominal, se existente, majorado"*.[13]

O capital social também poderá ser aumentado pela subscrição pública ou particular de ações, o que poderá ocorrer somente após a realização de, no mínimo, ¾ (três quartos) do capital social. Conforme a proporção do número de ações que possuírem, os acionistas terão preferência para a subscrição do aumento do capital.

Para Fábio Ulhoa Coelho, *"o aumento do capital social, mediante a emissão de novas ações, é uma forma de a sociedade anônima obter recursos para manutenção ou desenvolvimento de sua atividade econômica"*.[14]

O artigo 171 da Lei nº 6.404/76 estabelece o direito de preferência dos acionistas, para a subscrição do aumento de capital, que deverá ser na proporção do número de suas ações.

O direito de preferência tem a finalidade de proteger os acionistas, no aumento do capital, sendo permitido a eles conservar a mesma proporção de participação no capital da companhia.

Os acionistas também terão direito de preferência para subscrição das emissões de debêntures conversíveis em ações, bônus de subscrição e partes beneficiárias conversíveis em ações emitidas para alienação onerosa; mas não haverá esse direito de preferência na conversão desses títulos em ações, ou na outorga e no exercício de opção de compra de ações.

O exercício do direito de preferência terá um prazo de decadência, não inferior a 30 (trinta) dias, fixado no estatuto social ou através de assembléia geral.

No que tange a redução do capital social, assevera Fábio Ulhoa Coelho que, *"o capital social pode ser, voluntariamente, reduzido em razão de perda ou excessividade. Neste segundo caso, os recursos podem ser apropriados em reservas, permanecendo no patrimônio da companhia, ou restituídos aos acionistas"*.[15]

Conforme a lei societária o capital social poderá ser reduzido nas seguintes hipóteses: a) pela assembléia geral, sempre que houver perda, até o montante dos prejuízos acumulados, ou seja, quando julgado excessivo, após parecer do Conselho Fiscal, se houver; b) pelo reembolso aos acionistas dissidentes, aqueles que se retirarem da companhia por discordância de deliberação da Assembléia Geral; c) pela restituição das entradas ou parte do

13 COELHO, Fábio Ulhoa. *Curso de direito comercial.* São Paulo: Saraiva, 2002, v. 2, p. 168.

14 COELHO, Fábio Ulhoa. *Curso de direito comercial.* São Paulo: Saraiva, 2002, v. 2, p. 166.

15 COELHO, Fábio Ulhoa. *Curso de direito comercial.* São Paulo: Saraiva, 2002, v. 2, p. 172.

valor das ações ao acionista remisso, ou diminuição do valor das ações, pela não integralização.

Assevera Fábio Ulhoa Coelho que *"acionista remisso é o que se encontra em mora no pagamento do preço de emissão das ações que subscreveu ou adquiriu. À sociedade anônima a lei confere duas alternativas, não excludentes de início, para preservação de seu capital social: a cobrança do remisso em juízo e a alienação, em bolsa, das ações não integralizadas".*[16]

Entende-se por remisso o acionista excluído por falta de integralização do pagamento das ações subscritas. Neste caso, havendo a restituição de parte do valor das ações que não forem integralizadas, a redução do capital social somente se efetivará 60 (sessenta) dias após a publicação da ata da Assembléia, facultada a oposição pelos credores quirografários e a condição de aprovação dos debenturistas, se houver.

16 COELHO, Fábio Ulhoa. *Curso de direito comercial.* São Paulo: Saraiva. 2002, v. 2, p. 165.

Capítulo X

DAS AÇÕES

Sumário: 10.1. Ações. **10.2.** Preço de emissão das ações. **10.3.** Espécies de ações. **10.4.** Ações ordinárias. **10.5.** Ações preferenciais. **10.6.** Ações de fruição. **10.7.** Forma das ações. **10.8.** Ações escriturais. **10.9.** Direito de preferência para a aquisição de ações em companhia fechada. **10.10.** Certificado de ações. **10.11.** Resgate e reembolso de ações.

10.1. Ações

As ações tiveram a sua origem na palavra holandesa *Aktie* (ação), e apareceram pela primeira vez, em 1606, com o significado de pretensão judicial.

As ações são partes de igual valor em que se divide o capital social da sociedade anônima, as quais atribuem ao seu titular (acionista) a qualidade de sócio. É o documento, o título representativo do preço da emissão em que se divide o capital social da companhia e do qual nasce o direito de participar da vida da empresa. A ação é um bem móvel e vale, em geral, como um título de crédito que dá a qualidade de sócio ao acionista.

As ações são consideradas sob tríplice aspecto: representam partes do capital social, são instrumentos comprobatórios da condição de sócio e são títulos de crédito.

Determina o artigo 1º, da Lei societária, que o capital da companhia será dividido em ações, dispondo que: *"A companhia ou sociedade anônima terá o capital dividido em ações, e a responsabilidade dos sócios ou acionistas será limitada ao preço de emissão das ações subscritas ou adquiridas"*.

O Código Comercial brasileiro de 1850, em seu artigo 191, 2ª parte, reconhecia as ações como coisa móvel, suscetível de compra e venda, determinando que: *"É unicamente considerada mercantil a compra e venda de efeitos móveis ou semoventes, para os revender por grosso ou a retalho, na mesma espécie ou manufaturados, ou para alugar o seu uso; compreendendo-se na classe dos primeiros a moeda metálica e o papel-moeda, títulos de fundos públicos, ações de companhias e papéis de crédito comerciais, contanto que nas referidas transações o comprador ou vendedor seja comerciante"*.

Também reconhecia o Código Comercial brasileiro de 1850 as ações como objeto de penhor, conforme determinava o artigo 273: *"Podem dar-se em penhor bens móveis, mercadorias e quaisquer outros efeitos, títulos de Dívida Pública, ações de companhias ou empresas e em geral quaisquer papéis de crédito negociáveis em comércio. Não podem, porém, dar-se em penhor comercial escravos, nem semoventes".*

As ações são consideradas como um título específico de participação societária, porém incompleto, pois os direitos e obrigações dos acionistas estão contidos no estatuto social, não sendo totalmente expressos no título. Mas, o fato de o título ser incompleto, não o descaracteriza como título de crédito, habilitando o seu possuidor a exercer os direitos inerentes à qualidade de sócio nele contida.

Não se trata de um título de crédito propriamente dito, tal qual a letra de câmbio e a nota promissória, que são considerados pela doutrina os genuínos e mais puros títulos de crédito; neles é preponderante o elemento pessoal e a confiança que merece os que deles participam.

As ações constituem uma categoria especial dos títulos de crédito, pois atribuem aos acionistas um direito de participação. O portador de um desses papéis tem o direito assegurado de participar dos interesses sociais, na fiscalização e nos resultados financeiros obtidos pelas sociedades.

Mesmo sem a cártula, ou seja, o documento representativo da ação, ela será livremente cessível. É o que ocorre com as chamadas ações escriturais constantes do artigo 35, § 1°, da Lei n° 6.404/76, que diz: *"A propriedade da ação escritural presume-se pelo registro na conta de depósito das ações, aberta em nome do acionista nos livros da instituição depositária. § 1°. A transferência da ação escritural opera-se pelo lançamento efetuado pela instituição depositária em seus livros, a débito da conta das ações do alienante e a crédito da conta das ações do adquirente, à vista de ordem escrita do alienante, ou de autorização ou ordem judicial, em documento hábil que ficará em poder da instituição".*

Também, no que tange à literalidade, não está eliminada, pois mesmo sem a expressão do valor, existe a possibilidade dele se auferir, por simples cálculo com base no balanço, conforme determina o artigo 11 da referida lei, que diz: *"O estatuto fixará o número de ações em que se divide o capital social e estabelecerá se as ações terão ou não valor nominal".*

Nota-se que a tendência dos negócios mercantis é a de sempre que possível evitar a sua representação física, através do documento papel, evitando-se assim, os custos não só da impressão, mas também da guarda, e, conseqüentemente, a transformação dos títulos abstratos em causais.

Para Fábio Ulhoa Coelho, *"a ação é o valor mobiliário representativo de uma parcela do capital social da sociedade anônima emissora que atribui ao seu titular a condição de sócio desta. Ao fracionar o capital social da anônima em valores mobiliários, a lei facilita a negociação da participação societária desse tipo de sociedade e ressalta a natureza de investimento do ato de ingresso no seu quadro de sócios".*[1]

Para Waldo Fázzio Júnior, *"a sociedade anônima é um ser jurídico, cujo capital é dividido em quinhões transferíveis e negociáveis representados por papéis chamados ações. Sua nota diferencial é a congregação de capitais de titularidade móvel".*[2]

Assevera Rubens Requião que *"segundo a melhor doutrina, exposta desde o século passado por Renaud e Vivante, as ações são consideradas sob tríplice aspecto: a) como parte do capital social; b) como fundamento da condição de sócio; c) como título de crédito. Pertencem elas à categoria dos bens móveis".*[3]

Túllio Ascarelli, citado por Rubens Requião,[4] contesta que as ações confiram ao seu titular um crédito. Disse o jurista italiano *"que na realidade, as ações não conferem ao seu titular um crédito, mas, com maior rigor, uma posição, o status de sócio, do qual, por sua vez, decorre uma série de direitos e poderes diversos, e, até, de obrigações, as relativas ao pagamento de entradas das ações eventualmente não-integralizadas; também estas obrigações incumbem a todos os sucessivos titulares da ação".*

10.2. Preço de Emissão das Ações

Segundo o artigo 11 da Lei nº 6.404/76, será fixado pelo estatuto social o número de ações em que se divide o capital social e se as ações terão ou não valor nominal.

Para Fábio Ulhoa Coelho, *"as ações, de acordo com o disposto no estatuto, podem ou não ter valor nominal, que é o resultado da divisão do capital social pelo número de ações emitidas. A atribuição do valor nominal à participação societária importa a garantia relativa contra a diluição do patrimônio acionário, na hipótese de emissão de novas ações".*[5]

Valor nominal é o valor da ação no momento da subscrição e que se encontra expresso no certificado, configurando uma fração do capital social que ela representa, sendo, portanto, igual para todas as ações. Não tendo valor expresso no certificado, a ação será sem valor nominal, contudo não deixará de representar um valor, que poderá ser conhecido pela verificação do estatuto ou pela consulta ao mercado de ações. Nas companhias abertas,

1 COELHO, Fábio Ulhoa. *Curso de direito comercial.* São Paulo: Saraiva. 2002, v. 2, p. 82.

2 FAZZIO JÚNIOR, Waldo. *Manual de direito comercial.* São Paulo: Atlas. 2004, p. 225.

3 REQUIÃO, Rubens. *Curso de direito comercial.* São Paulo: Saraiva. 2003, v. 2, p. 74.

4 REQUIÃO, Rubens. *Curso de direito comercial.* São Paulo: Saraiva. 2003, v. 2, p. 74.

5 COELHO, Fábio Ulhoa. *Curso de direito comercial.* São Paulo: Saraiva. 2002, v. 2, p. 83.

o valor nominal das ações não poderá ser inferior ao fixado pela Comissão de Valores Mobiliários.

A idéia de se retirar das ações o seu valor nominal é proveniente dos Estados Unidos, pois este valor tinha muito mais de simbólico que real. As ações sem valor nominal tiveram grande aceitação nos Estados Unidos a partir de 1930, quando foram admitidas em todos os Estados americanos, com exceção de Nebrasca.

Durante muito tempo discutiu-se nesse país o problema relacionado as ações sem valor nominal *"no par value shares"*, discussão hoje superada, até que por razões fiscais.

Após os tipos de ações sem valor nominal criadas pelas leis mais antigas, inclusive a do Estado de Nova Iorque, atualmente os Estados Unidos adotam o tipo *"true non-par stock"*, originário de Delaware, que passou para a moderna legislação como o único tipo de ações sem valor nominal. Nem o estatuto, nem a lei impõem um limite mínimo à liberdade dos diretores fixarem o valor da emissão, o que se exige é uma contribuição efetiva e um capital mínimo para certos tipos de companhias. A contribuição dos acionistas não precisa ser representada no capital social, concedendo-se aos administradores a faculdade de determinar a parte do valor das contribuições que serão representadas no capital *"stated capital"* e a porção que passará a engrossar o surplus *"paid-in surplus ou capital surplus"*.

Neste sentido se encontra a nossa lei brasileira, ao determinar em seu artigo 14, parágrafo único, que diz: *"O preço de emissão das ações sem valor nominal será fixado, na constituição da companhia, pelos fundadores, e no aumento de capital, pela assembléia geral ou pelo conselho de administração. Parágrafo único. O preço de emissão pode ser fixado com parte destinada à formação de reservas de capital; na emissão de ações preferenciais com prioridade no reembolso do capital, somente a parcela que ultrapassar o valor de reembolso poderá ter essa destinação"*.

As ações com valor nominal são aquelas que têm um valor impresso, estabelecido pelo estatuto da companhia que a emitiu, e as ações sem valor nominal são aquelas para as quais não se convenciona valor de emissão, prevalecendo o preço de mercado por ocasião do lançamento (operação de venda).

Rubens Requião lembra que *"O valor da ação é igual à fração do capital social a que ela corresponder. Esse valor, quando expresso no certificado da ação diz-se "valor nominal". O que importa, entretanto, na sociedade anônima, na verdade, em relação aos investidores e ao público, não é esse valor estampado no certificado correspondente, mas o preço que ela adquire no mercado, quando é negociada. Isso levou, sobretudo nos Estados Unidos algumas empresas a adotar o sistema de não nominalizar o valor da ação. Note-se porém que ao se dizer que a ação "não tem valor nominal", não se quer significar que ela não tenha, ou não represente, um valor correspondente à fração do capital social. Ela representa uma fração do capital social e, portanto, possui efetivamente um valor. Apenas não se expressa nominalmente, no seu texto, um valor. Consultando-se o estatuto, saber-se-á que o capital social foi dividido em frações, e qual o valor relativo a essa fração tendo em vista a quantidade de ações emitidas. Não tendo a ação valor nominal, a sua negociação se determina pelo preço do mercado, que é a cotação que ela adquire, pelo seu prestígio, na cotação da bolsa ou do mercado de balcão".*[6]

Valor real das ações é aquele fixado em relação ao patrimônio líquido da companhia. Corresponde ao efetivo valor da empresa, na projeção patrimonial expressa na contabilidade. Enquanto o valor nominal corresponde a uma parcela fixa do capital social, o valor real corresponde à parcela do patrimônio.

Valor patrimonial é o valor real da ação que corresponde à participação do titular no patrimônio líquido. É apurado nos casos de liquidação ou de reembolso.

Adverte Fábio Ulhoa Coelho que o *"valor patrimonial da ação é a divisão do patrimônio líquido da companhia pelo número de ações emitidas. Deve-se distinguir entre o valor patrimonial contábil e o real, de acordo com a atualidade da avaliação dos bens componentes do balanço".*[7]

Valor de Bolsa é o preço que a ação alcança no mercado, pela cotação resultante da procura, em decorrência do prestígio da sociedade. É o valor obtido pelo acionista no momento da alienação.

Para Waldo Fazzio Júnior *"valor de Bolsa é a cotação que a ação alcança no mercado, determinada conforme a lei da oferta e da procura. Esse valor não traduz necessariamente valor real, seja em decorrência de fatores psicológicos, seja em virtude de fatores econômico-financeiros".*[8]

Valor de emissão ou preço de emissão é o valor pago no momento da subscrição, à vista ou em parcelas. É o valor fixado pelos fundadores, ou pela Assembléia Geral ou Conselho de Administração, nos casos de aumento do capital social pela emissão de novas ações.

Denomina-se valor de negociação aquele montante pago pela ação, quando adquirida, ou aquele recebido, quando vendida.

Para Fábio Ulhoa Coelho, *"valor de negociação da ação é o contratado, por livre manifestação de vontade, entre quem a aliena e quem a adquire. O principal elemento que as partes do negócio levam em consideração,*

6 REQUIÃO, Rubens. *Curso de direito comercial.* São Paulo: Saraiva. 2003, v. 2, p. 76.

7 COELHO, Fábio Ulhoa. *Curso de direito comercial.* São Paulo: Saraiva. 2002, v. 2, p. 85.

8 FAZZIO JÚNIOR, Waldo. *Manual de direito comercial.* São Paulo: Atlas. 2004, p. 318.

para chegar ao acordo, diz respeito às perspectivas de rentabilidade da empresa".[9]

10.3. Espécies de Ações

As ações, conforme a natureza dos direitos ou vantagens que conferem a seus titulares divide-se em ordinárias, preferenciais ou de fruição.

As ações ordinárias da companhia fechada e as ações preferenciais da companhia aberta ou fechada poderão ser de uma ou mais classes, e o número de ações preferenciais sem direito de voto, ou sujeitas a restrição no exercício desse direito, não pode ultrapassar 50 % (cinqüenta por cento) do total das ações emitidas.

Ações ordinárias são aquelas que conferem aos seus possuidores a plenitude dos direitos de sócio. Assim, segundo o artigo 109 da Lei nº 6.404/76, além de participar dos lucros da sociedade, do acervo da companhia, no caso de liquidação, de fiscalizar, na forma prevista na lei, a gestão dos negócios sociais, terão os acionistas preferência na subscrição de ações, partes beneficiárias conversíveis em ações, debêntures conversíveis em ações e bônus de subscrição; podendo, entretanto, o estatuto tirar esse direito de preferência quando, na sociedade aberta, a colocação das ações for feita mediante a venda em Bolsa de Valores ou por subscrição pública, ou quando se tratar de permuta de ações, em oferta pública de aquisição de controle, segundo o disposto nos artigos 172, 257 e 263 da Lei nº 6.404/76. Pode, ainda, o estatuto excluir o direito de preferência na companhia, aberta ou fechada, para a subscrição de ações, nos termos da lei especial sobre os incentivos fiscais, conforme disposto no artigo 172, parágrafo único, da referida lei.

Em geral, as ações ordinárias têm, igualmente, o direito de voto. Essa é uma regra, quase sempre admitida nos diversos sistemas jurídicos, o que torna o direito de voto, uma das características de tais ações.

As ações preferenciais são as que dão aos seus proprietários certas preferências ou vantagens especiais, consistam elas na prioridade na distribuição de dividendos, fixo ou mínimo; na prioridade de reembolso do capital, com prêmio ou sem ele; ou na acumulação dessas preferências ou vantagens. Em contrapartida, as ações preferenciais podem ser privadas de voto, e isso é geralmente o que acontece, para compensar as vantagens auferidas pelos seus proprietários. Pela lei, mesmo que as ações preferenciais tenham o direito de voto, somente poderão exercê-lo os portadores de ações nominativas, uma vez que a lei subordinou esse direito à nominatividade das ações em geral, conforme disposto no artigo 112.

---

9 COELHO, Fábio Ulhoa. *Curso de direito comercial*. São Paulo: Saraiva. 2002, v. 2, p. 87.

No que tange a diferença entre ações ordinárias e ações preferenciais, observa Rubens Requião que: *"enquanto as ações ordinárias conferem aos seus titulares a participação normal nos lucros divididos igualitariamente entre todas as ações dessa espécie, as ações preferenciais podem outorgar prioridade na distribuição de dividendos mesmo fixos ou cumulativos. Assim, o acionista preferencial receberá lucros na primeira divisão deles, antes mesmo de serem os acionistas ordinários aquinhoados. Essa é a principal preferência de que essas ações desfrutam. Mas a preferência pode se constituir ainda em prioridade no reembolso do capital, com prêmio ou sem ele e na acumulação dessas vantagens".*[10]

As ações de fruição, também chamadas de ações de gozo, são aquelas distribuídas aos acionistas quando há amortização de suas ações primitivas,[11] isto é, quando a sociedade com os seus lucros disponíveis, antecipa aos possuidores de ações as importâncias que por elas receberiam por ocasião da sua liquidação.

Deve-se salientar que na companhia aberta ou na companhia fechada, não existe restrição na instituição de ações de fruição.

10.4. Ações Ordinárias

Ações ordinárias são aquelas que proporcionam participação nos resultados econômicos de uma empresa e conferem ao seu titular o direito de voto em assembléia, não dando direito preferencial a dividendos.

Waldo Fazzio Júnior preleciona que *"ordinárias são ações que conferem a seus possuidores a plenitude dos direitos sociais, ou seja, a participação nos dividendos e o voto nas deliberações sociais. São também chamadas de ações de direção".*[12]

Para Fábio Ulhoa Coelho, *"a ação ordinária é a que confere ao acionista os direitos de um sócio comum, ou seja, os direito ordinários de sócio. O titular de uma ação dessa espécie (conhecido, entre os advogados da área, como ordinarialista) não possui nenhuma vantagem, nem se sujeita a qualquer tipo de restrição, relativamente aos direitos que normalmente são atribuídos aos sócios da sociedade anônima. As ações ordinárias concedem, sempre, ao respectivo titular o direito de voto na assembléia geral, de modo que o acionista detentor de mais da metade das ações dessa espécie é controlador da companhia e pode, por essa razão, eleger os administra-*

---

10 REQUIÃO, Rubens. *Curso de direito comercial.* São Paulo: Saraiva. 2003, v. 2, p. 89.

11 Amortização de ações consiste na distribuição antecipada ao acionista, sem redução do capital social, de valores que lhes caberiam na hipótese de eventual liquidação da sociedade (Lei nº 6.404/76, artigo 44 ,§2º e §5º).

12 FAZZIO JÚNIOR, Waldo. *Manual de direito comercial.* São Paulo: Atlas. 2004, p. 320.

dores, aprovar a maior parte de alterações estatutárias, decidir os assuntos de natureza geral do interesse da sociedade etc. Os ordinarialistas, por isso, podem ser divididos em controlador (ou controladores), de um lado, e minoritários, de outro. As relações entre os dois grupos são complexas e muitas vezes conflituosas, representando uma das mais sérias preocupações do direito societário a compatibilização entre o exercício do poder de controle e a tutela dos interesses da minoria".[13]

Assevera Arnaldo Rizzardo que: *"As ordinárias, próprias das sociedades fechadas, são as ações normais, aquelas que concedem aos adquirentes direitos comuns de controle político e decisório das sociedades, o que se efetiva pelo exercício do direito de voto. Os titulares, de acordo com a participação, podem manter o controle da sociedade, dirigindo os seus destinos".*[14]

As ações ordinárias próprias da companhia fechada poderão ser de classes diversas, em função de: a) conversibilidade em ações preferenciais, onde determinadas ações ordinárias poderão ser conversíveis em ações preferenciais, ficando o exercício da conversão dependente do que estipular o estatuto social, conforme disposição expressa no artigo 22 da referida lei, que diz: *"O estatuto determinará a forma das ações e a conversibilidade de uma em outra forma";* b) nacionalidade brasileira do acionista, devendo as ações serem nominativas, pois somente se conhecerá dessa nacionalidade sabendo-se do nome do titular, além da existência da nacionalidade brasileira estar sempre ligada ao direito de voto, que diz respeito ao controle da companhia, não desejando a lei, naturalmente, por motivos especiais, que a companhia seja controlada por acionistas de nacionalidade estrangeira; c) direito de voto para cargo administrativo, que será um direito especial somente podendo ser exercido por pessoas que possuam ações que lhe outorguem expressamente esse direito. A discriminação dá-se em função do direito especial concedido a essas ações, que não pode ser usufruído por todos quantos tenham as mesmas condições de acionistas ou sócios das sociedades anônimas.

O estatuto de companhia fechada deve prever e estabelecer normas referentes à alteração que regula a diversidade de classes. Se assim não acontecer, a alteração somente poderá ocorrer com a concordância de todos os titulares das ações atingidas. Essa unanimidade de concordância é necessária, porque a alteração afetará a todos quantos participem da mesma classe de ações. Tal não se dará somente quando o próprio estatuto dispuser a respeito porque, então, ao ingressar na sociedade, o acionista concordou com o disposto no estatuto, responsabilizando-se pela observação do que nele está contido.

13 COELHO, Fábio Ulhoa. *Curso de direito comercial*. São Paulo: Saraiva. 2002, v. 2, p. 98.

14 RIZZARDO, Arnaldo. *Direito de empresa*. Rio de Janeiro: Forense. 2007, p. 297.

10.5. Ações Preferenciais

As ações preferenciais são aquelas que oferecem ao seu titular prioridade no recebimento de dividendos e no reembolso. Elas, não dão direito a voto nas assembléias da empresa ou, pelo menos, restringem este direito de alguma forma. Por outro lado, investidores possuidores dessas ações têm preferência no recebimento de dividendos e outros proventos distribuídos pela companhia. Em caso de liquidação da empresa, investidores possuidores das ações preferenciais têm, também, preferência na repartição do patrimônio.

Salienta Arnaldo Rizzardo que: *"As ações preferenciais, contempladas para as sociedades fechadas e abertas, como o nome indica, conferem alguns privilégios, vantagens ou preferências aos titulares"*.[15]

Assevera Fábio Ulhoa Coelho que *"ações preferenciais são aquelas que atribuem ao titular uma vantagem na distribuição dos lucros da sociedade entre os acionistas. A natureza e a extensão da vantagem devem ser definidas pelo estatuto, que lhes deve assegurar o recebimento de um valor fixo ou mínimo, a título de dividendos"*.[16]

Para Fran Martins *"as ações preferenciais são aquelas às quais é concedido algum tipo de privilégio, mas que podem ser privadas do direito de voto, se assim decidir, prévia e expressamente, nos estatutos da sociedade"*.[17]

Dividendos são valores distribuídos aos acionistas, em dinheiro, na proporção da quantidade de ações possuídas. Normalmente é o resultado dos lucros obtidos por uma empresa, no exercício corrente ou em exercícios passados.

Em geral não se concede às ações preferenciais direito de voto em assembléia, conforme dispõe os artigos 17 e 109, porém elas terão algumas prioridades, tais como:

a) prioridade na distribuição de dividendo, fixo ou mínimo, onde o estatuto estabelecerá se serão fixos ou cumulativos.

A fixação dos dividendos poderá ser feita no estatuto ou estabelecida pela assembléia geral que autorizar a sua distribuição, conforme artigo 132, II da Lei societária. Tendo sido fixado pelo estatuto o dividendo a que terão direito, será calculado por critério que o determine em proporção ao valor da ação. Se os lucros da sociedade forem suficientes para pagar apenas aos acionistas preferenciais, a esses deve ser efetuado o pagamento, mesmo que os portadores de ações ordinárias não os recebam.

Também se permitem dividendos cumulativos. Isto significa que, não podendo a sociedade pagar em um exercício os dividendos fixados pelo es-

---

15 RIZZARDO, Arnaldo. *Direito de empresa*. Rio de Janeiro. 2007, p. 298.

16 COELHO, Fábio Ulhoa. *Curso de direito comercial*. São Paulo: Saraiva. 2002, v. 2, p 100.

17 MARTINS, Fran. *Curso de direito comercial*. Rio de Janeiro: Forense. 2003, p. 240.

tatuto para as ações preferenciais, por não ter obtido lucro para tanto, esses serão acumulados aos dividendos do exercício seguinte. Somente serão os dividendos prioritários cumulativos se o estatuto assim o dispuser, pois, no silêncio, os dividendos serão considerados não cumulativos.

b) prioridade no reembolso do capital, com prêmio ou sem ele, quando a sociedade se liquidar.

Esse reembolso pode ser com prêmio ou sem ele, segundo dispuser o estatuto.

Verifica-se o reembolso com prêmio quando o estatuto dispõe que na devolução do capital ao acionista, aquele consistirá não no valor de sua ação mas em um valor superior, representando o prêmio a diferença entre o valor da ação e o que o acionista deve receber.

c) acumulação das preferências e vantagens acima.

O dividendo fixo ou mínimo e o prêmio de reembolso, estipulado por determinada importância em moeda, ficando sujeito à correção monetária anual, por ocasião da assembléia ordinária, nos mesmos coeficientes adotados na correção do capital social.

Conforme dispõe o artigo 111 da Lei societária, o estatuto poderá deixar de conferir às ações preferenciais determinados direitos reconhecidos às ações ordinárias, inclusive o de voto, ou conferi-lo com restrições, observado o disposto no artigo 109 que diz: *"Nem o estatuto social nem a assembléia geral poderão privar o acionista dos direitos de: I. participar dos lucros sociais; II. participar do acervo da companhia, em caso de liquidação; III. fiscalizar, na forma prevista nesta Lei, a gestão dos negócios sociais; IV. preferência para subscrição de ações, partes beneficiárias conversíveis em ações, debêntures conversíveis em ações e bônus de subscrição, observado o disposto nos artigos 171 e 172; V. retirar-se da sociedade nos casos previstos nesta Lei".*

10.6. Ações de Fruição

Ações de fruição também chamadas de ações de gozo são aquelas distribuídas aos acionistas quando há amortização de suas ações primitivas, isto é, quando a sociedade, com os seus lucros disponíveis, antecipa aos possuidores de ações as importâncias que por elas eles receberiam por ocasião da liquidação da sociedade, conforme dispõe o artigo 44, § 2°, da Lei n° 6.404/76 que diz: *"A amortização consiste na distribuição aos acionistas, a título de antecipação e sem redução do capital social, de quantias que lhes poderiam tocar em caso de liquidação da companhia".*

São ações que já foram amortizadas, ou seja, a companhia antecipou ao acionista a quantia a que ele teria direito no caso de liquidação da companhia. Somente o Estatuto ou a Assembléia Geral Extraordinária da companhia poderá autorizar esta operação.

Para Fábio Ulhoa Coelho *"as ações de fruição são as atribuídas ao acionista cuja ação ordinária ou preferencial foi inteiramente amortizada. A amortização é a antecipação ao sócio do valor que ele provavelmente receberia, na hipótese de liquidação da companhia"*.[18]

Nos dizeres de Rubens Requião *"as ações de fruição, decorrentes, portanto, da amortização das ações, devolvem ao acionista o valor de seu investimento. São ações, como se vê, despidas de capital. Resultam, como diz a lei, da distribuição ao acionista de quantias que lhe poderiam tocar em caso de liquidação da companhia, sem redução do capital social. Assim, esvaziadas de seu conteúdo financeiro, no caso de liquidação da sociedade, nada tem o acionista a receber a título de capital. Mas concorrem essas ações ao acervo líquido – ao produto final da sociedade – após pago aos acionistas o valor de suas ações não-amortizadas, com correção monetária. Essas ações conferem o direito de participar dos lucros, de fiscalizar a sociedade, de preferência na subscrição de novas ações, pois com a amortização não foram elas afastadas da participação na vida social, direitos esses assegurados pelo artigo 109"*.[19]

Explica Arnaldo Rizzardo que: *"Essas ações, na liquidação da sociedade, incluem-se no acervo líquido, conferindo-se o respectivo resultado aos acionistas em geral, excluídos, resta óbvio, os que já perceberam o respectivo valor"*.[20]

Na amortização dessas ações, não há redução do capital social, já que essa antecipação do pagamento se dá com lucros disponíveis. O possuidor da ação de fruição continua a pertencer à sociedade e, segundo o consenso geral, apesar de não dispor a lei claramente a respeito, terá esse acionista todos os direitos que lhe conferiam as ações amortizadas, excetuando-se, naturalmente, o direito de participar do acervo social, na parte relativa ao valor de suas ações.

Para a ação de fruição será emitido um certificado diferente, esclarecendo que o título se refere a uma ação nessas condições, sendo, portanto, recolhidos os certificados primitivos. Pode ainda esses certificados primitivos ser carimbado, mostrando que o acionista, por antecipação, já recebeu as importâncias que lhe tocariam, na liquidação, em relação ao valor de suas ações, devendo, de qualquer modo, ser feita uma averbação da amortização nos livros de Registro de Ações Nominativas.

18 COELHO, Fábio Ulhoa. *Curso de direito comercial.* São Paulo: Saraiva. 2002, v. 2, p. 106.

19 REQUIÃO, Rubens. *Curso de direito comercial.* São Paulo: Saraiva. 2003, v. 2, p. 94.

20 RIZZARDO, Arnaldo. *Direito de empresa.* Rio de Janeiro: Forense. 2007, p. 304.

10.7. Forma das Ações

Quanto à forma, as ações devem ser nominativas, que são aquelas em que o nome do seu proprietário consta do registro especial da sociedade, onde a sociedade identifica os que as subscreverem ou adquirirem. Para tanto a sociedade terá, obrigatoriamente, um livro especial chamado de Registro de Ações Nominativas, em que estarão registrados todos quantos possuírem ações dessa forma.

A sociedade terá também, ao lado desse livro, um outro complementar, que será o de Transferência de Ações Nominativas, que servirá para a anotação da circulação dessas ações. Tendo a sociedade a identidade dos proprietários das ações nominativas, a transferência delas requer uma anotação nesse registro, com a substituição do antigo acionista pelo novo.

A nova redação do artigo 31 da Lei nº 6.404/76 dispõe que a propriedade das ações nominativas também se presume pelo extrato que seja fornecido pela instituição custodiante, na qualidade de proprietária fiduciária das ações.

A alteração normativa feita nesse artigo pela Lei nº 10.303, de 31 de outubro de 2001, não acarreta qualquer inovação material, constituindo-se em oportuna correção no antigo texto legal, que não esclarecia a existência de duas espécies de ações nominativas subdivididas em registradas e escriturais.

Assim, as ações nominativas deverão ser registradas no livro de Registro de Ações Nominativas, e sua transferência far-se-á através da operação no livro de Transferência de Ações Nominativas. As ações escriturais intermediadas por instituições financeiras autorizadas pela Comissão de Valores Mobiliários terão a sua propriedade presumida pelo registro na conta de depósito de ações, aberta em nome do acionista nos livros da instituição depositária.

O sentido da norma estabelece que a alienação de ações, é um ato formal e que somente gera efeitos em face da sociedade quando existe sua inscrição nos registros próprios.

De acordo com os ensinamentos de Rubens Requião, *"as ações nominativas são as que inscrevem em seu texto o nome do titular, e constam de registro mantido pela sociedade. A transferência dessas ações, em caso de venda ou cessão, só se consuma pela inscrição do novo acionista no livro de "Registro de Ações Nominativas", em termo nele lavrado, datado e assinado pelo cedente e pelo cessionário, ou por seus legítimos representantes. Em caso de transmissão decorrente de sucessão universal ou legado, de arrematação, adjudicação ou outro ato judicial, ou por qualquer outro título, somente se fará a transferência mediante averbação daquele livro, à vista de documento hábil, que ficará arquivado na companhia".*[21]

21 REQUIÃO, Rubens. *Curso de direito comercial.* São Paulo: Saraiva. 2003, v. 2, p. 94.

10.8. Ações Escriturais

Ações escriturais são aquelas cujos certificados não são emitidos e a sua movimentação faz-se através de uma conta de depósito, aberta em nome do acionista, em instituição financeira devidamente autorizada pela Comissão de Valores Mobiliários, à vista de documentos determinando a sua transferência.

Conforme o artigo 34 da Lei nº 6.404/76, o estatuto da companhia pode, em caráter definitivo, estabelecer que todas as ações da companhia ou uma ou mais classes delas sejam escriturais, ou simplesmente autorizar que a companhia, mesmo depois de constituída, converta em escriturais ações de outra forma, retirando e cancelando os certificados em circulação.

Modesto Carvalhosa a define *"como um valor patrimonial incorpóreo que outorga ao seu titular os direitos e obrigações inerentes à qualidade do acionista e cuja propriedade e respectiva transferência processam-se escrituralmente mediante assentamentos próprios nas instituições encarregadas da sua administração (artigo 35), a ação escritural é um aperfeiçoamento da propriedade acionária nominativa, à medida que elimina definitivamente o certificado que, como já se viu anteriormente, é documento totalmente desnecessário, neste caso por lhe faltar autonomia e, portanto, qualquer valor constitutivo. Assim, para efeito de compreensão, temos que, quanto à forma, as ações são nominativas, sendo que as nominativas subdividem-se em registradas e escriturais. A característica comum as duas subformas é a nominatividade, que constitui requisito tanto de propriedade como de transferência. A propriedade e disponibilidade, das nominativas registradas decorre da inscrição do nome do seu titular no livro próprio da companhia e a propriedade das nominativas escriturais decorre da existência de uma conta corrente de ações, aberta em nome do seu titular nos livros da instituição administradora. Diferenciam-se essas subformas quanto ao grau de aperfeiçoamento da técnica de nominatividade: na nominativa registrada, a emissão do certificado é dispensável por não ser – como já reiterado – requisito capaz de legitimar o exercício dos direitos de sócio. Não obstante, é facultativa essa emissão, sendo reiterado o seu uso. Já nas nominativas escriturais, a emissão de certificado é impossível. Vale dizer que, por sua própria natureza, não pode a escritural, em nenhuma hipótese, ser representada por certificado".*[22]

E prossegue o ínclito crítico paulista na Lei nº 6.404/76, acentuando: *"Fala a lei em "depósito", em "conta de depósito" e em "instituição depositária" (artigo 35). Ao fazê-lo, comete uma série de equívocos fundamentais.*

22 CARVALHOSA, Modesto. *Comentários à lei de sociedades anônimas*. São Paulo: Saraiva. 1977, p. 177.

Em primeiro lugar, porque, sendo as ações escriturais bens incorpóreos, não podem ser objeto de depósito. Em segundo, porque a conta de depósito supõe, evidentemente, um bem corpóreo a ser depositado, o qual constitui o seu precípuo objeto. Em terceiro lugar, porque é da essência dos contratos do depósito o direito de depositante à exibição do bem depositado. Ora, se a ação escritural pressupõe a inexistência de certificado, não haverá bem depositável passível de conta de depósito, e muito menos de contrato dessa espécie".[23]

As características da conta de depósito, aberta em instituição financeira autorizada pela Comissão de Valores Mobiliários, conforme o artigo 34, § 2º, ou em Bolsa de Valores, conforme o artigo 293, são as seguintes: a) registro das ações em nome do acionista titular, mediante um documento da companhia à instituição financeira ou Bolsa; b) registro da variação do valor (aumento do capital, sem emissão de novas ações); c) registro de crédito dos dividendos distribuídos pela companhia; d) fornecimento de extrato ao acionista, pela instituição financeira ou Bolsa, ao término de todo o mês em que for movimentada, sempre que pedido, ou pelo menos uma vez ao ano.

Em caso de transferência das ações escriturais, o procedimento será aquele indicado pelo artigo 35, § 1º. *"A transferência da ação escritural opera-se pelo lançamento efetuado pela instituição depositária em seus livros, a débito da conta de ações do alienante e a crédito da conta de ações do adquirente, à vista de ordem escrita do alienante, ou de autorização ou ordem judicial, em documento hábil que ficará em poder da instituição"*

Salienta Rubens Requião que *"a ação escritural dispensa corporificação do título em certificado emitido pela companhia, e por isso não deve ser considerada título de crédito. Impõe-se apenas pelo registro em livro especial, de instituição financeira autorizada a manter esse serviço, pela Comissão de Valores Mobiliários ou do registro em bolsa de valores".*[24]

10.9. Direito de Preferência para a Aquisição de Ações em Companhia Fechada

O direito de preferência à aquisição de ações em companhia fechada, no contexto de uma relação societária, é sensivelmente diverso daquela que resultaria da interpretação de um direito de preferência em contrato bilateral. Não se trata, apenas, de recorrer ao modelo ou fórmula do contrato plurilateral, mas, sim, de discutir a utilidade ou não de uma revalorização da antiga e abandonada noção de *"affectio societatis"* nas sociedades anônimas.

23 CARVALHOSA, Modesto. *Comentários à lei de sociedades anônimas*. São Paulo: Saraiva. 1977, p. 179.

24 REQUIÃO, Rubens. *Curso de direito comercial*. São Paulo: Saraiva. 2003, v. 2, p. 97.

Diz o Artigo 36, da Lei nº 6.404/76: *"O estatuto da companhia fechada pode impor limitações à circulação das ações nominativas, contanto que regule minuciosamente tais limitações e não impeça a negociação, nem sujeite o acionista ao arbítrio dos órgãos de administração da companhia ou da maioria dos acionistas. Parágrafo único. A limitação à circulação criada por alteração estatutária somente se aplicará às ações, cujos titulares com ela expressamente concordarem, mediante pedido de averbação no livro de "Registro de Ações Nominativas".*

A *"Affectio Societatis"* foi rejeitada pela doutrina moderna, sendo considerada uma noção inútil à compreensão do mecanismo das sociedades empresárias, sobretudo das anônimas.

Tullio Ascarelli assevera que *"mesmo as sociedades anônimas têm uma individualidade própria, e podem, elas também, possuir uma tradição de correção e integridade – naturalmente baseada na dos homens que as compõem – de sorte que, ao se celebrar um contrato social com uma companhia, podem assumir um peso decisivo considerações tiradas da individualidade do sócio, além das ligadas ao montante de sua contribuição de capital".*[25]

Nas sociedades de sociedades, o que se procura na pessoa jurídica sócia, ou o que dela se espera, não é apenas uma contribuição de capital, absolutamente anônima e fungível, mas, antes de tudo, uma experiência tecnológica acumulada, ou seja: a tradição comercial, a capacidade gerencial, o fato do acionista controlador, ter a nacionalidade do país em que vai atuar, e assim por diante. Daí ser possível falarmos em "sociedades anônimas de pessoas", ao lado das "sociedades anônimas de capitais", grifando-se, pela contradição da primeira dessas expressões, a importância do *"intuitu personae"* como pressuposto integrativo do pacto societário.

No direito norte-americano, vamos encontrar a existência das *"joint venture corporations"*, algumas vezes também chamadas *"joint companies", "jointly owned subsidiaries", "collaborative subsidiaries"* ou, simplesmente *"business consortiuns"* sob a forma de companhias.[26]

Desta forma, desde a última guerra mundial, criaram-se nos Estados Unidos centenas de *"joint venture corporations"*, provocando um "tremendo impacto" na economia do país.

Especificamente, no Brasil, procura-se incentivar a formação de companhias tripartidas, em que uma empresa multinacional se associa a um grupo de controle privado brasileiro ou a uma empresa estatal. Em outros setores,

---

25 ASCARELLI, Tullio. *Confusione del patrimonio della società e del socio; società con una società anonima e società anonima simulata, in Studi in Tema di Società*, Milão, Giuffrè, 1952, p. 57.

26 O'NEAL, F.Hodge. *Close corporations, law and pratice*, 2ª ed, Chicago, Callaghan & Company, 1971, vol. I, § 1.06.

como no financeiro, exclui-se, tradicionalmente, o controle estrangeiro sobre certo tipo de instituições, como os bancos comerciais ou de depósito, pela limitação da participação acionária; o que conduz, naturalmente, à criação de sociedades bancárias *"intuitu personae"*, em que ao sócio estrangeiro minoritário são reconhecidos certos poderes extraordinários para garantia de seu investimento.

As "sociedades anônimas de pessoas" apresentam certas características próprias, que as distinguem das demais companhias, são elas: a) limitação à circulação das ações, seja no estatuto, seja em acordo de acionistas; b) quorum deliberativo mais elevado do que o legal, para certas e determinadas questões, tanto na assembléia geral, quanto no conselho de deliberação, o que equivale à atribuição de um poder de voto à minoria; c) a distribuição eqüitativa dos cargos administrativos entre os grupos associados; e d) a solução arbitral dos litígios societários.

Na Europa Continental e na América Latina, a possibilidade jurídica das "sociedades anônimas de pessoas" está ligada a mais larga admissão da validade jurídica e da execução específica de estipulações em acordo de acionistas, conforme disposto em nossa Lei nº 6.404, de 15 de dezembro de 1976. Essa possibilidade jurídica prende-se, também, ao reconhecimento de que os acionistas podem ter, para com a companhia, obrigações de prestação acessória, além da normal responsabilidade capitalista pelo pagamento das ações subscritas ou adquiridas.

No direito italiano, as chamadas prestações acessórias, encontram-se inseridas no artigo 2.345 do Código Civil, que estabelece: *"Além da obrigação de efetuar os pagamentos de capital, o ato constitutivo pode estabelecer a obrigação de os sócios executarem prestações acessórias não consistentes em dinheiro, determinando-lhes o conteúdo, a duração, as modalidades e a contrapartida, e estabelecendo sanções particulares para o caso de inadimplemento. As ações às quais é conexa a obrigação das prestações referidas devem ser nominativas e não são transferíveis sem o consentimento dos administradores. Salvo disposição em contrário do ato constitutivo, as obrigações previstas neste artigo não podem ser modificadas sem o consentimento de todos os sócios".*[27]

---

27 Art. 2345 Prestazioni accessorie. *"Oltre l'obbligo dei conferimenti, l'atto costitutivo può stabilire l'obbligo dei soci di eseguire prestazioni accessorie non consistenti in denaro, determinandone il contenuto, la durata, le modalità e il compenso, e stabilendo particolari sanzioni per il caso d'inadempimento. Nella determinazione del compenso devono essere osservate le norme (corporative) applicabili ai rapporti aventi per oggetto le stesse prestazioni.Le azioni alle quali è connesso l'obbligo delle prestazioni anzidette devono essere nominative e non sono trasferibili senza il consenso degli amministratori. Se non è diversamente disposto dall'atto costitutivo, gli obblighi previsti in questo articolo non possono essere modificati senza il consenso di tutti i soci".*

No Decreto-Lei argentino nº 19.550, de 1972, disciplinador das sociedades mercantis, as prestações acessórias são admitidas e reguladas para todos os tipos societários (artigo 50). Sublinha-se que elas não integram o capital social, devendo atender às seguintes exigências: a) resultar de um contrato, onde se precisarão seu conteúdo, duração, modalidade, retribuição e sanções no caso de inadimplemento, sendo que, não resultando de contrato, elas se consideram obrigações de terceiros; b) devem ser claramente diferenciadas das contribuições de capital; c) não podem ser em dinheiro; e d) só podem ser modificadas de acordo com o estipulado no contrato ou, caso este seja omisso, conforme as exigências e a maioria requeridas para a reforma contratual. Tratando-se de prestações acessórias em companhias, as ações às quais sejam conexas devem ser nominativas.

Dessa forma notamos o caráter acessório de tais prestações. Não se trata de substituir, por meio delas, a necessária participação do acionista no capital da companhia.

No direito brasileiro, não se admitem as chamadas contribuições de capital atípicas, ou seja, o *Know-how*.[28] Mas essa acessoriedade é mais de cunho jurídico do que econômico. Economicamente, pode suceder que a prestação principal do acionista não seja a participação no capital e, sim, a outra; que o acionista subscreva, por hipótese, uma única ação – porque a lei a tanto obriga, a fim de adquirir o *status socii* – e se comprometa a fornecer à sociedade, em condições altamente favoráveis, a matéria-prima indispensável à sua produção industrial, ou uma assistência técnica de grande relevância. Juridicamente, a prestação não-capitalística permanece sempre acessória e, portanto, suprimível.

Daí dizermos que nas "sociedades anônimas de pessoas" aplicam-se aos acionistas, regras consideradas próprias das sociedades não-acionárias, como a proibição de concorrência à sociedade.

Resultando, portanto, que nesse tipo de sociedade, os acionistas não são meros investidores de capital, mas colaboradores específicos num empreendimento comum, encontrando assim inteira aplicação ao princípio da "*affectio societatis*".

Diremos então que a "*affectio societatis*" é, portanto, não um elemento exclusivo do contrato de sociedade, distinguindo-o dos demais contratos, mas um critério interpretativo dos deveres e responsabilidades dos sócios entre si, em vista do interesse comum. Significando então, que a sociedade não é a única relação jurídica marcada por esse estado de ânimo continuativo, mas que ele comanda, na sociedade, uma exacerbação do cuidado e diligência próprios de um contrato "*bonae fidei*". Em especial, o sócio que descumpre

---

28 PORTALE, Giuseppe B. *I Conferimenti in natura "atipici" nella S.P.A.*, Milão, Giufrrè, 1974.

disposição estatutária e, sobretudo, contratual (pois a relação convencional é mais pessoal e concreta do que a submissão a normas estatutárias), como é o caso de acordo de acionistas numa sociedade anônima, quando pratica falta particularmente grave sob o aspecto da ética societária; ele se põe em contradição com sua anterior estipulação ou declaração de vontade, revelando-se pessoa pouco confiável enquanto sócio (*venire contra factum proprium*).

Há, assim, dois elementos componentes da "*affectio ou bona fides societatis*", representativos do duplo aspecto dessa relação: a fidelidade e a confiança.

A fidelidade é o escrupuloso respeito à palavra dada e ao entendimento recíproco que presidiu à constituição da sociedade, ainda que o quadro social se haja alterado, mesmo completamente. E a confiança é também um dever do sócio para com os demais, dever este de tratá-los não como contrapartes, num contrato bilateral em que cada qual persegue interesses individuais, mas como colaboradores na realização de um interesse comum.

Portanto não nos resta dúvida que essa característica de contrato de boa fé varou os séculos e marca ainda, as nossas "sociedades de pessoas", mesmo revestidas da forma acionária.

Após um estudo sobre o comando da "*affectio societatis*", nas relações entre os sócios, como dever de fidelidade e diligência, próprio de um contrato "*bonae fidei*", importa agora, examinarmos, mais precisamente, como se aplica esse princípio na hipótese de um pacto de preferência entre acionistas para a aquisição de ações da companhia.

Tínhamos na antiga Lei das Sociedades por Ações, em seu artigo 27, § 2º que o estatuto poderia impor limitações à circulação das ações nominativas, desde que essas fossem reguladas minuciosamente e de tal modo que não impedissem a sua circulação, nem sujeitassem os acionistas ao arbítrio da administração ou da maioria acionária.

Na lei atual essas regras foram conservadas, mas apenas para as ações nominativas das sociedades fechadas, isto é, das que não têm as suas ações negociadas em bolsas ou no mercado de balcão. Com isso quer a lei que não sejam criados entraves à negociação das ações nas sociedades abertas, já que o sucesso do mercado de capitais se deve, em parte, à facilidade com que podem ser transferidas as ações.

Portanto, de acordo com a atual Lei das Sociedades por Ações, somente as ações nominativas da companhia fechada podem sofrer restrições estatutárias quanto à sua circulação, sendo, em princípio, livremente cessíveis as ações das sociedades abertas.

Segundo Amador Paes de Almeida *"nas companhias fechadas, normalmente, as ações estão distribuídas dentro de um pequeno círculo de pessoas e, em algumas oportunidades, circunscritas à própria família. Em tais circunstâncias, é facultado estabelecer limitações à circulação das ações, desde que tais limitações não impeçam a negociação nem sujeitem o acionista ao arbítrio dos órgãos da administração da companhia ou da maioria dos acionistas. Em duas oportunidades podem ser fixadas tais restrições: uma, quando da constituição da sociedade, e, outra, quando da alteração do estatuto, ocasião em que, na forma do parágrafo único do art. 36, mister se faz o consentimento expresso dos respectivos titulares. Tais restrições, como pode se constatar, impedem o ingresso na sociedade de pessoas indesejáveis sob diversos aspectos, reservando, outrossim, as ações a determinados grupos ou indivíduos".*[29]

Para Rubens Requião, as sociedades fechadas são consideradas, segundo as doutrinas mais modernas e realistas, as *"sociedades de pessoas"*. Assevera que: *"Os sócios elegem, pela confiança ou parentesco, seus companheiros, impedindo que, pela transferência de ação negociada, ingresse em seu grupo social elemento estranho ou indesejável. Não pode, pois o estatuto impedir o direito de negociabilidade das ações nominativas. Pode limitá-lo, tão somente. Essa limitação deve ser regulada claramente no estatuto, de forma a não sujeitar o acionista ao arbítrio da administração ou da maioria dos demais acionistas. Geralmente o modo de limitação é obrigar o acionista a notificar os demais através da sociedade, cientificando-os de que suas ações estão à venda, segundo as condições que apresenta, conferindo-lhes uma opção de compra. Essa opção e prazo de vigência constituem matéria que o estatuto deve claramente regular. Os antigos acionistas podem, destarte, usar do direito de preferência, em igualdade de condições com terceiros pretendentes compradores, impedindo que na sociedade ingresse elemento estranho e destoante do quadro social".*

Para Waldirio Bulgarelli, *"a Lei nº 6.404/76 admitiu possam ser impostas limitações à circulação das ações nominativas (art.36), desde que, no estatuto da companhia fechada, se regule minuciosamente e não impeça a negociação nem sujeite o acionista ao arbítrio dos órgãos de administração da companhia ou da maioria dos acionistas. Já a limitação à circulação criada por alteração estatutária somente se aplicará às ações cujos titulares com ela expressamente concordarem, mediante pedido de averbação no livro de Registro das Ações Nominativas".*[30]

Dessa forma diremos que as restrições devem constar do estatuto, onde serão minuciosamente estabelecidas. Não podendo, entretanto, haver impedimentos a negociação das ações nem sujeitar o acionista ao arbítrio dos órgãos de administração da companhia ou da maioria dos acionistas.

Dentre as restrições que o estatuto pode impor à circulação das ações nominativas destacam-se: a) as que estipulam que as ações só podem ser

29 ALMEIDA, Amador Paes de. *Manual das sociedades comerciais*. São Paulo: Saraiva. 2004, p. 205.

30 BULGARELLI, Waldírio. *Manual das sociedades anônimas*. São Paulo: Atlas. 2001 p. 198

vendidas a estranhos, depois de oferecidas aos outros acionistas e por esses recusadas; b) as que determinam que as ações, só podem ser vendidas aos outros acionistas; c) as que estabelecem que, só podem ser acionistas pessoas pertencentes a uma mesma profissão, daí a restrição da venda das ações às pessoas que tenham profissão diversa.

Constando do estatuto, a restrição à circulação das ações nominativas da sociedade fechada produz efeito em relação a todos os acionistas, quer aqueles originários, quer os que tenham adquirido essa qualidade, posteriormente à constituição da sociedade. Mas, se tais limitações não constarem do estatuto original, não pode a companhia, por reforma estatutária, estabelecê-la com efeitos amplos, porque em tal caso iria impor aos acionistas anteriores uma alteração nos seus direitos, impedindo-os de livremente dispor de suas ações.

Assim dispõe o parágrafo único, do artigo 36, da Lei nº 6.404/76: *"a limitação à circulação criada por alteração estatutária somente se aplicará às ações, cujos titulares com ela expressamente concordarem, mediante pedido de averbação no livro de "Registro de Ações Nominativas"*.

Compreende-se facilmente a necessidade da concordância expressa do acionista a essa alteração do estatuto, porque ele tinha assegurado, pelo estatuto primitivo, a livre negociabilidade das ações. Com a concordância, o acionista, adere ao novo estado de coisas, nada podendo reclamar, mas havendo oposição conservará os direitos anteriormente garantidos, apesar de haver a sociedade, mudado de orientação, com a admissão de restrições quanto à circulação das ações.

A lei impede restrição quanto à circulação das ações nominativas das sociedades abertas, mas isso não quer dizer que particularmente, essa limitação não possa ser estabelecida pelos proprietários das ações. De fato, admite a nova lei o "acordo de acionistas", versando sobre a compra e venda de suas ações e a preferência para adquiri-la ou o exercício do direito de voto (artigo 118). Uma vez averbados tais acordos pela sociedade, as obrigações deles decorrentes serão oponíveis a terceiros, não podendo as ações de tais acionistas "ser negociadas em bolsa ou no mercado de balcão" (artigo 118, §§ 1º e 3º).

Nessas condições, pode haver restrição na circulação de ações das companhias abertas, mas essa restrição não será estatutária, significando que não serão todos os acionistas subordinados a ela. Trata-se de um acordo extra-estatutário, que irá depender apenas da vontade das partes, apesar da companhia tomar ciência através da averbação nos livros respectivos. As ações afetadas por ele não poderão ser livremente negociadas nas bolsas e no mercado de balcão, que é a finalidade precípua da lei ao prescrever que somente as ações nominativas das sociedades fechadas poderão ter a sua circulação limitada, nos termos do artigo 36.

Essa limitação deverá ser regulada pelo estatuto da companhia, limitando e obrigando o acionista a notificar os demais através da sociedade, que suas ações estão à venda, conferindo-lhes prioridade de opção na compra. O prazo de vigência da venda dessas ações também deverá constar e ser regulado como matéria do estatuto para que assim os antigos acionistas tenham o direito de preferência, em igualdade de condições com terceiros, impedindo dessa maneira que ingressem na companhia pessoas estranhas e indesejáveis ao quadro societário.

10.10. Certificado de Ações

As ações nominativas estão contidas em um documento (papel ou cártula), denominado certificado de ação, que é expedido pela companhia ou por seu agente depois de cumpridas as formalidades necessárias ao seu funcionamento legal.

Trata-se de um instrumento de prova da condição de sócio ou acionista da companhia, mas que se encontra em desuso, tendo em vista que atualmente as ações são escriturais, ou seja, mantidas em contas de depósito, em nome de seus titulares, na instituição que designar, sem emissão de certificados.

O certificado de ações é o documento que representa materialmente as ações, comprovando assim, a qualidade de acionista.

Esses certificados serão escritos em vernáculo e conterão as seguintes declarações:

a) Denominação da companhia, sua sede e prazo de duração;

b) O valor do capital social, a data do ato que o tiver fixado, o número de ações em se divide e o valor nominal das ações, ou a declaração de que não têm valor nominal;

c) Nas companhias com capital autorizado, o limite da autorização, em número de ações ou valor do capital social;

d) O número de ações ordinárias e preferenciais das diversas classes, se houver, as vantagens ou preferências conferidas a cada classe e as limitações ou restrições a que as ações estiverem sujeitas;

e) O número de ordem do certificado e da ação, e a espécie e classe a que pertence;

f) Os direitos conferidos às partes beneficiárias, se houver;

g) A época e o lugar da reunião da assembléia geral ordinária;

h) A data da constituição da companhia e do arquivamento e publicação de seus atos constitutivos;

i) O nome do acionista;

j) O débito do acionista e a época e o lugar de seu pagamento, se a ação não estiver integralizada;

k) A data da emissão do certificado e as assinaturas de dois diretores, ou do agente emissor de certificados.

A omissão de qualquer dessas declarações dará ao acionista o direito a indenização por perdas e danos contra a companhia e os diretores na gestão dos quais os certificados tenham sido emitidos.

O acionista, em caso de perda ou extravio do certificado, deverá apenas requerer a expedição de novo certificado, visto que a propriedade do título se verifica pelo registro do nome do titular no livro de Registro de Ações Nominativas.

10.11. Resgate e Reembolso de Ações

Resgate, segundo a Lei nº 6.404/76, em seu artigo 44, § 1º: *"Consiste no pagamento do valor das ações para retirá-las definitivamente de circulação, com redução ou não do capital social; mantido o mesmo capital, será atribuído, quando for o caso, novo valor nominal às ações remanescentes"*.

O resgate é o ato pelo qual a sociedade paga ao acionista o valor do título, retirando as ações de circulação, podendo tal prática implicar ou não redução do capital social.

É uma operação que tem por finalidade retirar ações de circulação, diminuindo, desse modo, o número de acionistas.

Diz Rubens Requião que *"o resgate consiste no pagamento do valor das ações para retirá-las definitivamente de circulação, com redução ou não do capital social. Note-se que essa operação não é procedida com recursos do capital social, mas, vale repetir, com a aplicação de lucros ou reservas. Assim, mantido o mesmo capital, será atribuído, quando for o caso, novo valor nominal às ações remanescentes"*.[31]

Assevera Fábio Ulhoa Coelho que *"no resgate, a sociedade anônima deve pagar ao acionista o valor definido pelo estatuto (patrimonial, econômico ou outro). Em caso de omissão, cabe à assembléia geral que aprovar a operação fixá-lo"*.[32]

A operação de resgate pode ser autorizada no estatuto ou pela assembléia geral, que determinarão as condições e o modo de procedimento.

Com a operação de resgate o acionista perde a condição de sócio da companhia e, por este motivo, suas ações devem ser extintas. Para que tal medida se formalize, deve-se proceder ao cancelamento das inscrições nos livros e nos lançamentos próprios das ações nominativas registradas e escriturais.

Reembolso, segundo a Lei nº 6.404/76 em seu artigo 45: *"É a operação pela qual, nos casos previstos em lei, a companhia paga aos acionistas dissidentes de deliberação da assembléia geral o valor de suas ações"*.

O reembolso é um ato decorrente do exercício do direito de retirada da sociedade, assegurado ao acionista dissidente de deliberação da Assembléia Geral.

---

31 REQUIÃO, Rubens. *Curso de direito comercial.* São Paulo: Saraiva. 2003, v. 2, p. 102.

32 COELHO, Fábio Ulhoa. *Curso de direito comercial.* São Paulo: Saraiva. 2002, v. 2, p. 126.

Assevera Arnaldo Rizzardo que *"Reembolso corresponde à aquisição, através de pagamento, de ações junto aos acionistas que desejam se retirar, assim o fazendo em geral por dissentirem da administração e deliberação da assembléia geral".*[33]

A iniciativa para tal procedimento cabe sempre ao acionista e não á companhia. Seu objetivo é equilibrar a preservação da companhia e das decisões majoritárias, respeitando o direito daquele acionista que considera incompatível com seus interesses a tomada de determinada decisão.

É através do reembolso que a sociedade paga aos acionistas dissidentes de deliberação em Assembléia Geral o valor de suas ações. O estatuto social poderá estabelecer normas para determinação do valor de reembolso, que jamais será inferior ao valor do patrimônio líquido das ações, de acordo com o último balanço aprovado pela Assembléia Geral.

O pagamento do Reembolso deve ser em moeda corrente, não podendo nem o acionista nem a companhia pleitear o pagamento em bens.

Se sobrevier a falência da sociedade, os acionistas dissidentes, credores pelo reembolso de suas ações, serão classificados como quirografários em quadro separado, e os rateios que lhes couberem serão imputados no pagamento dos créditos constituídos anteriormente à data da publicação da ata da assembléia. As quantias assim atribuídas aos créditos mais antigos não se deduzirão dos créditos dos ex-acionistas, que subsistirão integralmente para serem satisfeitos pelos bens da massa, depois de pagos os primeiros.

Porém, se quando ocorrer a falência já se houver efetuado, à conta do capital social, o reembolso dos ex-acionistas, estes não tiverem sido substituídos, e a massa não bastar para o pagamento dos créditos mais antigos, caberá ação revocatória para restituição do reembolso pago com redução do capital social, até a concorrência do que remanescer dessa parte do passivo. A restituição será havida, na mesma proporção, de todos os acionistas cujas ações tenham sido reembolsadas.

33 RIZZARDO, Arnaldo. *Direito de empresa.* Rio de Janeiro: Forense. 2007, p. 331.

Capítulo XI

PARTES BENEFICIÁRIAS

Sumário: **11.1.** Conceito de partes beneficiárias. **11.2.** Requisitos essenciais das partes beneficiárias. **11.3.** Forma das partes beneficiárias. **11.4.** Modificação de direitos.

11.1. Conceito de Partes Beneficiárias

Partes beneficiárias são títulos negociáveis sem valor nominal e estranhos ao capital social. Podem ser criados a qualquer tempo pelas sociedades por ações de capital fechado, conferindo ao seu titular um direito de crédito eventual contra a companhia.

Esses títulos podem ser negociados pela companhia ou cedidos gratuitamente aos acionistas, fundadores ou terceiros, por exemplo, os empregados e clientes, entre outros, em remuneração pelos serviços prestados à companhia, de acordo com a vontade desta, nos termos de seu estatuto ou conforme deliberação em assembléia geral dos acionistas. O único direito que o detentor desses títulos tem é a participação nos lucros anuais da companhia, que não poderá ser superior a um décimo do lucro apurado, nos termos do artigo 46 e parágrafos da Lei 6.404 de 15 de dezembro de 1976, *in verbis*: *"A companhia pode criar, a qualquer tempo, títulos negociáveis, sem valor nominal e estranhos ao capital social, denominados "partes beneficiárias". § 1º. As partes beneficiárias conferirão aos seus titulares direito de crédito eventual contra a companhia, consistente na participação nos lucros anuais (artigo 190). § 2º. A participação atribuída às partes beneficiárias, inclusive para formação de reserva para resgate, se houver, não ultrapassará 0,1 (um décimo) dos lucros. § 3º. É vedado conferir às partes beneficiárias qualquer direito privativo de acionista, salvo o de fiscalizar, nos termos desta Lei, os atos dos administradores. § 4º. É proibida a criação de mais de uma classe ou série de partes beneficiárias".*

No Brasil, a Lei nº 10.303, de 31 de outubro de 2001, deu nova redação ao parágrafo único do artigo 47 da Lei societária, determinando que *"é vedado às companhias abertas emitir partes beneficiárias".*

Assevera Fran Martins que *"afora as ações, poderão as sociedades anônimas emitir títulos negociáveis, sem valor nominal e estranhos ao ca-*

pital, que darão aos seus possuidores direito de crédito eventual contra a sociedade. Esse direito consiste na participação nos lucros líquidos anuais da companhia, lucros esses que deveriam ser distribuídos aos acionistas. Referidos títulos tomam o nome de partes beneficiárias, também conhecidos como partes do fundador".[1]

Para Amador Paes de Almeida, *"partes beneficiárias são títulos negociáveis, emitidos por sociedades anônimas, estranhos ao capital social, e que conferem a seus titulares participação limitada nos lucros da companhia".*[2]

Ensina Fábio Ulhoa Coelho que, *"partes beneficiárias são valores mobiliários que asseguram ao seu titular direito de crédito eventual perante a sociedade anônima emissora, consistente numa participação nos lucros desta".*[3]

Para compensar os esforços desprendidos pelos fundadores de uma companhia, esta emite as partes beneficiárias em favor daqueles, permitindo-lhes participar em até 10% (dez por cento) sobre os lucros líquidos anuais da sociedade anônima.

Aos portadores das partes beneficiárias não pode ser conferido qualquer direito privativo de acionista, salvo o de fiscalizar os atos dos administradores.

As partes beneficiárias poderão ser alienadas pela companhia, conforme determinação do estatuto ou da Assembléia Geral; ou poderão ser atribuídas aos fundadores acionistas ou terceiros, como remuneração de serviços prestados à companhia.

As companhias abertas não poderão emitir partes beneficiárias, em razão do desuso deste instituto no direito societário brasileiro e em razão das inúmeras possibilidades de fraude que ele enseja, causando prejuízos para a sociedade emissora.

Tais títulos poderão ser criados a qualquer tempo, ou seja, na constituição da sociedade ou por deliberação da Assembléia Geral. Podem ser vendidos, posteriormente, em Bolsa de Valores e no Mercado de Balcão. São títulos de crédito negociáveis e de duração estabelecida pelo estatuto (não mais de dez anos), podendo o estatuto prever a conversão das partes beneficiárias em ações, mediante capitalização de reserva criada para esse fim, e, em caso de liquidação da sociedade, os portadores de partes beneficiárias terão direito de preferência sobre o que restar do ativo até a importância da reserva para resgate ou conversão, pois o artigo 48 determina que: *"O estatuto fixará o prazo de duração das partes beneficiárias e, sempre que estipular resgate, deverá criar reserva especial para esse fim. § 1º. O prazo de duração das*

1 MARTINS, Fran. *Curso de direito comercial.* Rio de Janeiro: Forense. 2003, p. 248.

2 ALMEIDA, Amador Paes de. *Manual das sociedades comerciais.* São Paulo: Saraiva. 2004, p. 230.

3 COELHO, Fábio Ulhoa. *Curso de direito comercial.* São Paulo: Saraiva. 2002, v.2, p. 152.

partes beneficiárias atribuídas gratuitamente, salvo as destinadas a sociedade ou fundações beneficentes dos empregados da companhia, não poderá ultrapassar 10 (dez) anos. § 2º. O estatuto poderá prever a conversão das partes beneficiárias em ações, mediante capitalização de reserva criada para esse fim. § 3º. No caso de liquidação da companhia, solvido o passivo exigível, os titulares das partes beneficiárias terão direito de preferência sobre o que restar do ativo até a importância da reserva para resgate ou conversão".

As partes beneficiárias poderão ser convertidas em ações se assim estiver previsto no estatuto, que se fará mediante capitalização de reserva. Segundo disposição do artigo 166, II, da Lei societária, a conversão acarretará em aumento do capital social, sendo assim, se faz mister a deliberação da assembléia geral ou do conselho de administração.

Havendo liquidação da companhia e solvido o passivo os titulares das partes beneficiárias terão direito de preferência sobre o que restar do ativo, isto se dará até a importância da reserva para o resgate ou conversão.

11.2. Requisitos Essenciais das Partes Beneficiárias

As partes beneficiárias serão representadas cartularmente por certificados, contendo enunciações que as identifiquem. Algumas dessas enunciações devem constar obrigatoriamente dos certificados, outras podem ser aduzidas à ele para melhor esclarecer os direitos dos beneficiários. São enunciações obrigatórias:

a) a denominação "Parte Beneficiária". A expressão parte beneficiária tem por finalidade fazer com que o título se distinga de qualquer outro emitido pela companhia, limitando o documento aos direitos outorgados aos beneficiários.

b) a denominação da companhia, sua sede e prazo de duração. A denominação será para identificar a companhia emissora das partes beneficiárias; a sede para saber-se onde a companhia poderá ser acionável; e o prazo para conhecimento do seu funcionamento regular.

c) o valor do capital social, a data do ato que fixou e o número de ações em que se divide. Constará no certificado o capital existente no momento em que são lançadas as partes beneficiárias, pois este poderá ser modificado posteriormente e não prejudicará os direitos dos beneficiários.

d) o número de partes beneficiárias criadas pela companhia e o respectivo número de ordem. Não podem ser emitidas partes beneficiárias por série, portanto, o número das existentes é o que for estabelecido no ato de criação desses títulos, seja por disposição do estatuto, seja por deliberação das assembléias gerais. O fato de serem resgatadas partes beneficiárias em qualquer momento não afeta o dispositivo, pois o que se pretende mostrar é quantas partes beneficiárias foram criadas e não o número das existentes em certos momentos.

e) os direitos que lhes são atribuídos pelo estatuto, o prazo de duração e as condições de resgate, se houver. A lei dispõe apenas em direitos atribuídos pelo estatuto quando, na verdade, podendo as partes beneficiárias ser criadas a qualquer tempo, por deliberação da assembléia geral, deverão, no momento de sua criação, ser declarados os direitos conferidos à elas. O que se deve constar dos certificados são os direitos conferidos às partes beneficiárias, seja pelo estatuto, seja pela assembléia geral que deliberar a criação dessas partes. Havendo deliberação da assembléia geral, o estatuto pode ser alterado para incluir a autorização da emissão, conforme dispõe os artigos 135 e 136, VII da Lei societária, porém, nesse caso, os direitos conferidos às partes beneficiárias são os aprovados pela assembléia, devendo o estatuto ser modificado apenas para incluir o decidido naquela deliberação.

f) a data da constituição da companhia e do arquivamento e publicação dos seus atos constitutivos. Sendo as partes beneficiárias criadas por deliberação de assembléia geral, e tendo essa deliberação por finalidade reformar o estatuto, para que nele se inclua essa autorização, além da data de constituição da companhia deverá constar também dos certificados a data da reforma do estatuto, para que fique patenteada a autorização que tinha a sociedade de emitir partes beneficiárias.

g) o nome do beneficiário. Sendo a parte beneficiária um título que dá ao seu titular certos direitos, deve o certificado mencionar o seu nome. As partes beneficiárias nominativas se transferem por termo de cessão no livro de "Transferência de Partes Beneficiárias Nominativas" e por averbação dessa transferência no livro de "Registro de Partes Beneficiárias Nominativas".

h) a data de emissão do certificado e as assinaturas de 2 (dois) diretores. A data da emissão é necessária para saber se a companhia estava autorizada a emitir os títulos. Essa data não significa a época em que os títulos são postos em circulação, mais sim, sua emissão, vez que a companhia pode emiti-los e conservá-los em carteira, para distribuição posterior.

11.3. Forma das Partes Beneficiárias

As partes beneficiárias serão nominativas, aplicando-se, no que couber, o disposto referente às ações nas seções V a VII do capítulo III da lei societária. Serão registradas em livros próprios, mantidos pela companhia.

As partes beneficiárias nominativas são aquelas em que o nome do seu titular consta do registro especial da sociedade, onde a sociedade identifica os que as adquirirem. Para tanto a sociedade terá, obrigatoriamente, um livro especial chamado de Registro de Partes Beneficiárias Nominativas, em que estarão registrados todos os títulos negociáveis que tiverem sido emitidos.

A sociedade terá também, ao lado desse livro, um outro complementar, que será o de Transferência de Partes Beneficiárias Nominativas, que servirá para a anotação de transferências desses títulos.

11.4. Modificação de Direitos

A reforma do estatuto que modificar ou reduzir as vantagens conferidas às partes beneficiárias somente terá eficácia quando aprovada pela metade, no mínimo, dos seus titulares, reunidos em assembléia geral especial. O objetivo é proteger os seus titulares contra medidas que possam resultar em redução das vantagens que lhe são conferidas.

As modificações estatutárias somente terão eficácia quando aprovadas, no mínimo, pela metade, dos interessados, que, no caso, são os próprios titulares de partes beneficiárias, reunidos em Assembléia Geral especial.

Cada parte beneficiária terá direito a um voto, não podendo a companhia votar com os títulos que possuir na tesouraria.

Ensina Arnaldo Rizzardo que: *"É condição, para a emissão de novas partes beneficiárias, a manutenção dos limites indicados nos estatutos. Outrossim, decorrendo aos portadores a participação nos lucros, há de se preservar o direito dos titulares já existentes, de modo a não se desfalcar a vantagem instituída. Com efeito, surgindo um número maior de aspirantes aos lucros, reduzir-se-á a parcela que cada um receberá. Para evitar essa redução, eleva-se o percentual de participação, o que se viabiliza unicamente caso não atribuído, nos estatutos, o limite máximo".*[4]

4 RIZZARDO, Arnaldo. *Direito de empresa.* Rio de Janeiro: Forense. 2007, p. 345.

Capítulo XII

DEBÊNTURES

Sumário: 12.1. Conceitos de debêntures. **12.2.** Emissão de debêntures e registro. **12.3.** Forma das debêntures. **12.4.** Espécies de debêntures. **12.5.** Requisitos essenciais das debêntures.

12.1. Conceitos de Debêntures

Debênture, do latim *debentur*, que significa são devidos, terceira pessoa, plural do presente do indicativo passivo de *debere*, dever. Título representativo de empréstimos amortizáveis; obrigação.[1]

A palavra do inglês, *"debenture"*, que por sua vez a adotou do latim a partir da voz passiva de verbo *debentur*, que significa *ser devido,* foi provavelmente o instrumento que financiou a companhia do engenheiro francês Ferdinand de Lesseps para a abertura do canal de Suez, no Egito, nos anos de 1860.

Debênture é um título de crédito privilegiado, e que rende juros, devendo revestir-se de certas formalidades legais. Esse título é emitido pelas sociedades por ações e pelas sociedades em comandita por ações, representando um empréstimo dividido em tantas partes iguais quantas forem as obrigações emitidas. A diferença fundamental entre as debêntures e as ações é que as primeiras constituem um crédito contra a companhia que as emite, enquanto as segundas são frações ideias do capital social; isto é, o potador de debênture, também chamado de debenturista, é um credor da sociedade, enquanto o acionista é um sócio. Por isso, a debênture não confere ao seu portador qualquer ingerência na administração da sociedade. Contudo, a legislação brasileira concede aos portadores de obrigações o direito de se reunirem em assembléia para deliberar sobre medidas de defesa de seus interesses ou modificações das cláusulas de empréstimo.

Nos dizeres de Arnaldo Rizzardo *"as debêntures importam em obrigações da sociedade anônima, e em créditos aos portadores"*.[2]

Inicialmente, a debênture representava uma confissão de dívida por escrito, emitida para obter recursos junto a investidores.

---

1 LAROUSSE. *Grande Enciclopédia Cultural*. São Paulo: Nova Cultura. 1998, p. 1777.

2 RIZZARDO, Arnaldo. *Direito de empresa*. Rio de Janeiro: Forense. 2007, p. 349.

Atualmente, é uma das formas de captação de recursos das empresas, que emite debêntures e as vende à investidores, com a promessa de pagar, nas condições contratadas, o valor equivalente ao valor dos títulos emitidos acrescido de uma remuneração. Sendo assim, cada debênture representa uma fração da dívida total que foi negociada entre a empresa emissora e o investidor.

Debêntures são títulos de crédito emitidos pela sociedade por ações, os quais provêm de um empréstimo contraído junto ao público pela sociedade emitente, e que representam um direito de crédito do seu possuidor (debenturista) contra a sociedade.

Amador Paes de Almeida assevera que *"as debêntures, ao revés, são títulos de dívida das companhias, conferindo ao seu portador ou titular um direito de crédito. São, portanto, títulos de crédito representativos de empréstimos"*.[3]

Para Rubens Requião, *"as debêntures, também chamadas obrigações ao portador, são títulos de crédito causais, que representam frações do valor de contrato de mútuo, com privilégio geral sobre os bens sociais ou garantia real sobre determinados bens, obtidos pelas sociedades anônimas no mercado de capitais"*.[4]

Waldo Fazzio Júnior ensina que *"as debêntures são títulos nominativos representativos de empréstimo público contratado pela companhia. São autênticos títulos de crédito (títulos executivos extrajudiciais), à medida que gozam dos atributos de autonomia e literalidade, conferindo direito de crédito contra a companhia. São títulos de dívida criados pela companhia"*.[5]

O artigo 52 da Lei nº 6.404/76 determina que a companhia poderá emitir debêntures que conferirão aos seus titulares direito de crédito contra ela, nas condições constantes da escritura de emissão e, se houver, do certificado.

O certificado é o instrumento necessário ao exercício dos direitos inerentes às extintas debêntures ao portador. As debêntures como títulos escriturais devem atender a algumas das formalidades e uma delas é justamente a assinatura da escritura de emissão. A escritura é uma manifestação unilateral de vontade do emissor, onde constam todas as condições da emissão.

A lei societária, em seu artigo 64, enumera todos os requisitos aplicáveis à emissão do Certificado de Debêntures, que deve ser autenticado pelo agente fiduciário e, se for o caso, pelos diretores da companhia emissora, admitida a chancela mecânica.

Assevera Fábio Ulhoa Coelho que *"a emissão de debênture pode ser pública ou privada. No primeiro caso, a sociedade deve pedir prévia au-*

3 ALMEIDA, Amador Paes de. *Manual das sociedades comerciais*. São Paulo: Saraiva. 2004, p. 234.

4 REQUIÃO, Rubens. *Curso de direito comercial*. São Paulo: Saraiva. 2003, v. 2, p. 107.

5 FAZZIO JÚNIOR, Waldo. *Manual de direito comercial*. São Paulo: Atlas. 2004, p. 345.

torização da CVM; no segundo, basta a comunicação. Além disso, devem ser adotadas providências perante o registro de empresa e de imóveis. Por fim, podem ser necessários outros atos para a implementação de eventuais garantias".[6]

12.2. Emissão de Debêntures e Registro

A deliberação sobre a emissão de debêntures é de competência privativa da assembléia geral, que deverá observar o que dispuser o estatuto, conforme: a) o valor da emissão ou os critérios de determinação do seu limite, e a sua divisão em séries, se for o caso; b) o número e o valor nominal das debêntures; c) as garantias reais ou a garantia flutuante, se houver; d) as condições da correção monetária, se houver; e) a conversibilidade ou não em ações e as condições a serem observadas na conversão; f) a época e as condições de vencimento, amortização ou resgate; g) a época e as condições do pagamento dos juros, da participação nos lucros e do prêmio de reembolso, se houver; h) o modo de subscrição ou colocação, e o tipo das debêntures.

Na companhia aberta, o conselho de administração poderá deliberar sobre a emissão de debêntures simples, não conversíveis em ações e sem garantia real, e a assembléia geral poderá delegar ao conselho de administração a deliberação sobre a época e as condições de vencimento, amortização ou resgate, o modo de subscrição ou colocação, o tipo das debêntures e sobre a oportunidade da emissão.

A assembléia geral poderá deliberar que a emissão terá valor e número de séries indeterminados, dentro de limites por ela fixados com observância do artigo 60 da lei societária, que determina sobre o limite de emissão, estabelecendo que *"excetuados os casos previstos em lei especial, o valor total das emissões de debêntures não poderá ultrapassar o capital social da companhia".*

A companhia não poderá efetuar uma nova emissão de debêntures antes de colocadas todas as debêntures das séries emitidas anteriormente ou canceladas as séries não colocadas, e também não poderá negociar uma nova série da mesma emissão antes de colocada a anterior ou cancelado o saldo não colocado.

Para validar a emissão de debêntures, deverão ser satisfeitos os seguintes requisitos, determinados pelo artigo 62 da Lei nº 6.404/76: a) arquivamento, no registro do comércio, e publicação da ata da assembléia geral, ou do conselho de administração, que deliberou sobre a emissão; b) inscrição da escritura de emissão no registro de imóveis; e c) constituição das garantias reais, se for o caso.

---

6 COELHO, Fábio Ulhoa. *Curso de direito comercial.* São Paulo: Saraiva. 2002, v. 2, p. 143.

12.3. Forma das Debêntures

As debêntures serão nominativas, aplicando-se, no que couber, o disposto referente às ações nas seções V a VII do capítulo III da lei societária.

As debêntures podem ser objeto de depósito com emissão de certificado, conforme o disposto no artigo 43 da referida lei.

As debêntures são valores mobiliários que têm natureza de título circulável. A forma escritural não admite certificado ainda que seja nominativa. São mantidas em contas de depósito em nome dos titulares, em instituições financeiras ou no Sistema Nacional de Debêntures. A forma nominativa citada no caput do artigo 63 da lei societária, ao contrário das escriturais, admite a emissão de certificado, onde consta o nome do titular, operando-se a sua transferência por contrato formal, ou seja, a substituição de um certificado por outro.

A escritura de emissão poderá estabelecer que as debêntures sejam mantidas em contas de custódia, em nome de seus titulares, na instituição que designar, sem emissão de certificados, aplicando-se, no que couber, o disposto no artigo 41 da Lei nº 6.404/76, referente à custódia de ações fungíveis, determinando que *"a instituição autorizada pela Comissão de Valores Mobiliários a prestar serviços de custódia de ações fungíveis pode contratar custódia em que as ações de cada espécie e classe da companhia sejam recebidas em depósito como valores fungíveis, adquirindo a instituição depositária a propriedade fiduciária das ações"*.

Sendo a custódia de ações fungíveis um depósito regular, pois preenche todas as características dessa espécie, o depósito do certificado e da escritura de debêntures caracteriza-se também como um depósito regular. Isso significa que a custódia em instituição financeira faz apenas pressupor a propriedade e a relação fundamental, referentes à obrigação devida pela instituição emissora aos debenturistas.

12.4. Espécies de Debêntures

No empréstimo contraído através de debêntures, a companhia pode oferecer garantias especiais, deixar de oferecer garantia, quando os debenturistas não gozarão de direito de preferência sobre os demais credores ou mesmo, considerar os mutuantes com o direito apenas de participar do remanescente do ativo líquido da sociedade, quando essa, por acaso, se liquidar.

A lei societária em seu artigo 58 apresenta as seguintes espécies, de debêntures:

a) Debêntures com garantia real, que são aquelas que conferem aos seus debenturistas um direito real de garantia sobre determinados bens. A sociedade pode oferecer em garantia do empréstimo bens, que ficarão vinculados à operação, permanecendo a garantia durante todo o prazo do empréstimo.

Diz-se que, mesmo em estado de falência ou liquidação da sociedade, os debenturistas têm direitos sobre os bens dados em garantia pela companhia. A emissão de debênture com garantia real deve ser obrigatoriamente registrada no registro de imóveis, segundo disposto no artigo 167, I, 16 da Lei nº 6.015, de 31 de dezembro de 1973, que dispõe sobre os registros públicos.

b) Debêntures com garantia flutuante, *floating charge*, que são aquelas que conferem aos debenturistas, em garantia, todo o ativo da sociedade, ou seja, os bens e direitos que a companhia possuir por ocasião da liquidação do empréstimo. O que, de fato, a sociedade oferece em garantia não é o ativo existente no momento em que as emissões de debêntures são iniciadas, mas o que se encontrar por ocasião da liquidação do empréstimo. Em caso de falência ou liquidação da sociedade, o ativo que garantirá os credores debenturistas será o encontrado na ocasião da declaração da falência ou do decreto da liquidação. A garantia flutuante assegura às debêntures privilégio geral sobre o ativo da companhia.

As garantias real e flutuante poderão ser constituídas cumulativamente. Assim, além do privilégio especial sobre determinados bens da sociedade, que constituem a garantia real, as debêntures ficam garantidas também com o ativo da companhia, havendo, portanto, uma segurança bem maior para o debenturista.

c) Debêntures sem preferência, que são aquelas que não confere qualquer garantia aos debenturistas, posicionando-se como meros credores quirografários. Por isso, são também chamadas debêntures quirografárias. Essas são as debêntures que não gozam do direito de preferência, ou seja, de um direito especial para garantir o débito assumido pela companhia. Na realidade, esses títulos são garantidos com o patrimônio comum da sociedade, excluídos os direitos de preferências sobre obrigações assumidas pela companhia. Ficam assim, os debenturistas classificados como credores quirografários e em caso de falência, concorrerão os debenturistas com os outros credores em condições semelhantes. Em caso de liquidação da sociedade, pagos os créditos privilegiados, serão os debenturistas satisfeitos juntamente com os credores quirografários, só depois de atendidos todos os demais, podendo o liquidante distribuir o remanescente entre os acionistas, conforme dispõe o artigo 215 da lei societária.

d) Debêntures subordinadas, que são aquelas que somente conferem aos debenturistas preferência sobre os acionistas, havendo uma cláusula de subordinação dos debenturistas aos credores quirografários. Os debenturistas são colocados abaixo dos credores quirografários. Assim, os portadores de debêntures subordinadas, em caso de liquidação ou falência da sociedade, não concorrerão com os credores quirografários, entendendo-se a subordinação de tais debenturistas a esses credores. Assim, pagos os credores sociais, de qualquer modalidade, sejam preferenciais, sejam quirografários, resultando do ativo algo a ser distribuído aos acionistas, os portadores de debêntures subordinadas preferirão aos acionistas na distribuição do remanescente do ativo, só depois de pagos aqueles podendo o que sobrar ser distribuído entre os acionistas.

12.5. Requisitos Essenciais das Debêntures

Os certificados de debêntures deverão conter:

a) a denominação de sua sede, prazo de duração e objeto da companhia;

b) a data da constituição da companhia e do arquivamento e publicação dos seus atos constitutivos;

c) a data da publicação da ata da Assembléia Geral que deliberou sobre a emissão;

d) a data e o ofício do registro do comércio em que foi inscrita a emissão;

e) a denominação *"Debêntures"* e a indicação da sua espécie, pelas palavras *"com garantia real"*, *"com garantia flutuante"*, *"sem preferência"* ou *"subordinada";*

f) a designação da emissão e da série;

g) o número de ordem;

h) o valor nominal e a cláusula de correção monetária, se houver, as condições de vencimento, amortização, resgate, juros, participação no lucro ou prêmio de reembolso, e a época em que serão devidos;

i) as condições de conversibilidade em ações, se for o caso;

j) a cláusula do portador, se essa a sua forma;

k) o nome do debenturista;

l) o nome do agente fiduciário dos debenturistas, se houver;

m) a data da emissão do certificado e a assinatura de dois diretores da companhia;

n) a autenticação do agente fiduciário, se for o caso.

CAPÍTULO XIII

BÔNUS DE SUBSCRIÇÃO

13.1. Disposições Preliminares

Atualmente a necessidade de captação de recursos financeiros por parte das modernas companhias é atualmente suprida através da emissão de ações e obrigações junto ao mercado de capitais.[1]

A agilização do crédito e a disseminação da propriedade nem sempre supre as imensas necessidades de expansão e investimentos inerentes às sociedades modernas. Por esse motivo, a prática empresarial consagrou inúmeros institutos, que, no decorrer do tempo foram incorporados ao ordenamento jurídico das diversas nações.

A transposição das práticas empresariais acontece com maior facilidade nos países cujo ordenamento jurídico é baseado na *Commom Law*,[2] em

---

1 Mercado de capitais é a principal fonte de captação de recursos financeiros para as companhias, tendo em vista a onerosidade de empréstimos junto ao mercado financeiro.

2 *Common law* (do inglês "direito comum") é o direito que se desenvolveu em certos países por meio das decisões dos tribunais, e não mediante atos legislativos ou executivos. Constitui portanto um sistema ou família do direito, diferente da família romano-germânica do direito, que enfatiza os atos legislativos. Nos sistemas de *common law*, o direito é criado ou aperfeiçoado pelos juízes: uma decisão a ser tomada num caso depende das decisões adotadas para casos anteriores e afeta o direito a ser aplicado a casos futuros. Nesse sistema, quando não existe um precedente, os juízes possuem a autoridade para criar o direito, estabelecendo um precedente. O conjunto de precedentes é chamado de *common law* e vincula todas as decisões futuras. Quando as partes discordam quanto o direito aplicável, um tribunal idealmente procuraria uma solução dentre as decisões precedentes dos tribunais competentes. Se uma controvérsia semelhante foi resolvida no passado, o tribunal é obrigado a seguir o raciocínio usado naquela decisão anterior (princípio conhecido como *stare decisis*). Entretanto, se o tribunal concluir que a controvérsia em exame é fundamentalmente diferente de todos os casos anteriores, decidirá como "assunto de primeira

especial nos Estados Unidos da América. Trata-se de uma forma de ordenamento jurídico, mais dinâmica e sensível às mudanças sociais e econômicas que ocorrem no dia a dia, o que não acontece no Brasil e nos países onde a legislação codificada é de origem romana.

Sem dúvida, esta é uma das razões pelas quais a Lei n° 6.404, de 15 de dezembro de 1976, foi inspirada na legislação e jurisprudência norte-americanas.[3]

O bônus de subscrição é um exemplo típico das práticas empresariais incorporadas ao nosso ordenamento jurídico, cuja finalidade é a agilização do crédito e a disseminação da propriedade. Trata-se de um instrumento valioso às grande empresas na captação de recursos para a viabilização de investimentos e implantação de novos projetos. O bônus de subscrição além de oferecer a alternativa de captação de recursos para as companhias, oferece também a opção de investimento para os investidores.

13.2. Histórico do Bônus de Subscrição

O antigo Decreto-lei n° 2.627, de 26 de setembro de 1940, que regulava as sociedades por ações, não criou nenhum instituto jurídico referente aos bônus de subscrição, porém, foi instituído pela Lei n° 4.728, de 14 de julho de 1965, em seu artigo 44, título semelhante, denominado cupão destacável de debêntures conversíveis em ações. O cupão e a debêntures eram títulos conexos e destacáveis, incorporando cada um deles um direito autônomo. A debênture seria o direito de crédito contra a empresa e o cupão, o direito de converter as debêntures em ações da sociedade. A apresentação do cupão seria uma condição necessária (*conditio sine qua non)* ao debenturista, para exercer os direitos a ele inerentes, anexado à sua debênture. Caso o cupão já tivesse sido destacado da debênture, supunha-se que os direitos nele contidos tinham sido negociados ou exercidos.

O bônus de subscrição reveste-se, pois, de plena autonomia, por não estar vinculado a nenhum outro título ou contrato.

---

impressão" (*matter of first impression*, em inglês). Posteriormente, tal decisão se tornará um precedente e vinculará os tribunais futuros com base no princípio do *stare decisis*.
Os sistemas de *common law* foram adotados por diversos países do mundo, especialmente aqueles que herdaram da Inglaterra o seu sistema jurídico, como o Reino Unido, a maior parte dos Estados Unidos e do Canadá e as ex-colônias do Império Britânico.

3 MARTINS, Fran. *As sociedades de capital autorizado na nova lei de sociedades anônimas.* Direito Societário – Estudos e Pareceres. Rio de Janeiro: Forense. 1984, p. 137 e p. 138.

13.3. Conceito de Bônus de Subscrição

O bônus de subscrição foi instituído em nosso ordenamento jurídico pela Lei nº 6.404, de 15 de dezembro de 1976, em seus artigos 75 a 79. Anteriormente era conhecido através de um instituto que se lhe assemelhava, o cupão destacável de debêntures conversíveis em ações, conforme disposto no artigo 44 da Lei nº 4.728/65. A Lei nº 6.404/76 ampliou os moldes do instituto, dando-lhe autonomia, propiciando, desta maneira, maior agilidade na circulação dos direitos e obrigações nele incorporados.

Bônus de subscrição são títulos negociáveis que a companhia poderá emitir, dentro do limite de aumento do capital autorizado no estatuto, dando ao seu titular o direito de subscrever ações, quando houver aumento do capital social.

Para Fábio Ulhoa Coelho, *"bônus de subscrição é o valor mobiliário que atribui ao seu titular o direito de preferência para subscrever novas ações da companhia emissora, quando de futuro aumento do capital social"*.[4]

Amador Paes de Almeida ensina que *"privativo da sociedade anônima de capital autorizado, como facilmente se depreende da leitura do artigo 75 da Lei nº 6.404/76, o bônus de subscrição é um título ou valor mobiliário que confere a seu titular o direito à subscrição de ações, na hipótese de aumento do capital da companhia emissora. É, pois, verdadeira opção à aquisição de ações"*.[5]

Para Fran Martins, *"consistem os bônus de subscrição em títulos negociáveis, emitidos pela companhia de capital autorizado, dando aos seus portadores o direito de subscrever ações dentro de um prazo determinado, pelo preço de emissão das ações"*.[6]

Decorre do artigo 75 da Lei nº 6.404/76 que o bônus de subscrição é título negociável e autônomo, privativo das sociedades anônimas que se utilizam do regime do capital autorizado. Ele confere ao seu possuidor legítimo o direito de subscrever ações, mediante sua apresentação à companhia emitente e pagamento do preço de emissão das ações a serem subscritas.

Conforme os elementos de literalidade do bônus de subscrição, dispostos no artigo 79 da Lei nº 6.404/76, nele deverão ser especificados entre outras condições, a data em que o direito de subscrição deverá ser exercido pelo seu titular e o preço (ou, pelo menos, os critérios a serem utilizados para o cálculo do preço) de emissão das ações a serem subscritas. Assim, o inves-

4 COELHO, Fábio Ulhoa. *Curso de direito comercial*. São Paulo: Saraiva. 2002, v. 2, p. 151.

5 ALMEIDA, Amador Paes de. *Manual das sociedades comerciais*. São Paulo: Saraiva. 2004, p. 247.

6 MARTINS, Fran. *Curso de direito comercial*. Rio de Janeiro: Forense. 2003, p. 259.

tidor potencial saberá antecipadamente o preço que irá pagar pelas ações na data lançada no título.[7]

O caput do artigo 75, da Lei nº 6.404/76 estabelece a exigência da apresentação do título para o cumprimento da obrigação, atestando dessa maneira a cartularidade do bônus. Caracterizando-se assim, sua abstração e autonomia, distanciando-se do negócio que lhe deu origem, para fazer com que circule através de sucessão de obrigações, através da transmissão de um direito novo e autônomo desprendido da relação original.

O bônus de subscrição é um título negociável lançado pela companhia no mercado para mobilização e arrecadação de capitais ou, ainda, como vantagem adicional na subscrição de ações ou debêntures da companhia, conforme dispõe o artigo 77 da lei das sociedades anônimas facilitando assim a colocação destes títulos.

Os bônus de subscrição enquadram-se na categoria dos títulos de crédito *lato sensu* e na categoria dos valores mobiliários, por força do disposto na Lei nº 6.385/76, em seu artigo 2º.

Os bônus de subscrição são instrumentos que propiciam a circulação e, conseqüentemente, a difusão do direito de subscrição neles incorporados, sendo necessário resguardar-se o direito de preferência aos antigos acionistas conforme disposto no artigo 171, §3º da Lei nº 6.404/76, com exceção dos casos previstos no artigo 172 da lei societária, para evitar abusos de poder dos controladores em detrimento dos acionistas minoritários.

A deliberação sobre emissão de bônus de subscrição compete à Assembléia Geral ou ao Conselho de Administração, conforme atribuído pelo estatuto social.

Os bônus de subscrição serão alienados pela companhia ou por ela atribuídos, como vantagem adicional, aos subscritores de emissões de suas ações ou debêntures. Os acionistas da companhia terão preferência para subscrever a emissão de bônus.

13.4. Finalidades do Bônus de Subscrição

A Exposição de Motivos da Lei nº 6.404/76 aponta o bônus de subscrição [8] como valor mobiliário autônomo, que incorpora o direito de subscrever ações de uma companhia, sendo útil em certas conjunturas de mercado para a mobilização de recursos das sociedades ou como vantagem adicional na colocação, para subscrição, de ações ou debêntures no mercado.

7 CARVALHOSA, Modesto. *Comentários à lei das sociedades anônimas*. São Paulo: Saraiva. 1977, v. 3, p.11.

8 Mensagem nº 204/76 do Poder Executivo. Exposição de Motivos 196, de 24 de junho de 1976, cap. VI.

O bônus de subscrição pode ser de grande utilidade, principalmente para as sociedades de capital aberto, no que diz respeito à mobilização de recursos. Diante dos índices inflacionários de nossa economia e as fortes oscilações do mercado acionário, certamente é vantajoso para o investidor adquirir o direito de subscrever ações de uma companhia, num prazo futuro, com preço fixado ou, pelo menos calculável, conforme dispõe o artigo 79, IV e V da Lei nº 6.404/76.

Desta forma o bônus de subscrição pode atrair novos investidores para a sociedade. A companhia arrecadará certo numerário, pela alienação dos bônus, que ficará em seu poder mesmo no caso de o investidor não efetivar a subscrição das ações, objeto do bônus.

A utilidade dos bônus na colocação de ações e debêntures às quais sejam atribuídos como vantagem adicional é clara, cujo objetivo é atrair investidores em certos momentos do mercado. As companhias ainda podem utilizar os bônus para fins de pesquisa de mercado. Por meio da emissão dos bônus de subscrição é possível verificar a resposta do mercado a uma eventual colocação de ações ou de debêntures, possibilitando à companhia planejar melhor a colocação desses títulos no mercado, onde o bônus torna-se importante instrumento para a redução de custos na colocação dos títulos mencionados. Outra característica que aumenta mais as vantagens acima citadas são, a agilidade e a facilidade de colocação dos bônus.

Os registros de emissão de bônus de subscrição na Comissão de Valores Mobiliários são raros e os maiores interessados na emissão desses títulos, foram as empresas de alta tecnologia, ou seja, as de informática. O grande interesse em aumentar o número de projetos de pesquisa, desenvolvimento e produção de bens e serviços na área de informática, gerado pelos incentivos concedidos pela Lei nº 7.232/84, que dispõe sobre a Política Nacional de Informática, fez com que as empresas deste setor tivessem enormes necessidades de captar recursos no mercado de capitais. Pelo fato da captação de recursos por meio de ações e debêntures não deve ter sido suficiente, dadas as gigantescas necessidades do setor, o bônus de subscrição foi o instrumento *sui generis* para suprir as necessidades acima descritas.

No que tange as companhias fechadas a manifestação jurisprudencial é praticamente inexistente, não se tendo notícia de que os bônus de subscrição tiveram acolhida diversa daquela dada pelas companhias abertas.

13.5. Emissão do Bônus de Subscrição

Segundo o artigo 75 da Lei nº 6.404/76, estão exclusivamente autorizadas a emitir o bônus de subscrição as companhias que utilizem o regime de capital autorizado.

A sociedade que utiliza o regime de capital autorizado é aquela em que no estatuto fora estipulado, além do capital social, um capital autorizado onde até cujo limite poderão ser efetuados aumentos de capital, independentemente de reforma estatutária.

A competência para deliberar sobre a emissão de ações da companhia, que via de regra, pertence exclusivamente à assembléia geral, pode, nestes casos, até o limite do capital autorizado, ser conferida ao conselho de administração, conforme dispõe o artigo 168, § 1°, b da lei societária. Aplicando-se também aos bônus de subscrição.

Segundo artigo 76 da Lei n° 6.404/76 poderá também deliberar sobre a emissão dos bônus de subscrição, o conselho de administração, nos limites do capital autorizado, se houver esta autorização estatutária.

13.6. Bônus de Subscrição: Valores Mobiliários e Títulos de Crédito

Nosso direito qualifica o bônus de subscrição como valores mobiliários. Com efeito a Lei n° 6.385/76, em seu artigo 2° estatui que os bônus de subscrição são valores mobiliários sujeitos ao seu regime. Pode-se discutir sobre a terminologia valores mobiliários. A lei não nos fornece tal conceituação. É certo, porém, que o preceito legal supracitado estabelece expressamente que os bônus de subscrição se encontram nesta categoria.

Seguindo a definição clássica de Cesare Vivante aos títulos de crédito, verificaremos, a seguir, que o bônus de subscrição pode ser qualificado como título de crédito *lato sensu,* diferenciando-se das cambias (títulos de crédito *stricto sensu*) pelas suas características de valor mobiliário.[9]

Segundo Vivante, o título de crédito é *"o documento necessário ao exercício do direito literal e autônomo nele mencionado"*.[10]

Observa-se que esta definição apresenta algumas vantagens, são elas: a) caracteriza o título de crédito como um título de apresentação, pois somente mediante a sua exibição poderá o credor exigir do devedor o valor dele constante, estando tal característica na afirmação de que é um *"documento necessário ao exercício do direito..."*; b) indica, desde logo, os dois princípios básicos do título de crédito: a literalidade e a autonomia; c) consiste em uma definição eminentemente jurídica; d) ao dizer que o título de crédito é um documento, deixa implícito o formalismo de que se deve revestir para valer como tal.

O bônus de subscrição está previsto na Lei n° 6.404/76, no caput do artigo 75 e seu parágrafo único como sendo um título negociável, exercendo-se

9 COMPARATO, Fábio Konder. *Novos ensaios e pareceres de direito empresarial. As ações das sociedades anônimas como valores mobiliários.* Rio de Janeiro: Forense, 1981, p. 16.

10 VIVANTE, Cesare. *Trattato di diritto commerciale.* v. III, Editrice: Dottor Francesco Villardi, 1925, p. 123.

o direito nele mencionado contra a sua apresentação à companhia, observadas as condições nele constantes. Trata-se, portanto de um título de apresentação, bastando sua apresentação, nas condições que dele constam, para que se exerça o direito nele mencionado.

"Artigo 75. A companhia poderá emitir, dentro do limite de aumento de capital autorizado no estatuto (artigo 168), títulos negociáveis denominados 'Bônus de Subscrição'. Parágrafo único. Os bônus de subscrição conferirão aos seus titulares, nas condições constantes do certificado, direito de subscrever ações do capital social, que será exercido mediante apresentação do título à companhia e pagamento do preço de emissão das ações".

O caput do artigo 75 e seu parágrafo único apontam também as características da literalidade e da autonomia, estabelecendo que os bônus de subscrição, são títulos negociáveis, bastando sua apresentação à companhia para o exercício dos direitos nele especificados. Observadas as condições estatutárias, a lei esclarece que os bônus de subscrição se revestem de autonomia, afastando-se do negócio que lhes deu causa.

O princípio da literalidade também se aplica aos bônus, pois o direito neles especificado somente poderá ser exercido nas condições neles mencionadas, ou seja, o título somente valerá nas condições nele estabelecidas. Não há o que interpretar ou se aclarar, as condições devem estar claramente fixadas para um entendimento literal.

Os elementos de literalidade dos bônus de subscrição são os arrolados no artigo 79 da lei societária, *in verbis*:

"Artigo 79. O certificado de bônus de subscrição conterá as seguintes declarações: I. as previstas nos números I a IV do artigo 24; II. a denominação "Bônus de Subscrição"; III. o número de ordem; IV. o número, a espécie e a classe das ações que poderão ser subscritas, o preço de emissão ou os critérios para sua determinação; V. a época em que o direito de subscrição poderá ser exercido e a data do término do prazo para esse exercício; VI. o nome do titular; VII. a data da emissão do certificado e as assinaturas de dois diretores".

Enquadrados os bônus de subscrição na definição de Cesare Vivante, cabe, agora, demonstrar que sua natureza difere, dos títulos de crédito *stricto sensu,* das cambiais.

As diferenças fundamentais entre valores mobiliários e títulos de crédito *stricto sensu*, segundo Fábio Konder Comparato,[11] são as seguintes: 1) ao passo que os valores mobiliários são emitidos em massa, há nos títulos de crédito *stricto sens*u uma individualidade marcante. Os valores mobiliá-

11 COMPARATO, Fábio Konder. *Novos ensaios e pareceres de direito empresarial. As ações das sociedades anônimas como valores mobiliários*. Rio de Janeiro: Forense. 1981, pp. 16-20.

rios revestem-se, geralmente, de uma fungibilidade inexistente nos títulos de crédito *stricto sensu*; 2) Os valores mobiliários apresentam-se como títulos de investimento ou de exercício do poder de controle empresarial. Os títulos de crédito *stricto sensu* caracterizam-se pela sua qualidade de instrumento de pagamento ou de prestação; 3) Os valores mobiliários são negociados em um mercado próprio, devido à sua fungibilidade, e se apresentam mais como mercadorias, *res*, do que propriamente créditos; 4) A diferença mais marcante entre estes títulos verifica-se no seu modo de circulação por endosso. O endosso nos bônus de subscrição é proibido enquanto que nos títulos de crédito *stricto senso* tem uma função de garantia. O endosso dos títulos de crédito *stricto sensu* é garante da inoponibilidade das exceções de mérito ao adquirente de boa-fé do título. O endossante de título de crédito *stricto sensu* fica coobrigado pelo cumprimento da obrigação, tendo os futuros endossantes e endossatários direito de regresso contra ele.

Podemos, portanto, qualificar os bônus de subscrição como títulos de crédito, porém, é fundamental não fazer confusão entre títulos de crédito *stricto sensu* e títulos de crédito *lato sensu*. Os bônus de subscrição podem ser qualificados como títulos de crédito *lato sensu*, diferindo profundamente do caráter dos títulos de crédito *stricto sensu* quanto às garantias dadas as suas características de valores mobiliários.

13.7. Forma do Bônus de Subscrição

Os bônus de subscrição terão a forma nominativa, aplicando-se o disposto no capítulo III, seções V a VII da referida lei, conforme dispõe o artigo 78 da Lei societária, *in verbis*:

"Artigo 78. Os bônus de subscrição terão a forma nominativa. Parágrafo único. Aplica-se aos bônus de subscrição, no que couber, o disposto nas Seções V a VII do Capítulo III".

Os bônus de subscrição nominativos são aqueles em que o nome do seu titular consta do certificado, onde a sociedade identifica os que possuem o direito de subscrever ações do capital social.

Sendo o bônus de subscrição valores mobiliários, podem eles ser livremente negociados na Bolsa de Valores ou no mercado de balcão. Seu preço pode ser livremente fixado e se regulará pelas leis do mercado, da mesma forma que os preços das ações. A situação conjuntural da empresa será um dos fatores preponderantes da variação ou estabilidade do preço do título no mercado. As vantagens podem ser grandes quando se compra bônus de companhias cujas ações são cotadas de forma muito volátil. O aumento rápido na cotação das ações fará subir a procura pelo bônus de subscrição desta companhia e, consequentemente, haverá um aumento no preço deste. Os investidores podem auferir grandes ganhos nestas condições.

O bônus de subscrição requer, às vezes, um investimento a longo prazo e um estímulo ao planejamento de ações futuras, atos que não parecem fazer parte da nossa realidade. Portanto, o bônus é um instrumento extremamente benéfico para a expansão e o desenvolvimento de nossas companhias, influenciando, em decorrência, positivamente a economia nacional.

13.8. Requisitos Essenciais dos Bônus de Subscrição

Segundo o artigo 79 da Lei n° 6.404/76, o certificado de bônus de subscrição deverá conter as seguintes declarações:

a) a denominação da companhia, sua sede e prazo de duração;

b) o valor do capital social, a data do ato que o tiver fixado, o número de ações em que se divide e o valor nominal das ações, ou a declaração de que não têm valor nominal;

c) nas companhias com capital autorizado, o limite da autorização, em número de ações ou valor do capital social;

d) o número de ações ordinárias e preferenciais das diversas classes, se houver, as vantagens ou preferências conferidas a cada classe e as limitações ou restrições a que as ações estiverem sujeitas;

e) a denominação bônus de subscrição;

f) o número de ordem;

g) o número, a espécie e a classe das ações que poderão ser subscritas, o preço de emissão ou os critérios para sua determinação;

h) a época em que o direito de subscrição poderá ser exercido e a data do término do prazo para esse exercício;

i) o nome do titular;

j) a data da emissão do certificado e as assinaturas de dois diretores.

Capítulo XIV

CONSTITUIÇÃO DA COMPANHIA

14.1. Constituição da Companhia

A constituição das sociedades por ações não significa um contrato. Para a sua constituição são necessários vários atos independentes da vontade individual dos fundadores e somente com o cumprimento de tais atos é que pode a companhia constituir-se, capacitando-se a exercer a atividade econômica referente ao objeto escolhido. Trata-se de uma sociedade institucional ou normativa, e não contratual.

A Lei nº 6.404/76 dispõe taxativamente sobre os atos que devam ser praticados para que a sociedade possa constituir-se. Ao ser constituída uma sociedade por ações, o ato que dá nascimento a pessoa jurídica não é um simples contrato social, um acordo de vontades para regular direitos, mas, em face da própria natureza dessa sociedade, uma série de atos que são praticados em função de estritas normas legais, que dão à sociedade o caráter de uma instituição.

A sociedade nasce através de um estatuto social e para tanto, a companhia para constituir-se deve atender a três requisitos: a) subscrição, pelo menos por duas pessoas, de todas as ações em que se divide o capital social fixado no estatuto; b) realização, como entrada, de 10% (dez por cento), no mínimo, do preço de emissão das ações subscritas em dinheiro; c) depósito, no Banco do Brasil S.A. ou em outro estabelecimento bancário autorizado pela Comissão de Valores Mobiliários, da parte do capital realizado em dinheiro.

O depósito deverá ser feito pelo fundador no prazo de 5 (cinco) dias contados do recebimento das quantias, em nome do subscritor e a favor da sociedade em organização, que somente poderá levantá-lo após haver adquirido personalidade jurídica. Caso a companhia não venha a se constituir no prazo de 6 (seis) meses da data do depósito, o banco restituirá as quantias depositadas diretamente aos subscritores.

A sociedade por ações é constituída por duas formas diferentes: a) pela subscrição do capital através do apelo ao público, havendo, neste caso, a constituição sucessiva ou subscrição pública; e b) pela subscrição do capital por pessoa que deseja constituí-la, dando-se a essa espécie de constituição o nome de simultânea ou subscrição particular.

14.2. Subscrição Sucessiva ou Pública

Subscrição sucessiva ou pública é a forma de constituição imposta às sociedades anônimas abertas, porque ocorre mediante a venda das ações no mercado de valores mobiliários.

Assevera Arnaldo Rizzardo que: *"Na subscrição pública, há o apelo ao público investidor, ou seja, as ações do capital, ou de parte do mesmo, são postas à disposição de quem tem interesse na aquisição através da oferta ao público, em geral mediante a Bolsa de Valores, e mais raramente pelo mercado de Balcão"*.[1]

Essa forma de constituição, através da oferta das ações ao público, demonstra claramente o trabalho do fundador, pela liderança de iniciativa nas várias etapas da constituição. Os fundadores agem por iniciativa própria, portanto, de forma espontânea, sem mandato de outros eventuais interessados na constituição da sociedade, sem estipulações ou convenções prévias, sem defender ou proteger interesses de ordem pública ou do Estado, não se adequando a nenhuma das figuras previstas nas leis.

Para Fábio Ulhoa Coelho, *"a constituição por subscrição pública é a forma de captar, no mercado de capitais, os recursos necessários à implementação do negócio. Compreende três fases: registro na CVM, colocação das ações e assembléia de fundação"*.[2]

As sociedades anônimas abertas, para possibilitar a venda de suas ações ao público, dependem de prévio registro na Comissão de Valores Mobiliários, e a subscrição somente pode ser concretizada com a intermediação de instituição financeira. Portanto, antes de organizar os boletins ou listas de subscrição, deverá ser obtida a autorização da Comissão de Valores Mobiliários, que poderá fixar condições diversas, de acordo com a atividade a ser explorada, inclusive fixar valor diverso a ser realizado como entrada no momento da subscrição.

Se a atividade da sociedade a ser constituída depender de autorização do governo, os fundadores dependerão, ainda antes do início da venda ao público, ou seja, das providências preliminares de constituição, de obter a autorização do governo. Somente após a autorização governamental e o pre-

1 RIZZARDO, Arnaldo. *Direito de empresa*. Rio de Janeiro: Forense. 2007, p. 398.

2 COELHO, Fábio Ulhoa. *Curso de direito comercial*. São Paulo: Saraiva. 2002, v. 2, p. 179.

enchimento das condições impostas pela Comissão de Valores Mobiliários e da autorização deste órgão, é que poderão ser promovidas as providências preliminares de constituição, com a oferta pública de subscrição.

O pedido de registro de emissão obedecerá às normas expedidas pela Comissão de Valores Mobiliários e será instruído com: a) o estudo de viabilidade econômica e financeira do empreendimento; b) o projeto do estatuto; c) o prospecto, organizado e assinado pelos fundadores e pela instituição financeira intermediária.

A Comissão de Valores Mobiliários poderá condicionar o registro a modificações no estatuto ou no prospecto e denegá-lo por inviabilidade ou temeridade do empreendimento, ou inidoneidade dos fundadores.

O projeto do estatuto social deverá satisfazer todos os requisitos exigidos para os contratos das sociedades empresárias em geral e aos peculiares às companhias, contendo normas pelas quais se regerá a companhia.

O prospecto deverá apresentar, com precisão e clareza, as bases da companhia e os motivos que justifiquem a expectativa de bom êxito do empreendimento, especialmente:

a) o valor do capital social a ser subscrito, o modo de sua realização e a existência ou não de autorização para aumento futuro;

b) a parte do capital a ser formada com bens, a discriminação desses bens e o valor a eles atribuído pelos fundadores;

c) o número, as espécies e classes de ações em que se dividirá o capital; o valor nominal das ações, e o preço da emissão das ações;

d) a importância da entrada a ser realizada no ato da subscrição;

e) as obrigações assumidas pelos fundadores, os contratos assinados no interesse da futura companhia e as quantias já despendidas e por despender;

f) as vantagens particulares a que terão direito os fundadores ou terceiros, e o dispositivo do projeto do estatuto que as regula;

g) a autorização governamental para constituir-se a companhia, se necessária;

h) as datas de início e término da subscrição e as instituições autorizadas a receber as entradas;

i) a solução prevista para o caso de excesso de subscrição;

j) o prazo dentro do qual deverá realizar-se a assembléia de constituição da companhia, ou a preliminar para avaliação dos bens, se for o caso;

k) o nome, nacionalidade, estado civil, profissão e residência dos fundadores, ou, se pessoa jurídica, a firma ou denominação, nacionalidade e sede, bem como o número e espécie de ações que cada um houver subscrito;

l) a instituição financeira intermediária do lançamento, em cujo poder ficarão depositados os originais do prospecto e do projeto de estatuto, com os documentos a que fizerem menção, para exame de qualquer interessado.

No ato da subscrição das ações realizadas em dinheiro, o subscritor pagará a entrada e assinará a lista ou boletim individual, autenticados pela instituição autorizada a receber as entradas, qualificando-se pelo nome, nacionalidade, residência, estado civil, profissão e documento de identidade; ou, se pessoa jurídica, pela firma ou denominação, nacionalidade e sede; devendo especificar o número de ações subscritas, a sua espécie e classe, se houver mais de uma, e o total da entrada.

Encerrada a subscrição e havendo sido subscrito todo o capital social, os fundadores convocarão a assembléia geral, que deverá promover a avaliação dos bens, se for o caso, e deliberar sobre a constituição da companhia.

Assevera Fábio Ulhoa Coelho que *"na assembléia de constituição, a validade de certas deliberações está sujeita a quorum específico. A fundação da sociedade, por exemplo, é aprovada desde que não haja oposição de subscritores representantes de mais da metade do capital social"*.[3]

A ata da reunião será lavrada em duplicata, depois de lida e aprovada pela assembléia e assinada por todos os subscritores presentes, ou por quantos bastem à validade das deliberações. Um exemplar ficará em poder da companhia e o outro será destinado ao Registro Público das Empresas Mercantis.

14.3. Subscrição Simultânea ou Particular

Cabe ressaltar os ensinamentos de Arnaldo Rizzardo no sentido de se fazer distinção entre a constituição de companhias abertas e fechadas. Diz o referido autor que: *"Uma distinção cabe estabelecer relativamente à sociedade aberta: a sociedade fechada constitui-se por subscrição particular, dispensando-se o processo de oferta das ações ao público interessado, e, assim, do registro da emissão das ações na Comissão de Valores Mobiliários – CVM, uma vez que alcança apenas as pessoas cuja procura para a venda se faz de modo direto e individual"... "A aberta pode adotar as duas modalidades concomitantes, isto é, a subscrição pública ou particular, ou apenas a pública"*.[4]

A constituição das companhias fechadas será simultânea e apresentam características próprias das sociedades de pessoas, porque a negociabilidade das ações proporciona aos fundadores a escolha daqueles que integrarão a sociedade, possibilitando a formação de um grupo com base na confiança mútua ou em laços familiares.

Denomina-se simultânea ou subscrição particular porque todos os subscritores tomam a iniciativa da constituição, ou são os demais convidados por um ou alguns dos interessados na constituição sendo todos considerados fundadores.

---

3 COELHO, Fábio Ulhoa. *Curso de direito comercial*. São Paulo: Saraiva. 2002, v. 2, p. 185.

4 RIZZARDO, Arnaldo. *Direito de empresa*. Rio de Janeiro: Forense. 2007, p. 397.

Os fundadores, após o encerramento dos boletins ou listas de subscrição, poderão constituir a sociedade anônima por escritura pública lavrada em cartório, ou por deliberação em Assembléia Geral. Os subscritores deverão ser convocados na forma prevista na lei societária, sendo entregue na assembléia o projeto do estatuto assinado em duplicata por todos os subscritores do capital social e as listas ou boletins da subscrição de todas as ações.

Se preferida a escritura pública, esta será assinada por todos os subscritores, e conterá:

a) a qualificação dos subscritores;

b) o estatuto da companhia;

c) a relação das ações tomadas pelos subscritores e a importância das entradas pagas;

d) a transcrição do recibo do depósito, no Banco do Brasil S.A.;

e) a transcrição do laudo de avaliação dos peritos, caso tenha havido subscrição do capital social em bens;

f) a nomeação dos primeiros administradores e, quando for o caso, dos fiscais.

14.4. Disposições Gerais da Constituição

Se houver incorporação de imóveis para a formação do capital social, não se exige escritura pública.

O subscritor que não tiver condições de comparecer à Assembléia Geral ou à escritura pública poderá ser representado por procurador com poderes especiais.

Todos os atos e publicações referentes à companhia em constituição deverão conter o termo "em organização" em sua denominação.

Os fundadores e instituições financeiras que participarem da constituição por subscrição pública, serão responsabilizados por todos os prejuízos causados pela inobservância dos preceitos legais.

Na constituição da sociedade por ações, serão escolhidos administradores e os fundadores entregarão aos eleitos em assembléia geral todos os documentos, livros ou papéis relativos à constituição da companhia ou a esta pertencentes.

14.5. Formalidades Complementares da Constituição

Nenhuma companhia poderá funcionar sem que sejam arquivados e publicados seus atos constitutivos no Registro Público de Empresas Mercantis.

Se a companhia houver sido constituída por deliberação em assembléia geral, deverão ser arquivados no órgão competente do lugar da sede:

a) um exemplar do estatuto social, assinado por todos os subscritores ou, se a subscrição houver sido pública, os originais do estatuto e do prospecto, assinados pelos fundadores; e também do jornal em que tiverem sido publicados;

b) a relação completa, autenticada pelos fundadores ou pelo presidente da assembléia, dos subscritores do capital social, com a qualificação, número das ações e o total da entrada de cada subscritor;

c) o recibo do depósito no Banco do Brasil S.A.;

d) a duplicata das atas das assembléias realizadas para a avaliação de bens, quando for o caso;

e) a duplicata da ata da assembléia geral dos subscritores que houver deliberado a constituição da companhia.

Se a companhia tiver sido constituída por escritura pública, será suficiente o arquivamento da certidão do instrumento.

Todos os documentos relativos à constituição da companhia serão examinados pelo Registro Público das Empresas Mercantis, juntamente com o estatuto para verificar se existem cláusulas contrárias à lei, à ordem pública e aos bons costumes.

Arquivados os documentos relativos à constituição da companhia, seus administradores providenciarão, nos 30 (trinta) dias seguintes, a publicação deles, e da certidão do arquivamento, em órgão oficial (Diário Oficial) do local da sua sede.

Um exemplar do Diário Oficial da União e do Estado contendo a publicação desses documentos ou da certidão, conforme o caso deve ser arquivado na Junta Comercial.

A certidão dos atos constitutivos, passada pelo registro em que foram arquivados, será o documento hábil para a transferência, por transcrição no registro público competente, dos bens com que o subscritor tiver contribuído para a formação do capital social.

Os primeiros administradores são solidariamente responsáveis perante a companhia pelos prejuízos causados pela demora no cumprimento das formalidades complementares à constituição. A companhia não responde pelos atos ou operações praticados pelos primeiros administradores antes de cumpridas as formalidades de constituição, podendo a assembléia geral deliberar em contrário.

14.6. Livros Sociais

A companhia deverá, além dos livros obrigatórios, ter também determinados livros especiais, são eles:

I – livro de "Registro de Ações Nominativas", para inscrição, anotação ou averbação;

a) o nome do acionista e do número das suas ações;

b) das entradas ou prestações de capital realizado;

c) das conversões de ações, de uma em outra espécie ou classe;

d) do resgate, reembolso e amortização das ações, ou de sua aquisição pela companhia;

e) das mutações operadas pela alienação ou transferência de ações;

f) do penhor, usufruto, fideicomisso, da alienação fiduciária em garantia ou de qualquer ônus que grave as ações ou obste sua negociação.

Nesse livro serão inscritos, anotados ou averbados os nomes dos acionistas e número de suas ações; as entradas ou prestação de capital realizado; as conversões de ações, de uma em outra forma; espécie ou classe; o resgate, reembolso, amortização de ações, a sua aquisição pela companhia; as mutações operadas pela alienação ou transferência de ações; penhor, usufruto, alienação fiduciária em garantia ou qualquer outro ônus que grave as ações ou obste a sua negociação. Esses são livros de registro e devem espelhar a verdadeira situação dos acionistas.

II) o livro de "Transferência de Ações Nominativas", para lançamento dos termos de transferência, que deverão ser assinados pelo cedente e pelo cessionário ou seus legítimos representantes. A mudança de propriedade das ações que requer uma expressa manifestação de vontade por parte dos alienantes e adquirentes deverá estar inscrita nesse livro, por termo de transferência assinado pelo cedente e pelo cessionário ou seus legítimos representantes. Esse termo de transferência é uma medida preliminar até que seja feita a anotação da mudança de propriedade das ações no livro de "Registro de Ações Nominativas".

III) o livro de "Registro de Partes Beneficiárias Nominativas" e o de "Transferência de Partes Beneficiárias Nominativas", se tiverem sido emitidas. Igualmente deve a companhia possuir esses livros, para quando a sociedade emitir tais títulos. As funções desses livros são idênticas às dos livros relativos às ações.

IV) o livro de "Atas das Assembléias Gerais".

V) o livro de "Presença dos Acionistas";

VI) os livros de "Atas das Reuniões do Conselho de Administração", se houver, e de "Atas das Reuniões da Diretoria";

VII) o livro de "Atas e Pareceres do Conselho Fiscal".

Os demais são livros onde devem ser consignados os atos ocorridos na sociedade que interessam não apenas a sociedade, mas também a terceiros. Alguns dos atos a que se referem esses livros deverão ser publicados, para conhecimento dos interessados, outros não são de publicação obrigatória, mas nem por isso os terceiros ficarão privados de conhecê-los.

A companhia é responsável pelos prejuízos que causar aos interessados por vícios ou irregularidades verificadas nos livros. A exibição total dos livros da companhia poderá ser ordenada judicialmente sempre que, a requerimento de acionistas que representem, pelo menos 5% (cinco por cento) do capital social, sejam apontados atos violadores da lei ou do estatuto, ou haja fundada suspeita de graves irregularidades praticadas por qualquer dos órgãos da companhia.

Capítulo XV

DOS ACIONISTAS

15.1. Acionistas

Acionista é qualquer pessoa física ou jurídica titular de ações de sociedade anônima, as quais lhe outorgam a qualidade de sócio. No momento de ingresso, pela assinatura do boletim ou lista de subscrição, o futuro sócio é designado subscritor, para se transformar em acionista após a constituição da sociedade.

Comenta Rubens Requião que *"acionista é o sócio da sociedade anônima. O artigo 1º da atual lei refere-se aos "sócios ou acionistas". É elementar que a designação de sócio se apresenta genérica, e traduz a idéia da pessoa que se associa com outrem, juntando seus cabedais, para constituir a sociedade mercantil, ao passo que acionista se aplica especificamente ao membro da sociedade anônima ou companhia".*[1]

A principal obrigação do acionista é pagar à sociedade as ações subscritas ou adquiridas a prazo, que será a integralização. O pagamento é feito de acordo com o previsto no estatuto social ou no boletim de subscrição, lembrando que a subscrição é o compromisso que assume uma pessoa física ou jurídica de entrar para a sociedade com determinada importância, equivalente a um número certo de ações cujo pagamento poderá ser a prazo.

Se o subscritor de ações, que optou por pagamento a prazo, deixar de efetuá-lo no prazo pactuado, a sociedade terá o direito de promover processo de execução para cobrar as importâncias devidas ou mandar vender as ações em Bolsa de Valores, por conta e risco do acionista.

1 REQUIÃO, Rubens. *Curso de direito comercial.* São Paulo: Saraiva, 2003, v. 2, p. 135.

15.2. Direitos dos Acionistas

No momento em que uma pessoa adquire ações de uma sociedade anônima, passa a participar da sociedade, tendo os seguintes direitos:

a) participar dos lucros sociais;

b) participar do acervo da companhia, em caso de liquidação;

c) fiscalizar, na forma prevista na lei, a gestão dos negócios sociais;

d) preferência para subscrição de ações, partes beneficiárias conversíveis em ações, debêntures conversíveis em ações e bônus de subscrição;

e) retirar-se da sociedade nos casos previstos em lei.

Além dos direitos dos acionistas elencados no artigo 109, a lei societária inclui no artigo 110 o direito de voto, sendo este um dos mais importantes atributos da qualidade de sócio.

15.3. Direito de Participação nos Lucros Sociais

O acionista tem o direito de participar dos lucros sociais da companhia, sem que se permita o tratamento desigual entre acionistas de uma mesma classe.

A sociedade que estipular que a totalidade dos lucros pertença a um só dos sócios, ou que algum deles seja excluído, será considerada nula ou "leonina", conforme determina o artigo 1.008 do Código Civil, que diz: *"É nula a estipulação contratual que exclua qualquer sócio de participar dos lucros e das perdas"*.

A participação do acionista nos lucros sociais seria a auferição de dividendos, que tanto pode ser estabelecido por porcentagem de lucro ou do capital, e também pode ser fixado com base em outros critérios que o estatuto consignar, desde que regulados minuciosamente e que não prejudiquem o acionista minoritário. Se o estatuto for omisso acerca do dividendo que será atribuído ao acionista, ele deverá receber a metade do lucro líquido do exercício.

Em se tratando de companhia fechada, pode a assembléia geral, inexistindo oposição de acionista presente, deliberar a distribuição de dividendo inferior ao obrigatório ou a retenção de todo o lucro.

15.4. Direito de Participação no Acervo Social

O segundo direito intangível do acionista é o de participar do acervo social, em caso de liquidação da sociedade, respeitando-se, porém, a mesma igualdade de tratamento para todos os acionistas da companhia.

Após feita a liquidação e pago todo o passivo social, o remanescente será distribuído entre os acionistas, através de rateio, na proporção em que forem apurados os haveres da sociedade, conforme estabelece o artigo 215, que diz: *"A assembléia geral pode deliberar que antes de ultimada a liquidação, e depois de pagos todos os credores, se façam rateios entre os acionistas, à proporção que se forem apurando os haveres sociais"*.

Para Fábio Ulhoa Coelho, *"os acionistas têm direito, definido como essencial, de participar da distribuição do acervo patrimonial remanescente, em caso de dissolução e partilha da sociedade anônima. Em regra, a distribuição é feita pelo valor patrimonial da ação"*.[2]

Se a sociedade antecipar a distribuição desse patrimônio líquido, através da amortização de ações, o acionista que teve as suas ações amortizadas e substituídas por ações de fruição não participará da distribuição do rateio final de acervo social, pois já recebeu anteriormente o valor de suas ações.

15.5. Direito de Fiscalizar a Gestão dos Negócios

Os acionistas têm ainda o direito de fiscalizar a gestão dos negócios da companhia, conforme as seguintes prerrogativas: a) analisar o relatório, cópia do balanço, parecer do conselho fiscal, lista dos acionistas que ainda não integralizaram suas ações, dentro de 30 (trinta) dias antes da assembléia geral ordinária, conforme aviso publicado pela imprensa; b) analisar e discutir os mesmos documentos durante o transcurso da assembléia geral reunida; c) pedir judicialmente a exibição por inteiro dos livros da companhia sempre que, a requerimento de acionistas que representem, pelo menos 5% (cinco por cento) do capital social, sejam apontados atos violadores da lei ou do estatuto, ou haja fundada suspeita de graves irregularidades por qualquer dos órgãos da companhia (artigo 105); d) convocar assembléia geral: qualquer acionista, sempre que os administradores retardarem, por mais de 60 (sessenta) dias, a convocação, nos casos previstos em lei ou no estatuto; ou, os acionistas que representarem 5% (cinco por cento), no mínimo, do capital social, quando os administradores não atenderem, no prazo de 8 (oito) dias, a pedido de convocação que apresentarem, devidamente fundamentado, com indicação das matérias a serem tratadas (artigo 123, parágrafo único, b e c; e) solicitar relação de endereços dos acionistas, representados em assembléia por procurador (artigo 126, § 3º); f) pedir esclarecimentos aos administradores, na assembléia geral (artigo 134, § 1º); g) pedir o funcionamento do conselho fiscal, quando não permanente (artigo 161); h) solicitar informações ao conselho fiscal sobre matéria de sua competência (artigo 163, § 6º).

Afirma Fábio Ulhoa Coelho *que "o acionista pode fiscalizar a administração da sociedade anônima fazendo uso apenas dos instrumentos referidos na lei. Ele não é livre para definir o meio pelo qual exercerá esse direito essencial"*.[3]

---

2 COELHO, Fábio Ulhoa. *Curso de direito comercial.* São Paulo: Saraiva, 2002, v. 2, p. 292.

3 COELHO, Fábio Ulhoa. *Curso de direito comercial.* São Paulo: Saraiva, 2002, v. 2, p. 293.

15.6. Direito de Preferência

Outro direito do acionista é a preferência que tem para a subscrição de ações, no caso de aumento do capital social. Esse direito está disciplinado no artigo 171, que diz: *"Na proporção do número de ações que possuírem, os acionistas terão preferência para a subscrição do aumento de capital"*.

Na hipótese de o capital ser dividido em ações de diversas espécies ou classes e o aumento for feito por emissão de mais de uma espécie ou classe, observar-se-á o seguinte critério: a) no caso de aumento, na mesma proporção, do número de ações de todas as espécies e classes existentes, cada acionista exercerá o direito de preferência sobre ações idênticas às de que for possuidor; b) se as ações emitidas forem de espécies e classes existentes, mas importarem alteração das respectivas proporções no capital social, a preferência será exercida sobre ações de espécies e classes idênticas às de que forem possuidores os acionistas, somente se estendendo às demais se aquelas forem insuficientes para lhes assegurar, no capital aumentado, a mesma proporção que tinham no capital antes do aumento; c) se houver emissão de ações de espécie ou classe diversa das existentes, cada acionista exercerá a preferência, na proporção do número de ações que possuir, sobre ações de todas as espécies e classes do aumento.

O acionista poderá ceder o seu direito de preferência a terceiro. Mas, tratando-se de sociedade fechada e não havendo restrição no estatuto, o direito de preferência deverá ser oferecido aos demais acionistas, e somente na recusa destes é que as ações poderão ser subscritas por pessoa estranha ao quadro societário, ou seja, não acionista.

O direito de preferência possui um prazo de decadência, fixado pelo estatuto ou assembléia geral, que não será inferior a 30 (trinta) dias.

15.7. Direito de Recesso

Na companhia existem deliberações que conferem aos acionistas o direito de recesso ou de retirada da sociedade com o pagamento de seus haveres.

Esse direito está assegurado ao acionista nos casos da aprovação das seguintes matérias: a) criação de ações preferenciais ou aumento da classe de ações preferenciais existentes, sem guardar proporção com as demais, salvo se já previsto ou autorizado no estatuto; b) alterações nas preferências, vantagens e condições de resgate ou amortização de uma ou mais classes de ações preferenciais, ou criação de nova classe mais favorecida; c) redução do dividendo obrigatório; d) fusão da companhia, ou sua incorporação em outra; e) participação em grupo de sociedade; f) mudança do objeto da companhia; g) cisão da companhia.

Nos casos de criação de ações preferenciais ou aumento da classe de ações preferenciais e alteração das ações preferenciais (alínea "a" e "b"), somente terá direito de retirada o titular de ações de espécie ou classe prejudicadas.

Nos casos de fusão ou incorporação da companhia e participação em grupos societários (alínea "d" e "e"), não terá direito de retirada o titular de ação de espécie ou classe que tenha liquidez e dispersão no mercado.[4]

Nos casos de cisão da companhia, somente haverá direito de retirada se a cisão implicar: mudança do objeto social, salvo quando o patrimônio cindido for vertido para a sociedade cuja atividade preponderante coincida com a decorrente do objeto social da sociedade cindida; redução do dividendo obrigatório ou participação em grupo de sociedades.

O reembolso da ação deve ser reclamado à companhia no prazo de 30 (trinta) dias contado da publicação da ata da assembléia geral.

Se a administração da companhia entender que o pagamento do preço do reembolso das ações aos acionistas dissidentes que exerceram o seu direito de retirada irá pôr em risco a estabilidade financeira da sociedade, é facultado a este órgão, nos 10 (dez) dias seguintes ao término do prazo para aquele exercício, convocar assembléia geral para ratificar ou reconsiderar a deliberação.

15.8. Direito de Voto

O direito de voto, não elencado no artigo 109 como direito essencial, é sem dúvida um dos mais importantes atributos da qualidade de sócio.

É considerado um direito instrumental, do qual se serve o acionista para manifestar a sua vontade social. O direito de voto serve tanto para a tutela do interesse individual do acionista como também é um meio instrumental para a formação da vontade da pessoa jurídica.

Estabelece o artigo 110 que *"a cada ação ordinária corresponde um voto nas deliberações da assembléia geral"*.

Consoante este artigo, nem todas as ações possuem o direito de votar nas assembléias gerais, podendo ser limitado pelo estatuto, que poderá deixar de conferir às ações preferenciais algum ou alguns dos direitos reconhecidos às ações ordinárias, inclusive o de voto, ou conferi-lo com restrições.

As ações preferências sem direito de voto poderão adquirir este direito se a companhia, pelo prazo previsto no estatuto, não superior a três exercícios consecutivos, deixar de pagar os dividendos fixos ou mínimos a que fizerem jus.

---

4 Entende-se por liquidez, quando a espécie ou classe de ação, ou certificado que a represente, integre índice geral representativo de carteira de valores mobiliários admitido à negociação no mercado de valores mobiliários, no Brasil ou no exterior, definido pela Comissão de Valores Mobiliários.Ocorre dispersão, quando o acionista controlador, a sociedade controladora ou outras sociedades, sob o seu controle detiverem menos da metade da espécie ou classe de ação.

A lei veda a atribuição de voto plural a qualquer classe de ações, concedendo somente a cada ação ordinária um voto nas deliberações da assembléia geral, admitindo restrições estatutárias ao número de votos de cada acionista. Admite, porém, a lei o voto múltiplo, para possibilitar à minoria eleger membro do Conselho de Administração, conforme disposto no artigo 141, que diz: *"Na eleição dos conselheiros, é facultado aos acionistas que representem, no mínimo, um décimo do capital social com direito a voto, esteja ou não previsto no estatuto, requerer a adoção do processo de voto múltiplo, atribuindo-se a cada ação tantos votos quantos sejam os membros do Conselho, e reconhecido ao acionista o direito de cumular os votos num só candidato ou distribuí-los entre vários"*.

O direito de voto deve ser exercido pelo acionista em favor dos interesses sociais, e nunca em favor de seus próprios interesses, pois desta forma pode gerar abuso do direito de voto ou um conflito de interesses, conforme dispõe o artigo 115, que diz: *"O acionista deve exercer o direito de voto no interesse da companhia: considerar-se-á abusivo o voto exercido com o fim de causar dano à companhia ou a outros acionistas, ou de obter, para si ou para outrem, vantagem a que não faz jus e de que resulte, ou possa resultar, prejuízo para a companhia ou para outros acionistas"*.

Mesmo que seu voto não haja prevalecido nas deliberações sociais, o acionista responde pelos danos causados pelo exercício abusivo do direito de voto.

15.9. Acordo de Acionistas

Os acionistas também podem firmar acordo de votos sobre a compra e venda de suas ações, preferência para adquiri-las ou exercício do direito de voto, os quais, se arquivados na sede da companhia, tornam-se obrigatórios e somente serão oponíveis a terceiros, depois de averbados nos livros de registro e nos certificados das ações, se emitidos.

Esses acordos não poderão ser invocados pelos acionistas para se eximirem da responsabilidade no exercício do direito de voto ou do poder de controle da companhia.

As ações averbadas nos termos do acordo de acionistas não poderão ser negociadas na Bolsa ou no mercado de balcão.

O acordo de acionista nada mais é do que um contrato entre os acionistas, e que consiste em obrigações, no caso de voto, obedecendo ao direito obrigacional comum.

A lei nada dispõe sobre a extinção do acordo de acionistas. Mas em se tratando de um contrato, este deverá ocorrer pelos modos comuns e normais de extinção dos contratos. Normalmente esses acordos são estudados e reduzidos em contratos escritos, com cláusulas detalhadas e por prazo determinado. Poderão ser denunciados por qualquer das partes que desejar se desvincular, sendo esta denúncia subordinada a um aviso prévio, anterior à próxima assembléia geral, para que os acionistas remanescentes no acordo venham tomar providências concernentes aos seus interesses.

15.10. Acionista Controlador

O acionista controlador não é o senhor absoluto da sociedade. Ele deve usar o poder com o fim de fazer a companhia realizar o seu objeto e, portanto, tem deveres e responsabilidades para com os demais acionistas da empresa, cujos direitos e interesses deve lealmente respeitar.

A lei anterior não tinha regras sobre o acionista controlador, pois o antigo diploma fundava-se em critério diverso, onde tínhamos a existência do acionista majoritário, e para este não criava responsabilidades específicas, que eram previstas somente para os administradores.

A atual lei brasileira das sociedades por ações, ultrapassando as mais avançadas legislações sobre esse tipo societário, não apenas definiu e caracterizou o acionista controlador mas destacou, exemplificativamente, atos por ele praticados que constituem modalidades de abuso de poder, estatuindo que ele "responde pelos danos causados".

A lei atual procurou corrigir essa lacuna, existente também em outros direitos, não só caracterizando o acionista controlador mais também lhe impondo responsabilidades. Baseou-se o legislador no fato de que "é de todos sabido que as pessoas jurídicas têm o comportamento e a idoneidade de quem as controla, mas nem sempre o exercício desse poder é responsável, ou atingível pela lei, porque se oculta atrás do véu dos procuradores ou dos terceiros eleitos para administrar a sociedade". Reconheceu o legislador, desse modo, que o *"exercício do poder de controle só é legítimo para fazer a companhia realizar o seu objeto e cumprir sua função social, e enquanto respeita e atende lealmente aos direitos e interesses de todos aqueles vinculados à empresa, ou seja, os que nela trabalham. Os Acionistas Minoritários, os investidores do mercado e os membros da comunidade em que atua".*

Daí a conceituação do artigo 116 da Lei nº 6.404/76, que diz: *"Entende-se por acionista controlador a pessoa, natural ou jurídica, ou o grupo de pessoas vinculadas por acordo de voto, ou sob controle comum, que: a) é titular de direitos de sócio que lhe assegurem, de modo permanente, a maioria dos votos nas deliberações da assembléia geral e o poder de eleger a maioria dos administradores da companhia; e b) usa efetivamente seu poder para dirigir as atividades sociais e orientar o funcionamento dos órgãos da companhia. Parágrafo único – O acionista controlador deve usar o poder com o fim de fazer a companhia realizar o seu objeto e cumprir sua função social, e tem deveres e responsabilidades para com os demais acionistas da empresa, os que nela trabalham e para com a comunidade em que atua, cujos direitos e interesses deve lealmente respeitar e atender".*

Constata-se, assim que o acionista controlador pode ser não apenas um indivíduo isolado, com a maioria das ações com direito de voto; mas também, um grupo de pessoas sob controle comum, que seja titular de direitos sociais que assegurem, de modo permanente, a maioria de votos nas deliberações da assembléia e que use efetivamente o seu poder para dirigir as atividades sociais e orientar o funcionamento da companhia.

Não se pode deixar de pensar que quando certos sócios se isolam para constituir um grupo é porque os seus interesses se opõem aos dos outros sócios. A observação, tanto quanto possível, mostra bem que os interesses comuns de um grupo majoritário são de ordem muito diversa. Muitas vezes, os membros de uma família tendem a formar um bloco para fazer prevalecer o seu ponto de vista.

A lei brasileira como pudemos observar, admitiu que o acionista controlador se constituísse por um grupo de pessoas, sob controle comum, titular dos direitos de sócios capazes de, em caráter permanente, ter assegurada a maioria de votos nas deliberações sociais e o poder de eleger a maioria dos administradores.

O acionista controlador pode ser uma só pessoa natural ou jurídica, ou um grupo de pessoas. Nesse último caso, distintas individualmente cada uma delas, deverá estar ligada por liames contratuais que objetivem um sentido de voto comum, o que constitui uma das variantes possíveis do acordo de acionistas previsto no artigo118 que diz: *"Os acordos de acionistas, sobre compra e venda de suas ações, preferência para adquiri-las, ou exercício do direito de voto, deverão ser observados pela companhia quando arquivados na sua sede.* § 1° – *As obrigações ou ônus decorrentes desses acordos somente serão oponíveis a terceiros, depois de averbados nos livros de registro e nos certificados das ações, se emitidos.* § 2° – *Esses acordos não poderão ser invocados para eximir o acionista de responsabilidade no exercício do direito de voto (Art. 115) ou do poder de controle (Art. 116 e 117).* § 3° – *Nas condições previstas no acordo, os acionistas podem promover a execução específica das obrigações assumidas.* § 4° – *As ações averbadas nos termos deste artigo não poderão ser negociadas em bolsa ou no mercado de balcão.* § 5° – *No relatório anual, os órgãos da administração da companhia aberta informarão à assembléia geral as disposições sobre política de reinvestimento de lucros e distribuição de dividendos, constantes de acordos de acionistas arquivados na companhia".*

Referido acordo, quando objetiva a uniformização do direito de voto, resulta na expressão de uma vontade singular, emanada de diversas pessoas. Mas também o grupo sob controle comum identifica-se como acionista controlador. Com efeito, operando sob o influxo de uma só vontade, a diversidade do acionista na sociedade não elide a configuração do controle.

15.11. Deveres do Acionista Controlador

O acionista controlador não é, contudo, o senhor absoluto da sociedade. Segundo a lei, ele deve, *"usar o poder com o fim de fazer a companhia realizar o seu objeto"* e, por isso, *"tem deveres e responsabilidades para com os demais acionistas da empresa... cujos direitos e interesses deve lealmente respeitar"*.

Visando a tornar efetivas essas responsabilidades, a lei enumera, exemplificativamente, atos que, praticados pelo acionista controlador, constituem modalidades de abuso de poder, fazendo-o responder por perdas e danos causados. Assim, em primeiro lugar devem ser respeitados e atendidos os direitos e interesses dos demais acionistas, conforme artigo 116, parágrafo único: *"O acionista controlador deve usar o poder com o fim de fazer a companhia realizar o seu objeto e cumprir sua função social", com "deveres e responsabilidades para com os demais acionistas da empresa, os que nela trabalham e para com a comunidade em que atua, cujos direitos e interesses deve lealmente respeitar e atender"*. Cabe ainda esclarecer que a atuação do acionista controlador em regra decorre de suas atividades nas assembléias; não se pode, pois, confundir o acionista controlador com os administradores da sociedade, os quais, na forma da lei, devem exercer suas funções *"no interesse da companhia, satisfeitas as exigências do bem público e da função social da empresa"*, conforme dispõe o artigo 154, da Lei das Sociedades por Ações.

A participação nos lucros é a justa remuneração dada ao capital do acionista empregado na empresa, seria o direito ao dividendo, que é inerente a cada acionista, e que deve ser observado pelo acionista controlador já que a sociedade envolve uma empresa cuja finalidade principal é a obtenção de lucros.

Esses lucros devem se destinar, em essência, aos acionistas, pois a lei atual criou o dividendo obrigatório, que é uma parcela dos lucros a ser destacada anualmente para a distribuição aos acionistas. Somente em casos excepcionais é que se deixará de fazer essa distribuição, conforme o artigo 202, caput, e § 4º, da Lei nº 6.404/76: *"Os acionistas têm o direito de receber como dividendo obrigatório, em cada exercício, a parcela dos lucros estabelecida no estatuto, ou, se este for omisso, metade do lucro líquido do exercício diminuído ou acrescido dos seguintes valores: § 4º. O dividendo previsto neste artigo não será obrigatório no exercício social em que os órgãos da administração informarem à assembléia geral ordinária ser ele incompatível com a situação financeira da companhia. O Conselho Fiscal, se em funcionamento, deverá dar parecer sobre essa informação e, na companhia aberta, seus administradores encaminharão à Comissão de Valores Mobiliários, dentro de 05 (cinco) dias da realização da assembléia geral, exposição justificativa da informação transmitida à assembléia"*.

A justificativa econômica é que a aplicação do capital do acionista deve ter uma retribuição efetiva, não sendo justo que a sociedade entesoure os lucros obtidos, incorporando-os ao capital, sem distribuir pelo menos uma parte deles aos seus acionistas. É reconhecido, mesmo, pelos tratadistas nacionais e estrangeiros, que a política de incorporação permanente dos lucros ao capital é um dos procedimentos utilizados pelos controladores para afastar os acionistas minoritários, levando-os a retirar-se da sociedade pela falta de retribuição efetiva do capital.

Também considera a lei como "direito essencial" do acionista, fiscalizar a gestão dos negócios sociais, conforme artigo 109, III*: "Nem o estatuto social nem a assembléia geral poderão privar o acionista dos direitos de: III. fiscalizar, na forma prevista nesta Lei, a gestão dos negócios sociais".*

A atual Lei das Sociedades Anônimas adotou várias medidas em defesa do acionista minoritário, entre elas a de que, na constituição do Conselho Fiscal, os acionistas minoritários *"terão de eleger, em votação em separado"*, um membro desse órgão, *"desde que representem, dez por cento ou mais das ações com direito a voto", conforme dispõe o* artigo 161, § 4º. Esse dispositivo constitui *"direito essencial do acionista"*, que nem o estatuto e a assembléia geral podem obstar, já que o Conselho Fiscal é o órgão por excelência de fiscalização da sociedade.

Esses direitos, considerados essenciais para os acionistas, e que são os mais importantes norteadores da sociedade, devem ser "respeitados e atendidos" pelo acionista controlador, sob pena de responsabilidade.

15.12. Responsabilidade do Acionista Controlador

Esclarece a lei societária, que constitui modalidade de exercício abusivo de poder, fazendo com que o acionista controlador responda pelos danos que causar, o ato de levar a sociedade a favorecer outra sociedade, brasileira ou estrangeira, em prejuízo da participação dos acionistas minoritários nos lucros e no acervo da companhia, conforme disposto no artigo 117, § 1º, *a* que diz: *"O acionista controlador responde pelos danos causados por atos praticados com abuso de poder. § 1º – São modalidades de exercício abusivo de poder: a) orientar a companhia para fim estranho ao objeto social ou lesivo ao interesse nacional, ou levá-la a favorecer outra sociedade, brasileira ou estrangeira, em prejuízo ou participação dos acionistas minoritários nos lucros ou no acervo da companhia, ou da economia nacional".*

O desvio dos objetivos da companhia pode consistir no favorecimento de outra sociedade, em prejuízo da participação dos acionistas minoritários nos lucros ou no acervo da companhia, ou da economia nacional. O desvio dos lucros ou bens, através de negócios simulados ou fraudulentos, implica exercício abusivo do poder mesmo que não venha a caracterizar-se como distribuição disfarçada de lucros.

O favorecimento de outra sociedade pode se caracterizar, por exemplo, pelo fato de ser essa sociedade sediada no mesmo prédio em que funciona a filial favorecedora, ou de pagar dívidas referentes a aquisições de veículos pela sociedade favorecida. O caso se torna mais grave quando a sociedade favorecida explora o mesmo objeto da favorecedora e, acima de tudo, é constituída e dirigida por administradores da sociedade favorecedora. Ressalta esse fato a clara intenção de fazer a nova sociedade concorrência à sociedade favorecedora, levando-a naturalmente a diminuir os seus negócios e, consequentemente, a obter menores lucros. O prejuízo do acionista minoritário é evidente, ainda mais quando os sócios administradores da sociedade favorecida exercem importantes cargos de administração na sociedade favorecedora. Trata-se, evidentemente, não apenas de um caso de abuso de poder do acionista controlador, que tem conhecimento do fato e com ele concorda, pois os sócios e administradores da sociedade favorecida integram o grupo familiar que controla a sociedade favorecedora, como, igualmente, um caso de concorrência desleal da empresa favorecida à favorecedora. O assunto tem sido posto em relevo não só na literatura estrangeira como também pelos autores nacionais. Daí haver o professor Rubens Requião afirmado: *"Não é plausível que um sócio, participando da administração de uma sociedade, venha a se tornar sócio da sociedade concorrente. A própria segurança e o segredo de negócio estão a repelir naturalmente tal franquia. Essa proibição, a nosso ver, é implícita, deduzindo-se da simples regra moral que inspira a boa fé e os bons costumes no âmbito do direito comercial".*[5]

A participação dos administradores da sociedade anônima na sociedade concorrente, na qualidade de sócios e gestores desta, viola o artigo 155, I, II e III, acarretando para eles a responsabilidade civil pelos prejuízos causados ao acionista minoritário, nos termos do artigo 158, da lei societária.

Artigo 155, *in verbis*: *"O administrador deve servir com lealdade à companhia e manter reserva sobre os seus negócios, sendo-lhe vedado: I. usar, em benefício próprio ou de outrem, com ou sem prejuízo para a companhia, as oportunidades comerciais de que tenha conhecimento em razão do exercício de seu cargo; II. omitir-se no exercício ou proteção de direitos da companhia ou, visando à obtenção de vantagens, para si ou para outrem, deixar de aproveitar oportunidades de negócio de interesse da companhia; III. adquirir, para revender com lucro, bem ou direito que sabe necessário à companhia, ou que esta tencione adquirir".*

Artigo 158, *in verbis*: *"O administrador não é pessoalmente responsável pelas obrigações que contrair em nome da sociedade e em virtude de ato regular de gestão, responde, porém, civilmente, pelos prejuízos que causar,*

5 REQUIÃO, Rubens. *Curso de direito comercial.* São Paulo: Saraiva, 2003, p. 133.

quando proceder: I. dentro de suas atribuições ou poderes, com culpa ou dolo; II. com violação da lei ou do estatuto".

Tendo o acionista controlador ciência do prejuízo que essa atitude traz à sociedade e, consequentemente, ao acionista minoritário – como acontece quando o acionista controlador adota, repetidamente, decisões visando a causar prejuízos ao minoritário – responderá por abuso de poder, nos termos do artigo 117, § 1°, *c*, e também será responsabilizado civilmente, por adoção do § 3° do artigo 117, combinado com os §§ 1° e 2° do artigo 158, da Lei societária. O acionista prejudicado poderá mover a ação competente para ressarcir-se dos prejuízos sofridos, segundo o § 7°, do artigo 159 da Lei n° 6.404/76, *in verbis:.*

Artigo 117. *"O acionista controlador responde pelos danos causados por atos praticados com abuso de poder. § 1°. São modalidades de exercício abusivo de poder: c) promover alteração estatutária, emissão de valores mobiliários ou adoção de políticas ou decisões que não tenham por fim o interesse da companhia e visem a causar prejuízo a acionistas minoritários, aos que trabalham na empresa ou aos investidores em valores mobiliários emitidos pela companhia. § 3°. O acionista controlador que exerce o cargo de administrador ou fiscal tem também os deveres de responsabilidade próprios do cargo".*

Artigo 158. *"O administrador não é pessoalmente responsável pelas obrigações que contrair em nome da sociedade e em virtude de ato regular de gestão; responde porém, civilmente, pelos prejuízos que causar quando proceder: § 1°. O administrador não é responsável por atos ilícitos de outros administradores, salvo se com eles for conivente, se negligenciar em descobri-los ou se, deles tendo conhecimento, deixar de agir para impedir a sua prática. Exime-se de responsabilidade o administrador dissidente que faça consignar sua divergência em ata de reunião do órgão de administração ou, não sendo possível, dela dê ciência imediata e por escrito ao órgão da administração, ao Conselho Fiscal, se em funcionamento, ou à assembléia geral. § 2° – Os administradores são solidariamente responsáveis pelos prejuízos causados em virtude do não-cumprimento dos deveres impostos por lei para assegurar o funcionamento normal da companhia, ainda que, pelo estatuto, tais deveres não caibam a todos eles".*

Artigo 159. *"Compete à companhia mediante prévia deliberação da assembléia geral, a ação de responsabilidade civil contra o administrador, pelos prejuízos causados ao seu patrimônio: § 7° – A ação prevista neste artigo não exclui a que couber ao acionista ou terceiro diretamente prejudicado por ato de administrador".*

Quando o acionista controlador acumula as funções de administrador, o abuso de poder da maioria pode criar uma responsabilidade civil em relação ao dirigente social.

Diz o artigo 117, § 3°. *"O acionista controlador que exerce cargo de administrador ou fiscal tem também os deveres e responsabilidades próprios do cargo".*

Portanto, se o controlador for concomitantemente administrador ou fiscal, tem os deveres e as responsabilidades próprios do cargo, cabendo contra ele os procedimentos previstos nos Artigos 159 e 165, da Lei societária, sem embargo das medidas individuais dos prejudicados.

Artigo 159. *"Compete à companhia, mediante prévia deliberação da assembléia geral, a ação de responsabilidade civil contra o administrador, pelos prejuízos causados ao seu patrimônio".*

Artigo 165. *"Os membros do Conselho Fiscal têm os mesmos deveres dos administradores de que tratam os Artigos 153 a 156 e respondem pelos danos resultantes de omissão no cumprimento de seus deveres e de atos praticados com culpa ou dolo, ou com violação da lei ou do estatuto".*

Para a caracterização da ilicitude de tais atos abusivos, não é necessário provar que o agente teve a intenção de prejudicar ou de fraudar a aplicação da lei, nem sequer teve consciência do resultado antijurídico. A culpa não integra, pois, necessariamente, o conceito de antijuridicidade, na espécie. Basta a análise dos elementos objetivos da situação criada e a conexão causal para a caracterização da conduta *"contra jus"* (injúria).

A responsabilidade do controlador, quando houver agido com abuso de poder, assegura eficaz proteção aos interesses atingidos ou, pelo menos, propicia meios mais elásticos para se conseguirem as indenizações pertinentes.

As considerações acima feitas mostram que o acionista controlador, mesmo em uma sociedade anônima fechada, não pode agir discricionariamente em prejuízo, direto ou indireto, dos acionistas minoritários, em face do disposto no artigo 117 da Lei das Sociedades Anônimas. De fato, esse dispositivo legal, exemplificando casos de abuso de poder, limita a atuação do acionista controlador, dando-lhe responsabilidade pessoal pela prática de certos atos com a finalidade de prejudicar os acionistas minoritários. A lei relaciona apenas alguns atos, daí outros, que não os expressamente enumerados, constituírem também atos pelos quais o acionista controlador poderá ser responsabilizado. É o que acontece, conforme acima mencionado, quando administradores de uma sociedade anônima, integrantes do grupo majoritário, criam uma outra sociedade com o mesmo objeto da primeira; localizam a sede dessa sociedade nova na sede da filial da primeira e, sobretudo, procuram afastar clientes desta apontando, nela, cartazes em que se declara que as atividades praticadas pela sociedade primitiva são, agora, realizadas pela sociedade concorrente. Do mesmo modo, ocorre abuso de poder quando o acionista majoritário faz com que a sociedade por ele controlada não distribua regularmente os dividendos; nem mesmo o dividendo obrigatório, o que constitui, sem dúvida, pressão para que os minoritários se desinteressem da sociedade, dela se afastando por não terem remuneração condigna para o seu capital, apesar de auferir a sociedade lucros regularmente.

Na realidade, dando a lei aos acionistas minoritários ação contra os controladores por abuso de poder, quer com isso tornar efetivo o amparo que outorga aos acionistas minoritários, fazendo com que esses usufruam os direitos que lhes são garantidos, de forma taxativa, pelo artigo 109, da Lei n° 6.404/76. Sobretudo o direito a uma remuneração justa do capital empregado pelos minoritários na sociedade anônima.

Capítulo XVI

ÓRGÃOS DAS SOCIEDADES POR AÇÕES

16.1. Assembléia Geral

Nos dizeres de Amador Paes de Almeida, *"assembléia, do francês assemblée, significa reunião de várias pessoas. Assembléia geral é a sessão que reúne a totalidade ou maioria dos membros de uma comunidade.*

No sentido jurídico designa a reunião dos subscritores ou acionistas de uma sociedade por ações, convocada e instalada na forma prevista em lei ou no estatuto, com a finalidade de, ou constituir a companhia, ou, se já constituída, tomar deliberações de seu interesse".[1]

Waldo Fazzio Júnior defende a tese de que assembléia geral é sinônimo de poder e que embora seja o primeiro órgão de deliberação da companhia, não é órgão de decisão absoluta. *"Tenha-se em mente que Assembléia Geral é sinônimo de poder. Ao menos, em tese, é o órgão direto de manifestação acionária. Na prática, os controladores e administradores dispõem de instrumentos de manobra que os habilitam a manipular sofisticados esquemas de controle decisório. A soberania deliberativa da Assembléia Geral revela-se formalmente como uma reunião dos acionistas, minudentemente regulamentada em lei, com poderes para deliberar e decidir todas as questões pertinentes ao objeto social e, bem assim, adotar as resoluções que julgar adequadas à proteção dos interesses da companhia e de seu desenvolvimento. Não se entenda entretanto que a Assembléia decide tudo o que se refere à sociedade. Não é bem assim. Em algumas matérias, seus poderes deliberativos e resolutórios são compartilhados ou, até mesmo, deferidos a outros órgãos administrativos. Assim, a Assembléia geral, embora seja o primeiro órgão de deliberação da companhia, não é órgão decisório absoluto".*[2]

---

1 ALMEIDA, Amador Paes de. *Manual das sociedades comerciais.* São Paulo: Saraiva, 2004, p. 269.

2 FAZZIO JÚNIOR. Waldo. *Manual de direito comercial.* São Paulo: Atlas, 2004, p. 267.

Assevera Fábio Ulhoa Coelho que *"no direito brasileiro, a assembléia geral tem competência para apreciar qualquer assunto de interesse social, mesmo os relacionados à gestão de negócios específicos. Sua natureza e funcionamento não guarda paralelo com as instâncias do poder estatal"*.[3]

Assembléia geral é a reunião dos acionistas, convocada e instalada na forma da lei e dos estatutos a fim de deliberar sobre matéria de interesse social. Ela é considerada o poder mais alto da sociedade, por ter função deliberativa, que influirá, inclusive, na administração e nos próprios acionistas, pois é através da assembléia geral que a vontade social se manifesta.

A assembléia geral é convocada e instalada de acordo com o disposto na lei e no estatuto e tem poderes para decidir todos os negócios relativos ao objeto da companhia e tomar as decisões que julgar convenientes à defesa e ao desenvolvimento da sociedade.

Compete privativamente à assembléia geral: a) reformar o estatuto social; b) eleger ou destituir, a qualquer tempo, os administradores e fiscais da companhia; c) tomar, anualmente, as contas dos administradores e deliberar sobre as demonstrações financeiras por eles apresentadas; d) autorizar a emissão de debêntures; e) suspender o exercício dos direitos dos acionistas; f) deliberar sobre avaliação de bens com que o acionista concorrer para a formação do capital social; g) autorizar emissão de partes beneficiárias; h) deliberar sobre transformação, fusão, incorporação e cisão da companhia, sua dissolução e liquidação, eleger e destituir liquidantes e julgar-lhes as contas; i) autorizar os administradores a pedir autofalência ou recuperação de empresa.

Em caso de urgência, a confissão da falência ou o pedido de recuperação poderá ser formulado pelos administradores, com a concordância do acionista controlador, se houver, convocando-se imediatamente a assembléia geral, para manifestar-se sobre a matéria.

Compete ao Conselho de Administração, se houver, ou aos Diretores, observado o estatuto, a convocação da assembléia, podendo ainda ser convocada: a) pelo Conselho Fiscal, se os órgãos da administração retardarem por mais de 1 (um) mês a convocação da assembléia ordinária, e a extraordinária, sempre que ocorrerem motivos graves ou urgentes, incluindo na agenda das assembléias as matérias que considerarem necessárias; b) por qualquer acionista, quando os administradores retardarem por mais de 60 (sessenta) dias a convocação conforme expresso em lei ou estatuto; c) por acionistas que representem 5% (cinco por cento), no mínimo, do capital social, quando os administradores não atenderem, no prazo de 8 (oito) dias, o pedido de convocação que apresentarem, devidamente fundamentado, com indicação das matérias a serem tratadas; d) por acionistas que representem 5% no mí-

3 COELHO, Fábio Ulhoa. *Curso de direito comercial.* São Paulo: Saraiva, 2002, v. 2, p. 195.

nimo do capital votante ou 5% no mínimo dos acionistas que não possuem direito de voto, quando os administradores não atenderem dentro do prazo de 8 (oito) dias, o pedido de convocação de assembléia para instalação do Conselho Fiscal.

A convocação será feita por anúncio publicado por 3 (três) vezes no mínimo, contendo além do local, data e hora da assembléia, ordem do dia e indicação da matéria no caso de reforma do estatuto social.

A primeira convocação será feita na companhia fechada, com 8 (oito) dias de antecedência, no mínimo, contado o prazo da publicação do primeiro anúncio; não se realizando a assembléia, será publicado novo anúncio, de segunda convocação, com antecedência mínima de 5 (cinco) dias.

Na companhia aberta, o prazo de antecedência da primeira convocação será de 15 (quinze) dias e o da segunda convocação de 8 (oito) dias.

Em regra, a assembléia realizar-se-á no local da sede da companhia, sendo necessário que os anúncios indiquem com clareza, o lugar da reunião, quando a assembléia efetuar-se em lugar diverso da sua sede.

Nas companhias fechadas, o acionista que representar 5% (cinco por cento) ou mais do capital social será convocado por telegrama ou carta registrada.

Ressalvadas as exceções previstas em lei, a assembléia geral instalar-se-á, em primeira convocação, com a presença de acionistas que representem no mínimo 25% do capital social com direito de voto; e em segunda convocação com qualquer número. Os acionistas portadores de ações sem direito de voto poderão comparecer à assembléia geral e discutir a matéria submetida à deliberação.

Os acionistas presentes à assembléia deverão provar sua qualidade, podendo ser representado por procurador constituído há menos de 1 ano e que seja acionista, administrador da companhia ou advogado. Na companhia aberta, o procurador pode, ainda, ser instituição financeira cabendo ao administrador de fundos de investimento representar os condôminos.

Antes de abrir-se a assembléia, os acionistas assinarão o "Livro de Presença", indicando o seu nome, nacionalidade, residência, a quantidade, espécie e classe das ações de que forem titulares.

Os trabalhos da assembléia serão dirigidos por mesa composta pelo presidente e secretário, escolhidos pelos acionistas presentes.

As decisões da assembléia geral, ressalvadas as exceções previstas em lei, serão tomadas por maioria absoluta de votos, não se computando os votos em branco. No caso de empate, se o estatuto não estabelecer procedimento de arbitragem e não contiver norma diversa, a assembléia será convocada, com intervalo mínimo de 2 (dois) meses, para votar a deliberação; se permanecer o empate e os acionistas não concordarem em cometer a decisão a um terceiro, caberá ao Poder Judiciário decidir, no interesse da companhia.

Os trabalhos e as deliberações da assembléia serão lavrados em livro próprio, ata que será assinado pelos membros da mesa e acionistas presentes.

A assembléia geral é ordinária quando tem por objeto as matérias previstas no artigo 132 da Lei nº 6.404/76, e extraordinária, nos demais casos. A assembléia geral ordinária e a extraordinária poderão ser, cumulativamente, convocadas e realizadas no mesmo local, data e hora, instrumentadas em ata única.

Preleciona Fábio Ulhoa Coelho que *"a assembléia é uma reunião privada. A ela somente têm acesso os acionistas (por si ou por procuradores), ou seus advogados. A lei prevê, também, a eventual presença de membros de outros órgãos societários, para esclarecimentos dos acionistas. Ninguém mais está legitimado a presenciar os trabalhos, salvo se convidado pela mesa diretora".*[4]

16.2. Assembléia Geral Ordinária

Nos dizeres de Waldo Fazzio Júnior, *"a AGO é uma reunião compulsória dos acionistas realizada no primeiro quadrimestre seguinte ao término do exercício social, para deliberar sobre os assuntos definidos por lei como de sua competência e indelegável".*[5]

A assembléia geral ordinária será convocada anualmente, nos primeiros quatro meses seguintes ao término do exercício social, com a seguinte finalidade:

a) tomar as contas dos administradores, examinar, discutir e votar as demonstrações financeiras;

b) deliberar sobre a destinação do lucro líquido do exercício e a distribuição de dividendos;

c) eleger os administradores e os membros do Conselho Fiscal;

d) aprovar a correção da expressão monetária do capital social (artigo 167).

Os administradores devem comunicar até 1 (um) mês antes da data da assembléia geral que os documentos da administração estarão à disposição dos acionistas.

Instalada a assembléia geral, será feita a leitura dos documentos constantes no artigo 133 e do parecer do Conselho Fiscal, se houver, sendo discutidos e votados pela mesa.

Dispõe o artigo 133 que: *"Os administradores devem comunicar, até 1 (um) mês antes da data marcada para a realização da assembléia geral ordinária, por anúncios publicados na forma prevista no artigo 124, que se acham à disposição dos acionistas: I. o relatório da administração sobre os negócios sociais e os principais fatos administrativos do exercício findo; II. a cópia das demonstrações financeiras; III. o parecer dos auditores indepen-*

4 COELHO, Fábio Ulhoa. *Curso de direito comercial.* São Paulo: Saraiva, 2002, v. 2, p. 208.

5 FAZZIO JÚNIOR, Waldo. *Manual de direito comercial.* São Paulo: Atlas, 2004, p. 270.

dentes, se houver; IV. o parecer do conselho fiscal, inclusive votos dissidentes, se houver, e; V. demais documentos pertinentes a assuntos incluídos na ordem do dia".

A ata da assembléia geral será arquivada no Registro Público das Empresas Mercantis e publicada em qualquer jornal, não necessariamente no Diário Oficial.

16.3. Assembléia Geral Extraordinária

A assembléia geral extraordinária que tiver por objeto a reforma do estatuto somente se instalará em primeira convocação com a presença de acionistas que representem 2/3, no mínimo, do capital com direito de voto, e em segunda convocação com qualquer número.

Os atos e reformas do estatuto deverão ser arquivados e publicados para valerem contra terceiros.

Será necessária a aprovação de acionistas que representem metade, no mínimo, de ações com direito a voto, se o estatuto não exigir maior quorum em companhias fechadas para deliberação sobre:

a) criação de ações preferenciais ou aumento de classe de ações preferenciais existentes, sem guardar proporção com as demais classes de ações preferenciais, salvo se já previstos ou autorizados pelo estatuto;

b) alteração nas preferências, vantagens e condições de resgate ou amortização de uma ou mais classes de ações preferências, ou criação de nova classe mais favorecida;

c) redução do dividendo obrigatório;

d) fusão da companhia ou sua incorporação em outra;

e) participação em grupo de sociedades;

f) mudança do objeto da companhia;

g) cessação do estado de liquidação da companhia;

h) criação de partes beneficiárias;

i) cisão da companhia;

j) dissolução da companhia.

A aprovação de determinadas matérias, tais como criação de ações preferenciais, mudança do objeto da companhia e cisão da companhia, dá o direito de retirada dos acionistas dissidentes, mediante o reembolso do valor de suas ações.

16.4. Conselho de Administração

A administração da companhia caberá ao conselho de administração e à diretoria, ou somente à diretoria, conforme dispuser o estatuto. As companhias abertas terão, obrigatoriamente, conselho de administração, sendo este facultativo para as sociedades fechadas.

Para Fábio Ulhoa Coelho, *"o conselho de administração é órgão deliberativo e fiscalizador, integrado por no mínimo três acionistas, com competência para qualquer matéria de interesse social, exceto as privativas da assembléia geral (artigo 122 da LSA). Sua função é agilizar o processo de tomada de decisão, no interior da organização empresarial".*[6]

O conselho de administração é um órgão de deliberação colegiada e tem a função de fixar a orientação geral dos negócios da companhia.

Ensina Waldo Fazzio Júnior que *"o Conselho de Administração é, pois, um órgão colegiado com atribuições deliberativas insuscetíveis de delegação. Posiciona-se, objetivamente, entre a Assembléia Geral e a diretoria, em virtude da duplicidade de suas atribuições, pois atua como representante da sociedade e, ao mesmo tempo, desempenha poderes de gestão".*[7]

Compete à assembléia geral dos acionistas votantes, geralmente ao acionista controlador, eleger ou destituir o conselho de administração e a este, por sua vez, cabe o direito de eleger ou destituir os diretores.

As atribuições e poderes conferidos por lei aos órgãos de administração não podem ser outorgados a outro órgão, criado por lei ou pelo estatuto.

Os membros do conselho de administração deverão obrigatoriamente ser acionistas da sociedade e pessoas naturais, podendo os diretores serem acionistas ou não, residentes no País.

O conselho de administração será composto por, no mínimo, 3 (três) membros, eleitos pela assembléia geral e por ela destituíveis a qualquer tempo, devendo o estatuto estabelecer:

a) o número de conselheiros, ou o máximo e mínimo permitidos, e o processo de escolha e substituição do presidente do conselho pela assembléia ou pelo próprio conselho;

b) o modo de substituição dos conselheiros;

c) o prazo de gestão, que não poderá ser superior a 3 (três) anos, permitida a reeleição;

d) as normas sobre convocação, instalação e funcionamento do conselho, que deliberará por maioria de votos, podendo o estatuto estabelecer quorum qualificado para certas deliberações, desde que especifique as matérias.

O estatuto poderá prever a participação no conselho de representantes dos empregados, escolhidos pelo voto destes, em eleição direta organizada pela empresa, em conjunto com as entidades sindicais que os representem.

Na eleição dos conselheiros, é facultado aos acionistas que representem, no mínimo 1/10 (um décimo) do capital social com direito de voto, esteja ou não previsto no estatuto, requererem a adoção do processo de voto múltiplo, atribuindo-se a cada ação tantos votos quantos sejam os membros

---

6 COELHO, Fábio Ulhoa. *Curso de direito comercial.* São Paulo: Saraiva, 2002, v. 2, p. 215.

7 FAZZIO JÚNIOR, Waldo. *Manual de direito comercial.* São Paulo: Atlas, 2004, p. 276.

do conselho, e reconhecido ao acionista o direito de cumular os votos em um só candidato ou distribuí-los entre vários.

O conselho de administração é competente para:

a) fixar a orientação geral dos negócios da companhia;

b) eleger e destituir os diretores da companhia e fixar-lhes as atribuições, observado o que a respeito dispuser o estatuto;

c) fiscalizar a gestão dos diretores, examinar, a qualquer tempo, os livros e papéis da companhia, solicitar informações sobre contratos celebrados ou em via de celebração, e quaisquer outros atos;

d) convocar a assembléia geral quando julgar conveniente, ou nos casos previstos em lei;

e) manifestar-se sobre o relatório da administração e as contas da diretoria;

f) manifestar-se previamente sobre atos ou contratos, quando o estatuto assim o exigir;

g) deliberar, quando autorizado pelo estatuto, sobre a emissão de ações ou de bônus de subscrição;

h) autorizar, se o estatuto não dispuser em contrário, a alienação de bens do ativo permanente, a constituição de ônus reais e a prestação de garantias a obrigações de terceiros;

i) escolher e destituir os auditores independentes, se houver.

Todas as atas das reuniões do conselho de administração que contiverem deliberação destinada a produzir efeitos perante terceiros será arquivada no Registro Público das Empresas Mercantis.

16.5. Diretoria

A diretoria é um órgão executivo das deliberações da assembléia geral dos acionistas ou do conselho de administração, e tem a função de representar a sociedade. Não possuindo a sociedade o conselho de administração, a diretoria, ao mesmo tempo, atua como órgão de deliberação e órgão executivo. Como órgão de deliberação, fixa a orientação geral dos negócios da companhia. Mas, a missão principal da diretoria é a prática dos atos necessários ao seu funcionamento regular.

Nas sociedades que adotarem os dois órgãos de administração (conselho de administração e diretoria), os diretores serão eleitos pelo conselho de administração. Não existindo o conselho de administração, a eleição da diretoria será feita pela assembléia geral ordinária ou extraordinária.

Amador Paes de Almeida faz um comparativo entre a diretoria da sociedade por ações e a gerência nas sociedades de pessoas, afirmando que *"a diretoria é o órgão executivo da sociedade anônima, competindo-lhe a representação da companhia e a prática dos atos necessários a seu funcionamento regular. Ao contrário do que sucede com as sociedades de pessoas em que o gerente é sempre um dos sócios, nomeado no contrato social, na sociedade anônima o diretor pode ser ou não acionista, o que vale dizer que a escolha pode recair sobre estranhos ao quadro associativo da companhia".*[8]

Diremos que o diretor da sociedade por ações assemelha-se hoje ao administrador da sociedade limitada (híbrida), pois, se o contrato permitir, também poderá ser não sócio.

Para Fábio Ulhoa Coelho, *"a diretoria é órgão executivo da companhia, composta por, no mínimo, duas pessoas, eleitas pelo conselho de administração, ou, se este não existir, pela assembléia geral. Compete aos seus membros, no plano interno, gerir a empresa, e, no externo, manifestar a vontade da pessoa jurídica, na generalidade dos atos e negócios que ela pratica".*[9]

A diretoria será composta por 2 (dois) ou mais diretores eleitos e destituíveis pelo conselho de administração, ou, se inexistente, pela assembléia geral, devendo o estatuto estabelecer:

a) o número de diretores ou o máximo e o mínimo permitido;

b) o modo de substituição;

c) o prazo de gestão, não superior a 3 (três) anos, permitida a reeleição;

d) as atribuições e poderes de cada diretor.

Os diretores poderão representar a companhia e praticar atos necessários ao seu funcionamento regular, isto inexistindo deliberação do conselho de administração ou no silêncio do estatuto.

A atuação da diretoria é isolada, segundo suas atribuições e poderes. Embora os diretores tenham uma atuação singular, esta deverá ser harmônica e sempre em benefício da sociedade. O estatuto pode estabelecer que a atuação da diretoria seja em forma de colegiado, em reunião, para a tomada de determinadas decisões, de sua competência, devendo, após discutida a matéria, a decisão ser tomada por maioria de votos, conforme determina a lei societária no seu artigo 143, § 2º, que diz: *"O estatuto pode estabelecer que determinadas decisões, de competência dos diretores, sejam tomadas em reunião da diretoria".*

É lícito aos diretores constituir mandatários da companhia, devendo ser especificados no instrumento os atos ou operações que poderão praticar e a duração do mandato, que, no caso de mandato judicial, poderá ser por prazo indeterminado.

16.6. Conselho Fiscal

Nas sociedades anônimas a fiscalização é feita através do conselho fiscal. É o órgão incumbido de examinar o andamento dos negócios da com-

8 ALMEIDA, Amador Paes de. *Manual de direito comercial.* São Paulo: Saraiva, 2004, p. 276.

9 COELHO, Fábio Ulhoa. *Curso de direito comercial.* São Paulo: Saraiva, 2002, v. 2, p. 227.

panhia e de manifestar-se sobre os atos da administração. Sempre que houver assembléia, ao menos um dos membros do conselho fiscal deverá comparecer a ela e responder aos pedidos de informações formulados pelos acionistas. Os pareceres de seus membros poderá ser apresentado e lido na assembléia geral dos acionistas, independentemente de publicação e ainda que a matéria não conste da ordem do dia. A função do conselho fiscal é a de fiscalizar os atos da administração social, exercidos pelo conselho de administração e pela diretoria.

Assevera Fábio Ulhoa Coelho que *"o conselho fiscal é órgão de assessoramento da assembléia geral, na apreciação das contas dos administradores e na votação das demonstrações financeiras da sociedade anônima. Sua existência é obrigatória, mas seu funcionamento facultativo"*.[10]

O conselho fiscal será composto de, no mínimo, 3 (três) e no máximo, 5 (cinco) membros, e suplentes em igual número, acionistas ou não, eleitos pela assembléia geral.

Quando o funcionamento do conselho fiscal não for permanente, este será instalado pela assembléia geral a pedido de acionistas que representem, no mínimo, 1/10 (um décimo) das ações com direito a voto, ou 5% (cinco por cento) das ações sem direito a voto, e cada período de seu funcionamento terminará na primeira assembléia geral ordinária após a sua instalação.

Somente podem ser eleitas para o conselho fiscal pessoas naturais, residentes no País, diplomadas em curso de nível universitário, ou que tenham exercido, por prazo mínimo de 3 (três) anos, cargo de administrador de empresa ou de conselheiro fiscal.

Compete ao conselho fiscal:

a) fiscalizar, por qualquer de seus membros, os atos dos administradores e verificar o cumprimento dos seus deveres legais e estatutários;

b) opinar sobre o relatório anual da administração, fazendo constar do seu parecer as informações complementares que julgar necessárias ou úteis à deliberação da assembléia geral;

c) opinar sobre as propostas dos órgãos da administração, a serem submetidas à assembléia geral, relativas a modificação do capital social, emissão de debêntures ou bônus de subscrição, planos de investimento ou orçamentos de capital, distribuição de dividendos, transformação, incorporação, fusão ou cisão;

d) denunciar, por qualquer de seus membros, aos órgãos de administração e, se estes não tomarem as providências necessárias para a proteção dos interesses da companhia, à assembléia geral, os erros, fraudes ou crimes que descobrirem, e sugerir providências úteis à companhia;

e) convocar a assembléia geral ordinária, se os órgãos da administração retardarem por mais de 1 (um) mês essa convocação, e a extraordinária,

10 COELHO, Fábio Ulhoa. *Curso de direito comercial.* São Paulo: Saraiva, 2002, v. 2, p. 228.

sempre que ocorrerem motivos graves ou urgentes, incluindo na agenda das assembléias as matérias que considerarem necessárias;

f) analisar, ao menos trimestralmente, o balancete e demais demonstrações financeiras elaboradas periodicamente pela companhia;

g) examinar as demonstrações financeiras de exercício social e sobre elas opinar;

h) exercer essas atribuições, durante a liquidação, tendo em vista as disposições especiais que a regulam.

Os membros do conselho fiscal têm deveres e responsabilidades semelhantes aos dos administradores, respondendo pelos danos resultantes de omissão no cumprimento de seus deveres e de atos praticados com culpa ou dolo, ou com violação da lei ou do estatuto.

Capítulo XVII

DISSOLUÇÃO DA COMPANHIA

Sumário: 17.1. Dissolução da companhia. **17.2.** Extinção da companhia.

17.1. Dissolução da Companhia

Dissolução é o processo pelo qual se extingue a sociedade, e poderá ser amigável ou judicial. Determina a Lei nº 6.404/76 em seu artigo 206 que: *"Dissolve-se a companhia; I. de pleno direito: a) pelo término do prazo de duração; b) nos casos previstos no estatuto; c) por deliberação da assembléia geral (artigo 136, X); d) pela existência de um único acionista, verificada em assembléia geral ordinária, se o mínimo de 2 (dois) não for reconstituído até à do ano seguinte, ressalvado o disposto no artigo 251; e) pela extinção, na forma da lei, da autorização para funcionar; II. por decisão judicial: a) quando anulada a sua constituição, em ação proposta por qualquer acionista; b) quando provado que não pode preencher o seu fim, em ação proposta por acionistas que representem 5% (cinco por cento) ou mais do capital social; c) em caso de falência, na forma prevista na respectiva lei; III. por decisão de autoridade administrativa competente, nos casos e na forma previstos em lei especial".*

Quando a companhia é dissolvida, irá conservar a sua personalidade jurídica, até a extinção, com o fim de proceder à liquidação.

O conselho de administração deverá nomear um liquidante, que poderá ser destituído a qualquer tempo, pelo mesmo órgão que o tiver nomeado.

O liquidante terá os seguintes deveres:

a) arquivar e publicar a ata da assembléia geral, ou certidão de sentença, que tiver deliberado ou decidido a liquidação;

b) arrecadar os bens, livros e documentos da companhia, onde quer que estejam;

c) fazer levantar, de imediato, em prazo não superior ao fixado pela assembléia geral ou pelo juiz, o balanço patrimonial da companhia;

d) ultimar os negócios da companhia, realizar o ativo, pagar o passivo, e partilhar o remanescente entre os acionistas;

e) exigir dos acionistas, quando o ativo não bastar para a solução do passivo, a integralização de suas ações;

f) convocar a assembléia geral, nos casos previstos em lei ou quando julgar necessário;

g) confessar a falência da companhia e pedir recuperação judicial, nos casos previstos em lei;

h) finda a liquidação, submeter à assembléia geral relatório dos atos e operações da liquidação e suas contas finais;

i) arquivar e publicar a ata da assembléia geral que houver encerrado a liquidação.

Compete ainda ao liquidante representar a companhia e praticar todos os atos necessários à liquidação, inclusive alienar bens móveis ou imóveis, transigir, receber e dar quitação. O liquidante necessitará de autorização da assembléia geral para gravar bens e contrair empréstimos, salvo quando indispensáveis ao pagamento de obrigações inadiáveis.

Em todos os atos ou operações da companhia, o liquidante deverá usar a denominação social seguida das palavras "em liquidação".

O liquidante convocará assembléia geral cada 6 (seis) meses, para prestar contas dos atos e operações praticadas no semestre e para apresentação do relatório e balanço do estado da liquidação. Pago o passivo e rateado o ativo remanescente, o liquidante convocará nova assembléia geral para a prestação final das contas.

Aprovadas as contas, encerra-se a liquidação e a companhia extingue-se. O acionista dissidente terá o prazo de 30 (trinta) dias, a contar da publicação da ata, para promover a ação que lhe couber.

Após o encerramento da liquidação, o credor que não estiver satisfeito somente terá o direito de exigir dos acionistas, individualmente, o pagamento do seu crédito, até o limite da soma, por eles recebida, e de propor contra o liquidante, se for o caso, ação de perdas e danos. O acionista executado terá direito de haver dos demais a parcela que lhes couber no crédito pago.

17.2. Extinção da Companhia

Determina a Lei nº 6.404/76, em seu artigo 206, que: *"Extingue-se a companhia: a) pelo encerramento da liquidação; b) pela incorporação ou fusão, e pela cisão com versão de todo o patrimônio em outras sociedades".*

A existência das sociedades empresárias tem início quando são arquivados no Registro Público das Empresas Mercantis os seus atos constitutivos, e somente será dada baixa dessas sociedades no registro quando arquivados os documentos relativos à liquidação do seu patrimônio. Assim sendo, enquanto não for cancelado o registro relativo à sociedade, a pessoa jurídica persiste, não podendo ser a companhia, na realidade, considerada extinta. A sociedade somente será considerada extinta de direito quando desaparecer a pessoa jurídica, ou seja, quando forem arquivados no Registro Público das Empresas Mercantis os documentos relativos à liquidação.

Também se extingue a sociedade pela incorporação ou fusão, e pela cisão com a versão de parte ou de todo o patrimônio em outras sociedades, conforme previsto no próximo capítulo.

Capítulo XVIII

TRANSFORMAÇÃO, INCORPORAÇÃO, FUSÃO E CISÃO

18.1. Transformação de Sociedades

Fran Martins ensina que *"a transformação é a operação pela qual uma sociedade passa, independentemente de dissolução ou liquidação, de uma espécie para outra"*.[1]

Existem duas modalidades de transformação: a) a que já estava prevista no acordo social; e b) a que ocorre de forma fortuita ou acidental.

Em ambas as hipóteses, naturalmente, o legislador previu a transformação independentemente de dissolução. No primeiro caso, ou seja, aquela transformação prevista no acordo social, a sociedade conservará todas as características primitivas da sociedade transformada: o mesmo objeto, os mesmos sócios e o mesmo patrimônio. No segundo caso, ou seja, aquela transformação fortuita ou acidental, com substituição de sócios, nem por isso haverá modificação na situação patrimonial, mesmo que a atividade econômica seja outra. A pessoa jurídica será a mesma, embora revestida por outros sócios. Portanto, não há de se pensar em dissolução, sendo apenas mera alteração dos atos constitutivos, o que não implica, necessariamente, uma nova ou outra constituição.

Assim, exemplificativamente, se uma sociedade anônima resolve transformar-se em uma sociedade limitada, ou em outra qualquer, dar-se-á a transformação.

A transformação exige o consentimento de todos os sócios ou acionistas, salvo se prevista no estatuto ou no contrato social, caso em que o sócio dissidente terá o direito de retirar-se da sociedade.

1 MARTINS, Fran. *Curso de direito comercial.* Rio de Janeiro: Forense, 2003, p. 317.

Waldo Fazzio Júnior explica que "n*ormalmente, a transformação é um procedimento formal que exige a aprovação unânime dos sócios ou acionistas, salvo se houver estipulação contratual ou estatutária dispensando essa exigência. De qualquer forma, será respeitado o direito de recesso, ou seja, o sócio ou acionista que não concordar pode retirar-se da sociedade e será reembolsado do valor de suas ações".*[2]

A transformação não prejudicará os direitos dos credores, que continuarão, até o pagamento integral dos seus créditos, com as mesmas garantias que lhes oferecia o tipo anterior societário.

18.2. Disposições Iniciais da Fusão, Incorporação e Cisão

Um dos principais motivos para a fusão, incorporação e até para a cisão das sociedades é a competitividade atual dos mercados, e um dos fatores relevantes para tal situação é o fenômeno da globalização mundial, responsável pela derrubada de diversas barreiras entre os países. A ocasião obriga as empresas a evoluírem sob pena de se tornarem insignificantes a ponto de deixarem de operar em razão da concorrência, que não é mais apenas nos seus mercados nacionais, pois as transnacionais se expandem com grande velocidade, constituindo novas sociedades e revolucionando os mercados produtivos, societários, trabalhistas, consumidores, entre outros.

Com a expansão da globalização e a necessidade de aumentar a competitividade nos mercados, as empresas atualmente estão tomando medidas inovadoras, tais como, a incorporação de concorrentes menores; a fusão de duas sociedades; ou até, em alguns ramos de atividade, dividir o capital da empresa objetivando a concentração na pluralidade, redução de encargos tributários, maior organização para o desempenho de suas atividades, entre outros motivos.

Marcelo Bertoldi e Vera Helena de Mello Franco usam em suas obras quando da definição de fusão e de incorporação o termo "concentração", e outros autores como Ricardo Negrão e a civilista Maria Helena Diniz comentam os processos de incorporação e fusão nos capítulos dedicados a reorganização societária, não destacando a concentração. Não se pode negar o caráter de concentração de capitais nestas transações, mas também não seria oportuno desconsiderar outras formas de concentração de capitais, talvez ainda mais eficientes como os grupos societários, as empresas coligadas e os consórcios, que normalmente pelo tamanho das empresas concentram grande parte do mercado do setor em que atuam ou de diversos setores. Pode-se considerar ainda que as cisões, incorporações e fusões configuram com muita clareza a reorganização societária.

2 FAZZIO JÚNIOR, Waldo. *Manual de direito comercial*. São Paulo: Atlas, 2004, p. 305.

Pode-se destacar também que o fenômeno da fusão, da incorporação e da cisão podem ser formas de extinção da sociedade sem que haja a sua dissolução, uma vez que nestes fenômenos sempre existe a sucessão dos direitos e obrigações, o que desobriga a liquidação da sociedade e consequentemente a sua dissolução.

Conforme destaca Fabio Ulhoa Coelho, *"o negócio de compra e venda de empresas não costuma ser objeto de atenção da doutrina, malgrado sua enorme importância e complexidade. Na literatura jurídica brasileira, não há monografia especializada,... Mesmo no exterior são raras as obras específicas sobre o assunto".*[3] Atualmente esta área do direito encontra-se muito carente, sendo que o próprio mercado de capitais obrigará a evolução desta matéria em razão do desenvolvimento do mercado de empresas, já que nos últimos tempos tem se tornado frequente as fusões, incorporações, cisões, criação de grupos de sociedades, entre outros meios de adquirir competitividade e controles de mercados.

A incorporação, fusão ou cisão podem ser operadas entre sociedades de tipos iguais ou diferentes e deverão ser deliberadas na forma prevista para a alteração dos respectivos estatutos ou contratos sociais.

18.3. Fusão de Sociedades

A fusão de sociedades está disposta em nossa legislação no Código Civil, Lei nº 10.406, de 10 de janeiro de 2002, nos artigos 1.119 a 1.121, além de outras disposições contidas no artigo 228 da Lei das Sociedades Anônimas, Lei nº 6.404/76.

Fusão é a operação pela qual se unem duas ou mais sociedades para formar sociedade nova, que lhes sucederá em todos os direitos e obrigações. A fusão faz extinguir as sociedades envolvidas, que darão lugar a uma nova.

Para o saudoso professor Fran Martins *"fusão é a operação pela qual se unem duas ou mais sociedades para formar uma sociedade nova, que lhes sucederá em todos os direitos e obrigações. Desaparecem, no caso, as sociedades que se fundem, para, em seu lugar, surgir uma outra sociedade. Essa operação, contudo, não dissolve as sociedades, apenas as extinguindo. Não se fará liquidação do patrimônio social, pois a sociedade que surge assumirá todas as obrigações ativas e passivas das sociedades fusionadas".*[4]

Marcelo Bertoldi define fusão como: *"uma operação de concentração de empresas, na qual duas ou mais sociedades se unem, resultando dessa*

3 COELHO, Fábio Ulhoa. *Curso de direito comercial.* São Paulo: Saraiva, 2008, p. 83.

4 MARTINS, Fran. *Curso de direito comercial.* Rio de Janeiro: Forense, 2003, p. 322.

união uma nova sociedade que, diante da extinção de todas as sociedades envolvidas, as sucederá em direitos e obrigações".[5]

O processo de fusão inicia-se com o preparo do protocolo, que conterá as conclusões a que chegaram os representantes de ambas as sociedades, ao ser estudada a operação. Esse protocolo deverá ser apresentado aos sócios de cada sociedade interessada na fusão. Se essas sociedades forem anônimas, serão realizadas assembléias gerais de cada uma para que o protocolo, devidamente justificado, seja discutido e, afinal, votado. Havendo aprovação desse documento preliminar, a sociedade deverá nomear os peritos que avaliarão o patrimônio líquido das demais sociedades que irão se juntar para dar nascimento a uma sociedade nova.

Feitas as respectivas avaliações, os laudos dos peritos de cada sociedade serão apresentados a ela, que os examinará e os aprovará. A seguir, as sociedades interessadas convocarão os seus acionistas ou sócios para a assembléia geral, na qual serão discutidos e aprovados os diversos laudos. Na assembléia os sócios ou acionistas não poderão votar sobre o laudo de sua própria sociedade. Se todos os laudos forem aprovados, será então deliberada a constituição da nova sociedade, com base no que foi estipulado no protocolo de fusão, previamente aprovado pela sociedade.

Constituída a nova companhia, cumpre aos primeiros administradores promoverem o arquivamento da fusão, e providenciarem a sua publicação.

Sobre os acionistas dissidentes da decisão que aprovar o processo de fusão recai o direito de retirarem-se da companhia, mediante o reembolso do valor de suas ações.

Pode-se dizer que a fusão de sociedades é a reorganização de capitais visando à concentração das participações das empresas no mercado, pela união de duas ou mais empresas, formando uma nova sociedade que sucederá as fundidas em direitos e obrigações, extinguindo as empresas fundidas, mas não as dissolvendo em razão da sucessão dos direitos e obrigações pela nova sociedade.

A fusão inicia-se com o protocolo de intenções, que terá de ser aprovado posteriormente pelos acionistas, mas o procedimento estabelecido em nossa legislação para o seu início, e para a sua conclusão será abordado em detalhes posteriormente, uma vez que o procedimento é comum para a fusão, incorporação e cisão.

18.4. Incorporação de Sociedades

Incorporação é a operação pela qual uma ou mais sociedades são absorvidas por outra, que lhes sucede em todos os direitos e obrigações. Essa for-

5 BERTOLDI, Marcelo. *Curso avançado de direito comercial.* São Paulo: Revista dos Tribunais, 2006, p. 332.

ma de alteração poderá se dar tanto entre sociedades do mesmo tipo, como entre aquelas de tipos diferentes. Para tal decisão se faz necessário que a incorporação seja deliberada na forma prevista pelos estatutos e contratos sociais das sociedades envolvidas.

Na Incorporação societária, uma empresa denominada incorporadora absorve outra sociedade denominada incorporada. Nesse instituto, a sociedade incorporada deixa de existir, ela extingue-se, mas, assim como na fusão ela não se dissolve. A empresa incorporadora assume as responsabilidades e os débitos da incorporada, ou seja, os credores da incorporada terão seus créditos garantidos pela incorporadora. Isto implica que os ativos das empresas são somados e os passivos da incorporada assumidos.

Diferenciamos a incorporação da fusão pelo fato de que na fusão se tem a constituição de uma nova empresa e na incorporação a incorporadora se mantém ativa e a incorporada se extingue, ou seja, não há o surgimento de nova empresa.

O legislador pátrio não define com precisão o conceito de incorporação, ficando a cargo da doutrina a definição precisa do assunto. Em nosso ordenamento jurídico a incorporação societária está localizada no Código Civil em seus artigos 1.116 a 1.118 e no artigo 227 da Lei das Sociedades Anônimas.

Assevera Fran Martins que *"por incorporação se entende a operação pela qual uma ou mais sociedades são absorvidas por outra, que lhes sucede em todos os direitos e obrigações. Neste caso desaparecerá uma das sociedades, a incorporada permanecendo, porém, com a sua pessoa jurídica inalterada à sociedade incorporadora. Esta sucederá à sociedade incorporada em todos os seus direitos e obrigações".*[6]

Incorporar significa absorver. Assim, quando uma sociedade anônima incorpora outra, a sociedade absorvida simplesmente desaparece. A incorporadora exerce o papel de sucessora, assumindo todos os direitos e deveres da incorporada. Dessa forma, entende-se como incorporação um modo de expansão dos negócios de uma sociedade, que cresce mediante a aquisição de outra, que passa, então, a integrá-la.

A característica da incorporação é a extinção das sociedades incorporadas, sendo as incorporadoras sucessoras delas em relação aos seus direitos e obrigações. Há desse modo, a absorção do patrimônio da sociedade, com a extinção desta, passando os sócios da incorporada a ser sócios da incorporadora.

Para que seja decidida a incorporação se faz necessária a manifestação da assembléia geral para aprovar a operação.

Aprovado o protocolo da operação, a assembléia geral da companhia incorporadora autorizará o aumento do capital a ser subscrito e realizado

6 MARTINS, Fran. *Curso de direito comercial.* Rio de Janeiro: Forense, 2003, p. 320.

pela incorporada mediante versão do seu patrimônio líquido, além de nomear os peritos que o avaliarão. A aprovação do protocolo da operação pela incorporação inclui a subscrição do aumento de capital da incorporadora. Extingue-se a sociedade incorporada, quando a assembléia geral da incorporadora aprovar o laudo de avaliação e a incorporação. Em seguida deverá ser providenciado o arquivamento e a publicação dos atos referentes a esse acontecimento.

Assim como na fusão, a incorporação também tem de ser aprovada pelos acionistas, sendo que os procedimentos serão comentados adiante por ser comum às três formas de reorganização e concentração societária.

18.5. Cisão de Sociedades

Cisão é a operação pela qual a companhia transfere parcelas do seu patrimônio para uma ou mais sociedades, constituídas para esse fim ou já existentes, extinguindo-se a companhia cindida, se houver versão de todo o seu patrimônio, ou dividindo-se o seu capital, se parcial a versão.

Preleciona Fran Martins que *"haverá, assim, na cisão, uma transferência, total ou parcial, do patrimônio de uma sociedade, para outra ou outras. Sendo todo o patrimônio transferido para duas ou mais sociedades, extingue-se a sociedade cindida, sucedendo à extinta as sociedades que absorveram o seu patrimônio, na proporção dos patrimônios líquidos transferidos. Se a cisão for parcial, a sociedade que absorver parte do patrimônio da cindida passa a sucedê-la nos direitos e obrigações relacionados no ato da cisão".*[7]

Em decorrência do crescimento de certas sociedades, que muitas vezes se constituem em instituições tão grandes que se torna difícil administrar, tem-se observado a necessidade de diminuir o seu patrimônio. Para evitar a redução do capital social admite-se que o melhor caminho será a criação de sociedades novas cujo patrimônio será formado com parcela da outra sociedade, sendo sócios da sociedade criada as mesmas pessoas que participavam da cindida, às quais serão atribuídas ações da sociedade nova, em substituição às ações extintas na cindida e na proporção das possuídas pelos acionistas individualmente.

Poderá a cisão de uma sociedade se verificar com versão de parte do seu patrimônio para a sociedade já existente, quando a operação se processará obedecendo às disposições relativas à incorporação.

A cisão também se pode verificar quando a sociedade cindida transfere todo o seu patrimônio para duas ou mais sociedades, novas ou já existentes, extinguindo-se, assim, a que se cinde. Essa operação, em regra, se realiza,

7 MARTINS, Fran. *Curso de direito comercial.* Rio de Janeiro: Forense, 2003, p. 323.

quando na sociedade existem dois ou mais grupos que não se entendem, havendo, portanto, dificuldades em sua manutenção. Opera-se, então, a cisão, de acordo com o que convierem as partes em assembléia geral.

A cisão das sociedades é uma forma de reorganização societária que objetiva maior organização administrativa, otimizando assim diversas funções da empresa tornando-as mais competitivas no mercado através da transferência de capital de uma empresa para outra(s); sendo que, a empresa que absorve tal capital sucede a cindida nos direitos e obrigações correspondentes à parcela absorvida, podendo falar-se então em cisão total ou cisão parcial.

Cisão total se dá quando todo o capital de uma empresa é dividido entre duas ou mais sociedades, que absorvem o capital e a sucedem em direitos e obrigações, extinguindo-se a sociedade cindida. Na cisão parcial apenas uma parcela do patrimônio é distribuída para outras empresas, sendo que cada uma será responsável em ralação à parte absorvida do patrimônio. Para a absorção da parcela de capital que receberá, a sociedade empresária pode ser preexistente ou ainda pode ser criada exclusivamente para receber tal capital.

Quanto aos direitos e obrigações, cabe esclarecer que, na hipótese de verificar-se a cisão total, quando a sociedade deixa de existir, esses direitos e obrigações transferem-se para a nova sociedade, legítima sucessora da cindida. No caso de o patrimônio da cindida ser destinado a duas ou mais sociedades, essas assumirão tais responsabilidades na proporção do patrimônio líquido recebido. Se, entretanto, ocorrer cisão de caráter parcial, sem extinção, da companhia, a sociedade que assumiu parte do seu patrimônio sucede à cindida naqueles direitos e obrigações que forem relacionados no ato da cisão.

Quando se fala em cisão, o primeiro pensamento que ocorre é a desconcentração, divisão. Vera Helena de Mello Franco e Rachel Sztajn apresentam uma comparação interessante no tocante à concentração societária, que merece destaque: *"Quanto à fusão e à incorporação, o que leva a empresa ao gigantismo (macro empresa) fala-se em concentração na unidade. Já com relação à cisão, em concentração na pluralidade, posto que* **é** *o caminho inverso. Fragmenta-se a unidade em duas ou mais, sem que com isto, todavia, este poder torne-se menor".*[8]

Marcelo Bertoldi explica o fenômeno da cisão norteando-se pelo que dispõe o diploma regulador das sociedades anônimas de 1976: *"Ocorre a cisão com a transferência de parcela ou do total do patrimônio da companhia para uma ou mais sociedades já existentes ou constituídas para este fim. A cisão poderá ser parcial ou total. Será parcial quando ocorrer apenas parte do patrimônio da sociedade cindida, com a conseqüente redução de seu ca-*

8 FRANCO, Vera Helena de Mello e SZTAJN, Rachel. *Manual de direito comercial.* V.2. São Paulo: Revista dos Tribunais, 2005, p. 244.

pital social na proporção do patrimônio transferido. Será total, no entanto, se todo o patrimônio da sociedade cindida for transferido para outras sociedades, acarretando a sua extinção, ..."[9]

No tocante à responsabilidade, mostrou-se o legislador preocupado em tolher qualquer possibilidade de a cisão se transformar em instrumento de fraude contra os credores. A Lei das Sociedades Anônimas determina em seu artigo 234 que na cisão total, os direitos e obrigações se transferem para a nova sociedade, legítima sucessora daquela que se extinguiu. Caso o capital tenha sido dividido em diversas empresas, cada qual responderá na proporção do capital absorvido. Na cisão parcial, isto é, quando subsiste a empresa cindida, as empresas que absorveram o capital, passam a sucedê-la apenas nos direitos e obrigações que serão relacionados quando da efetivação da cisão. Destaca-se que pode haver sócios dissidentes na sociedade, que poderão se retirar caso venham solicitar. Os sócios que fizerem uso dessa faculdade irão receber o valor correspondente às suas ações, e poderão exercer seus direitos somente quando da efetivação da operação.

Os atos referentes à cisão, por alterarem as situações das sociedades envolvidas, deverão ter seus registros efetuados no Registro Público de Empresas Mercantis.

18.6. Procedimentos na Fusão, Incorporação e Cisão

Os procedimentos para a fusão, incorporação e cisão, são muito semelhantes, diferenciados por detalhes em alguns direcionamentos que a lei determina.

Nosso legislador definiu os procedimentos principalmente na Lei das Sociedades Anônimas, dividindo-os em Protocolo, Justificação, Formação do Capital, Deliberação e Registro. Vejamos o detalhamento de cada fase.

a) Protocolo. O protocolo é o início das negociações visando à concentração das empresas, nele deverá conter detalhadamente o plano desejado, apresentado aos acionistas em forma de protocolo de intenções. O artigo 224 da Lei das Sociedades Anônimas define os requisitos que deverão conter obrigatoriamente neste protocolo, são eles:

1) o número, espécie e classe das ações que serão atribuídas em substituição dos direitos de sócios que se extinguirão e os critérios utilizados para determinar as relações de substituição;

2) os elementos ativos e passivos que formarão cada parcela do patrimônio, no caso de cisão;

3) os critérios de avaliação do patrimônio líquido, a data a que será referida a avaliação, e o tratamento das variações patrimoniais posteriores;

---

9 BERTOLDI, Marcelo. *Curso avançado de direito comercial.* São Paulo: Revista dos Tribunais, 2006, p. 333.

4) a solução a ser adotada quanto às ações ou quotas do capital de uma das sociedades possuída por outra;

5) o valor do capital das sociedades a serem criadas ou do aumento ou redução do capital das sociedades que forem parte na operação;

6) o projeto ou projetos de estatuto, ou de alterações estatutárias, que deverão ser aprovados para efetivar a operação;

7) todas as demais condições a que estiver sujeita a operação.

Este protocolo será votado em cada sociedade interessada, na forma que dispuser a organização de cada tipo societário, sendo que os valores apresentados nessa fase serão todos por estimativa, já que posteriormente haverá avaliação por peritos dos valores que compõem o patrimônio das empresas.

b) Justificação. A justificação deve ser apresentada aos acionistas anexa ao protocolo, uma vez que se trata de peça informativa e complementar ao protocolo, sendo que, o artigo 225 da lei societária, define os requisitos essenciais da justificação, vejamos:

1) os motivos ou fins da operação, e o interesse da companhia na sua realização;

2) as ações que os acionistas preferenciais receberão e as razões para a modificação dos seus direitos, se prevista;

3) a composição, após a operação, segundo espécies e classes das ações, do capital das companhias que deverão emitir ações em substituição às que se deverão extinguir;

4) o valor de reembolso das ações a que terão direito os acionistas dissidentes.

Os valores a serem pagos aos acionistas dissidentes só serão devidos quando a operação vier a se efetivar, ou seja, o dissidente só poderá exercer o seu direito de deixar a sociedade quando da assembléia que aprovar a operação, não podendo abandonar a sociedade durante o processo de reorganização societária pretendido pela empresa.

c) Formação do Capital. A constituição do novo capital social da nova empresa na fusão, o aumento de capital da incorporadora na incorporação, e o aumento de capital nas empresas que absorvem capital da empresa cindida na cisão, necessitam da entrada de bens que sejam o reflexo do real valor.

Nesta fase, peritos nomeados na deliberação inicial dos sócios irão avaliar através de laudos técnicos o patrimônio líquido que foi estimado durante os procedimentos anteriores. O objetivo desta avaliação é verificar se o patrimônio que irá ingressar na sociedade reorganizada, realmente tem o valor das estimativas iniciais. Esta também é denominada por alguns autores como fase pericial e protege contra eventuais estimativas enganosas que possam prejudicar os acionistas.

d) Deliberação e Registro. Esta é a fase da conclusão do negócio jurídico, culminando na fusão, incorporação ou cisão das sociedades. Nesta fase é que se dá alguma diferenciação nos detalhes do processo.

Ocorrendo uma fusão, após as etapas anteriores, serão apreciados e aprovados os laudos das sociedades (os sócios não deverão apreciar laudos de avaliação patrimonial das sociedades em que fazem parte, conforme dispõe o artigo 1.120 § 3º do Código Civil vigente). Havendo deliberação e decisão assemblear sobre a constituição da nova sociedade, se aprovada, deverá ser levada ao Registro Publico das Empresas Mercantis, a fusão da sociedade.

Em uma incorporação, a deliberação é feita apenas pela incorporadora, que votará sobre a aceitação dos laudos periciais feitos sobre o patrimônio líquido da empresa incorporada e a sua extinção, promovendo em seguida o Registro nos órgãos competentes.

Na ocorrência do fenômeno da cisão societária, a reunião da assembléia de acionistas decidirá sobre a modificação e subscrição do aumento do capital social que ela irá absorver e após aprovação deverá ser levado à registro no órgão competente, sendo esta uma obrigação da empresa beneficiada caso a empresa cindida seja extinta. Sendo a cisão parcial a responsabilidade dos registros junto aos órgãos competentes será de todos os administradores.

18.7. Direito dos Credores na Incorporação, Fusão e Cisão

Está determinado em nosso Diploma Civil vigente, em seu artigo 1.122, que até noventa dias após a publicação dos atos alusivos à fusão, incorporação ou cisão societária qualquer credor anterior à operação poderá se opor, por meio de ação judicial pleiteando a anulação dos atos alusivos às operações. O remédio para tal pedido de anulação será a garantia da execução pelas empresas pretendentes da operação, assim como a consignação em pagamento, que prejudicará tal solicitação.

Em caso da ocorrência de falência dentro do prazo de 90 (noventa) dias estipulado no Código Civil, qualquer credor anterior à reorganização societária poderá solicitar a separação dos patrimônios para que os créditos sejam pagos pelas suas respectivas massas devedoras.

No diploma regulador das Sociedades Anônimas, encontramos em seu artigo 232, o prazo de 60 (sessenta) dias – decadencial – após a publicação dos atos relativos à incorporação e à fusão para o credor anterior prejudicado, pleitear judicialmente a anulação da operação, sendo também a solução legal para continuidade da operação a consignação em pagamento e a garantia da execução. Em caso de falência, no mesmo prazo de 60 (sessenta) dias, os credores poderão solicitar separação dos patrimônios para que o pagamento seja feito por cada massa devedora.

Nota-se que os procedimentos são bastante semelhantes, mas o prazo será de 60 (sessenta) ou 90 (noventa) dias? A resposta é bastante simples, uma vez que as sociedades que pretendem a operação são de pessoas (exceto S/A de capital fechado), como por exemplo, Sociedade Limitada, o prazo se dará através do que estipula o Código Civil, ou seja, 90 (noventa) dias. Quando uma das empresas pretendentes da operação for Sociedade Anônima, os prazos deverão obedecer à lei específica das sociedades anônimas, ou seja, 60 (sessenta) dias.

Nos casos de cisão societária, se houver a extinção da companhia cindida, as sociedades que absorveram parcelas do capital, responderão solidariamente pelas obrigações anteriores à cisão. Nosso legislador estipulou ainda que na cisão parcial, as empresas que absorverem parcelas do patrimônio responderão pelas obrigações estipuladas nos procedimentos de cisão, tendo o credor prazo de 90 (noventa) dias (contados da publicação dos atos de cisão) para se opor á esta estipulação de responsabilidade.

18.8. Disposições Finais da Fusão, Incorporação e Cisão

Para concluir este capítulo se faz necessário referir-se às diferenças entre a incorporação propriamente dita e a incorporação para conversão da incorporada em uma Subsidiária Integral. A diferenciação encontra-se no fator de que na incorporação propriamente dita, uma empresa sucede a outra em todos os seus direitos e obrigações, sendo que quando a incorporada se destinar à conversão em uma Subsidiária Integral será mantida a sua existência e sua personalidade jurídica. Para que isto aconteça, os demonstrativos patrimoniais da sociedade a ser convertida, serão submetidos a auditoria, e o patrimônio será para a integralização de aumento de capital da controladora. As ações subscritas no aumento serão atribuídas aos ex-acionistas da sociedade convertida em subsidiária integral, passando estes a integrar o quadro acionário da controladora, em processo que se assemelha ao da incorporação de sociedade comum, descritos na Lei das Sociedades por Ações em seu artigo 252.

Outro ponto a ser observado refere-se às Companhias que tem debenturistas, que para qualquer procedimento de incorporação, fusão e cisão também necessitam de autorização destes, que deverão se reunir em assembléia para decidirem sobre a autorização ou não da operação a ser realizada. Para que a sociedade não necessite da autorização dos debenturistas, esta deverá garantir o resgate das debêntures durante o prazo mínimo de 6 (seis) meses a contar das atas das assembléias relativas às operações, sendo que nas operações de cisão, as sociedades que absorverem parcelas do patrimônio, serão solidariamente responsáveis perante os debenturistas que solicitarem o resgate. Tal procedimento está contido no artigo 231 da Lei nº 6.404/76.

O mundo globalizado caminha no sentido das grandes concentrações de capitais objetivando a manutenção da competitividade no mercado global e maximização dos resultados visando maior valorização destas empresas e a concentração do poder.

Capítulo XIX

SOCIEDADE DE ECONOMIA MISTA

Sumário: 19.1. Histórico e conceito da sociedade de economia mista. **19.2.** Características da sociedade de economia mista. **19.3.** A lei de sociedades por ações e a sociedade de economia mista. **19.4.** Espécies de sociedades de economia mista: aberta e fechada. **19.5.** Objeto da sociedade de economia mista. **19.6.** Princípios constitucionais.

19.1. Histórico e Conceito da Sociedade de Economia Mista

As sociedades empresárias desenvolveram-se ao longo do tempo, atentando-se às necessidades de cada época.

Em 1621 foi constituída a Companhia das Índias Ocidentais, com o capital subscrito pelas províncias e por quaisquer dos seus habitantes, surgindo para Miranda Valverde a sociedade anônima de economia mista: *"a companhia ou sociedade anônima de economia mista foi criada na época mercantilista, pelo estado Nacional, no término do século XVI e no início do século seguinte na Inglaterra e na Holanda."*

A sociedade de economia mista se apresenta atualmente com a participação do estado e dos particulares no fundo social.

O Decreto-lei nº 200, de 25 de fevereiro de 1967, com a redação dada pelo Decreto-lei nº 900, de 29 de setembro de 1969, assim dispõe sobre a sociedade de economia mista: *"A entidade dotada de personalidade jurídica de direito privado, criada por lei para a exploração de atividade econômica, sob a forma de sociedade anônima, cujas ações com direito a voto pertençam em sua maioria à União ou à entidade da Administração Indireta".*

De Plácido e Silva entende por sociedade de economia mista *"aquela que, criada por lei, tem personalidade jurídica de direito privado e se destina à exploração de atividade econômica, sob a forma de sociedade anônima, cujas ações com direito de voto pertençam majoritariamente ao Poder Público".*

Assevera ainda o mesmo autor, que esta sociedade só pode ser criada por lei específica, assim como as subsidiárias e está sujeita ao regime jurídico privado, inclusive no que tange as obrigações trabalhistas e tributárias, não gozando de privilégio fiscal não extensivo ao setor privado.[1]

Portanto, dá-se o nome de sociedade de economia mista à pessoa jurídica de direito privado, com participação do poder público e de particulares em seu capital e em sua administração, para realização de atividades econômicas ou serviço de interesse coletivo outorgado ou delegado pelo Estado. Revestem-se sob a forma de empresas particulares, regendo-se pelas normas das sociedades por ações, com as adaptações impostas pelas leis que autorizam sua formação.

19. 2. Características da Sociedade de Economia Mista

A sociedade de economia mista possui quatro características principais, cada uma delas ressaltada por uma teoria da doutrina, é o conjunto dessas quatro características que formam o tipo de sociedade. São elas: a) a associação de capital público e privado; b) a direção da empresa por ambos os investidores; c) o interesse público que tal sociedade visa; e d) a sua criação que é sempre estabelecida por lei. Vejamos:

a) Associação de capital público e privado. Para que ela seja de caráter misto, é necessário que seu capital seja público e privado. Assim ela possui em sua base a união de capital proveniente de investidores particulares e de capital público, proveniente do Estado. Sem tal união não seria possível ela ser considerada mista, uma vez que haveria apenas um tipo de capital. Tal característica, entretanto não pode ser considerada isoladamente para avaliar a natureza jurídica de uma empresa, pois o Estado muitas vezes, involuntariamente, assume uma porcentagem do acervo societário dentro de empresas privadas já criadas. Geralmente isso ocorre quando o Estado é credor de tal empresa e essa apresenta uma situação financeira instável, o que faz com que o Estado fique obrigado a assumir uma parte do controle acionário para recuperar-se de suas despesas.

b) Gestão conjunta da empresa entre os sócios particulares e o Estado. Essa característica aparece para reforçar e complementar o item anterior. Não basta que o Poder Público tenha parte das ações de uma empresa para que essa se configure em uma sociedade de economia mista. É preponderante a participação ativa do Estado na direção da mesma companhia. Dessa forma representantes do Estado devem ter parte ativa na assembléia e na diretoria da empresa, influenciando no seu rumo.

c) Interesse Público. Sendo a função do Estado a administração da sociedade e o provimento aos cidadãos dos recursos que lhe são necessários para a vida mínima em sociedade, não haveria justificativa lógica ou legal para que ele explorasse a atividade econômica pura e simples. Não há

1 SILVA, De Plácido e. *Vocabulário jurídico*. Rio de Janeiro: Forense, 2009, p. 1304.

porque o Estado visar o lucro como fim último. Isso deve obrigatoriamente influenciar na sociedade de economia mista, e é característica básica para diferenciá-la das empresas de caráter privado, posto que, todas elas têm por fim último, o lucro. Assim a empresa para-estatal se orienta não exclusivamente pela finalidade lucrativa, mas sim buscando a utilidade pública e o interesse comum dos cidadãos.

d) Criação Legal. A sociedade de economia mista é uma figura de exceção dentro do direito empresarial brasileiro. Ela não possui uma lei genérica que indique a sua forma de criação, como ocorre com a Sociedade Anônima comum, ou com a Sociedade em Conta de Participação. Sua criação sempre se dá através de lei específica, que institui a criação de uma empresa determinada. Está sempre na lei a característica da sociedade como sociedade de economia mista, sendo esse um dos motivos que leva uma corrente doutrinária a estabelecer tal requisito como o único necessário para a conceituação de tal sociedade. A falta de conceituação por lei conforme ocorre com outras sociedades, também leva os doutrinadores a ressaltar o antigo Decreto-lei n° 200 de 1967, que estabelecia às sociedades de economia mista aquelas criadas especificamente por uma lei que as defina como tal.

São ainda outras características da sociedade de economia mista: a) maioria das ações com direito a voto pertencente à União, ou a entidade da Administração Indireta; b) penhorabilidade dos respectivos bens; c) regime tributário idêntico ao das empresas privadas; d) foro comum, muito embora seja obrigatória a interveniência da União nas causas em que figurar como autora ou ré, o que torna a justiça federal competente para os feitos em que seja interessada; e) não estão sujeitas a falência.

As sociedades de economia mista integram a administração pública indireta sendo consideradas pessoas jurídicas de Direito Privado.

A lei das sociedades por ações dedica seus artigos 235 a 242 às sociedades de economia mista, declarando no artigo 235 que tais sociedades se sujeitam a essa lei, independente das disposições especiais da lei federal.

A sociedade de economia mista deverá ser constituída sempre sob a forma de uma companhia, autorizada a sua instituição através de lei específica, conforme exigência da Carta Magna de 1988, em seu artigo 37, XIX, dispondo que: *"Somente por lei específica poderá ser criada autarquia e autorizada a instituição de empresa pública, de sociedade de economia mista e de fundação, cabendo à lei complementar, neste último caso, definir as áreas de sua atuação".*

Este preceito está presente na própria Lei n° 6.404/76, em seu artigo 236,[2] segundo o qual a constituição da sociedade de economia mista depende de prévia autorização legislativa. Trata-se de uma peculiaridade para esse

2 *Art. 236. "A constituição de companhia de economia mista depende de prévia autorização legislativa".*

tipo de companhia, pois não é criada pelos acionistas em assembléia geral, mas mediante uma determinada lei.

Determina ainda a Constituição Federal de 1988, em seu artigo 173, § 1º, que: *"A lei estabelecerá o estatuto jurídico da empresa pública, da sociedade de economia mista e de suas subsidiárias que explorem atividade econômica de produção ou comercialização de bens ou de prestação de serviços, dispondo sobre: I. sua função social e formas de fiscalização pelo Estado e pela sociedade; II. a sujeição ao regime jurídico próprio das empresas privadas, inclusive quanto aos direitos e obrigações civis, comerciais, trabalhistas e tributários; III. licitação e contratação de obras, serviços, compras e alienações, observados os princípios da administração pública; IV. a constituição e o funcionamento dos conselhos de administração e fiscal, com a participação de acionistas minoritários; V. os mandatos, a avaliação de desempenho e a responsabilidade dos administradores"*.

A participação da sociedade de economia mista em outra companhia enfrenta limitações legais, pois essa participação somente poderá ocorrer se autorizada por lei, ou então no exercício de opção legal para aplicar imposto de renda em investimentos visando ao desenvolvimento regional ou setorial. Porém, as instituições financeiras de economia mista poderão tomar parte de outras sociedades, observadas as normas estabelecidas pelo Banco Central do Brasil.

Uma sociedade por ações normal pode tornar-se uma sociedade de economia mista, bastando para isso que o Governo desaproprie a maioria das ações de uma dada companhia. Nesse caso, os acionistas terão direito de requerer o reembolso de suas ações, em um prazo de 60 (sessenta) dias, a contar da publicação da primeira ata da assembléia geral realizada após a aquisição do controle.

As sociedades de economia mista podem constituir-se de forma fechada ou aberta. Sendo aberta, subordina-se às normas expedidas pela Comissão de Valores Mobiliários. Sempre terão um Conselho de Administração, para o que se assegura à minoria o direito de eleger um dos conselheiros, número esse que pode ainda ser maior em vista dos cálculos decorrentes do processo de voto múltiplo.

As sociedades de economia mista não estão sujeitas a falência e essa garantia concorre para o êxito que as ações conseguem no mercado de capitais.

A sociedade de economia mista pode ser constituída pela União, pelos Estados e pelos Municípios. Na área federal, sua organização deve dar-se em obediência às normas do Decreto-lei nº 200/67, com as modificações introduzidas pelo Decreto-lei nº 900/69. Nas esferas estaduais e municipais são observadas as normas administrativas elaboradas por essas respectivas entidades.

A sociedade de economia mista encontra-se entre o Direito de Empresa e o Direito Administrativo, em função das peculiaridades que lhe tocam, merecendo, por isso, ser enfocada por esses dois ramos, mostrando a proximidade entre o Direito Público e o Direito Privado.

19.3. A Lei de Sociedades por Ações e a Sociedade de Economia Mista

A Lei nº 6.404/76, no artigo 235, apresenta duas hipóteses: a da sociedade de economia mista propriamente dita, subordinada exclusivamente à lei; e as companhias de que a sociedade de economia mista participe, majoritária ou minoritariamente que estão sujeitas à mesma lei, mas sem prejuízo às leis federais.

O artigo 236 da Lei societária diz que deve haver autorização legislativa anterior a constituição da empresa, pois esta que deverá prever as suas atividades, das quais não poderá se desviar.

O Poder Público que controla a sociedade é equiparado ao acionista controlador em responsabilidade e deveres, mas atendendo ao interesse público.

Essa sociedade sendo aberta ou fechada terá um conselho de administração ocorrendo também representação da minoria conforme dispõe o artigo 239 da Lei nº 6.404/76, *in verbis*: *"As companhias de economia mista terão obrigatoriamente Conselho de Administração, assegurado à minoria o direito de eleger um dos conselheiros, se maior número não lhes couber pelo processo de voto múltiplo. Parágrafo único. Os deveres e responsabilidades dos administradores das companhias de economia mista são os mesmos dos administradores das companhias abertas".*

Na sociedade de economia mista é obrigatório o funcionamento permanente do conselho fiscal.

Tendo em vista que as sociedades de economia mista são reguladas pelo direito privado, seus bens também são considerados privados, estando assim sujeitos à penhora e execução, mas para proteger a sociedade, ela foi excluída do regime de falência, conforme dispõe a Lei nº 11.101/05, em seu artigo 2º, I, *in verbis*: *"Esta Lei não se aplica a: empresa pública e sociedade de economia mista".*

Numa sociedade de economia mista participam o Estado e os particulares. No capital social, ocorre uma participação ativa do Poder Público na gestão da sociedade, tendo como finalidade o interesse público, e a sua constituição se dá por ato legislativo específico, ou seja, a lei.

19.4. Espécies de Sociedades de Economia Mista: aberta e fechada

Antes da abordagem sobre as espécies de sociedades de economia mista aberta e fechada, deve-se ter o conhecimento das espécies de sociedade anônima aberta e fechada.

A classificação da sociedade anônima está prevista no artigo 4º da Lei nº 6.404/76, que diz: *"Para os efeitos desta Lei, a companhia é aberta ou fechada conforme os valores mobiliários de sua emissão estejam ou não admitidos à negociação no mercado de valores mobiliários. § 1º Somente os valores mobiliários de emissão de companhia registrada na Comissão de Valores Mobiliários podem ser negociados no mercado de valores mobiliários. § 2º Nenhuma distribuição pública de valores mobiliários será efetivada no mercado sem prévio registro na Comissão de Valores Mobiliários".*

Na companhia fechada, os sócios escolhem os seus companheiros, impedindo o ingresso ao grupo formado, tendo em vista a confiança mútua ou os laços familiares que os prendem. A *affectio societaties* surge nessas sociedades com toda a nitidez, como em qualquer outra das sociedades de tipo personalista. Seus interesses estão, regulados pelo contrato, o que explica a pouca ingerência da fiscalização de órgãos públicos em seus negócios.

Na companhia aberta, os valores mobiliários são negociados mediante oferta pública, sendo o seu funcionamento e administração cercados de maiores cautelas, com vistas a resguardar a economia popular. Companhias abertas conforme o artigo 4º, da Lei nº 6.404/76, são as que simplesmente possuem os valores mobiliários de sua emissão admitidos à negociação em bolsa ou no mercado de balcão. Somente os valores mobiliários registrados na Comissão de Valores Mobiliários que poderão ser distribuídos e negociados no mercado aberto. Assim, desde que a companhia tenha os títulos de sua emissão registrados na Comissão de Valores Mobiliários, a companhia é aberta, caso contrário será fechada.

Assim, as espécies de sociedades de economia mista são abertas e fechadas. Considera-se aberta a companhia que capta recurso junto ao público, com emissão de ações, debêntures, partes beneficiárias ou bônus de subscrição, ou ainda depósitos de valores mobiliários, e que, por isso mesmo, tenha admitido tais valores à negociação em Bolsa ou Mercado de Balcão. A companhia aberta está sujeita a especial tutela estatal, princípio que se estende à sociedade de economia mista, conforme dispõe o § 1º, do artigo 235 da Lei nº 6.404/76: *"As companhias abertas de economia mista estão também sujeitas às normas expedidas pela Comissão de Valores Mobiliários".*

Fechada é a companhia que, ao contrário do que se sucede com a aberta, não formula apelo à poupança pública, obtendo recursos entre os próprios acionistas ou terceiros subscritores.

19.5. Objeto da Sociedade de Economia Mista

A Lei nº 6.404/76, em seu artigo 237, determina, segundo a regra geral contida no § 2º do artigo 2º,[3] do mesmo dispositivo legal, que o objeto da

3 Art. 2º *"Pode ser objeto da companhia qualquer empresa de fim lucrativo, não contrário à lei, à ordem pública e aos bons costumes. § 1º Qualquer que seja o objeto, a companhia é mercantil e se rege pelas leis e usos do comércio. § 2º O estatuto social definirá o objeto de modo preciso e completo".*

sociedade de economia mista deverá ser de modo completo e preciso e que as atividades da sociedade só poderão girar em torno dele, não podendo portanto, a assembléia geral mudar tal objeto, na forma do artigo 136, VI,[4] da lei societária, visto que na realidade, é traçado pela lei que autoriza a constituição da sociedade, transposto, naturalmente, com os devidos detalhes, para o estatuto social da companhia.

O objeto da sociedade poderá ser qualquer atividade que mereça uma atenção especial do Estado, já que as atividades normais que caracterizam os empresários comerciantes devem ser privativas destes, sem interferência do poder público. Assim, as operações de compra e venda, com a distribuição de mercadorias, devem ser privativas dos empresários comerciantes, tendo em vista a circulação de bens. Há prestadores de serviços que também devem ficar fora do âmbito das sociedades de economia mista, muito embora, alguns são de grande interesse do Estado, tais como, o transporte de coisas ou de pessoas, notadamente o transporte marítimo e aéreo que em geral são explorados pelas companhias de economia mista.

É justamente na escolha do objeto social que se nota a maior interferência do Poder Público nas atividades econômicas, distinguindo as sociedades de economia mista das sociedades privadas. Através do controle que mantém sobre o capital social, sendo titular de uma maioria de ações votantes capaz de controlar a sociedade, o Estado faz com que sua vontade se manifeste através dos administradores por ele indicados ou eleitos para administrar a companhia. Essa interferência é complementada pela escolha do objeto social, feita através de lei que autoriza a constituição da sociedade de economia mista, sendo que esse objeto limita as atividades da companhia, devendo essa girar em torno dele.

O objeto das sociedades de economia mista deve vir declarado com clareza e precisão, na lei que autoriza a criação dessas sociedades, de onde será transposto para o estatuto, que o mencionará sem alterações quanto à sua extensão.

A sociedade de economia mista pode participar de outras sociedades, mas para isso deverá estar autorizada por lei. Admite-se a falta de autorização quando a participação resultar do exercício de opção legal para aplicar imposto de renda em investimentos para o desenvolvimento regional ou setorial, conforme dispõe o § 1º do artigo 237 da lei societária.

Para participar de outras sociedades, é necessário que a lei de autorização da constituição da sociedade de economia mista, ou mesmo lei especial depois de constituída a companhia, traga permissão especial, a fim de evitar

4 Art. 136. "*É necessária a aprovação de acionistas que representem metade, no mínimo, das ações com direito a voto, se maior quorum não for exigido pelo estatuto da companhia cujas ações não estejam admitidas à negociação em bolsa ou no mercado de balcão, para deliberação sobre: VI – mudança do objeto da companhia*".

que as sociedades de economia mista estendam sua atuação por muitas outras. O artigo 2º, § 3º da Lei nº 6.404/76, ao traçar regras sobre o objeto social já declara que a companhia pode ter por objeto participar de outras sociedades, constando essa faculdade no estatuto social. O objeto das sociedades de economia mista é, primordialmente, traçado pelas leis que autorizam a sua constituição e necessário se faz que essa mesma lei autorize a participação das companhias de economia mista em outras sociedades.

No entanto, o disposto no § 3º do artigo 2º da lei societária, referente às sociedades anônimas em geral, é aplicável à sociedade de economia mista sem necessidade de permissão especial na lei que autorizou sua constituição se essa participação beneficiar-se de incentivos fiscais. Nessas aplicações, em regra, as ações subscritas pelas sociedades que se utilizam da permissão legal são ações desprovidas de votos, de modo a não haver intromissão direta na política de sociedades beneficiadas com as aplicações. O intuito do governo é fazer com que pequenas sociedades se desenvolvam recebendo capitais de outras que não irão, de modo algum, interferir diretamente nas suas atividades.

A lei também permite que as instituições financeiras de economia mista possam participar em outras sociedades, desde que obedecidas as normas estabelecidas pelo Banco Central do Brasil.

19. 6. Princípios Constitucionais

De acordo com os princípios que inspiram a Ordem Econômica Constitucional, o Estado, quando exerce atividades econômicas, literalmente despe-se do *jus imperii*, igualando-se aos particulares.

A forma de sociedade de economia mista submete o Estado-empresário, ao regime jurídico-obrigacional. Não pode, portanto, o Estado, impor o contrato público nas suas relações com terceiros. No que respeita à estrutura e organização das sociedades de economia mista, prevalece o direito público. No que tange às suas relações com terceiros, a sociedade de economia mista está sujeita ao contrato privado e às relações extracontratuais dessa mesma natureza.

O Estado está absolutamente vinculado ao regime do contrato privado despindo-se inteiramente das benesses do contrato público.

Assim, deve o Estado, ao atuar na área econômica, reservada aos particulares buscar um tratamento isonômico com as demais empresas privadas. Isonomia esta, consagrada no texto constitucional em seu artigo 173, § 1º, visando impedir o Poder Público, quando do exercício da atividade econômica, se faça valer de regime jurídico privilegiado, tornando assim, desleal a sua competição com as empresas privadas.

Com efeito, o artigo 173, § 1º, II, da Constituição de 1988, ao declarar *"a sujeição* das sociedades de economia mista *ao regime jurídico próprio das empresas privadas"*, institui o princípio geral que norteia o campo jurídico de tais sociedades: o do contrato privado.

Capítulo XX

CONCENTRAÇÃO DE SOCIEDADES

Sumário: 20.1. Sociedades Coligadas, Controladoras e Controladas. **20.2.** Subsidiária Integral.

20.1. Sociedades Coligadas, Controladoras e Controladas

É característico do desenvolvimento das atividades econômicas dos tempos atuais a concentração das sociedades empresárias.

Esses atos de concentração foram realizados, inicialmente, através da incorporação e da fusão, hoje, entretanto, esse meio de concentração é por muitos considerado superado pela facilidade com que pode uma sociedade participar de outra, tornando-se sua coligada, controladora ou controlada.

Coligações e controle de sociedades são fenômenos de concentração de sociedades empresárias, com a finalidade de tornar mais poderosa as empresas cuja atuação fica a depender quase sempre de um pequeno grupo que orienta as atividades das várias sociedades com uma finalidade comum.

Sociedades controladoras são aquelas que diretamente ou mediante outras instituições exerce seu direito de acionista majoritário, daí decorrendo o seu poder de deliberar nas assembléias e de eleger a maioria de seus administradores.

Sociedades coligadas são aquelas em que uma participa, com 20% (vinte por cento) ou mais, do capital de outra, sem, contudo, controlá-la. O elemento essencial da classificação é o controle de uma sociedade por outra. A porcentagem mínima de 20% (vinte por cento) é fixada apenas como uma regra geral, para efeito de tornar obrigatória a menção da participação não apenas no relatório anual das companhias como nas demonstrações financeiras, que devem obedecer a certos requisitos especiais. Para que uma sociedade possa ser considerada coligada a outra é necessário que tenha, na segunda, uma participação no capital superior a 20% (vinte por cento) mas que não haja controle.

Assevera Waldírio Bulgarelli que *"a coligação de empresa é uma das formas de concentração empresarial em que há participação, mas não o controle de uma sobre outras"*.[1]

---

1 BULGARELLI, Waldírio. *Manual das sociedades anônimas.* São Paulo: Atlas, 2001, p. 297.

Controlada é a sociedade em que outra é titular dos direitos de sócio que lhe assegurem, de modo permanente, preponderância nas deliberações sociais e o poder de eleger a maioria dos administradores. A sociedade que possui tais direitos de sócio denomina-se controladora. A titularidade dos direitos pode ser da própria sociedade ou exercida através de outras sociedades controladas pela controladora. Assim, o controle pode ser direto ou indireto, considerando-se direto aquele em que a própria sociedade é detentora dos direitos de voto capazes de assegurar a preponderância nas deliberações sociais e o poder de eleger a maioria dos administradores, e indireto quando esses direitos pertencem à controladora através de outras controladas.

20.2. Subsidiária Integral

Trata-se da sociedade com um único acionista, também chamada de *"sociedade unipessoal"*. Este tipo de sociedade é muito comum nos Estados Unidos, onde vários Estados reconhecem por lei a sociedade com um único participante.

Nos Estados Unidos, a maioria das leis estaduais adotava anteriormente a regra de que, para se constituírem, essas sociedades necessitavam contar com pelo menos três pessoas. Porém, nos dias atuais vem sendo permitida, até mesmo com respaldo em dispositivos legais, a constituição das sociedades com apenas um acionista, sendo conhecida a defesa desse ponto de vista pelo eminente Professor Elvin Latty,[2] declarando que, não há razão para três pessoas poderem limitar sua responsabilidade e duas ou uma não poderem igualmente o fazer. Mais tarde, um outro Professor da Universidade da Carolina do Norte, Donald Cliffort, afirmou que embora haja algumas decisões em contrário, a validade das sociedades anônimas (*corporations*) com um ou dois sócios é virtualmente reconhecida, nos Estados Unidos, não apenas através de decisões judiciais mas também através de uma prática generalizada.[3]

Atualmente, mais da metade dos Estados da Federação Americana permite a incorporação da sociedade por apenas uma pessoa, sendo que alguns admitem que *"um incorporador seja considerado como uma sociedade anônima"* (*corporation*).

O *Model Business Corporation Act*, elaborado pela *American Bar Association* e que tem sido usado para grande parte da moderna legislação americana sobre as sociedades anônimas, no seu § 47, permite que: *"uma*

2 LATTY, Elvin R. *A conceptualistictangue and the one-orotwo man company.* North Caroline Law Review, v. 34, 1956, p. 471/477.

3 HAMILTON, Robert W. *Corporations – including partnerships and limited partnerships – Cases and materials.* West Publishing, 1976, p. 136.

ou mais pessoas, ou uma corporation doméstica ou estrangeira, pode agir como incorporador ou incorporadores de uma sociedade anônima assinando e remetendo em duplicata ao Secretário de Estado os estatutos (articles of incorporation) de tal sociedade anônima".

O mais importante é que a constituição da sociedade com um único acionista ou a concentração de todas as ações nas mãos de uma só pessoa não acarreta, para a sociedade, a desconsideração da pessoa jurídica (*disregard of legal entity*), como acontece no direito inglês, ficando assim, o único acionista a gozar do benefício da limitação da sua responsabilidade, sendo a *corporation* responsável, com o seu patrimônio, pelas obrigações por ela assumida, somente podendo ser aplicado o princípio da desconsideração da pessoa jurídica, se o único acionista praticar atos lesivos a terceiros.

Notadamente nos Estados Unidos, assim como em vários outros sistemas jurídicos, todas as ações podem pertencer a um único acionista sem que esse fato acarrete a dissolução, de pleno direito ou diferida, da sociedade, podendo, assim, esta funcionar, de modo regular, por toda a vida ou durante um certo período de tempo como sociedade unipessoal.

No Brasil, a companhia pode ser constituída tendo um único acionista, desde que esse acionista seja uma sociedade brasileira, conforme disposto na Lei nº 6.404/76, em seu artigo 251 que diz: *"A companhia pode ser constituída, mediante escritura pública, tendo como único acionista sociedade brasileira".*

Assevera Waldírio Bulgarelli que *"trata-se, portanto, de sociedade unipessoal, ou seja, com um único acionista, no caso outra sociedade brasileira".*[4]

A subsidiária integral pode ser constituída por uma companhia brasileira mediante escritura pública, estabelecendo-se que todas as ações são subscritas pela companhia. O modo de constituição deverá obedecer, ao disposto no artigo 82 do mesmo diploma legal, podendo a sociedade possuir o número de ações que julgar conveniente, inclusive possuir apenas uma ação, representando todo o capital social.

Declara a lei que somente sociedade brasileira poderá constituir-se sob a forma de subsidiária integral. Essa sociedade tanto pode ser uma sociedade anônima como uma sociedade contratual, notadamente uma sociedade limitada.

O critério para a nacionalidade da sociedade controladora integral é o adotado para as sociedades por ações, pelo artigo 60 do Decreto-Lei nº 2.627/40, em vigor por força do artigo 300 da Lei nº 6.404/76 dispondo que: *"São nacionais as sociedades organizadas na conformidade da lei brasileira e que têm no País a sede de sua administração".*

Em se tratando de sociedade contratual, será considerada brasileira as que tiverem no Brasil a sua sede principal.

---

4 BULGARELLI, Waldírio. *Manual das sociedades anônimas*. São Paulo: Atlas, 2001, p. 304.

A subsidiária integral poderá ser constituída por uma sociedade brasileira, que subscreverá todas as suas ações, sendo tal constituição feita por escritura pública. Esta será uma subsidiária integral original, pois já nasce como tal, em virtude da faculdade da lei de permitir a constituição de uma sociedade por ações com um único acionista, desde que esse seja sociedade brasileira.

Mas, poderá igualmente uma companhia já existente se converter em subsidiária integral, seja pela aquisição de todas as suas ações por uma sociedade brasileira, seja pela incorporação ao capital de uma sociedade anônima de todas as ações de uma outra sociedade anônima. Haverá, assim, duas modalidades diferentes de conversão de uma sociedade existente em subsidiária integral de outra: a) pela aquisição, pela controladora, de todas as ações da sociedade que vai se converter em subsidiária; b) pela incorporação, ao capital da primeira, de todas as ações da segunda sociedade sem que esta, entretanto, desapareça, como acontece na incorporação comum.

O que há de mais importante nessa modalidade de sociedade é o fato de, reconhecendo a lei que a sociedade por ações é uma instituição e não um contrato, permitir que todas as ações fiquem na propriedade de uma única pessoa sem que a sociedade se dissolva.

Capítulo XXI

GRUPO DE SOCIEDADES - *HOLDING*

21.1. Aspectos Históricos dos Grupos Societários

No pós-guerra nos anos de 1939 até 1945, as circunstâncias econômicas, aliadas à globalização e as profundas transformações sociais, trouxeram uma verdadeira revolução no campo do direito empresarial, com o desenvolvimento técnico das idéias dos grandes grupos de sociedade como conseqüência da concentração econômica das empresas modernas. Surge assim as chamadas *Holdings*, ou *Konzerns*, caracterizadas pela reunião de empresas através de um processo de concentração e sob uma direção comum, mas sem fusão de patrimônios e nem a perda da personalidade jurídica de cada integrante, pois, os grupos de sociedade visam à concretização de empreendimentos comuns.

Neste ínterim, cresceu o número de grupos de sociedades e de sua relevância no mercado mundial, sendo necessário a realização de uma edição e aplicação de regras que os organizem e estabeleçam fronteira para as várias situações que podem surgir na realização de negócios que envolvam tais grupos. Pergunta-se: Teria o grupo de sociedades personalidade própria? Os credores deverão demandar contra o grupo, contra a sociedade de comando ou contra as sociedades grupadas?

Evidentemente, o Direito jamais poderia quietar-se diante de fatos tão intimamente ligados à economia e à vida social dos povos, pois estaria abandonando um de seus principais objetivos que é o de regular a conduta do ser humano promovendo o bem comum. Diante disso, pretende-se apresentar uma compreensão jurídica do grupo de sociedades, explicitando seu conceito, natureza, características, classificação, constituição, personalidade, participação dos acionistas e por fim a sua extinção.

21.2. Conceito de Grupo de Sociedades no Direito Brasileiro

Preleciona Waldírio Bulgarelli que *"os grupos societários, conhecidos na Alemanha como Konzerns, aí regulados desde a lei das sociedades por ações, de 1937, e hoje pela lei de 1965, inserem-se no fenômeno econômico de concentração de empresas, sob a forma de integração (participações societárias, resultando no controle de uma ou umas sobre as outras), obedecendo todas a uma única direção econômica"*.[1]

Quando existem interesses comuns, as sociedades costumam se associar, constituindo pessoas jurídicas, onde uma participa da outra. Trata-se de um fenômeno de concentração de natureza econômica, resultante do desenvolvimento natural das atividades empresariais e que, de certo modo, caracteriza a evolução das empresas nos dias atuais.

O que identifica um grupo de sociedades é o fato de constituir ele um conjunto de sociedades juridicamente independentes, mas economicamente unidas. É um modo de concentração de empresas, diferente da fusão ou incorporação de sociedades, distinguindo-se pelo fato de levar à constituição de uma estrutura nova, desprovida de toda personalidade jurídica e fundada sobre uma relação financeira ou contratual entre entidades juridicamente independentes.

Os grupos de sociedades são constituídos segundo um princípio hierárquico. Várias sociedades se encontram, conservando sua personalidade moral própria, sob a dominação e a direção comum de um mesmo sujeito de direito, pessoa física ou sociedade, à qual estão mais ou menos estreitamente subordinadas. O interesse essencial dos grupos de sociedades reside na possibilidade, para o sujeito de direito dominante, de exercer uma atividade industrial ou comercial por intermédio de uma pessoa moral distinta, sobre a qual ele dispõe de modo permanente, não somente de um direito de supervisão, mas de um poder efetivo de direção. O chefe ou senhor do grupo "controla" sociedades que continuam, contudo, juridicamente distintas dele próprio e das outras sociedades submetidas ao mesmo poder dominador.

Determina a Lei nº 6.404/76, em seu artigo 265 que: *"A sociedade controladora e suas controladas podem constituir, nos termos deste Capítulo, grupo de sociedades, mediante convenção pela qual se obriguem a combinar recursos ou esforços para a realização dos respectivos objetos, ou a participar de atividades ou empreendimentos comuns. § 1º. A sociedade controladora, ou de comando do grupo, deve ser brasileira e exercer, direta ou indiretamente, e de modo permanente, o controle das sociedades filiadas, como titular de direitos de sócio ou acionista, ou mediante acordo com outros sócios ou acionistas. § 2º. A participação recíproca das sociedades do grupo obedecerá ao disposto no artigo 244"*.

1 BULGARELLI, Waldírio. *Manual das sociedades anônimas*. São Paulo: Atlas, 2001, p. 299.

A existência do grupo de sociedades está baseada na subordinação de sociedades participantes do mesmo grupo a uma outra sociedade que, na qualidade de controladora, é titular, direta ou indiretamente, dos direitos de sócio que lhe assegurem, de modo permanente, preponderância nas deliberações sociais e o poder de eleger a maioria dos administradores das controladas.

Havendo, portanto, a participação de uma sociedade em outra ou outras, as sociedades podem, sem abdicar de sua personalidade jurídica individual, celebrar uma convenção pela qual se obriguem a combinar recursos ou esforços para a realização dos respectivos objetos, ou a participar de atividades ou empreendimentos comuns. Essa convenção deverá ser aprovada pelas sociedades que vão compor o grupo, contendo a Lei n° 6.404/76 normas especiais sobre essa convenção.

Haverá, no grupo de sociedades, uma sociedade controladora, ou de comando do grupo, que deverá ser brasileira, isto é, constituída segundo as regras da lei brasileira e com sede e administração no país. Apesar de a lei exigir que a sociedade de comando do grupo seja brasileira, permite que essa sociedade tenha controle estrangeiro, conforme disposto no artigo 269, VII e seu parágrafo único, que diz: *"O grupo de sociedades será constituído por convenção aprovada pelas sociedades que o componham, a qual deverá conter: VII. a declaração da nacionalidade do controle do grupo. Parágrafo único. Para os efeitos do n° VII, o grupo de sociedades considera-se sob controle brasileiro se a sua sociedade de comando está sob o controle de: a) pessoas naturais residentes ou domiciliadas no Brasil; b) pessoas jurídicas de direito público interno; ou c) sociedade ou sociedades brasileiras que, direta ou indiretamente, estejam sob controle das pessoas referidas nas alíneas a e b".*

21.3. Grupo de Fato e Grupo de Direito

Os grupos de sociedades podem ser: grupos de fato e grupos de direito.

Segundo Rubens Requião *"...são grupos empresariais de fato "...as sociedade que mantêm, entre, si, laços empresariais através de participação acionária, sem necessidade de se organizarem juridicamente. Relacionam-se segundo o regime legal de sociedades isoladas, sob a forma de coligadas, controladoras e controladas, no sentido de não terem necessidade de maior estrutura organizacional."* (segunda parte do art. 18). Os grupos de fato se estabelecem entre sociedades coligadas ou entre a controladora e a controlada.[2]

Ainda segundo o mesmo autor, são grupos empresarias de direito *"... esclarece a "exposição de motivos" o grupo de sociedade de direito é uma forma evoluída de inter-relacionamento de sociedades que, mediante apro-*

2 REQUIÃO, Rubens. *Curso de direito comercial.* São Paulo: Saraiva, 2003, p. 269.

vação pelas assembléias gerais de uma convenção de grupos, dão origem a uma sociedade de sociedades".[3]

O grupo de direito é o conjunto de sociedades cujo *controle é titularizado por uma brasileira (a comandante)* e que, mediante *convenção* acerca da combinação de esforços ou participação em atividades ou empreendimentos comuns, formalizam esta relação empresarial. Constituem-se *formalmente por uma convenção expressa*, devendo possuir designação, *"grupo"* ou *"grupo de sociedades"*, conforme dispõe o artigo 267 da Lei das Sociedades Anônimas, *registrados na Junta Comercial*.[4]

Assim compreende o grupo de sociedade a associação de esforços empresariais entre sociedades, para a realização de atividades comuns, ou seja, todo conjunto de sociedades empresárias que, conservando embora as respectivas personalidades jurídicas próprias e distintas, se encontram subordinadas a uma direção econômica unitária e comum.

No direito alemão fonte do direito brasileiro do tema aqui tratado, o instituto denominado grupo econômico ou grupo de sociedade é conhecido por *Korzern.*

Na Lei Alemã de 1965, o artigo 18, define o *Konzern* expressando que: *"Se uma empresa dominante e uma ou várias empresas dependentes se encontram reunidas sob a direção única da empresa dominante, elas constituem um Konzern. Cada uma delas é empresa consorciada. Se empresas juridicamente independentes se encontram reunidas sob uma direção única, sem que uma dependa da outra, também constituem um Konzern. Cada uma delas é empresa consorciada."*

21.4. Conseqüências Jurídicas dos Grupos Empresariais de Direito e de Fato

Nos grupos empresariais de fato, as sociedades agrupadas não podem favorecer-se mutuamente. A sociedade controladora responde por abuso de poder, cabendo ação de reparação de perdas e danos por parte da companhia controlada em face da controladora; ação social *uti singuli;* ação individual dos acionistas e ação de reparação de danos dos credores em face da controladora com base na teoria da desconsideração da personalidade jurídica se houver fraude à lei, fraude ao contrato ou abuso de direito. Além disso, os administradores da sociedade controladora ou das controladas respondem por perdas e danos se desrespeitarem a lei, com base na teoria da responsabilidade civil aqüiliana.

3 REQUIÃO, Rubens. *Curso de direito comercial.* São Paulo: Saraiva, 2003, p. 290.

4 COMPARATO, Fábio Konder. *O poder de controle na sociedade anônima.* São Paulo: Revista dos Tribunais, 1977, p. 364.

Já nos grupos de direito, ao contrário, a sociedade controladora pode impor às controladas políticas administrativas, financeiras, operacionais e subordinar interesses de certas sociedades em relação aos das outras ou em relação ao grupo, transferindo os lucros e prejuízos, desde que obedecida a convenção. Se agirem de acordo com a convenção e a lei, os administradores da controladora e das controladas não podem ser demandados em juízo pelas filiadas, pelos credores e pelos acionistas minoritários das controladas mesmo que seus atos lhe tenham causado prejuízo. Também os acionistas minoritários das controladas não têm direito à ação de reparação de danos contra a sociedade controladora, conforme dispõe o artigo 276 da Lei das Sociedades por Ações.

Nas sociedades grupadas de fato, os administradores conforme disposto no artigo 246 da lei societária são responsabilizados por qualquer favorecimento de uma sociedade a outra. Tal favorecimento, pela freqüência e facilidade com que ocorre em prejuízo dos minoritários, está sujeito a sanções e procedimentos especiais elencados no artigo 247 e seus §§. No grupo de direito, uma sociedade pode trabalhar para as outras, porque convencionam combinar recursos ou esforços para a realização dos respectivos objetos, ou para participar de atividades ou empreendimentos comuns.

Via de regra, inexiste solidariedade (há divergência doutrinária e jurisprudencial) entre as sociedades que compõem o mesmo grupo; *"... salvo por sanções decorrentes de infração de ordem econômica... ou seja, perante as autoridades antitrustes... (Lei nº 8.884/94, art. 17), nas obrigações previdenciárias (Lei nº 8.212/91, art. 30, IX), ou nas dívidas trabalhistas (CLT, art .2º, § 2º)."*[5]

Excetuando-se as obrigações relacionadas ao contrato de consumo, dispostas no Código de Defesa do Consumidor em seu artigo 28, § 2º, não existe subsidiariedade entre as sociedades do mesmo grupo.

21.5. Disciplina Legal

A matéria Grupo de empresas encontra-se disciplinada nos artigos 265 a 277 da Lei das Sociedades por Ações. As empresas que integram um grupo societário mantêm suas próprias personalidades jurídicas, e esta é a característica fundamental do grupo. No entanto, elas se subordinam a uma política econômica centralizada na sociedade de comando, também conhecida por empresa-mãe.

O artigo 265 e seus §§ 1º e 2º da lei societária tratam das características do grupo de sociedades. Pelo caput do mencionado dispositivo podemos entender que uma sociedade controladora e suas controladas podem compor

5 COELHO, Fabio Ulhoa. *Curso de direito comercial.* São Paulo: Saraiva, 2009, p. 502.

um grupo, desde que haja uma convenção, em que se obriguem a *"combinar recursos ou esforços para a realização dos respectivos objetos"* ou a *"participar de atividades ou empreendimentos comuns"*.

Uma condição para que o grupo possa existir legalmente é que a sociedade que o comanda, chamada de controladora, seja brasileira e exerça, direta ou indiretamente e de modo permanente, o controle das suas filiadas, seja como titular de direitos de sócio ou acionista, seja por meio de acordo com outros sócios ou acionistas.

Considerando que cada sociedade membro do grupo mantém personalidade e patrimônios distintos, conforme artigo 266 da Lei das Sociedades Anônimas, não se pode presumir que haja responsabilidade solidária entre as sociedades de um mesmo grupo, todavia, há divergências doutrinárias e jurisprudências sobre tal assunto.

Ainda analisando a Lei das Sociedades Anônimas, encontramos disposto no artigo 267 que o grupo societário terá designação, de que deverão constar os sintagmas grupo ou grupo de sociedades (mas isto se aplica apenas aos grupos organizados de acordo com o disposto no Capítulo XXI da LSA).

O artigo 265 da Lei nº 6.404/76, dispõe que a sociedade controladora e suas controladas podem constituir grupo de sociedade, mediante convenção. Exige, assim, a norma brasileira, além das notas caracterizadoras do fenômeno econômico, a convenção grupal, para conectar as consequências jurídicas ao assim chamado grupo de direito. Não descuida nossa lei, entretanto, dos grupos de fato, vale dizer, da existência fática de um conjunto de sociedades articuladas sob uma direção unitária. Trata, ainda, esse mesmo diploma legal, das características e natureza dos grupos econômicos em seus artigos 265 e 266, suas designações no artigo 267, autorização para funcionar no artigo 268, constituição, registro, publicidade nos artigos 269 e 271, aprovação pelos sócios da sociedade que integrará o grupo no artigo 270, dos administradores do grupo e das sociedades filiadas nos artigos 272 e 273 e sua remuneração no artigo 274, das demonstrações financeiras no artigo 275, dos prejuízos resultantes de atos contrários à convenção no artigo 276, do Conselho Fiscal das filiadas no artigo 277 e, por fim, dos consórcios nos artigos 278 e 279.

21.6. Constituição e Registro dos Grupos de Sociedades – *Holding*

O grupo de sociedade será constituído por convenção escrita, sob a liderança de sociedade brasileira, sendo proibido a sociedade estrangeira comandar o grupo, muito embora possa fazer parte dele, desde que se subordine ao comando da sociedade controladora nacional.

Segundo o parágrafo único do artigo 269 da Lei nº 6.404/76, é considerada brasileira a sociedade controlada por *"a) pessoas naturais residentes ou domiciliadas no Brasil; b) por pessoa jurídica de direito público interno; ou c) sociedade ou sociedades brasileiras que, direta ou indiretamente, estejam sob controle das pessoas referidas nas alíneas a* e *b."*

A convenção de grupo deve ser aprovada pelas sociedades que dele fizerem parte. Se houver companhia, essa aprovação caberá à assembléia geral; se houver sociedade de pessoas, pela maioria dos sócios e a sua aprovação se dará com a observância das normas para a alteração do contrato ou estatuto.

Na convenção estarão os seguintes elementos contidos no artigo 269 da Lei societária: a) a designação do grupo; b) a indicação da sociedade de comando e suas filiadas; c) as condições de participações das diversas filiadas; d) o prazo de duração, se houver, e as condições de extinção; e) as condições para admissão de outras sociedades e para a retirada das que a componham; f) os órgãos e cargos da administração do grupo, suas atribuições e as relações entre a estrutura administrativa do grupo e as das sociedades que o componham; g) a declaração da nacionalidade do controle do grupo; h) as condições para a alteração da convenção.

Segundo o artigo 137 do mesmo dispositivo legal, os sócios ou acionistas que não concordarem com a convenção terão direito ao reembolso de suas ações ou cotas.

Somente será considerado constituído o grupo, de acordo com o artigo 271, a partir da data do arquivamento, no Registro Público de Empresas Mercantis, da sede da sociedade de comando e dos seguintes documentos: *"I – convenções de constituição do grupo; II– atas das assembléias gerais, ou instrumento de alteração contratual, de todas as sociedades que tiverem aprovado a constituição do grupo; III – declaração autenticada do número das ações ou cotas de que a sociedade de comando e as demais sociedades integrantes do grupo são titulares em cada sociedade filiada, ou exemplar de acordo de acionistas que assegurem o controle de sociedade filiada."*

A Seção III da Lei das Sociedades por Ações, nos artigos 272 a 274 se preocupou em regular a estrutura administrativa do grupo de sociedades, com cada um dos três artigos versando sobre um aspecto específico da administração. No artigo 272, encontramos disposições sobre os administradores do grupo.

Salvo dispositivo expresso na convenção, a sociedade será representada perante terceiros tão-somente pelos administradores de cada uma delas, segundo os respectivos estatutos ou contratos sociais. Vale ressaltar que cabe à convenção a definição da estrutura administrativa do grupo, a criação de órgãos de deliberação colegiada e cargos de direção geral.

Os administradores das sociedades filiadas, de que trata o artigo 273, devem atender à orientação geral estabelecida e às instruções dadas pelos administradores do grupo, desde que não haja prejuízo de suas atribuições, poderes e responsabilidades conferidas pelos respectivos estatutos ou contratos sociais. Além disso, essas ordens "superiores" dadas pelos administradores do grupo não podem ferir a lei ou a convenção do grupo.

Por fim, o artigo 274 fala sobre a remuneração dos administradores do grupo, bem como daqueles investidos em cargos de administração em mais de uma sociedade. Eles poderão ter sua remuneração dividida entre as várias sociedades e, se houver gratificação, ela poderá ser fixada dentro dos limites previstos no § 1° do artigo 152 da Lei das Sociedades Anônimas, baseado nos resultados deduzidos das demonstrações financeiras consolidadas do grupo.

A lei também estabelece as normas de administração do grupo, podendo criar órgãos de deliberação colegiada, cargos de direção geral, normas de administração das sociedades e a remuneração. Por fim, a lei societária regula as demonstrações financeiras do grupo, e as normas sobre os prejuízos resultantes de atos contrários à convenção e do conselho fiscal das filiadas. O funcionamento do conselho fiscal da companhia filiada ao grupo, quando não for permanente, poderá ser pedido por acionistas não controladores que representem, no mínimo, 5% (cinco por cento) das ações ordinárias, ou das ações preferenciais sem direito a voto.

21.7. Demonstrações Financeiras

O grupo societário está obrigado, nos termos do artigo 275 da Lei das Sociedades Anônimas, a publicar demonstrações financeiras de cada uma das sociedades componentes, além de demonstrações consolidadas, referentes a todas as sociedades do grupo; estas últimas devem ser publicadas juntamente com as da sociedade comandante, e têm que estar de acordo com as normas contidas no artigo 250 da mesma lei.

Ficam excluídas das demonstrações consolidadas as participações de uma sociedade em outra, os saldos de quaisquer contas entre as sociedades, além das parcelas dos resultados do exercício, dos lucros ou prejuízos acumulados e do custo de estoques ou do ativo permanente que corresponderem a resultados não realizados de negócios entre as sociedades, conforme disposto na Lei das Sociedades Anônimas em seu artigo 250, incisos I a III.

Mesmo que não tenha forma de companhia, isto é, se for uma sociedade limitada, a sociedade de comando deverá publicar demonstrações financeiras segundo os ditames da Lei das Sociedades Anônimas.

Em relação às companhias filiadas, elas devem indicar, em nota explicativa, as suas demonstrações financeiras publicadas individualmente e o órgão responsável pela publicação da última demonstração consolidada do grupo de que forem integrantes.

Se o grupo de sociedades contiver uma companhia aberta, vale dizer, aquela cujos valores mobiliários estejam admitidos à negociação na bolsa ou no mercado de balcão, conforme disposto no artigo 22 da Lei n° 6.385/76, as demonstrações consolidadas devem atender às normas determinadas pela Comissão de Valores Mobiliários.

21.8. Personalidade Jurídica do Grupo de Sociedades

A atribuição ou não de personalidade jurídica própria aos grupos de sociedade tem gerado crescente polêmica e, embora a Lei nº. 6.404/76 em seu artigo 266 estabeleça que no grupo de sociedades (...) *"cada sociedade conservará personalidade e patrimônios distintos"*, a doutrina tem se posicionado de maneira divergente ante esse fato. Tais divergências não proporcionam apenas discussões acadêmicas, mas repercutem na pratica dos grupos de sociedades, de modo que a aferição ou não de personalidade jurídica a eles pode acarretar conseqüências diferentes.

A primeira corrente analisa os argumentos favoráveis à despersonificação dos grupos de sociedades. O Prof. Fábio Konder Comparato afirma que o grupo de sociedades pode ser entendido como uma *"sociedade de sociedades"* ou *"sociedade de segundo grau"*, entretanto, não se constitui em uma pessoa jurídica de segundo grau. Para ele, seria um caso de sociedade empresária regular já que apresenta requisitos essenciais da relação societária, tais como, a contribuição com esforços ou recursos, objetivos comuns entre seus integrantes e a participação em lucros e prejuízos, porém sem personalidade jurídica, embora haja um reconhecimento legal do grupo.

O próprio ordenamento jurídico, embora não prestigie existência à personalidade jurídica dos grupos de sociedade, não ignora a sua existência de fato e, portanto, lhe atribui consequências jurídicas ante sua natureza peculiar. A convenção, a qual constitui o grupo, não significa obrigatoriamente a existência de um novo instituto jurídico personalizado. Segundo alguns autores, se assim o fosse, denotaria um formalismo exagerado.

Outros estudiosos afirmam ainda, que seria a destruição da típica pluralidade jurídica que é justamente pressuposta na sua noção, ou seja, a personificação equivaleria ao homicídio jurídico do grupo. Sendo assim, a personificação acabaria por fundir a sociedade controladora e controladas e ignorar as diferenças entre elas existentes, castrando-lhes particularidades administrativas, organizacionais e a autonomia decisiva. Assim, poderia, ao invés de promover, interferir negativamente no desenvolvimento do grupo e nas suas relações internas e externas, afetando sua flexibilidade.

Conceitualmente no grupo de sociedades não há fusão patrimonial e, portanto, a inexistência de patrimônio comum leva a desobrigar as sociedades grupadas em relação às dívidas das outras.

A segunda corrente de doutrinadores considera a atribuição de personalidade jurídica ao grupo fundamental, tendo como ponto de partida o princípio da pessoa jurídica, que determina existência distinta entre as pessoas jurídicas e seus membros, de modo que as sociedades grupadas não poderiam ser confundidas com o grupo em si, assim como uma sociedade isolada se distingue dos seus sócios.

Ou seja, o grupo de sociedades é uma "sociedade de sociedades" que possui denominação distinta das sociedades integrantes, constitui-se por convenção escrita, tem prazo de duração, administração própria, cujas funções e poderes são estabelecidos na convenção; os seus atos constitutivos deverão ser arquivados no Registro Público de Empresas Mercantis e o grupo está obrigado a publicar demonstrações financeiras consolidadas, independentemente daquelas da sociedade controladora.

Para finalizar, tem-se o argumento de que ela favorece o fortalecimento das sociedades grupadas devido à cooperação mútua entre as empresas diante de problemas de ordem financeira, tornando-as menos vulneráveis à falência.

Além disso, afirma-se que a personificação ofereceria maior segurança para as sociedades controladas visto que diminuiria o arbítrio e inclusive possíveis autoritarismos da sociedade controladora.

A questão fica mais acirrada quando houver uma demanda judicial de credores contra o grupo societário. Pergunta-se: Os credores deverão demandar contra o grupo, contra a sociedade de comando ou contra as sociedades grupadas?

Quanto à penhora numa possível execução: deverá, recair sobre os bens do grupo, aqueles da sociedade controladora ou os bens de uma ou mais sociedades grupadas que se fizerem necessários para a satisfação do referido crédito?

Acreditam os estudiosos da segunda corrente, que seja mais adequado propor a lide contra o grupo de sociedades sendo que a penhora pode recair sobre os bens de qualquer uma das sociedades grupadas ante a confusão patrimonial entre elas, o que não deixa de ser uma garantia aos credores quando da aplicação da teoria da desconsideração da personalidade jurídica. Isso assegura aos credores convicção de que será satisfeita a dívida senão pela empresa contratante, solidariamente pelas companhias grupadas. Tal corrente ainda considera a possibilidade de haver um "capital social do grupo" ou um patrimônio comum.

Já a primeira corrente pensa exatamente ao contrario, que não há solidariedade entre o grupo de empresa, pois, não há fusão patrimonial e, portanto, a inexistência de patrimônio comum leva a desobrigar as sociedades grupadas em relação às dívidas das outras.

Segue alguns casos concretos referentes a personalidade jurídica do grupo de sociedades:

Tribunal: Tribunal de Justiça do Mato Grosso

Relator: Des. Licínio Carpinelli Stefani

Localização: RT 645:162

"Ementa: SOCIEDADE COMERCIAL – Anônima – Grupo de Sociedades – Empresas com denominações distintas – Hipótese em que, ainda que pertencentes ao mesmo grupo financeiro, são pessoas jurídicas autônomas em seus direitos e obrigações por força da Lei nº 6.404/76 –

Impossibilidade de aquela que não é titular de interesse que se discute em juízo litigar em nome de outra – Declarações de votos vencedores e vencidos. Ementa oficial: Apelação Cível. Declaratória revisional de obrigação. Banco Nacional do Norte S/A e Banorte Banco de Investimentos S/A, sociedades anônimas pertencentes a um mesmo grupo econômico. Denominações distintas. Ação proposta contra parte ilegítima. Ilegitimidade reconhecida na sentença. Recurso improvido. As sociedades anônimas mesmo pertencentes a um mesmo conglomerado financeiro, não guardam similitude quando, com denominação distintas se tornam, por força da Lei nº 6.404 de 15.12.76."

Salienta-se, finalmente, que a jurisprudência do Egrégio Superior Tribunal de Justiça, vem, reiteradamente, reconhecendo tanto a legitimidade passiva *"ad causam"* da líder ou controladora do grupo de empresa, nas ações em que se discute atos praticados pela controlada, como a responsabilidade solidária dos integrantes de um grupo econômico, pelos atos praticados por qualquer de suas empresas:

1º Caso: "RESPONSABILIDADE. BANCO. CONGLOMERADO ECONÔMICO. O fato de o cartão de crédito ser administrado por Excel Econômico Administradora de Cartões Ltda. não afasta a responsabilidade do Banco Excel Econômico S/A, hoje Banco Bilbao Vizcaya Brasil S/A, líder do conglomerado econômico, pelas faturas indevidas de cartão de crédito não recebido pelo consumidor. REsp 299.725-RJ, Rel. Min. Aldir assarinho Junior, julgado em 22/3/2001"

"Com relação ao argumento de que o cartão era administrado por Excel Econômico Administradora de Cartões (Master Card) e não pelo réu originário Banco Excel Econômico (hoje Bilbao Vizcaya), líder do conglomerado econômico, tenho que tal fato não afasta sua responsabilização", afirmou o Ministro Aldir Passarinho Júnior"

2º Caso: *"Na forma de precedentes da Corte, a existência de grupo econômico justifica a possibilidade de indicação da empresa líder no pólo passivo da ação, ainda mais em casos como o presente, em que o saneamento do processo determinou a regularização da representação processual. Defendido o grupo pelo mesmo escritório de advocacia, e a correção da denominação, presente a defesa nos autos."* (REsp 201.838/RS, Rel. Ministro CARLOS ALBERTO MENEZES DIREITO, TERCEIRA TURMA, julgado em 16.08.1999, DJ 04.10.1999 p. 57); *"A corretora de seguro, integrante do mesmo grupo econômico a que pertence a companhia seguradora tem legitimidade para responder à ação em que se demanda o cumprimento de contrato."* (REsp 842.688/SC, Rel. Ministro HUMBERTO GOMES DE BARROS, TERCEIRA TURMA, julgado em 27.03.2007, DJ 21.05.2007 p. 576); *"Detém legitimidade passiva para responder à ação de cobrança proposta pelos beneficiários do segurado, o banco líder do grupo econômico a que pertence a companhia seguradora, já que se utilizou de sua logomarca, do seu prestígio e de suas instalações, além de seus próprios empregados, para a celebração do contrato de seguro. Precedentes."* (REsp 434.865/RO, Rel. Ministro CASTRO FILHO, TERCEIRA TURMA, julgado em 13.09.2005, DJ 10.10.2005 p. 355); *"A distribuidora de títulos e valores mobiliários é parte legitimada a responder por diferenças de correção monetária decorrentes de título emitido por instituição financeira pertencente ao mesmo grupo econômico. Recurso especial não conhecido."* (REsp 326.304/SP, Rel. Ministro ARI PARGENDLER, TERCEIRA TURMA, julgado em 18.11.2004, DJ 14.03.2005 p. 318); "CONFORME JURISPRUDÊNCIA DAS TURMAS QUE COMPÕEM A 2. SEÇÃO DESTA CORTE, A INSTITUIÇÃO FINANCEIRA, LÍDER DO GRUPO ECONÔMICO AO QUAL PERTENCE O AGENTE FINANCEIRO SIGNATÁRIO DO CONTRATO DE DEPÓSITO DE POUPANÇA, PODE FIGURAR NO POLO PASSIVO DE AÇÕES COMO A PRESENTE." (REsp 128.998/RS, Rel. Ministro CARLOS ALBERTO MENEZES DIREITO, TERCEIRA TURMA, julgado em 03.03.1998, DJ 04.05.1998 p. 155).

21.9. Grupo Empresarial – *Holding*

Com origem remontada ao idioma inglês, *holding* vem do verbo *to holding*, que quer dizer segurar, guardar, controlar, manter. A sociedade *holding*, logo se percebe, é aquela que participa do capital de outras sociedades em nível tal que lhe garanta o controle delas. É irrelevante, para a definição da empresarialidade da *holding* o fato de titularizar participação em uma sociedade simples, pois não é o exercício da atividade por essa desenvolvida que define a condição de empresária da *holding*.

A organização e o exercício profissional da atividade é que conferem à *holding* a condição de empresária, muito embora as empresas nas quais possui participação societária não precisam ser sociedades empresárias. O fato da empresa *holding*, ter como escopo titularizar participações societárias de outras sociedades revela sua atividade profissional. O que qualifica uma empresa *holding* não é o exercício do poder de controle, mas a titularização de ações ou cotas em outras empresas, pois, com essa titularização, pode-se buscar o controle.

O § 3°, do artigo 2° da Lei da Sociedade Anônima, deixa claro que a companhia tanto pode ser uma *holding* pura como *holding* mista. A *holding* será pura quando o seu objeto social consistir apenas na participação no capital social de outras sociedades, sobre as quais exercerá o controle acionário.

Por sua vez, haverá *holding* mista quando, além de participar, ela explorar alguma atividade empresarial, como nos casos de integralização de capital com ações e quotas de sociedades, imóveis, valores mobiliários, etc.

Existem ainda outras classificações doutrinárias, por exemplo o *holding* administrativo, o *holding* de controle e o *holding* familiar, a qual tem sua grande utilidade na concentração patrimonial, além de facilitar a sucessão hereditária e a administração dos bens, propiciando a continuidade sucessória.

21.10. Dissolução do Grupo de Sociedades

Depois de tantos aspectos importantes da sociedade *holding*, neste item vamos tratar de seu fim, ou seja, sua dissolução. Uma sociedade *holding* pode dissolver-se voluntariamente, quando seus sócios assim o desejarem; pelo término do prazo de sua duração, quando isso vier previsto no estatuto ou no contrato social; ou então, por ordem judicial.

As normas a que fica submetida são as mesmas aplicadas na dissolução de sociedades: aplica-se a Lei das Sociedades por Ações, se a *holding* for uma sociedade anônima, e o Código Civil, no caso das demais sociedades. Realizada a dissolução, começa o processo de liquidação, isto é, a prática de uma série de atos destinados a realizar o ativo, pagar o passivo e enviar o saldo restante aos sócios ou acionistas.

Pode ocorrer também, mediante condições legalmente estipuladas, que depois de pago ou garantido aos credores, o ativo seja dividido entre os sócios ou acionistas, pela atribuição de bens com o valor contábil, o valor de mercado ou outro valor fixado. Tal fixação será feita pela assembléia geral, no caso de Sociedade por Ações, ou por acordo comum entre os sócios, nas Sociedades Limitadas.

21.11. Considerações Finais

Nas atuais condições do mercado econômico globalizado, sujeito a novos empreendimentos, porem, exposto à ameaças externas, em que qualquer mudança na economia pode oferecer sérios riscos as atividades empresariais, a constituição de grupo de empresas de direito, chamados *holding*, revela-se um mecanismo de grande força na superação de crises, tendo em vista que as sociedades agrupadas pela convenção escrita, podem favorecer-se mutuamente, transferindo lucros ou prejuízos, desde que obedecida a convenção, conservando todas as empresas agrupas personalidade distintas das demais, não havendo responsabilidade solidária, salvo raras exceções.

O grupo de empresas de direito, ou seja, a *holding*, vem confrontar com a idéia controversa e individualista dos empresários, demonstrando a necessidade de que pensem em uma constituição de empresa não como pessoa física, mas sim empresários comprometidos com o futuro e a segurança da organização, uma vez que atualmente, deve-se compartilhar mais do que nunca a gestação empresarial, participativa, baseada na direção cooperativa.

A constituição de grupo empresarial de direito, chamado *holding*, passa ao consumidor a sensação de grandeza, facilitando o poder de barganha com o ambiente; otimiza recursos financeiros, físicos e humanos entre as empresas, evitando estruturas de apoio repetidas e paralelas nas diversas sociedades; agiliza a realocação de recursos financeiros, permitindo a diretoria de finanças do grupo, a transferência de recursos de uma empresa para outra; reduz a estrutura das empresas controladas, reduzindo-as à atribuições operacionais e deixando as tarefas globais a cargo de uma administração central; separa o planejamento e controle (que é função do grupo) da operação (que é função de cada controlada).

CAPÍTULO XXII

CONSÓRCIO DE EMPRESAS

Sumário: 22.1. Disposições gerais dos consórcios de empresas. **22.2.** Noções históricas dos consórcios de empresas. **22.3.** Consórcios no Brasil. **22.4.** Disciplina do consórcio na Lei nº 6.404 de 15 de dezembro de 1976. **22.5.** Obrigações das consorciadas. **22.6.** O contrato de consórcio. **22.7.** Infrações contra a ordem econômica e os crimes contra a economia popular. **22.8.** Considerações finais.

22.1. Disposições Gerais dos Consórcios de Empresas

Nota-se que, com o advento do processo mundial de globalização da economia, a ferramenta da parceria tem sido utilizada não só como pressuposto de sobrevivência frente à evolução da economia mundial, mas para incremento do desenvolvimento tecnológico. A perspectiva é que, nos próximos anos, a recorrência ao consórcio, e também a outras modalidades de associações empresariais, na forma de *joint ventures* e outras, se fixe ainda mais, principalmente com a consolidação de blocos econômicos, ensejando-se assim premente necessidade de se intensificar novas formas de colaboração interempresarial.

As operações de privatização no âmbito do Programa Nacional de Desestatização – PND, na sua maioria têm sido efetivadas através de consórcios de empresas.

Recentemente no Brasil, a privatização da Vale do Rio Doce, através de um consórcio de empresas, liderado pela Companhia Siderúrgica Nacional – CSN revelou a importância do instituto do consórcio de empresas, pouco abordado juridicamente. A questão retorna ao cenário com a concessão da exploração da Rodovia Bandeirantes ao Consórcio Jaraguá, que constituiu a concessionária Autoban.

Os consórcios consistem em fórmulas de concentração provisória e flexível, efetivadas pela união de empresas que se relacionam para a realização de um determinado objetivo. Cria-se uma nova estrutura organizacional que representa o agrupamento, sem intervir na identidade de cada componente, mantendo-se juridicamente independentes.

A formação de um consórcio apresenta inúmeras vantagens ao racionalizar os esforços das empresas, mobilizando as capacidades específicas e tornando as empresas consorciadas mais eficientes para a realização do objeto do consórcio, ou em situações extremas, nas quais isoladamente não teriam condições de executar determinados empreendimentos. Forma-se, portanto, sob a égide solucionadora de determinadas dificuldades ou obtenção de determinado interesse comum.

22.2. Noções Históricas dos Consórcios de Empresas

Embora se encontrem indícios da existência do consórcio na mais remota antiguidade, em regra geral associa-se o fenômeno do consórcio à economia da livre concorrência.

A passagem do capitalismo comercial para o capitalismo industrial, o processo concentracionista e a necessidade de limitação da concorrência, contribuíram para o aparecimento dos cartéis e consórcios, que inicialmente sofreram restrições legislativas, *Sherman's Act*, de 1890. Inicialmente, os Estados se antepuseram aos aspectos negativos do fenômeno consorcial. As legislações repressivas dos abusos do poder econômico precederam às leis disciplinadoras do instituto.

Dessa forma, ocorre, portanto, a precedência de dispositivos, disciplinando aspectos negativos que porventura afetem a ordem pública sob a égide da figura do consórcio, pois nessa época partia-se do pressuposto de que qualquer forma de concentração empresarial tentava burlar o princípio da livre concorrência.

A evolução e o crescimento da economia após a I Guerra acarretaram alterações substanciais no mecanismo de mercado e concorrência, trazendo significativas alterações. Tal fenômeno ocasionou aumento do número de dispositivos reguladores, visando principalmente à atuação em consórcio e controle da formação de cartéis, dentre outros atos anticoncorrenciais.

Tem-se, portanto, que o liberalismo econômico e a liberdade de contratar, permitindo, a livre concorrência entre as empresas, fizeram surgir a figura dos acordos empresariais. Portanto, ganha ênfase a união de empresas acarretando o seu crescimento, bem como surgindo celebração de acordos interempresariais, visando à posição de ascendência no mercado e mecanismo de sobrevivência, tendo em vista que as empresas tendenciaram a se associar para reagirem aos problemas oriundos do dogma da livre concorrência, entre eles a luta entre concorrentes, na qual os mais fortes procuram eliminação dos mais fracos.

Durante o Século XIX outra realidade se afigura: a internacionalização da economia, incidindo o fator relevante, de que as empresas dos países em desenvolvimento enfrentam a concorrência das grandes empresas dos países industrializados, atuando na economia mundial de forma crescente.

Nos dias atuais, é esse o enquadramento do consórcio, desvinculando--se, da conotação inicial da figura do consórcio atrelado tanto à imagem de alternativa à concentração empresarial, como arma contra os abusos da livre concorrência.

22.3. Consórcios no Brasil

No movimento concentracionista acentuado na economia brasileira desde a década de 60, situa-se a reiterada recorrência à figura do consórcio de empresas; não raramente como pressuposto de solução emergente de inadequadas dimensões da empresa nacional mediante as exigências do mercado provocadas pela evolução da economia.

A sistematização legal do instituto no Brasil surgiu, ligado à execução de obras públicas e grandes investimentos. As *joint ventures* norte-americanas são tomadas como base da nossa estrutura legislativa.

No que concerne aos ordenamentos jurídicos, também no Brasil, houve a precedência das legislações repressivas dos abusos do poder econômico às leis disciplinadoras do instituto, corroborando com a idéia inicial de se coibirem abusos contra a livre concorrência.

Traçando-se uma retrospectiva histórica a respeito do fenômeno, ressalta-se dentre outras normatizações, o Código de Águas, Decreto n° 24.643/34, regulamentando os chamados consórcios administrativos, Decreto n° 869/38, legislação que define os crimes contra a economia popular, a Lei n° 4.137/62, repressão aos abusos do poder econômico.

Até a década de 60, no Brasil adotava-se a solução flexível e menos burocrática, de se celebrarem contratos atípicos ou inominados para as associações de empresas, modalidade inclusive frequentemente utilizada nas atividades de exportação. Todavia, a partir dessa década, surge um movimento legislativo tendente a tipificar tais contratos sob a égide do consórcio, pois a problemática emergente da falta de regulamentação do instituto refletiu-se no Judiciário para a solução dos litígios.

A partir daí, a matéria teve uma lenta evolução legislativa, estruturando-se somente com o advento da Lei n° 6.404/76. Finalmente, o instituto do consórcio recebe tratamento unitário no Direito brasileiro, constando desde a redação do anteprojeto da Lei das Sociedades por Ações.

22.4. Disciplina do Consórcio na Lei n° 6.404 de 15 de Dezembro de 1976

Ricardo Negrão ensina que *"o consórcio nada mais é do que o contrato entre duas ou mais sociedades, sob o mesmo controle ou não, para executar determinado empreendimento. Sua constituição prescinde de es-*

tarem as sociedades consorciadas sob o mesmo controle (de fato ou de direito)".[1]

Na Exposição de Motivos nº 196, de 24 de junho de 1976, do Ministério da Fazenda, o Executivo assim se referiu aos consórcios de empresas: *"Completando o quadro das várias formas associativas de sociedades, o Projeto, nos artigos 279 e 280, regula o consórcio, como modalidade de sociedade não personificada que tem por objeto a execução de determinado empreendimento Sem pretensão de inovar, apenas convalida, em termos nítidos, o que já vem ocorrendo na prática, principalmente na execução de obras públicas e de grandes projetos de investimento".*

Determina a Lei nº 6.404/76, em seu artigo 278, que: *"As companhias e quaisquer sociedades, sob o mesmo controle ou não, podem constituir consórcio para executar determinado empreendimento, observado o disposto neste Capítulo.*

§ 1º – *O consórcio não tem personalidade jurídica e as consorciadas somente se obrigam nas condições previstas no respectivo contrato, respondendo cada uma por suas obrigações, sem presunção de solidariedade.*

§ 2º – A falência de uma consorciada não se estende às demais, subsistindo o consórcio com as outras contratantes; os créditos que porventura tiver a falida serão apurados e pagos na forma prevista no contrato de consórcio".

O consórcio forma um grupo de coordenação, enquanto os grupos de sociedades são grupos de subordinação. Para se constituir um grupo de sociedades conforme disposto nos artigo 265 e seguintes da Lei nº 6.404/76, há a necessidade de uma sociedade controladora e de sociedades controladas, subordinando-se, assim, estas à vontade daquela. No consórcio isso não acontece, ficando as sociedades consorciadas no mesmo pé de igualdade. Daí declarar a lei que o consórcio pode ser constituído pelas companhias e quaisquer outras sociedades, sob o mesmo controle ou não. Deverá de tal modo, existir uma coordenação entre as sociedades para a realização de empreendimentos, obrigando-se cada uma nos termos do contrato firmado entre todas, respondendo, porém, simplesmente pelas obrigações assumidas de forma individual.

Os consórcios são bastante comuns nos mais variados empreendimentos e não se confunde com os grupos de sociedades, por não haver subordinação de uma consorciada a outra. Também não se confunde com certos agrupamentos de sociedades existentes em outros direitos, tal qual no *Groupements d'interêt* économique – *GIE*,[2] do direito francês, com os quais tem pontos de contatos semelhantes mas muitos aspectos divergentes.

1 NEGRÃO, Ricardo. *Manual de direito comercial e de empresa*. v. 1. São Paulo: Saraiva, 2010, p. 512.

2 *Groupements d'interêt* économique – *GIE* foram regulados pela *Ordonnance* nº 67-821, de 23 de setembro de 1967, objetivando a cooperação entre as empresas para que seja

O consórcio significa o agrupamento de sociedades, feito através de um contrato, com a finalidade de executar determinado empreendimento obrigando-se cada sociedade, em relação àquele com quem o consórcio vai contratar, de acordo com as condições previstas no contrato e respondendo apenas pelas obrigações assumidas. A lei, limitando a constituição dos consórcios, declara que eles serão constituídos por companhias e quaisquer outras sociedades, sendo que, para a existência de um consórcio, será indispensável a participação de ao menos uma sociedade anônima. Talvez, tal exigência seja em razão da lei das sociedades anônimas ter tratado da sua regulamentação, em caráter geral. Entretanto, nenhum motivo existe para fazer com que os consórcios sejam formados apenas com a participação de uma sociedade anônima, sendo que, sociedades não anônimas, principalmente sociedades limitadas, têm plena capacidade para constituir consórcios. Seria melhor que a lei tivesse tratado o consórcio como a união de sociedades de modo geral e não apenas a união de sociedades que contem com a participação obrigatória de uma sociedade anônima ou companhia. A Lei nº 6.404/76 possui exemplos de que assim poderia ter acontecido, pois regulou institutos como a transformação, a incorporação, a fusão e a cisão de sociedades não anônimas, conforme dispõe os artigos 220 a 234.

Fazendo com que dos consórcios obrigatoriamente participe uma sociedade anônima, a lei restringiu bastante a formação dessas entidades. De qualquer modo a lei societária, só permite a formação de consórcios com a participação de sociedades anônimas e outras quaisquer sociedades, podendo estar todas sob o mesmo controle ou não. No caso do consórcio ser formado por uma sociedade com sociedades controladas, o grupamento não se confunde com um grupo de sociedades porque, neste, pela convenção firmada entre todas, as sociedades se obrigam a combinar recursos ou esforços para a realização dos respectivos objetos, ou a participar de atividades ou empreendimentos comuns, conforme dispõe o artigo 265; enquanto que no consórcio as consorciadas somente se obrigam nas condições previstas no respectivo contrato, respondendo cada uma por suas obrigações, que serão obrigações individuais de cada sociedade, e não obrigações comuns a todas elas, como acontece nos grupos societários. Neste caso, para distinguir os dois grupos societários, tem papel preponderante o que dispõe o ato regulador, convenção ou contrato.

Por outro lado, a lei exclui da participação nos consórcios os empresários individuais. A medida não tem justificativa porque uma empresa individual pode ser tão poderosa quanto uma sociedade, tendo capacidade técnica e econômica para executar serviços que a sociedade pode realizar.

---

atingido um objeto comum. Os *Groupements d'interêt* économique – *GIE* possuem personalidade jurídica e o objetivo de lucro não costitui condição essencial para a sua constituição, podendo ser formado sem finalidade lucrativa.

Determina, ainda, a lei que o consórcio é constituído para executar determinado empreendimento, o que deve ser aceito com restrições. Na realidade, nenhum inconveniente parece existir na constituição de um consórcio para a execução não apenas de um, mas de vários empreendimentos, ou mesmo para, permanentemente, realizar certas operações. É o que vem acontecendo com o consórcio de mineração, regulado pelo Código de Mineração, conforme dispõe os artigos 76 e seguintes. Dados os grandes empreendimentos a que, em regra, se dedicam os consórcios, nenhum motivo parece se opor a que possa se constituir para agir permanentemente. A lei, contudo, dispondo que os consórcios são constituídos para executar determinado empreendimento, torna esses grupamentos societários temporários, aptos a funcionar apenas pelo período de tempo em que o empreendimento deve ser concluído. O emprego da palavra determinado conduz à fixação do empreendimento a ser realizado e, ao mesmo tempo, impede que o consórcio seja constituído para a execução de empreendimentos que não sejam certos. Não permite a lei que se constitua um consórcio, por exemplo, que tenha por objeto a construção de estradas em geral; esse só poderá se constituir para a construção de uma determinada estrada, muito embora as empresas participantes dos consórcios sejam especializadas em trabalhos diversos, mas necessários para a construção de uma estrada, por exemplo, terraplanagem, capeamento asfáltico, etc.

22.5. Obrigações das Consorciadas

As sociedades que se consorciam ficam unidas através de um contrato, no qual deverão ser mencionadas as obrigações que assumem. Esse contrato será arquivado no Registro Público de Empresas Mercantis, mas não dará a esses grupamentos de sociedades personalidade jurídica própria. As sociedades consorciadas se obrigam nas condições previstas no contrato que as une; consequentemente, cada sociedade, conservando sua autonomia, responde pelas obrigações assumidas, não havendo presunção de solidariedade entre as participantes do consórcio.

Pelo fato da lei declarar que não há presunção de solidariedade não se descarta a possibilidade da solidariedade ser admitida contratualmente entre as partes. O que a lei deseja evitar é que, não se referindo o contrato à solidariedade entre as consorciadas, não se venha argüir essa solidariedade em virtude de estarem as sociedades ligadas por um contrato para a realização de determinado empreendimento, em que a solidariedade pode ser presumida nas obrigações empresariais.

Em virtude disso, a solidariedade que por acaso os participantes do consórcio desejem estabelecer, em relação ao cumprimento das obrigações que assumem, deve vir expressa no instrumento constitutivo do consórcio.

Sendo o consórcio um grupamento de sociedades para a execução de determinado empreendimento, cada sociedade se obrigando apenas nos termos do estabelecido no contrato e respondendo somente de acordo com as obrigações assumidas, havendo a falência de uma sociedade, participante do consórcio, esse procedimento não deverá se estender às outras, que continuarão a participar, prosseguindo o consorcio com elas. Porém, se o consórcio for apenas de duas sociedades, falindo uma o consórcio se extinguirá, pois não há consórcio sem pluralidade de sociedades.

Para o Professor Rubens Requião, *"a falência de uma consorciada, assim entendida, não atinge as demais, subsistindo o consórcio com as outras contratantes. Os créditos da falida, porventura existentes no consórcio, serão apurados e pagos na forma prevista no contrato".*[3]

A falência de uma das sociedades consorciadas leva a uma alteração contratual, por haver necessidade de serem apurados os haveres da falida no consórcio. Essa alteração deve ser levada ao Registro Público das Empresas Mercantis, para a devida averbação, a fim de que a sociedade falida deixe de pertencer legalmente ao consórcio, o que, de fato, ocorre desde o momento em que sua falência é declarada.

22.6. O Contrato de Consórcio

O contrato de consórcio, revestido de certas formalidades, deverá ser aprovado pelo órgão da sociedade competente para autorizar a alienação de bens do ativo permanente. Se todas as sociedades a participar do consórcio forem sociedades anônimas, os órgãos competentes para a alienação de bens do ativo permanente são: o Conselho de Administração, se o estatuto não dispuser o contrário ou não tendo a sociedade Conselho de Administração, a assembléia geral, conforme disposto no artigo 121 da lei das sociedades por ações. Havendo, no consórcio, sociedades contratuais, ou de pessoas, reguladas pelo Código Civil, cabe a aprovação da maioria dos sócios.

A lei não se refere sobre qual será a sociedade que deverá tomar a iniciativa do consórcio e elaborar o projeto de contrato, a ser submetido aos órgãos competentes para a aprovação. Na prática os atos relativos à formação do consórcio são realizados pela sociedade que possui maior capital, presumivelmente, a sociedade por ações, pois, pela forma que reveste, deve se destinar à grandes empreendimentos, contando com maior capital, mas a iniciativa pode partir de qualquer sociedade, desde que aquela que possui maior capital, conhecida por sociedade líder do consórcio, sendo a orientadora de condições pelas quais as sociedades consorciadas vão se obrigar.

3 REQUIÃO, Rubens. *Curso de direito comercial.* v. 2. São Paulo: Saraiva, 2012, p. 386.

Na realidade, a execução do empreendimento será do consórcio, não de cada sociedade isoladamente, ou de uma determinada sociedade coadjuvada por outras. Nessa execução cada sociedade realizará sua parte no empreendimento assumindo sua responsabilidade, deixando, portanto, de existir uma sociedade líder que, perante os interessados na realização do empreendimento, se responsabiliza por ele, pois a lei estatui expressamente que cada um dos participantes do consórcio responde pelas obrigações assumidas. E essa responsabilidade é, naturalmente, para com a outra parte contratante na execução da obra, isto é, a contratante com o consórcio, perante a qual a sociedade consorciada responde individualmente. Por exemplo: constitui-se um consórcio, composto das sociedades A, B, C e D, para a execução de um empreendimento, no caso a construção de um prédio público. O contrato se faz entre o consórcio e o órgão financiador do prédio. Cada sociedade membro do consórcio responderá, perante o financiador da obra, pelas obrigações que assumiu no contrato de constituição do consórcio, não podendo, assim, o financiador exigir dos demais participantes da obra o cumprimento de obrigações não cumpridas por aquela sociedade ou o ressarcimento de prejuízos que tal sociedade causou.

A Lei nº 6.404/76, regulando o consórcio, alterou o que, na prática, era adotado pelas sociedades que se consorciavam, principalmente para a realização de obras públicas. Então existia uma sociedade líder, que era a que possuía maior capital, se bem que, nos consórcios formados para a execução de serviços de engenharia, a capacidade técnica e financeira fosse definida pelo somatório da capacidade dos seus componentes.

Temos um outro problema que é o que se refere ao tempo em que o consórcio deve ser formado. A lei não dispõe a respeito, apenas declarando que um contrato deve ser feito contendo determinados requisitos, aprovado por todas as consorciadas, arquivado no Registro Público de Empresas Mercantis e publicada a certidão do arquivamento, para conhecimento de terceiros. Destinando-se o consórcio a executar determinado empreendimento, naturalmente só poderá contratar essa execução depois de constituído, pois não existe consórcio antes de feito o contrato entre as consorciadas e arquivado esse contrato no Registro Público de Empresas Mercantis.

Uma das grandes finalidades do consórcio é a realização de obras públicas de grande vulto que estão sempre sujeitas à licitação, compreendendo essa a concorrência, a tomada de preços e o convite nos termos de acordo com as regras estabelecidas pela Lei nº 8.666, de 21 de junho de 1993.

Em uma licitação, quando for permitida a participação de empresas em consórcio, deverá, se observar as seguintes regras:

a) comprovação do compromisso público ou particular de constituição de consórcio, subscrito pelos consorciados;

b) indicação da empresa responsável pelo consórcio que deverá atender às condições de liderança, obrigatoriamente fixadas no edital;

c) apresentação dos documentos exigidos nos artigos 28 a 31 da Lei de Licitações por parte de cada consorciado, admitindo-se, para efeito de qualificação técnica, o somatório dos quantitativos de cada consorciado; e, para efeito de qualificação econômico-financeira, o somatório dos valores de cada consorciado, na proporção de sua respectiva participação, podendo a Administração estabelecer, para o consórcio, um acréscimo de até 30% (trinta por cento) dos valores exigidos para licitante individual, inexigível este acréscimo para os consórcios compostos, em sua totalidade, por micro e pequenas empresas assim definidas em lei;

d) impedimento de participação de empresa consorciada, na mesma licitação, através de mais de um consórcio ou isoladamente;

e) responsabilidade solidária dos integrantes pelos atos praticados em consórcio, tanto na fase de licitação quanto na de execução do contrato.

No consórcio de empresas brasileiras e estrangeiras a liderança caberá, obrigatoriamente, à empresa brasileira e o licitante vencedor fica obrigado a promover, antes da celebração do contrato, a constituição e o registro do consórcio no órgão competente.

Se o contrato tiver uma designação, mencionará essa designação que, naturalmente, não deve ser semelhante a nenhuma outra existente, já que é por ela que o consórcio vai ser conhecido. A designação pode ser um nome fantasia ou simplesmente a especificação do consórcio com a menção do fim a que se destina. Não tendo o consórcio personalidade jurídica, não trata a designação nenhum dos elementos capazes de identificar os nomes comerciais. Igualmente, a designação não será arquivada, por documento em separado, devendo apenas constar do contrato. O Registro Público de Empresas Mercantis não deverá arquivar contratos com designação semelhante, cabendo ao que tem a sua designação arquivada ação de reparação de prejuízos sofridos pelo uso, por outro consórcio, da designação do primeiro.

O contrato de consórcio deverá especificar o empreendimento que constitua o seu objeto, pois o consórcio é constituído para realizar apenas um empreendimento, que deve ser determinado, isto é, mencionado com detalhes para identificação.

O contrato mencionará também, a duração do consórcio, que deve ser sempre por tempo limitado, já que se trata da execução de apenas um empreendimento, o endereço e foro, a definição das obrigações e responsabilidades de cada sociedade consorciada e das prestações específicas de cada uma. Essa definição é, na realidade, a especificação da participação de cada sociedade no consórcio e as obrigações por cada uma assumidas; é sem dúvida a parte mais importante do contrato, pois fixa os encargos assumidos por cada sociedade e o modo de realizá-los. Naturalmente, deve essa parte ser suficientemente detalhada para que cada um dos participantes do consórcio possa executar aquilo que prometeu, fazendo jus, à compensação que haverá em função da realização dessas tarefas.

Além disso, o contrato conterá normas sobre o recebimento de receita e partilha de resultados do empreendimento; sobre a sua administração; contabilização; representação das sociedades consorciadas; taxa de administração do consórcio, se houver; forma de deliberação sobre assuntos de interesse comum, com o número de votos que cabe a cada consorciada e a contribuição de cada sociedade para as despesas comuns, se houver. Trata-se de um contrato bastante complexo, pois, apesar de não constituir o consórcio uma pessoa jurídica, se organiza e possui algumas características dessas pessoas, com um nome próprio e uma participação efetiva de várias sociedades que visam à obtenção de bons resultados no empreendimento que estão juntas, apesar de cada sociedade preservar a sua individualidade.

Aprovado o contrato de consórcio pelas diversas sociedades, será levado a arquivamento no Registro Público de Empresas Mercantis, devendo ser publicada a certidão desse arquivamento. Qualquer alteração que esse contrato venha a sofrer deverá, também, ser arquivada, par os efeitos legais. E quando o consórcio se dissolver, o que ocorrerá quando o empreendimento for realizado, uma comunicação deve, igualmente, ser feita ao Registro Público de Empresas Mercantis, para que dê baixa no registro resultante do anterior arquivamento do contrato.

22.7. Infrações contra a Ordem Econômica e os Crimes contra a Economia Popular

A legislação antitruste brasileira, Lei nº 12.529/11 procura enquadrar os excessos cometidos através dos consórcios, identificando possível formação de cartéis e monopólios de mercado. O fenômeno da concentração empresarial pode pender para tendências perniciosas e abusivas, como o monopólio de mercado ao lado do uso indiscriminado do poder econômico. Técnicas de concentração empresarial nem sempre constituem técnicas honestas.

A legislação antitruste, no artigo 31, esclarece que tal lei é aplicável a quaisquer associações, ainda que temporariamente, com ou sem personalidade jurídica, enquadrando como infrações à ordem econômica os atos que produzam os seguintes efeitos, ainda que não alcançados, nos termos do artigo 36: limitar, falsear ou de qualquer forma prejudicar a livre concorrência ou a livre iniciativa; dominar mercado relevante de bens ou serviços; aumentar arbitrariamente os lucros e exercer de forma abusiva a posição dominante. Ademais, de acordo com a Lei nº 12.529/11, a formação do consórcio sujeitar-se-á à aprovação do CADE – Conselho Administrativo de Defesa Econômica, caso resulte participação de 20% (vinte por cento) do mercado relevante.

A Lei nº 1.521/51 coexiste com a legislação administrativa, Lei nº 12.529/11, cumprindo ressaltar, inclusive, o artigo 35 da legislação antitruste brasileira, dispondo que *"a repressão das infrações da ordem econômica não exclui as punições de outros ilícitos previstos em lei"*. O artigo 3º, inciso III, da Lei nº 1.521/51, enquadra como crime contra a economia popular *"promover ou participar de consórcio, convênio, ajuste, aliança ou fusão de capitais, com o fim de impedir ou dificultar, para o efeito de aumento arbitrário de lucros, a concorrência em matéria de produção, transportes ou comércio..."*

22.8. Considerações Finais

O consórcio se afigurou em instrumento propício para melhor crescimento e desempenho das empresas, mediante técnicas de colaboração empresarial e de grande relevância no contexto em que se encontra nosso País. Quer seja em relação à grande empresa, quer relativamente às pequenas e médias empresas, as soluções para problemáticas enfrentadas podem advir da utilização de técnicas de colaboração, entre as quais se situa o consórcio de empresas.

O enquadramento legal do consórcio caracteriza-se pela flexibilidade e ausência de minúcias, limitando-se ao aspecto estrutural do contrato consorcial.

O instituto, sistematizado apenas nos artigos 278 e 279 da Lei nº 6.404/76, utiliza-se de terminologia ambígua e controversa em alguns pontos, principalmente no que tange à duração, domicílio e possibilidade de pessoas físicas e todos os tipos societários integrarem o instituto. A maior crítica é a que se refere ao fato de que a Lei deixou de resolver um dos maiores problemas apontados na situação dos consórcios antes de sua promulgação: conferir a devida proteção aos terceiros que contratam com empresas participantes de consórcios em virtude da regra geral da ausência de presunção de solidariedade.

Todavia, embora destituída de perfeição, a legislação brasileira sobre consórcios consiste em instrumento jurídico eficaz na resolução de grande parte das divergências havidas.

As instituições consorciais e as demais formas de colaboração interempresariais, consistem certamente em modalidade jurídica atual, vitais tanto no âmbito interno como na tendência de globalização dos mercados.

Capítulo XXIII

SOCIEDADE EM COMANDITA POR AÇÕES

23.1. Disposições Gerais da Sociedade em Comandita por Ações

Fran Martins assevera que a *"sociedade em comandita por ações é aquela em que o capital é dividido em ações, respondendo os acionistas apenas pelo valor das ações subscritas ou adquiridas, mas tendo os diretores ou gerentes responsabilidade subsidiária, ilimitada e solidária, pelas obrigações sociais".*[1]

Caracteriza-se a sociedade em comandita por ações pelo fato de possuir o capital social dividido em ações, como acontece com as sociedades anônimas, regendo-se pelas normas relativas a estas sociedades, havendo, porém, duas categorias de sócios: a) a dos diretores ou gerentes, que têm responsabilidade ilimitada pelas obrigações sociais; b) a dos acionistas, que respondem apenas, pelo valor das ações subscritas ou adquiridas. Portanto, a sociedade possui sócios de responsabilidade ilimitada e de responsabilidade limitada, o que não acontece com a sociedade por ações.

Preleciona Rubens Requião que *"a sociedade em comandita por ações é uma sociedade híbrida: Tem aspectos de comandita e de sociedade anônima. Seu capital é dividido em ações, possuindo duas categorias de acionistas semelhantes aos sócios comanditados e os comanditários das comanditas simples".*[2]

O nome empresarial poderá ser uma firma ou uma denominação. Na firma somente podem fazer parte os nomes dos sócios que sejam gerentes ou diretores porque têm responsabilidade ilimitada. A firma social e a denominação deverão sempre usar para a identificação da sociedade a expressão "em comandita por ações" ou "sociedade em comandita por ações", por extenso ou abreviadamente.

Também caracteriza as sociedades em comandita por ações o fato de somente sócios, ou seja, acionistas, poderem ser diretores ou gerentes, pois

1 MARTINS, Fran. *Curso de direito comercial.* Rio de Janeiro: Forense, 2003, p. 333.

2 REQUIÃO, Rubens. *Curso de direito comercial.* São Paulo: Saraiva, 2003, v. 2, p. 299.

elas não possuem Conselho de Administração. Pelo fato de serem gerentes ou diretores, os sócios que exercem tais funções passam a responder ilimitadamente pelas obrigações sociais, apesar de, em princípio, serem acionistas como os demais.

Em virtude da responsabilidade ilimitada dos gerentes ou diretores, não poderá ser feita nenhuma modificação no estatuto social sem que haja o consentimento expresso destes sobre pontos essenciais, como, por exemplo, a mudança de objeto da sociedade, a prorrogação do seu prazo de duração, o aumento ou diminuição do capital social, a criação de debêntures ou partes beneficiárias ou a aprovação da participação da sociedade em grupos de sociedades. Esses, por sua vez, serão nomeados no estatuto sem limitação de tempo, e somente poderão ser destituídos por deliberação de acionistas que representem, no mínimo, dois terços do capital social.

O Código Civil de 2002, em seu artigo 1.092, dispondo que *"a assembléia geral pode, sem consentimento dos diretores, mudar o objeto essencial da sociedade, prorrogar-lhe o prazo de duração, aumentar ou diminuir o capital social, criar debêntures, ou partes beneficiárias"*, reitera a regra descrita no artigo 283 da Lei nº 6.404/76, mas retira a restrição à participação em grupo de sociedade.

Determina a lei societária em seu artigo 282, § 2º, que o diretor ou gerente que for destituído ou se exonerar do cargo continuará responsável pelas obrigações sociais assumidas sob a sua administração, porém o artigo 1.091, § 3º, do Código Civil de 2002, estabelece que a responsabilidade desses diretores pelas obrigações sociais será pelo prazo de 2 (dois) anos, dispondo que: *"O diretor destituído ou exonerado continua, durante 2 (dois) anos, responsável pelas obrigações sociais contraídas sob sua administração"*.

Além dessas características, as sociedades em comandita por ações são reguladas, no mais, pelas regras das sociedades por ações, inclusive podendo ter seu capital social dividido em ações, tendo poder de controle, possuir debêntures e assim por diante.

Capítulo XXIV

JOINT VENTURES

Sumário: 24.1. Noções gerais dos contratos de joint ventures. **24.2.** Contrato de joint ventures. **24.3.** Noções gerais de joint ventures. **24.4.** Características das joint ventures no contexto internacional. **24.5.** Tipos de joint ventures. **24.6.** Vantagens dos contratos de joint ventures. **24.7.** Riscos dos contratos de joint ventures. **24.8.** Conceito de joint ventures e o seu instrumento jurídico. **24.9.** As maiores joint ventures no Brasil.

24.1. Noções Gerais do Contrato de Joint Venture

Para bem entender o que seja *joint venture*, precisamos ter presente que sua origem está na prática privada, nos contratos que lhe dão nascimento e, fundamentalmente, nas operações comerciais.

Joint venture é, portanto, uma figura jurídica originada da prática, cujo nome não tem equivalente em nossa língua, mas que pode assim ser entendida como contrato de colaboração empresarial. Ela corresponde a uma forma ou método de cooperação entre empresas independentes, denominado em outros países de sociedade entre sociedades, filial comum, associação de empresas etc.

A característica essencial do contrato de *joint venture* é a realização de um projeto comum, empreendimento cuja duração pode ser curta ou longa, porém com prazo determinado. É a celebração de um contrato, entre duas ou mais empresas, que se associam, criando ou não uma nova empresa para realizar uma atividade econômica produtiva ou de serviços, com fins lucrativos.

Uma *joint venture* pode ser criada para desenvolver uma série de atividades, tais como, projetos industriais, execução de obras, pesquisas e desenvolvimentos, atividades financeiras, prestação de serviços, etc.

Cada parte que compõe os pólos dessas associações deve trazer aquilo que possui de melhor, além disso, a transparência é essencial, pois a *joint venture* é a confiança entre as partes.

24.2. Contrato de *Joint Venture*

A *joint venture* teve sua origem no direito anglo-saxônico, a partir de uma forma de associação empírica, aplicada em alguns campos do direito interno, atingindo, posteriormente, a universalidade de seu uso nos negócios internacionais.

Tradicionalmente, no direito inglês, a *joint venture* tinha conotação de aventura conjunta, ligada a um contrato de direito de navegação, visando auferir lucros com um negócio ultramarino, de exportação/importação. No entanto há que se notar que a lei inglesa nunca concebeu a *joint venture* como figura autônoma, própria, assumindo essa um caráter pessoal, sendo referida como *particularized partneship* ou, ainda, *special partnership.*

Partnership – do inglês *to part,* do latim partiri, em português "partir" ou "compartir" – designa a relação existente entre duas ou mais pessoas que realizam um negócio em comum, e a relação desses com terceiros.

No final do século XIX, as *joint ventures* foram sendo constituídas, em regra geral, sob a forma societária, dentro ainda do setor ferroviário, e com os objetivos de construir estações em comum, bem como de adquirir carruagens para a utilização nas linhas.

Já no século XX são largamente constituídas *joint ventures* na indústria petrolífera, tendo como objetivo particular a pesquisa e o desenvolvimento conjunto. Essa tendência de concentração dos recursos estende-se, posteriormente, à indústria do aço, constituindo importante fator de desenvolvimento do setor.

Há que se fazer uma análise comparativa entre *joint venture* e *partnership*, a fim de que possamos compreender a existência de suas figuras distintas, ou de uma única, porém com roupagem diversa.

São alguns os pontos semelhantes entre *partnership* e *joint venture*, tais como: emprego em comum de meios ou recursos; busca de ganhos ou lucros comuns; em regra geral não possuem personalidade jurídica, reunindo duas ou mais partes, e essas, sim, possuidoras de personalidade.

Quanto à natureza das partes envolvidas na elaboração do contrato, de modo geral, as *corporations* não poderão fazer parte na criação de *partneship.* Será exatamente o contrário o que ocorrerá nas *joint ventures*, sendo perfeitamente possível a participação de *corporations* na sua formação. Há que se falar mesmo que tal contrato possibilitará a concentração de grandes capitais, o que é essencialmente buscado pelas *corporations.*

Um outro elemento distintivo é o poder que possui um participante para obrigar a própria associação. Na *partnership*, todos os *partners* são, presumidamente, agentes em nome da associação, tendo, portanto, o poder de obrigar os demais, perante terceiros. Ao contrário, na *joint venture* não se presume o poder do *co-venture* agir em nome dos demais. Deverá ocorrer uma delegação de poderes para tal, e essa deverá ser explícita e, normalmente, limitada.

Nas *partnership,* a divisão dos lucros estará, automaticamente, vinculada à submissão das perdas, todos os *partners* estão, presumidamente, obrigados a assumir as perdas. Na *joint venture*, o sistema não é o mesmo. A diferença fundamental e que aqui não há que se falar em presunção na intenção de dividir as perdas, sendo essa, de alguma forma, acessória e explícita.

A característica essencial da *joint venture* é a realização de um projeto comum, empreendimento, cuja duração pode ser curta ou longa, porém com prazo determinado.

24.3. Noções Gerais de *Joint Venture*

As *joint ventures* analisadas no contexto dos negócios internacionais são instrumentos fundamentais para a realização desses. Sua importância é indiscutível em face da grande utilização como estratégia para alcançar mercados externos, transferência de tecnologia, aporte de capital, e uso de franquias.

Joint venture, no sentido que o termo é entendido no mundo negocial moderno, um contrato de colaboração, é, em grande parte, um desenvolvimento presente desde o período pós Segunda Guerra Mundial. Em razão da sua flexibilidade e facilidade de constituição, a definição de *joint venture* continua em permanente evolução, pois constitui na única forma de possibilitar que países em desenvolvimento adquiram tecnologia, repartindo com os investidores os lucros das operações.

Alguns autores analisam a *joint venture* na Europa, onde implica exteriorizar o esforço comercial de duas ou mais partes. O termo *joint venture* seria assim usado para indicar a forma de cooperação entre dois ou mais partícipes, da qual o primitivo efeito seria a criação de meios para facilitar a união de interesses ou a troca de seus recursos.

A *joint venture* constituída em países onde a economia é bastante avançada é um instrumento de concentração aberta aos investidores. Por outro lado, em países em via de desenvolvimento, as *joint ventures* constituem instrumento de cooperação industrial para realizar finalidades econômicas de crescente importância e também uma forma de regulamentação dos investidores estrangeiros com escopo de favorecer a participação local na sua gestão e, assim, garantir constante presença no plano do desenvolvimento nacional.

24.4. Características das *Joint Ventures* no Contexto Internacional

No contexto internacional, as *joint ventures* podem ser caracterizadas:

a) caráter *ah hoc*, é o elemento essencial das *joint ventures* americanas, onde é entendido como tendo o contrato objetivo e duração limitada. Porém nem sempre se aplica como característica das *joint ventures* internacionais.

b) comunidade de interesses, é uma combinação de contribuições de esforço comum dos *co-ventures*, podendo ser de bens, direitos, dinheiro etc.

c) existência dos lucros, submissão às perdas, é um elemento característico da internacionalização do contrato de *joint venture*, busca ou não de lucros.

d) faculdade para representar e obrigar os demais *co-ventures*, tem o poder para obrigar os demais sócios perante terceiros.

e) busca de um objetivo comum, característica essencial das *joint ventures*, é um acordo de cooperação.

f) controle conjunto, decorre da própria busca do objetivo comum, tendo ou não a faculdade de administrar a operação e obrigar os demais partícipes.

g) dever de não concorrência, ou lealdade, tem-se entre si o mais estrito dever de lealdade, buscando enfim um objetivo comum, devendo sempre atuar nos limites determinados em contrato no sentido da existência de uma comunidade de interesses.

h) Individualidade das empresas participantes, onde cada empresa participante manterá sua individualidade, pois o contrato de joint ventures não deve consistir numa absorção total de seus colaboradores.

i) Representação normalmente é feita por aquela empresa de maior aporte de capital.

24.5. Tipos de *Joint Ventures*

Pelas atividades das companhias minerais e petroleiras, as operações do comércio internacional abandonaram as transações tradicionais de importação e exportação, passando a atuar diretamente em território estrangeiro. Para tanto, essas empresas tiveram de erguer, nesse universo estranho, as estruturas jurídicas suscetíveis de acolher seus investimentos. Se tais estruturas pudessem ser puramente contratuais, então assim o seria. Caso contrário, haveria a construção de sociedades-empresa para realizar a atividade, ou atividades, desejada (s).

Os tipos de *joint ventures* variam conforme a nacionalidade dos participantes *co-ventures.* Existem as *joint ventures* nacionais e internacionais. Nas nacionais, tomam parte duas ou mais empresas da mesma nacionalidade, e nas internacionais fazem parte duas ou mais empresas de nacionalidades diversas. Nessa a empresa estrangeira se associa com a do país onde pretende ver executado o projeto ou operação específica.

Quanto à participação financeira dos *co-ventures*, as *joint ventures* podem ser: a) *Equity Joint Venture*, onde implica associação de capitais; b) *Non Equity Joint Venture, aquela em que* não há contribuição de capitais.

Do ponto de vista formal, podem ser: a) *Corporate Joint Venture*, associação de interesses que dá nascimento a uma pessoa jurídica, como por exemplo a sociedade-empresa; b) *Non Corporate Joint Venture,* associação de interesses que não dá nascimento a uma pessoa jurídica (transferência de tecnologia).

Existem ainda as *joint ventures* transitórias e as permanentes, quer sejam societárias (*corporate*), quer não (contratuais ou não *corporate*). Entre as transitórias, destacam-se a sociedade em conta de participação e o consórcio. Entre as permanentes, destaca-se a filial comum internacional, (constituida em forma de sociedade anônima, justamente, por ser uma sociedade eminentemente de capital).

A filial comum é uma sociedade formada por outras sociedades, com o fim de coordenar determinada ação comum. Essa coordenação se revela através do seu exercício, em caráter, via de regra permanente. Importante dizer que essas sociedades dividem-se em filiais comuns inter-grupo e intra-grupo, segundo façam parte delas sociedades independentes ou sociedades integrantes do mesmo grupo empresarial. Mas, no que diz respeito as *joint ventures*, são as filiais comuns inter-grupo de maior interesse nesse momento.

Na constituição de uma filial comum de empresas que não fazem parte do mesmo grupo da sociedade, pode ser escolhido o tipo mais conveniente: sociedade limitada, sociedade por ações, sociedade em nome coletivo etc.

24.6. Vantagens dos Contratos de *Joint Ventures*

O Brasil, um dos mercados mais promissores do mundo, oferece muitas oportunidades para os investidores estrangeiros. Ele é o maior país da América Latina, faz fronteira com diversos países do continente, onde apresenta grande taxa de crescimento interno, e possui diversos recursos minerais, agropecuária entre outros segmentos primários.

Essas alternativas de acesso a outros mercados em expansão comercial transfronteira são considerados lícitos e resultantes da prática de mercados e do saudável esforço de formação de riquezas e da mobilidade dos fatores de produção. As empresas gozam de seus direitos de opção e liberdade de estabelecimento e realização de negócios.

A internacionalização das empresas desencadeia, no campo do Direito, diferentes aspectos e novas figuras, tais como: a proteção do produto (marca, nome, transferência de tecnologia), o transporte das mercadorias (frete, seguro, embalagens), o objeto da relação comercial (compra e venda, locação de equipamentos) etc.

Partindo da teoria econômica, ou mesmo da análise jurídica do comércio internacional, percebe-se que uma empresa hoje atua em dois mercados: o nacional e o internacional, cada um com suas próprias regras e normas e que comandam o fluxo de bens e serviços. Os produtos não circulam somente em mercados e economias diferentes, mas também através de sistemas jurídicos distintos. Com o comércio internacional, que é fruto da divisão do trabalho entre as nações, uns países exportam aquilo que produzem com menor custo em troca do que outros, por sua vez, estão em condições de prover por valores mais baixos. Esse circuito internacional estabelece um sistema de vasos comunicantes entre as disposições legais e técnicas de cada mercado com aquelas do comércio mundial, facilitando o intercâmbio empresarial, e sobretudo o acesso as tecnologias mais avançadas, que acabam por ser assimiladas e por isso internadas no país com utilização ilimitada.

Há muitas vantagens que levam as empresas a formar uma *joint venture*. Estas vantagens incluem a partilha de custos e riscos dos projetos que estariam além do alcance de uma só empresa. As *joint ventures* também são muito importantes naqueles negócios que precisam de grandes investimentos iniciais para iniciar um projeto que trará benefícios a longo prazo, por exemplo: as grandes construções ou o setor petrolífero.

Para pequenas ou médias empresas, a *joint venture* se apresenta como uma chance de atuar de uma forma conjunta para superar barreiras, sejam elas comerciais em um novo mercado ou para competir de forma mais eficiente no mercado atual. Esta é a razão de encontrarmos frequentemente a criação de *joint ventures* para chegar a mercados estrangeiros, que pedem importantes investimentos e um *know-how* específico para o país ao qual se tenta negociar.

24.7. Riscos dos Contratos de *Joint Ventures*

O contrato de *joint venture*, como acontece em todos os tipos de associação que envolva investimentos de capitais, dinheiro, máquinas, tecnologia, principalmente pessoas, se não forem bem conduzidos poderá trazer problemas.

São riscos de uma *joint venture*: a) problemas gerenciais entre as empresas associadas; b) riscos de mercado, por falta de "know-how" (Conhecimentos técnicos, culturais e administrativos); c) indefinição de "Vantagens Comparativas", à nível prático, por parte dos parceiros; d) concorrência entre parceiros; e) formas jurídicas inflexíveis entre as empresas associadas; f) incompatibilidade de sistemas administrativos e financeiros, entre as empresas participantes; g) não adaptação as normas legais, institucionais e econômicas de outros países; h) ausência de interação, entre as empresas participantes; i) riscos de prejuízos comuns, com reflexos para todo o grupo formador da *Joint Venture*.

Dependendo da gravidade a *joint venture* pode facilmente acabar. Uma das questões poderá ser a razão da instabilidade das relações, de eventuais disposições contratuais mal redigidas. Convém então analisar de antemão situações que podem ocorrer no momento de assinar o contrato, tais como: a) algumas intenções de formação da *joint venture* não passam da parte de negociação, diante da amplitude do negócio não é recomendável que formalize um contrato longo de imediato, faz-se necessário, muita prudência; b) o controle gera bastante discórdia, mesmo sendo a participação do *co-venture* estrangeiro majoritária, (o gerenciamento da operação é feito por indicação do representante, que por sua vez será o de maior participação de capital) isto não quer dizer que compete a ele o gerenciamento, mas pelo outro lado existe a figura do sócio-maior; c) a tecnologia trazida entre as empresas societárias é um dos principais quesitos para a formação da *joint venture*, pois oportunamente a tecnologia transferida aos participantes receptadores poderá já estar ultrapassada; d) na formulação do contrato é de suma importância a inclusão de cláusula em que o parceiro se obriga a manter o segredo tecnológico, pois pode a empresa querer firmar este contrato, apenas para "sugar" a tecnologia utilizada, e após distratar a sociedade. Deve-se então no contrato dispor de uma cláusula chamada "acordo de segredo"; e) cada parte deve trazer aquilo que tem de melhor, e ser o mais transparente possível; f) deverá ser estabelecido o foro para dirimir conflitos, pois como sempre os parceiros desconhecem as legislações do país hospedeiro, optam pela arbitragem.[1]

A formação de uma *Joint Venture* requer tempo diferente, conforme seja o projeto. Dependendo do tipo de negócio ou de empreendimento, pode levar anos, desde a elaboração do projeto inicial até a efetiva assinatura do contrato social, ou se levar poucos meses, entre as duas datas, tudo irá depender dos negócios de grande, média ou pequena envergadura.

24.8. Conceito de Joint Ventures e o seu Instrumento Jurídico

Depois de tudo que dissemos a respeito desse tipo de contrato, tão utilizado, em países em desenvolvimento como é o caso do Brasil, podemos conceituar o que são joint ventures, numa das melhores definições encontradas, de autoria do professor Carlos Alberto Ghersi,[2] autor do livro Contratos Civiles y Comerciales, que diz:

"Contrato de joint ventures é aquele, pelo qual, um conjunto de sujeitos de direito, nacionais ou internacionais, realizam aportes das mais variadas

1 É um meio extrajudicial de resolução capaz de dirimir contendas entre particulares, podendo ser determinada na elaboração do contrato, pela cláusula arbitral ou depois do surgimento da questão controvertida, pelo compromisso arbitral, ambos dando início ao que se convencionou chamar de juízo arbitral, sendo também obrigação das partes à indicação de um ou mais, terceiros para serem árbitros. A substancial alteração dada ao juízo arbitral, pela Lei nº 9.307/96, com a introdução da execução compulsória da cláusula arbitral, a dispensa da homologação por juiz togado da decisão do árbitro e a irrecorribilidade da sentença arbitral, antes inexistentes no ordenamento jurídico brasileiro, reacendeu a antiga discussão quanto à inconstitucionalidade deste instituto, trazendo à tona antigas discussões doutrinárias. Com o advento dessas novidades, os contrários à implementação de qualquer modelo alternativo de resolução de conflitos, em especial a arbitragem, angariaram novas armas para atacar este instituto.

2 Ghersi, Carlos Alberto. *Contratos civiles y comerciales*. Buenos Aires: Astrea, 1998.

espécies, que não implicam na perda da identidade e individualidade como pessoa jurídica ou empresa, para realização de um negócio em comum , podendo ser este desde a criação de bens até prestação de serviços, que se desenvolverá por um lapso de tempo limitado,com a finalidade de obtenção de benefícios econômicos financeiros, ou simplesmente valorização patrimonial".

Pelas reformas globais que o mundo moderno no âmbito comercial está passando, com as privatizações das empresas públicas e a quebra dos monopólios, observamos uma maior fluidez dos mercados e conseqüentemente o aumento da concorrência. Dessa forma, passamos a ter maior interdependência de esferas produtivas de países distintos, a fim de que os empresários busquem uma maximização dos lucros e uma minimização dos custos.

Um outro fator determinante da mundialização dos mercados, que provoca a internacionalização ou a globalização das empresas, é a constituição, por Estados independentes, de zonas de livre mercado, com livre circulação de bens, capitais e pessoas, como é o caso do Mercosul, que cria uma zona livre de comércio entre Brasil, Paraguai, Uruguai, Argentina e Chile.

São vários fatores que levam a existência de um mercado de âmbito global. Com relação ao cinema, por exemplo podemos hoje observar que os filmes americanos detêm mais de 50% dos mercados francês, italiano, dinamarquês e holandês; 60% do mercado alemão e 80% do inglês. O Japão continua sendo, no entanto, o maior mercado estrangeiro de Hollywood. Produtos mundiais são propulsionadores da existência de segmentos de clientelas transnacionais. As empresas, cada vez mais, buscam a venda, em diversas partes do globo, de seus produtos estandardizados, podendo haver diferenças somente quanto aos pontos impostos pela adaptação ao mercado local. O objetivo dos empresários será minimizar os custos, sendo assim, esses mesmos produtos poderão estar nas prateleiras e espalhados pelo mundo.

Fica, no entanto, bem claro que a *joint venture* será um instrumento jurídico possibilitador da internacionalização multidoméstica das empresas. Teremos, nessa figura, a atuação individualizada das várias esferas produtivas, com preocupações em nível local, podendo instrumentalizar-se na elaboração de um contrato de *joint venture*. Dessa forma, o instrumento jurídico dará oportunidade ao empresário de atuar em diversos países distintos, contando com o apoio de diversas esferas produtivas e de *co-ventures* locais.

Quando frisamos que os contratos de *joint ventures* são instrumentos jurídicos de internacionalização das empresas, demonstramos que o fator expansionista regionalizado desses contratos irá criar mais postos de trabalho e expandir o mercado na oferta de produtos.

24.9. As Maiores *Joint Ventures* no Brasil

Joint venture ou **empreendimento conjunto** é uma associação de empresas, que pode ser definitiva ou não, com fins lucrativos, para explorar determinado ou determinados negócio, sem que nenhuma delas perca sua personalidade jurídica. Difere da sociedade empresária denominada *partnership* porque se relaciona a um único projeto cuja associação é dissolvida automaticamente após o seu término. Um modelo típico de *joint venture* seria a transação entre o proprietário de um terreno de excelente localização e uma empresa de construção civil, interessada em levantar um prédio sobre o local.

Há várias empresas, de diversos setores da economia, que investem nesse tipo de sociedade. As maiores *joint ventures* no Brasil e no mundo aconteceram nos ramos de tecnologia, automobilismo e alimentação.

No Brasil, um excelente exemplo de *joint venture* foi a Autolatina onde tivemos a união das empresas automobilísticas Volkswagen e Ford, que perdurou de 1987 até meados de 1996. Na época as fábricas e operações das duas empresas foram integradas, pois a ideia era compartilhar os custos e potencializar os pontos fortes de cada uma. A experiência também esteve presente em Portugal com a criação da AutoEuropa. A Autolatina envolveu os mercados brasileiro e argentino.

Durante o período de atividade da Autolatina, a Volkswagem ofereceu à Ford os motores AP-1600, AP-1800 e AP-2000 além da plataforma do sedã Santana, que originou os modelos Versalles e o Royale. A Ford, em contrapartida, ofereceu à Volkswagem os motores AE-1000 (CHT) e AE 1600 (CHT), além da plataforma do Escort, que originou os modelos Apollo, Logus e Pointer. Estes últimos modelos não obtiveram grande sucesso no mercado, sendo descontinuados após alguns anos.

Ainda no ramo automobilístico brasileiro, as montadoras Fiat e General Motors iniciaram em 2001, uma *Joint-Venture* denominada FGP (Fiat-GM Powertrain). Em 2005 ocorreu a dissolução da *Joint-Venture* FGP (Fiat-GM Powertrain).

Atualmente temos como exemplo a venda da marca Becel e Becel ProActiv da Unilever Brasil à Perdigão. O que também aconteceu com as marcas Doriana, Claybom e Delicata. A Unilever entrou com essas marcas e também todo o equipamento, mão-de-obra e a fábrica localizada em Valinhos (SP), em regime de comodato; e a Perdigão disponibilizou sua estrutura de venda e distribuição. As empresas estarão unidas ainda para contribuir com a área de marketing, pesquisa, inovação e no desenvolvimento de novos itens desse setor de margarinas. Outro exemplo é a Benq Siemens e Fujitsu-Siemens, ambas, empresas que atuam no mercado de telecomunicações e tecnologia (informática). Mais um exemplo está na *joint venture* que a Hewlett-Packard (HP) fez em 1963 com Sony e Yokogawa Electric com o intuito de operar no mercado asiatico.

A Nintendo nos anos 90 fez uma parceria com a Gradiente e a Estrela no Brasil sob o nome "Playtronic", lançando vários consoles (de mesa e portáteis) da empresa, dentre eles os videogames Super NES, Nintendo64 e, até o início dos anos 2000, o Nintendo GameCube, quando a parceria foi desfeita por conta da pirataria, o que resultou em uma grande desvantagem para o consumidor brasileiro: agora os produtos da corporação japonesa só chegariam ao Brasil a altos preços de importação, devido aos impostos. Além disso os produtos importados chegam ao Brasil sem suporte, manuais de instrução em português, que antes eram produzidos no Brasil junto com extras (livretos com dicas, entre outros itens adicionais gratuitos totalmente em português, que eram disponibilizados a quem comprasse jogos originais).

Outros exemplos: a Sony Ericsson, Globosat, programadora de canais do Brasil, através de *joint ventures,* trouxe para o Brasil canais como o Universal Channel, Rede Tele Cine, canais adultos e outros.

CAPÍTULO XXV

MODELOS DE CONTRATOS SOCIAIS

25.1. Sociedade em Conta de Participação

Contrato para sociedade em conta de participação, que firmam Eugênio Lima (qualificar), Lourival Tavares (qualificar) e Horácio Pereira (qualificar).

Nós, abaixo assinado, temos justo e contratado uma sociedade em conta de participação, na forma dos artigos 991 e seguintes do Código Civil brasileiro, nas seguintes condições:

Cláusula Primeira

A sociedade girará sob o nome empresarial Engênio Lima, para fins de referência e para atender imposições de ordem fiscal.

Cláusula Segunda

Os negócios sociais e atos de gestão serão dirigidos e administrados exclusivamente pelo sócio Eugênio Lima que será o sócio ostensivo (responsável para firmar obrigações).

Parágrafo único. Fica garantido aos sócios participativos o direito de fiscalizar a administração dos negócios sociais e as devidas prestações de contas.

Cláusula Terceira

O lugar eleito para a guarda e conservação dos livros, contratos, demais documentos relativos às atividades que realiza e registros contábeis será na sede da empresa localizada na rua .... nº .... cidade de ....

Cláusula Quarta

A sociedade será pelo prazo determinado de 3 três anos.

Cláusula Quinta

A atividade constitutiva do objeto social, à qual se dedicará a sociedade, consistirá na comercialização de confecções femininas e acessórios.

Cláusula Sexta

A sociedade será dissolvida de comum acordo ou pela simples vontade de um dos sócios, em qualquer tempo, e, para a organização de seu capital, que será de R$ 200.000,00 (duzentos mil reais), o sócio Eugênio Lima entrará com R$ 100.000,00 (cem mil reais), o sócio Lourival Tavares, com R$ 50.000,00 (cinqüenta mil reais), e o sócio Horácio Pereira, com 50.000,00 (cinqüenta mil reais).

As contribuições acima são totalmente integralizadas nesta data (ou nas seguintes parcelas), mediante os ingressos (ou a entrega dos seguintes bens) dos respectivos valores na conta nº ......, banco nº ...., agência ...., Localizada na ....

Cláusula Sétima

Responde unicamente o sócio ostensivo perante terceiros, obrigando-se ao pagamento e cumprimento de todas as obrigações assumidas e pactuadas pela sociedade.

Parágrafo único. Os sócios ocultos participam unicamente no montante previsto na formação do capital social nos atendimentos das responsabilidades da sociedade, e unicamente enquanto não realizada a integralização da respectiva participação.

Cláusula Oitava

É da competência e exclusiva responsabilidade do sócio ostensivo a representação da sociedade, devendo atuar perante terceiros como sendo o único titular dos negócios e atividades que a sociedade realiza.

Cláusula Nona

Os sócios ocultos poderão atuar única e exclusivamente em atividades que dizem respeito à sua participação, sem qualquer vínculo obrigacional com terceiros, clientes ou interessados para quem a sociedade presta serviços ou fornece mercadorias.

Cláusula Décima

Não é permitida inclusão de novo sócio participativo pelo sócio ostensivo, a menos que procedida a alteração contratual, com a concordância da totalidade dos sócios.

Cláusula Décima Primeira

Os lucros líquidos verificados semestralmente em balanço, que serão em junho e dezembro de cada ano, serão repartidos igualmente pelos dois sócios, e os prejuízos sofridos serão igualmente debitados a estes, em sua conta.

Cláusula Décima Segunda

Por conta de seus lucros, cada sócio retirará mensalmente a quantia de R$ 2.500,00 (dois mil e quinhentos reais).

Cláusula Décima Terceira

Em caso de falecimento de qualquer dos sócios, de acordo com os herdeiros, o sobrevivente liquidará a sociedade e entregará aos herdeiros a parte do capital e lucros que couber ao sócio falecido.

Cláusula Décima Quarta

Para a solução de eventuais conflitos, os sócios elegem o foro da comarca de............

E, por estarem assim justos e contratados, assinam o presente em três vias, ficando uma para cada sócio.

Data e assinatura dos sócios com firma reconhecida e duas testemunhas.

Todas as folhas deverão estar rubricadas.

25.2. Sociedade Simples

...., (qualificar), e ...., (qualificar), têm entre si justo e combinado a constituição de uma SOCIEDADE SIMPLES, que se regerá pelas cláusulas e condições seguintes e pela legislação específica que disciplina essa forma societária.

Cláusula Primeira – Denominação e Sede

A sociedade girará sob a denominação de .... , com sede e foro na Rua ...., na cidade de ...., Estado de ....

Cláusula Segunda – Objeto Social

A sociedade tem por objeto social ....

Cláusula Terceira – Capital Social

O capital social será de .... (extenso), totalmente integralizado em moeda corrente do país, dividido em .... (....... quotas) de valor unitário de .... (extenso) cada uma e dividido entre os sócios da seguinte forma:

................................, ... quotas, no valor de .... cada uma.

................................, ... quotas, no valor de .... cada uma.

Parágrafo único – Os sócios não respondem subsidiariamente pelas obrigações sociais.

Cláusula Quarta – Prazo de Duração

A sociedade iniciará suas atividades no ato do registro do presente contrato de constituição no órgão competente, sendo por prazo indeterminado o seu tempo de duração e encerrando-se seu exercício social em 31 de dezembro de cada ano.

Cláusula Quinta – Administração

A administração da Sociedade e o uso do nome comercial ficarão a cargo do sócio, ..., que assinará individualmente, somente em negócios de exclusivo interesse da sociedade, podendo representá-la perante repartições Públicas, Federais, Estaduais, Municipais e Autárquicas, inclusive Bancos, sendo-lhe vedado, no entanto, usar a denominação social em negócios estranhos aos interesses da sociedade, ou assumir responsabilidade estranha ao objetivo social, seja em favor de quotista ou de terceiros.

Parágrafo único – Fica facultado ao (s) administrador (es), atuando em conjunto ou individualmente, nomear procuradores, para um período determinado que nunca poderá exceder a um ano, devendo o instrumento de procuração especificar os atos e serem praticados pelos procuradores assim nomeados.

Cláusula Sexta – Remuneração

Os sócios declaram que não há interesse por parte deles em efetuar retiradas pro-labore para remunerar a gerência, optando-se pela retirada e/ou distribuição de lucros.

Cláusula Sétima – Lucros e/ou Prejuízos

Os Lucros e/ou Prejuízos apurados em Balanço a ser realizado após o término do exercício social serão distribuídos entre os sócios, proporcionalmente às quotas de capital de cada um, podendo os sócios, todavia, optarem pelo aumento de capital utilizando os Lucros e/ou pela compensação dos prejuízos em exercícios futuros.

Cláusula Oitava – Deliberações Sociais

As deliberações sociais serão aprovadas por maioria absoluta de votos, quando a legislação não exigir unanimidade.

Cláusula Nona – Filiais e outras Dependências

A sociedade poderá, a qualquer tempo, abrir filiais e outros estabelecimentos no país ou fora dele, por ato de sua gerência ou por deliberações dos sócios.

Cláusula Décima – Transferência

Os sócios poderão ceder ou alienar por qualquer título sua respectiva quota a terceiro sem o prévio consentimento dos demais sócios, ficando assegurada a estes a preferência na aquisição, em igualdade de condições, e na proporção das quotas que possuírem, observando o seguinte:

I – Os sócios deverão ser comunicados por escrito para se manifestarem a respeito da preferência no prazo de 30 (trinta) dias;

II – Findo o prazo para o exercício da preferência, sem que os sócios se manifestem ou havendo sobras, poderão as quotas ser cedidas ou alienadas a terceiro.

Cláusula Décima Primeira – Dissolução da Sociedade

A sociedade não se dissolverá com o falecimento de qualquer dos sócios, mas prosseguirá com os remanescentes, pagando a sociedade ou os sócios remanescentes aos herdeiros do falecido sua quota de capital e sua parte nos lucros líquidos apurados até a data do falecimento, pela seguinte forma: 20% (vinte por cento) no prazo de três meses, 30% (trinta por cento) no prazo de seis meses e 50% (cinqüenta por cento) no prazo de doze meses, a contar da data do falecimento.

Cláusula Décima Segunda – Casos Omissos

Os casos omissos neste contrato serão resolvidos com observância dos preceitos do Código Civil, Lei nº 10.406/02, e de outros dispositivos legais que lhes sejam aplicáveis.

Cláusula Décima Terceira – Declarações dos Sócios

Para os efeitos do disposto no artigo 1.011 da Lei nº 10.406/02, os sócios declaram, sob as penas da Lei, que não estão incursos em nenhum dos crimes previstos ali ou em lei especial, que possam impedi-los de exercer a administração da sociedade.

E, estando assim justos e contratados, assinam este instrumento contratual em 03 (três) vias, de igual forma e teor e para o mesmo efeito, na presença das 2 (duas) testemunhas abaixo.

Local, data e assinatura dos sócios e das testemunhas.

Todas as folhas deverão estar rubricadas.

25.3. Sociedade em Nome Coletivo

Os abaixo assinados, Milton Soares de Almeida (qualificar), Wagner Costa Lopes (qualificar), Rogério Guimarães (qualificar), todos residentes nesta cidade de São Paulo, têm justo e contratado a organização de uma sociedade empresária em nome coletivo para a exploração do comércio de tecidos por atacado e varejo, que será regida pelas seguintes condições:

Cláusula Primeira

A sociedade será em nome coletivo e dela farão parte, como sócios de responsabilidade ilimitada e solidária, Milton Soares de Almeida, Wagner Costa Lopes e Rogério Guimarães.

Cláusula Segunda

A sociedade girará sobre a razão social de Almeida, Lopes & Cia.

Cláusula Terceira

Podem fazer uso da firma social todos os sócios, que apenas a usarão em negócios da empresa, ficando expressamente proibido seu uso em fianças, abonos e endossos em quaisquer negócios estranhos ao objeto da sociedade.

Cláusula Quarta

O capital social será de R$ 300.000,00 (trezentos mil reais), divididos em partes iguais, cabendo R$ 100.000,00 (cem mil reais) a cada sócio.

Para a constituição do capital, os sócios Milton Soares de Almeida e Wagner Costa entrarão com as importâncias de R$ 50.000,00 (cinqüenta mil reais) cada um, obrigando-se a integralizar o restante no prazo máximo de 3 (três) meses.

O sócio Rogério Guimarães integralizará o capital com mercadorias, que serão entregues no prazo máximo de 2 (dois) meses.

Cláusula Quinta

A gerência da sociedade será exercida por todos os sócios, mas ao sócio Milton Soares de Almeida competirá a compra de mercadorias; ao sócio Wagner Costa caberá a direção do escritório, e ao sócio Rogério Guimarães, a direção da loja.

Cláusula Sexta

Os lucros e prejuízos, verificados em balanço anual, no dia 31 de dezembro, serão divididos ou suportados igualmente por todos os sócios.

Cláusula Sétima

O prazo de duração da sociedade será indeterminado.

Obs: Sendo o prazo determinado poder-se-á ter a redação abaixo:

"O prazo de duração da sociedade será de 3 (três) anos, contados da data do presente, e, terminado o prazo, não acordando os sócios na sua continuação, deverá ser a mesma liquidada nos termos da legislação vigente".

Cláusula Oitava

O falecimento de um dos sócios não dissolve a sociedade, que continuará com os sobreviventes, sendo os herdeiros do falecido pagos de seu capital e lucros, segundo balanço para esse fim no prazo de um ano contado do falecimento, ou pela maneira que se ajustar entre os sócios sobreviventes e os representantes do falecido. Os sócios sobreviventes providenciarão, a seguir, as alterações no contrato, podendo mesmo, sem transformação da sociedade, admitir novos sócios.

Cláusula Nona

Fica facultado a algum dos sócios, caso queira retirar-se da sociedade, em comum acordo com os demais, ajustar um sócio que o substitua ou ser pago de seu capital e lucros, verificados em balanço, pela forma estabelecida para o caso de falecimento, caso os sócios queiram ficar com a sua parte.

Cláusula Décima

As questões suscitadas na vigência da sociedade, as quais, devido a divergências, não possam ser resolvidas, poderão ser solucionadas por arbitragem.

Neste caso, surgida a divergência, assumirão entre si os sócios o compromisso da instituição do Juízo arbitral, procedendo-se em tudo na forma da legislação em vigor.

E, por estarem justos e contratados, obrigam-se a cumprir as cláusulas do presente contrato e as leis vigentes em caso de alguma omissão, e assinam o presente em 4 (quatro) vias para um só fim de direto, com as testemunhas abaixo.

Data e assinatura dos sócios e testemunhas com firma reconhecida, além das folhas do contrato serem todas rubricadas.

25.4. Sociedade em Comandita Simples

Sérgio da Silva Pereira (qualificar), Domingos Barboza de Oliveira (qualificar) e Onofre Barboza de Oliveira (qualificar) têm justo e contratado a organização de uma sociedade empresária em comandita simples, para a exploração de uma fábrica de artefatos plásticos com sede na Rua ...., na cidade de ...., Estado de ...., a qual se regerá pelas seguintes cláusulas e condições:

Cláusula Primeira

A sociedade será em comandita simples e dela farão parte, como sócios de responsabilidade solidária e ilimitada, Sérgio da Silva Pereira e Domingos Barboza de Oliveira e, como comanditário, Onofre Barboza de Oliveira.

Cláusula Segunda

A sociedade girará sobre a razão social de Sérgio da Silva Pereira & Cia., somente podendo fazer uso da firma o sócio Sérgio da Silva Pereira, que fica proibido de usá-la em avais e endossos ou em negócios estranhos à sociedade.

Cláusula Terceira

O capital social será de R$ 300.000,00 (trezentos mil reais), e para a sua constituição entrarão o sócio Sérgio da Silva Pereira com R$ 100.000,00 (cem mil reais); o sócio Domingos Barboza de Oliveira com R$ 120.000,00 (cento e vinte mil reais), e o sócio Onofre Barboza de Oliveira com R$ 80.000,00 (oitenta mil reais).

Cláusula Quarta

A gerência ficará a cargo do sócio Sérgio da Silva Pereira, ficando o sócio Domingos Barboza de Oliveira encarregado da direção técnica da fábrica.

Cláusula Quinta

O prazo de duração da sociedade será indeterminado. (ou pelo prazo determinado de .... anos).

Cláusula Sexta

Para retirada a título de pró-labore, poderão os sócios solidários retirar mensalmente a quantia de R$ ...., que será lançada na conta de gastos gerais.

O sócio comanditário retirará mensalmente igual quantia que será lançada à conta de lucros.

As quantias excedentes do acima estipulado vencerão juros de 2% (dois por cento) ao mês, para a sociedade, debitadas, semestralmente, na conta de lucros de cada um dos sócios.

Cláusula Sétima

Ao final de cada ano social, em 31 de dezembro, será feito um balanço geral, e, dos lucros líquidos verificados, serão transferidos 20% (vinte por cento) para o fundo de reserva, sendo o restante distribuído aos sócios na proporção do capital.

O fundo de reserva só será distribuído aos sócios, liquidada a sociedade, depois de pagos todos os compromissos.

Os prejuízos apurados serão suportados pelos sócios, na proporção do capital.

Cláusula Oitava

Em caso de morte de um dos sócios, os sobreviventes poderão continuar a sociedade ou promoverão sua dissolução e liquidação. No primeiro caso pagarão aos herdeiros o seu capital e lucros, verificados em balanço que será iniciado imediatamente, fazendo-se o abatimento de 20% (vinte por cento) sobre as dívidas ativas.

No caso de falecimento do sócio gerente, resolvida a continuação da sociedade, a firma social será modificada.

Em qualquer caso, o pagamento será feito em 12 (doze) notas promissórias de igual valor, representando o quinhão do falecido, vencendo-se a primeira 60 (sessenta) dias após o falecimento.

Cláusula Nona

As divergências entre os sócios poderão ser resolvidas por arbitragem. Para isso, os sócios, em cinco dias, escolherão seus árbitros, determinando, no compromisso assinado, os motivos da divergência. O Juízo arbitral resolverá segundo as leis vigentes.

E, por estarem assim justos e contratados, assinam o presente em 4 (quatro) vias, para um só fim de direito, com as testemunhas abaixo.

Data a assinatura dos sócios e testemunhas com firma reconhecida.

As folhas do contrato serão rubricadas por todos os sócios.

25.5. Alteração de Contrato Social – Entrada de Novo Sócio

João Antunes (qualificar) e Luciano Silveira (qualificar), sócios componentes da firma J.Antunes & Cia, estabelecida nesta cidade de São Paulo, conforme contrato arquivado no Registro de Empresas Mercantis, sob o nº ...., por despacho de ... de .... de ...., admitindo como sócio de sua firma o Sr. Pedro Vasconcelos (qualificar), vêm alterar e modificar as cláusulas de seu contrato social, sob os números 1, 3, e 5, que passam a ser assim redigidas:

Cláusula Primeira

A sociedade, que será em nome coletivo, terá como sócios solidários João Antunes, Luciano Silveira e Pedro Vasconcelos.

Cláusula Terceira

A sociedade girará sob a razão social de J.Antunes & Cia e dela farão uso, como gerentes, os três sócios.

Cláusula Quinta

O capital social, que era de R$ 100.000,00 (cem mil reais), passa a ser de R$ 150.000,00 (cento e cinqüenta mil reais), com a admissão do sócio Pedro Vasconcelos, com o capital de R$ 50.000,00 (cinqüenta mil reais), ficando assim o capital representado pelos sócios João Antunes e Luciano Silveira, com R$ 50.000,00 (cinqüenta mil reais) cada um e Pedro Vasconcelos também com R$ 50.000,00 (cinqüenta mil reais).

Continuam em vigor as demais cláusulas do contrato originário, ficando entendido que o sócio Pedro Vasconcelos também fica com o direito de retirar, mensalmente, a importância de R$ 2.500,00 (dois mil e quinhentos reais), para suas despesas particulares, a qual será levada à conta de gastos gerais.

E como assim tenham contratado, fazem a presente alteração em 4 (quatro) vias de igual teor, as quais assinam, com as testemunhas abaixo.

Data e assinatura com firma reconhecida e mais as testemunhas.

Todas as folhas deverão estar rubricadas.

25.6. Alteração de Contrato Social – Prazo de Duração

Lúcio Novais da Silva (qualificar) e Nair Ribeiro Simões (qualificar), sócios da firma Silva & Simões Ltda, estabelecidos nesta cidade de São Paulo, conforme contrato arquivado no Registro Público de Empresas Mercantis deste Estado, sob o nº ...., tendo deliberado dilatar o prazo de seu contrato social, constante da cláusula quarta, por mais 3 (três) anos, resolveram, de comum acordo, alterá-la e redigi-la da seguinte forma:

Cláusula Quarta

A duração da sociedade será prorrogada por 8 (oito) anos, começando o novo prazo em .... de ...... de ...... e terminando em ... de ...... de ....

E por terem assim justo e contratado, obrigam-se a cumprir a presente alteração, que ficará fazendo parte de seu primitivo contrato social e, para que ela possa valer, mandaram lavrar o presente instrumento que assinam, com as testemunhas abaixo, em 3 (três) vias de igual teor, sendo que a primeira ficará arquivada na Junta Comercial e as demais, devidamente anotadas, em poder dos sócios.

Data e assinatura dos sócios com firma reconhecida e das testemunhas.

Todas as folhas deverão estar rubricadas.

25.7. Distrato Social

Os abaixo assinados Antonio Magalhães (qualificar) e Pedro Carvalho (qualificar), sócios da empresa que gira nesta cidade sob a denominação Livraria Esperança Ltda, conforme contrato social arquivado na Junta Comercial deste Estado sob o nº ...., por despacho de .... de ..... de ......, e não desejando continuar em comum com a sociedade, cujo prazo terminou em ... de ...... de ......, resolveram promover a sua dissolução, pelo que têm justo e contratado o presente distrato, sob as condições que abaixo vão mencionadas:

Cláusula Primeira

Cada um dos sócios recebe, correspondentemente ao capital e lucros verificados no balanço que vai apenso ao presente e por eles assinado, a importância de R$ 50.000,00 (cinqüenta mil reais), sendo .... em dinheiro, e ...... (em dívidas ativas, bens ou quaisquer outros títulos), pelo que os dois sócios se dão mútuas e gerais quitações.

Cláusula Segunda

Os livros da sociedade ora extinta ficam em poder do sócio Antonio Magalhães, que os deve conservar em boa guarda.

E porque tenham assim justo e contratado, para sua firmeza e validade, lavram o presente instrumento de distrato em 3 (três) vias de igual teor, uma das quais será arquivada no Registro Público de Empresas Mercantis deste Estado, e as demais, devidamente anotadas, ficarão em poder dos contratantes, que o firmam, com as testemunhas abaixo.

Data a assinatura dos contratantes com firma reconhecida e das testemunhas.

Todas as folhas deverão estar rubricadas.

25.8. Sociedade Limitada

Fulano de Tal, (nome completo), nacionalidade, naturalidade, estado civil, regime de bens (se casado), data de nascimento (se solteiro), profissão, nº do CPF, documento de identidade, seu número, órgão expedidor e UF onde foi emitida (documentos válidos como identidade: carteira de identidade, certificado de reservista, carteira de identidade profissional, Carteira de Trabalho e Previdência Social, Carteira Nacional de Habilitação – modelo com base na Lei nº 9.503, de 23.9.97), domicílio e residência (tipo e nome do logradouro, número, bairro/distrito, município, Unidade Federativa e CEP) e

Beltrano de Tal .... ***(art. 997, I do novo Código Civil)*** constituem uma sociedade limitada, mediante as seguintes cláusulas:

Cláusula Primeira

A sociedade girará sob o nome empresarial .... e terá sede e domicilio na (endereço completo: tipo, e nome do logradouro, número, complemento, bairro/distrito, município, Unidade Federativa e CEP). ***(art. 997, II do novo Código Civil).***

Cláusula Segunda

O capital social será R$ .... (...................... reais) dividido em .... quotas de valor nominal R$ .... (............. reais), integralizadas neste ato, em moeda corrente do País, pelos sócios:

Fulano de Tal .... nº de quotas .... R$ .... e Beltrano de Tal........ nº de quotas .... R$ .... *(art. 997, III e art. 1.055 do novo Código Civil).*

Cláusula Terceira

O objeto da sociedade será ....

Cláusula Quarta

A sociedade iniciará suas atividades em .... e seu prazo de duração é indeterminado. *(art. 997, II do novo Código Civil)*

Cláusula Quinta

As quotas são indivisíveis e não poderão ser cedidas ou transferidas a terceiros sem o consentimento do outro sócio, a quem fica assegurado, em igualdade de condições e preço, direito de preferência para a sua aquisição, se postas à venda, formalizando, se realizada a cessão delas, a alteração contratual pertinente. *(artigo 1.056, artigo 1.057 do novo Código Civil)*

Cláusula Sexta

A responsabilidade de cada sócio é restrita ao valor de suas quotas, mas todos respondem solidariamente pela integralização do capital social. *(artigo 1.052 do novo Código Civil)*

Cláusula Sétima

A administração da sociedade caberá a .... com os poderes e atribuições de ...., autorizado o uso do nome empresarial, vedado, no entanto, em atividades estranhas ao interesse social ou assumir obrigações seja em favor de qualquer dos quotistas ou de terceiros, bem como onerar ou alienar bens imóveis da sociedade, sem autorização do outro sócio. *(artigos 997, VI; 1.013. 1.015, 1.064 do novo Código Civil)*

Cláusula Oitava

Fica instituído o Conselho Fiscal, composto das seguintes pessoas: .... ***Obs: A constituição do Conselho Fiscal, na sociedade limitada, é facultativa (artigo 1.066 do novo Código Civil). Além das atribuições previstas no artigo 1.068 do novo Código Civil, pode o contrato social incumbir ao Conselho Fiscal outras atribuições.***

Cláusula Nona

Ao término da cada exercício social, em 31 de dezembro, o administrador prestará contas justificadas de sua administração, procedendo à elaboração do inventário, do balanço patrimonial e do balanço de resultado econômico, cabendo aos sócios, na proporção de suas quotas, os lucros ou perdas apurados. *(artigo 1.065 do novo Código Civil)*

Cláusula Décima

Nos quatro meses seguintes ao término do exercício social, os sócios deliberarão sobre as contas e designarão administrador(es) quando for o caso. *(artigos 1.071 e 1.072, § 2º e artigo 1.078 do novo Código Civil)*

Cláusula Décima Primeira

A sociedade poderá, a qualquer tempo, abrir ou fechar filial ou outra dependência, mediante alteração contratual assinada por todos os sócios.

Cláusula Décima Segunda

Os sócios poderão, de comum acordo, fixar uma retirada mensal, a título de "pro labore", observadas as disposições regulamentares pertinentes.

Cláusula Décima Terceira

Falecendo ou interditado qualquer sócio, a sociedade continuará suas atividades com os herdeiros, sucessores e o incapaz. Não sendo possível ou inexistindo interesse destes ou do(s) sócio(s) remanescente(s), o valor de seus haveres será apurado e liquidado com base na situação patrimonial da sociedade, à data da resolução, verificada em balanço especialmente levantado.

Parágrafo único – O mesmo procedimento será adotado em outros casos em que a sociedade se resolva em relação a seu sócio. ***(artigo 1.028 e artigo 1.031 do novo Código Civil)***

Cláusula Décima Quarta

O(s) Administrador(es) declara(m), sob as penas da lei, de que não está(ão) impedidos de exercer a administração da sociedade, por lei especial, ou em virtude de condenação criminal, ou por se encontrar(em) sob os efeitos dela, a pena que vede, ainda que temporariamente, o acesso a cargos públicos; ou por crime falimentar, de prevaricação, peita ou suborno, concussão, peculato, ou contra a economia popular, contra o sistema financeiro nacional, contra normas de defesa da concorrência, contra as relações de consumo, fé pública, ou a propriedade. ***(artigo 1.011, § 1º do novo Código Civil)***

Inserir cláusulas facultativas desejadas.

Fica eleito o foro de .... para o exercício e o cumprimento dos direitos e obrigações resultantes deste contrato.

E por estarem assim justos e contratados, assinam o presente instrumento em .... vias.

Local, data e assinatura dos sócios, de duas testemunhas e do advogado.

Todas as folhas deverão estar rubricadas.

25.9. Alteração do Contrato Social – Objeto Social

Fulano de Tal (nome completo), nacionalidade, naturalidade, estado civil, regime de bens (se casado), profissão, nº do CPF, documento de identidade, seu número, órgão expedidor e UF onde foi emitida (documentos válidos como identidade: carteira de identidade, certificado de reservista, carteira de identidade profissional, Carteira de Trabalho e Previdência Social, Carteira Nacional de Habilitação – modelo com base na Lei nº 9.503, de 23.9.97), domicílio e residência (tipo e nome do logradouro, número, bairro/distrito, município, Unidade Federativa e CEP) e

Beltrano de Tal ...., únicos sócios da .... Ltda., com sede na .... (endereço completo: tipo, nome do logradouro, número, complemento, bairro/distrito, município, Unidade Federativa e CEP), registrada na Junta Comercial de ...., sob o NIRE.................................... e inscrita no CNPJ sob o nº .... resolvem, assim, alterar o contrato social:

Cláusula Primeira

Fica incluído no objeto social a prestação de serviços mecânicos.

Em razão dessa modificação no objeto social, a cláusula terceira do contrato social passa a ter a seguinte redação:

Cláusula Terceira

O objeto social é o comércio de autopeças e a prestação de serviços mecânicos.

SUGERE-SE, a seguir, consolidar o contrato social, reproduzindo todas as suas cláusulas, assim;

Cláusula Segunda – À vista da modificação ora ajustada, consolida-se o contrato social, com a seguinte redação:

Cláusula Primeira – A sociedade gira sob o nome empresarial ***"AUTOPEÇAS E SERVIÇOS MECÂNICOS REX LTDA".***

Cláusula Segunda – A sociedade tem a sua sede na Rua Alfa, n º 200, Bairro Centenário, em Pedra Azul, Rio Grande do Sul, CEP nº 30213.090.

Cláusula Terceira – O objeto social é o comércio de autopeças e a prestação de serviços mecânicos.

Cláusula Quarta – O capital social é de R$ 100.000,00 (cem mil reais), dividido em 100 (cem) quotas de valor nominal R$ 1.000,00 (um mil reais), cada uma, integralizadas em moeda corrente do País, assim subscritas:

Fulano de Tal: .....50 ..... quotas, ... R$ 50.000,00

Beltrano de Tal: ..50 ..... quotas ...... R$ 50.000,00

Cláusula Quinta – A sociedade iniciou suas atividades em 1º de maio de 2.000 e seu prazo é indeterminado.

Cláusula Sexta – As quotas são indivisíveis ....

Cláusula Sétima – A responsabilidade de cada sócio................................

Cláusula Oitava – A administração ....

Cláusula Nona – Ao término do exercício social ....

Cláusula Décima – Nos quatro primeiros meses seguintes ao término ..

Cláusula Décima Primeira – Os sócios poderão (pro labore) ....

Cláusula Décima Segunda – Falecendo ou interditado qualquer sócio ..

Cláusula Décima Terceira – Os administradores declaram sob as penas ...

Fica eleito o foro de Pedra Azul para o exercício e o cumprimento dos direitos e obrigações resultantes deste contrato.

E por estarem assim justos e contratados, assinam a presente alteração em .... vias.

Data e assinatura dos sócios e duas testemunhas.

Todas as folhas deverão estar rubricadas.

Observação: Se não consolidado o contrato social, constar, então, as seguintes informações, caso já não estejam no instrumento de alteração:

a)declaração precisa e detalhada do objeto social;

b) o capital de cada sócio e a forma de prazo de sua realização;

c) o prazo de duração da sociedade e;

d) local da sede e respectivo endereço, inclusive das filiais.

25.10. Transformação de Sociedade Limitada para Sociedade Simples

.... (qualificar), e .... (qualificar), únicos sócios da sociedade denominada ...., resolvem de comum acordo alterar o contrato social de uma Sociedade Limitada, registrado na Junta Comercial do Estado de .... sob o nº 000.000.000, para transformá-la em Sociedade Simples, de acordo com a Lei nº 10.406/02, novo Código Civil, na forma consolidada seguinte:

Cláusula Primeira – Denominação e Sede

A sociedade passará a denominar-se "REPRESENTAÇÕES ....", com sede e foro na Rua ...., na cidade de................, Estado de ....

Cláusula Segunda – Objeto Social

A sociedade tem por objeto social a ....

Cláusula Terceira – Capital Social

O capital social será de .... (extenso), totalmente integralizado em moeda corrente do país, dividido em .... (...... mil quotas) de valor unitário de .... (extenso) cada uma e dividido entre os sócios da seguinte forma:

............................, ... quotas , no valor de ...., cada uma.

............................, ... quotas, no valor de ...., cada uma.

Parágrafo único – Os sócios não respondem subsidiariamente pelas obrigações sociais.

Cláusula Quarta – Prazo de Duração

A sociedade iniciou suas atividades no ato do registro do contrato de constituição no órgão competente, sendo por prazo indeterminado o seu tempo de duração e encerrando-se seu exercício social em 31 de dezembro de cada ano.

Cláusula Quinta – Administração

A administração da Sociedade e o uso da denominação continuam a cargo do sócio, ..., que assinará individualmente, somente em negócios de exclusivo interesse da sociedade, podendo representá-la perante repartições Públicas, Federais, Estaduais, Municipais e Autárquicas, inclusive Bancos, sendo-lhe vedado no entanto, usar a denominação social em negócios estranhos aos interesses da sociedade, ou assumir responsabilidade estranha ao objetivo social, seja em favor de quotista ou de terceiros.

Parágrafo único – Fica facultado ao (s) administrador (es), atuando em conjunto ou individualmente, nomear procuradores, para um período determinado que nunca poderá exceder a um ano, devendo o instrumento de procuração especificar os atos a serem praticados pelos procuradores assim nomeados.

Cláusula Sexta – Remuneração

Os sócios declaram que não há interesse por parte deles em efetuar retiradas pró-labore para remunerar a gerência, optando-se pela retirada e/ou distribuição de lucros.

Cláusula Sétima – Lucros e/ou Prejuízos

Os Lucros e/ou Prejuízos apurados em Balanço a ser realizado após o término do exercício social serão distribuídos entre os sócios, proporcionalmente às quotas de capital de cada um, podendo os sócios, todavia, optarem pelo aumento de capital utilizando os Lucros e/ou pela compensação dos prejuízos em exercícios futuros.

Cláusula Oitava – Deliberações Sociais

As deliberações sociais serão aprovadas por maioria absoluta de votos, quando a legislação não exigir unanimidade.

Cláusula Nona – Filiais e outras Dependências

A sociedade poderá, a qualquer tempo, abrir filiais e outros estabelecimentos, no país ou fora dele, por ato de sua gerência ou por deliberações dos sócios.

Cláusula Décima – Transferência

Os sócios poderão ceder ou alienar por qualquer título sua respectiva quota a terceiro sem o prévio consentimento dos demais sócios, ficando assegurada a estes a preferência na aquisição, em igualdade de condições, e na proporção das quotas que possuírem, observando o seguinte:

I – Os sócios deverão ser comunicados por escrito para se manifestarem a respeito da preferência no prazo de 30 (trinta) dias;

II – Findo o prazo para o exercício da preferência, sem que os sócios se manifestem ou havendo sobras, poderão as quotas ser cedidas ou alienadas a terceiro.

Cláusula Décima Primeira – Dissolução da Sociedade

A sociedade não se dissolverá com o falecimento de qualquer dos sócios, mas prosseguirá com os remanescentes, pagando a sociedade ou os sócios remanescentes aos herdeiros do falecido sua quota de capital e sua parte nos lucros líquidos apurados até a data do falecimento, pela seguinte forma: 20% (vinte por cento) no prazo de três meses, 30% (trinta por cento) no prazo de seis meses e 50% (cinqüenta por cento) no prazo de doze meses, a contar da data do falecimento.

Cláusula Décima Segunda – Casos Omissos

Os casos omissos neste contrato serão resolvidos com observância dos preceitos da Lei nº 10.406/02, novo Código Civil e de outros dispositivos legais que lhes sejam aplicáveis.

Cláusula Décima Terceira – Declarações dos Sócios

Para os efeitos do disposto no artigo 1.011, da Lei nº 10.406/02, novo Código Civil, os sócios declaram, sob as penas da Lei, que não estão incursos em nenhum dos crimes previstos ali ou em lei especial, que possam impedi-los de exercer a administração da sociedade.

Cláusula Décima Quarta – Alteração

A presente alteração e as subseqüentes serão doravante registradas tão somente no Registro Civil das Pessoas Jurídicas da Comarca de ....

E, estando assim justos e contratados, assinam este instrumento contratual em 03 (três) vias, de igual forma e teor e para o mesmo efeito, na presença das 2 (duas) testemunhas abaixo.

Local, data e assinatura dos sócios e de duas testemunhas.

Todas as folhas deverão estar rubricadas.

25.11. Ata de Assembléia de Dissolução de Sociedade

(razão social)

(CNPJ)

Neste dia 22 de abril de 2013, às 13h30, na sede da empresa à (endereço), presentes os sócios representando mais de 3/4 (três quartos) do capital social, compondo a mesa (nome), presidente e (nome) secretário, conforme anúncio de convocação no (onde foi publicado), tem início a ordem do dia, qual seja, deliberar sobre a dissolução da sociedade e nomeação de liquidante. Foi definido que a sociedade será dissolvida por não mais interessar aos sócios a sua continuidade. Foi nomeado liquidante o Sr. (nome), (nacionalidade), (profissão), inscrito no CPF sob o nº (informar) e no RG nº (informar), residente e domiciliado à (endereço), que restringirá sua gestão aos negócios inadiáveis e os necessários à liquidação da sociedade, empregando o nome empresarial acrescentado da expressão "em liquidação" e de sua assinatura individual, com a declaração de sua qualidade de liquidante. Terminados os trabalhos e inexistindo qualquer outra manifestação, lavrou-se a presente ata que, lida, foi aprovada e assinada por todos os presentes. Nome do presidente.

Nomes e assinaturas dos presentes.

25.12. Sociedade por Ações – Estatuto Social

CAPÍTULO I

Da Organização, nome, sede, objeto e prazo

Artigo 1° – Sob a denominação de ***"Companhia Vale da Mantiqueira"***, é instituída uma sociedade por ações, cuja finalidade é a exploração da indústria da madeira e de todos os produtos derivados.

Artigo 2° – A Companhia terá a sede de sua administração e o seu domicílio, na cidade de ......, Estado de ......, podendo, porém, manter suas fábricas e demais estabelecimentos em outros pontos ou localidades do território nacional, segundo as necessidades da indústria e interesse da própria sociedade.

Artigo 3° – O prazo de duração da Companhia será de 50 (cinqüenta) anos, contados da data em que for constituída, permitindo-se, no entanto, que a Assembléia Geral dos acionistas possa prorrogá-la, ou mesmo dissolvê-la no curso do prazo estabelecido.

Artigo 4° – A primeira fábrica, que constará de uma serraria e seção para pasta mecânica, com a capacidade mínima de ...., será instalada em ......, na cidade de ...

Parágrafo Único – As demais fábricas que venham a se estabelecer, segundo o plano industrial elaborado pela Administração, podem ser instaladas em qualquer outro ponto, que convenha melhor aos interesses da Companhia, conforme autoriza o artigo 2°.

CAPÍTULO II

Do Capital e das Ações

Artigo 5° – O capital social da Companhia será de R$ 500.000,00 (quinhentos mil reais), dividido em 500.000 (quinhentas mil) ações, assim representadas:

a) R$ 300.000,00 (trezentos mil reais), por 300.000 (trezentas mil) ações ordinárias nominativas, do valor cada uma, de R$ 1,00 (hum real);

b) R$ 200.000,00 (duzentos mil reais), por 200.000 (duzentas mil) ações preferenciais nominativas, do valor cada uma de R$ 1,00 (hum real), com direito a um dividendo de ...... (... por cento) ao ano, sem direito a voto.

§1° – O capital social somente poderá ser aumentado nos casos de insuficiência do capital subscrito aos fins visados pela Companhia, acréscimo de obras, ou de ampliações de serviços ou operações sociais.

§2° – Em qualquer dos casos deverão os diretores da Companhia fundamentar a sua proposta de aumento, que submeterão ao parecer do Conselho de Administração e do Conselho Fiscal, e depois a levarão à deliberação da assembléia, regularmente convocada para esse fim.

§3° – Os acionistas inscritos no Livro de Registro de Ações Nominativas terão a preferência na subscrição das novas ações, guardada a proporção com as que já possuírem e respeitadas as condições que tiverem sido prescritas na referida assembléia relativamente às entradas e atos conseqüentes.

§4° – Somente as ações ordinárias terão direito a voto, um para cada ação. Entretanto, podem os acionistas de ações preferenciais participar das assembléias, tomando parte nas discussões de assuntos submetidos à deliberação delas.

Artigo 6º – O valor das ações subscritas será pago em prestações de 10% (dez por cento), sendo que a primeira deve ser cumprida no ato da subscrição e as demais nas datas fixadas pela Diretoria, respeitando-se, entretanto, de uma para outra chamada, o intervalo mínimo de 30 (trinta)dias.

§1° – O acionista que deixar de atender às chamadas, não pagando as prestações devidas nos prazos fixados, ficará sujeito à mora, podendo a Diretoria, na forma da lei, ou mandar executar o acionista pelo valor da prestação ou mandar vender suas ações por conta e risco do acionista.

§2° – Ao acionista remisso, em caso de venda, será entregue o saldo que lhe competir, deduzidas as despesas tidas na operação e os juros de mora, na razão de ....% (....... por cento) anuais, saldo este relativo ao que houver pago o adquirente sobre as prestações já vencidas anteriormente.

Artigo 7º – Permite-se a amortização de ações e a emissão de ações de fruição, cabendo à Assembléia Geral dos acionistas deliberar a respeito, estabelecendo as condições e regras em que se possam efetivar.

CAPÍTULO III
Da Diretoria e das suas Obrigações

Artigo 8º – A Companhia será administrada por uma Diretoria composta de 3 (três) membros, eleitos por maioria de votos, pelos acionistas ou seus procuradores, em assembléias gerais regulares, os quais exercerão os cargos de presidente, gerente e tesoureiro, devendo, por isso, as cédulas usadas na eleição já conter, também, a indicação dos cargos respectivos.

§1° – Essa Diretoria exercerá o seu mandato por 4 (quatro) anos, podendo qualquer de seus membros ser reeleito.

§2° – Somente poderá fazer parte da administração acionista da Companhia, portador de ações ordinárias, devendo os eleitos, antes de entrarem no exercício de suas funções, fazer uma caução de ..... ações da Companhia, a qual somente será cancelada, com a terminação do mandato, após a aprovação de todas as contas de sua gestão.

Artigo 9º – Nos impedimentos temporários, será o presidente substituído pelo diretor-gerente.

Artigo 10 – O presidente da Companhia e os demais diretores perceberão mensalmente a título de remuneração: o presidente R$ .... (extenso), e cada um dos outros R$ .... (extenso), fazendo o presidente ainda jus a uma gratificação, na forma estabelecida na letra "f" do artigo 30.

Parágrafo único – A gratificação anual a que terá direito cada membro da Diretoria não poderá exceder de R$ .... (extenso).

Artigo 11 – As licenças aos diretores serão concedidas: ao presidente da Companhia, pela assembléia geral; aos outros diretores, pela diretoria.

§1º – O presidente da Companhia não poderá deixar o exercício de seu cargo, sem licença, por prazo excedente de 90 (noventa) dias consecutivos, caso que será havido como abandono ou renúncia ao cargo.

§2º – Perderá o cargo qualquer dos outros diretores que deixar o seu exercício por mais de 30 (trinta) dias consecutivos, sem autorização ou licença da Diretoria.

Artigo 12 – Em caso de vaga na Diretoria, os demais diretores em exercício, em sessão conjunta com o Conselho Fiscal, escolherão um diretor, que exercerá seu mandato até completar o do diretor que substitui.

Parágrafo único – Se a vaga ocorrida é da presidência, o diretor-gerente assumirá esta, passando o diretor-tesoureiro para o cargo de diretor-gerente, sendo, assim, a escolha do acionista para ocupar o cargo de diretor-tesoureiro.

Artigo 13 – A Diretoria reunir-se-á, ordinariamente, ao menos uma vez por mês, e, extraordinariamente, sempre que o presidente a convocar, e deliberará por maioria de votos, tendo o presidente, além do seu voto de diretor, o voto de desempate.

Parágrafo único – Sobre as questões técnicas e econômicas, relativas à indústria da Companhia, a Diretoria ouvirá o Conselho Técnico e Econômico.

Artigo 14 – São atribuições da Diretoria, além das que lhe caberão por força da lei, ou de outros dispositivos deste estatuto:

a) gerir os negócios sociais, executar os estatutos da Companhia, bem como as deliberações da assembléia geral, criar filiais em qualquer parte do território nacional, e cumprir a lei no que for pertinente às suas funções;

b) organizar os regimentos internos, atinentes ao serviço e ao pessoal da Companhia;

c) criar e extinguir cargos ou funções e fixar os vencimentos do pessoal, bem como as gratificações a quem o julgar com direito;

d) resolver os casos não previstos neste estatuto, e que não sejam da competência da Assembléia Geral.

Artigo 15 – Privativamente compete, ao presidente:

a) ser o órgão da Diretoria e representar oficialmente a Companhia em todas as suas relações, em juízo ou fora dele, podendo para isso constituir mandatários;

b) assinar a correspondência da sociedade;

c) aceitar, com o gerente, os títulos, saques, letras e endossos de responsabilidade da sociedade;

d) visar as contas depois do "pague-se" do gerente, e os cheques bancários, que por este lhe forem apresentados;

e) assinar, em nome da Companhia, os instrumentos e balancetes e balanços destinados à publicidade;

f) assinar, em nome da Companhia, os instrumentos de contratos em que ela for parte e assinar quitações;

g) apresentar, anualmente, à assembléia, o relatório de sua gestão;

h) convocar e presidir as reuniões da Diretoria e das Assembléias Gerais, nos termos deste estatuto.

Artigo 16 – Ao diretor-gerente compete:

a) superintender os trabalhos internos da Companhia;

b) assinar, com o diretor-presidente, os títulos e demais obrigações da Companhia;

c) assinar com o diretor-tesoureiro os cheques que a Companhia emitir;

d) fornecer ao presidente dados para o seu relatório anual;

e) desempenhar todas as atribuições que lhe compete pelo presente estatuto, substituir o presidente em seus impedimentos e assumir a presidência, no caso em que vague este lugar.

Artigo 17 – Ao diretor-tesoureiro, além das atribuições inerentes a seu cargo e determinadas no Estatuto da Companhia, compete:

a) dirigir todo serviço do escritório;

b) ter em boa guarda todos os valores da Companhia;

c) dirigir o levantamento do balanço anual, que será anexado ao relatório do presidente;

d) extrair e assinar com o gerente os cheques emitidos pela Companhia;

e) ter a seu cargo o Livro caixa da Companhia;

f) substituir o diretor-gerente em seus impedimentos, assumindo este cargo em caso de vaga *(parágrafo único do artigo 12).*

CAPÍTULO IV
Do Conselho Técnico e Econômico

Artigo 18 – O Conselho Técnico e Econômico (C.T.E.) será composto de 5 (cinco) membros, que serão nomeados e exonerados pela Diretoria, e exercerão o cargo enquanto bem servirem.

Parágrafo único – A escolha deverá recair sobre técnicos de reconhecida competência em matéria econômica e, especialmente, no tocante à fabricação dos produtos, a que se refere o artigo 1°.

Artigo 19 – O Conselho Técnico e Econômico reunir-se-á pelo menos 4 (quatro) vezes por mês, e há de dispor de instalações e pessoal habilitado para o estudo e desempenho das pesquisas, que constituírem objeto das suas funções.

Artigo 20 – Os pareceres do Conselho Técnico e Econômico constarão das atas das suas reuniões que serão lavradas em livro próprio.

Artigo 21 – Quando os membros do Conselho Técnico e Econômico forem empregados da Companhia, poderão perceber, ao mesmo tempo, as gratificações e os salários devidos pelas suas funções.

Artigo 22 – A remuneração dos membros do Conselho Técnico e Econômico será fixada pela Diretoria.

CAPÍTULO V
Do Conselho Fiscal

Artigo 23 – O Conselho Fiscal compor-se-á de 3 (três) membros efetivos, cada um dos quais terá um suplente, sendo todos eleitos, anualmente, pela assembléia geral ordinária, que os poderá reeleger.

(Podem os estatutos instituir a escolha de membros do Conselho Fiscal, mesmo entre pessoas que não sejam acionistas)

§1° Em caso de vaga no Conselho Fiscal, bem como no impedimento de qualquer de seus membros, por mais de 2 (dois) meses, o lugar será preenchido pelo suplente mais votado, e, tendo havido empate, pelo mais velho.

§2° – Os membros do Conselho Fiscal não perceberão vencimentos.

(Não há proibição legal para que os fiscais não sejam gratificados. Podem, portanto, receber vantagens pelo exercício de seu cargo)

Artigo 24 – O Conselho Fiscal reunir-se-á, ordinariamente, uma vez por mês, para tomar conhecimentos dos balancetes mensais da Companhia e, extraordinariamente, sempre que for preciso ou quando convocado pelo diretor-presidente.

§1° – O Conselho Fiscal somente poderá funcionar com a totalidade de seus membros, devendo por esse motivo, quando haja qualquer impedimento, ser convocado o suplente, a quem compete a substituição.

§2° Das reuniões do Conselho fiscal lavrar-se-á um termo, sendo por isso, dentre si, escolhido um relator.

Artigo 25 – Compete ao Conselho Fiscal:

a) fiscalizar todos os negócios da Companhia, pedindo aos administradores todos os esclarecimentos necessários à fiscalização;

b) examinar, semestralmente, a escrituração da Companhia, documentos, contratos e demais operações feitas pelos administradores e verificar o estado do Caixa e a sua exatidão, lavrando de tudo um parecer que será entregue aos diretores;

c) dar o seu parecer no balanço anual da sociedade;

d) exercer, enfim, todos os atos de fiscalização que lhe compete por lei, inclusive o de convocar, extraordinariamente, a assembléia geral, quando o diretor-presidente se recusar a fazê-lo.

CAPÍTULO VI
Das Assembléias Gerais

Artigo 26 – A assembléia geral é órgão supremo da Companhia, cabendo-lhe exercer as funções que lhe forem cometidas pela lei, tomar qualquer deliberação sobre os negócios ou interesses sociais, e reformar os estatutos.

(Os atos relativos à reforma, alteração de estatutos, bem como todas as deliberações tomadas pela assembléia devem ser convertidas em ata, que se registrará na forma da lei)

Parágrafo único – As convocações das assembléias gerais serão feitas segundo as regras, estabelecidas em lei. E se constituirão, para que possam, validamente, deliberar, com o número também legalmente determinado.

(A verificação de votação se faz sempre pelo livro de presença no qual, antes de iniciar a reunião, todos os presentes à assembléia deverão assinar o seu nome, com a declaração das ações que representam)

Artigo 27 – As assembléias gerais serão ordinárias ou extraordinárias.

§1° As assembléias gerais ordinárias serão destinadas a tomar as contas da Diretoria, examinar e discutir o balanço, o parecer do Conselho Fiscal, deliberando sobre um e outro caso, e de 4 (quatro) em 4 (quatro) anos os membros da Diretoria reunir-se-ão a .... de ..... de cada ano.

§2° As assembléias gerais extraordinárias reunir-se-ão sempre que convocadas pelo presidente ou pelo Conselho Fiscal, ou nos casos determinados em lei, para tratar de todos os assuntos de interesse da Companhia que não possam ser deliberados em assembléia geral ordinária.

§3° As assembléias serão presididas pelo diretor-presidente ou por quem o substitua, compondo-se a mesa por ele e por dois secretários convidados pelo presidente.

§4° Constituídas, legalmente, as assembléias deliberam, validamente, aprovando ou recusando os atos submetidos à sua apreciação, por maioria de votos, para o que cada ação ordinária valerá um voto.

CAPÍTULO VII
Das Partes Beneficiárias

Artigo 28 – Como compensação aos fundadores da Companhia e aos engenheiros que prestaram serviços à sua organização, emitirá a Companhia 100 (cem) partes beneficiárias, que participarão dos lucros sociais na forma que se estabelece no artigo seguinte:

Parágrafo único – Estas partes beneficiárias será nominativas, cabendo 20 (vinte) a cada um dos fundadores da Companhia e as 80 (oitenta) restantes sendo 20 (vinte) para cada um dos quatro engenheiros que participaram dos estudos preliminares para a organização da Companhia, conforme se declara no original dos prospectos.

Artigo 29 – A participação das partes beneficiárias no lucro social será de 5% (cinco por cento) dos lucros líquidos, verificados em balanço.

Parágrafo único – Se convier à Companhia, mediante aprovação da assembléia geral, mesmo ordinárias, poderão ser as partes beneficiárias resgatadas antecipadamente ou convertidas em ações, quando se convencionar o aumento do capital, tudo de acordo com a lei e com o que deliberarem os acionistas, em assembléia geral.

CAPÍTULO VIII
Da Distribuição dos Lucros

Artigo 30 – O balanço anual da Companhia será procedido a 31 de dezembro de cada ano. E dos lucros líquidos verificados, feitas todas as deduções e amortizações legalmente permitidas, far-se-á a seguinte distribuição:

a) 5% (cinco por cento) para o fundo de reserva;

b) a cota necessária para a constituição do dividendo devido às ações beneficiárias;

c) 5% (cinco por cento) para pagamento da participação das partes beneficiárias;

d) 6% (seis por cento) sobre o valor das ações ordinárias, para a constituição do dividendo respectivo;

e) uma percentagem para a constituição de um fundo especial, designado para renovação do equipamento da Companhia;

f) a cota que deva ser distribuída como gratificação à Diretoria.

§1º O excesso, se houver, será repartido, como dividendo complementar, sem distinção, entre os portadores das ações preferenciais e das ações ordinárias.

§2º Na constituição dos diferentes fundos, serão observados os limites legais.

CAPÍTULO IX
Das Disposições Gerais

Artigo 31 – ....

Artigo 32 – Todos os casos omissos neste estatuto serão resolvidos pela legislação vigente.

24.13. Consórcio de Empresas

Que fazem .... (razão social ou denominação social da 1ª empresa), com sede na rua ...., nº ...., cidade .... Estado ...., NIRE nº ...., CNPJ nº ...., neste ato representada pelo seu .... (administrador ou diretor) .... (nome completo e qualificação, com nº da carteira de identidade, órgão expedidor e nº do CPF e endereço), e .... (razão social ou denominação social da 2ª empresa), com sede na rua ...., nº .... cidade ...., Estado ...., NIRE nº ...., CNPJ nº ...., neste ato representada pelo seu ....(administrador ou diretor) .... (nome completo e qualificação, com nº da carteira de identidade, órgão expedidor e nº do CPF e endereço), (e assim sucessivamente até completar as empresas participantes do consórcio) com a finalidade única de constituir um consórcio entre as empresas contratantes, que será regulado pelo que constar nas cláusulas seguintes:

1ª Cláusula: O Consórcio terá a designação de............ (denominação, se houver).

2ª Cláusula: O presente Consórcio é formado para .... (discriminar o empreendimento que será objeto), e sua duração será por .... (especificar o prazo de duração do consórcio).

3ª Cláusula: A administração central e geral será na rua ...., nº ...., na cidade de .... , Estado .... , onde também será seu foro jurídico, renunciando as partes, qualquer outro foro, por mais privilegiado que seja.

4ª Cláusula: O Consórcio será administrado pela consorciada .... (especificar o nome da consorciada responsável pela administração), que designa o sr. .... (nome completo e qualificação, com endereço, nº do CPF e nº e órgão expedidor da carteira de identidade), para representá-la em todos os atos administrativos, respondendo, inclusive, em juízo ou fora dele (citar ainda quais as demais atribuições e poderes da administração).

5ª Cláusula: As empresas consorciadas terão os seguintes desempenhos e obrigações a serem cumpridos durante a vigência do presente contrato: Compete à empresa .... (denominação ou razão social da 1ª empresa) .... (definir suas obrigações e atribuições).

Compete à empresa .... (denominação ou razão social da 2ª empresa) .... (definir suas obrigações e atribuições).

6ª Cláusula: A receita dos serviços contratados será contabilizada da seguinte forma: (especificar como será a emissão das notas fiscais, a forma de contabilização e qual a proporção da partilha do resultado).

7ª Cláusula: As empresas consorciadas pagarão uma taxa a título de despesas de administração, equivalente a .... (especificar forma de contribuição, se houver).

8ª Cláusula: As deliberações serão tomadas da seguinte forma: (determinar como serão as deliberações, o nº de votos atribuído a cada consorciado, etc.)

9ª Cláusula: (estabelecer outras normas ou regras a serem convencionadas, assim como previsão de prorrogação do prazo de existência do consórcio, em razão de atraso na conclusão dos serviços, etc). E, por assim estarem certos e de pleno acordo, assinam o presente instrumento, em 3 (três) vias de igual teor e forma, os representantes das consorciadas e duas testemunhas instrumentais.

Local e data

Seguem-se as assinaturas. As testemunhas deverão assinar sobre seus nomes legíveis e com o número e o órgão de expedição de suas carteiras de identidade.

25.14. Sociedade em Comandita por Ações – Estatuto Social

CAPÍTULO I

Da Denominação

Artigo 1º – Fica instituída nesta cidade de ....., Estado de ......, uma sociedade em comandita por ações, com o objetivo de explorar a indústria de ...., a qual girará sob a razão social de ...., Sociedade em Comandita por Ações. **(*Esta sociedade tanto pode adotar uma denominação, quanto uma razão social*)**

CAPÍTULO II

Da Sede e Duração

Artigo 2º – A sociedade terá sua sede na Rua ...., nº ...., na Cidade de ...., Estado de ...., podendo estabelecer sucursais, agências ou filiais em outras localidades.

Artigo 3º – A sociedade terá o prazo indeterminado. **(*Poderá também ter um prazo fixado, iniciando em .... e terminando em........*)**

CAPÍTULO III

Do Capital Social

Artigo 4º – O capital da sociedade será de R$ .... (extenso), dividido em .... (extenso) ações ordinárias e preferenciais, no valor nominal de R$ .... (extenso), cada uma. **(*O capital dessa sociedade é dividido em ações, podendo ser ações ordinárias e preferenciais, ou ainda de gozo ou fruição, tal qual a sociedade por ações*)**

§ 1º – A integralização do capital deve ser promovida dentro de 10 (dez) meses, a contar da data de sua constituição, em 12 (doze) prestações iguais, sendo que a primeira prestação já foi cumprida, no ato da subscrição do capital social.

§ 2º – As ações conservarão sempre seu caráter de nominativas, não podendo ser cedidas ou transferidas sem audiência e aprovação prévia da Diretoria, cabendo aos acionistas inscritos o direito de preferência para sua aquisição.

Artigo 5º – A sociedade poderá emitir valores mobiliários, tais como partes beneficiárias, debêntures, certificados e cautelas, observadas as restrições do artigo 284 da Lei nº 6.404/76.

Artigo 6º – Observadas as regras contidas nos artigos 167 e 182, § 2º da Lei nº 6.404/76, a expressão monetária do valor do capital social realizado será corrigida anualmente.

CAPÍTULO IV
Da Diretoria

Artigo 7º – A administração da sociedade é atribuída a 3 (três) diretores, que distribuirão entre si os serviços da sociedade, cabendo, indistintamente, a cada um deles o uso da firma e a representação jurídica da sociedade.

§ 1º – Ficam desde já investidos nestas funções, em caráter permanente, os acionistas ......, ... e ....

§ 2º – Em caso de renúncia ou morte de qualquer um dos diretores, a sociedade não se dissolverá. Os acionistas, em assembléia geral, promoverão a escolha do substituto e se o sócio que se retira ou falece é o que dá o nome à firma, far-se-á nela a necessária modificação.

Artigo 8º – A título de pro-labore, e para suas despesas particulares, cada diretor retirará mensalmente a importância de R$ ...... (extenso), que serão levados à conta de gastos gerais.

Artigo 9º – Embora se encontrem os gerentes investidos em todos os poderes de representantes legais da sociedade, não poderão alienar nem hipotecar seus bens imóveis sem autorização da assembléia geral dos acionistas.

Artigo 10 – Caberá ao diretor-presidente representar a sociedade ativa e passivamente, em juízo ou fora dele, com as atribuições e poderes que lhe confere a lei.

CAPÍTULO V
Do Conselho Fiscal

Artigo 11 – Para fiscalizar os atos administrativos dos diretores, em nome dos acionistas, dando parecer em todas as contas de sua gestão, será eleito, anualmente, pela assembléia dos acionistas, o Conselho Fiscal, composto de 3 (três) membros efetivos e de 3 (três) suplentes.

§ 1º – Compete ao Conselho Fiscal fiscalizar todos os negócios da sociedade, dar o seu parecer nos balanços anuais e levar ao conhecimento da assembléia qualquer irregularidade encontrada, podendo mesmo convocar assembléias extraordinárias para deliberarem sobre assuntos de importância social. Tem ainda o Conselho Fiscal poder para decidir as divergências havidas entre os diretores, permitindo-se recursos para a assembléia geral.

§ 2º – Pode ser atribuída aos membros do Conselho Fiscal uma contribuição por sessão realizada, a qual será determinada, anualmente, pela assembléia geral.

Artigo 12 – No fim de cada exercício social, a 31 de dezembro, será dado o balanço geral da sociedade, sob a inspeção do Conselho Fiscal. E dos lucros líquidos verificados far-se-á a seguinte distribuição:

5% (cinco por cento) para constituição de um fundo de reserva legal;

10% (dez por cento) para constituição de um fundo de reserva especial, destinado à substituição de material e melhoramentos;

5% (cinco por cento) para serem distribuídos entre os diretores;

80% (oitenta por cento) para constituírem os dividendos dos acionistas.

Artigo 13 – Os membros do conselho fiscal receberão mensalmente a importância de R$ .... ***(A remuneração dos membros do conselho fiscal é de competência privativa da assembléia geral, obedecido o limite mínimo de 1/10 (um décimo) do que, em média, for atribuído a cada diretor, computados os benefícios indiretos, mas excluída a participação nos lucros, se houver)***

CAPÍTULO VI
Da Assembléia Geral

Artigo 14 – Haverá anualmente uma assembléia geral ordinária, que se realizará a 31 de janeiro de cada ano, destinada à aprovação de contas da gestão social do ano anterior, eleição dos membros do Conselho Fiscal e para conhecimento de fatos de interesse social e deliberação de medidas que se julguem necessárias aos interesses da sociedade. Cada ação ordinária terá direito a um voto. E estas assembléias se constituirão legalmente com qualquer número, desde que representem os acionistas presentes, capital superior a ¼ (um quarto) do capital social.

Artigo 15 – As assembléias extraordinárias realizar-se-ão sempre que necessárias, ou quando determinadas por lei, seja por convocação dos diretores ou do Conselho Fiscal, segundo as normas legais.

Artigo 16 – Todas as deliberações tomadas em assembléias gerais ordinárias ou extraordinárias serão transcritas em atas feitas em duplicata, uma das quais deverá ser arquivada no Registro Público de Empresas Mercantis, conforme exigência legal.

Artigo 17 – Como poder soberano da sociedade, as assembléias gerais poderão estabelecer todas as normas de conduta acerca da realização dos fins da sociedade, inclusive destituição dos diretores, devendo, entretanto, os casos omissos serem regulados pelas leis vigentes acerca das sociedades por ações.

Parágrafo único – A destituição dos diretores, entretanto, deve ser fundada em motivo grave e justo, e ser aprovada pelos acionistas que representem, pelo mínimo, ¾ (três quartas partes) do capital social.

CAPÍTULO VII
Das Disposições Gerais

Artigo 18 – ....

Artigo 19 – Todos os caos omissos neste estatuto serão resolvidos pela legislação vigente.

25.15. Ação de Dissolução de Sociedade

Exmo. Sr. Dr. Juiz de Direito da ......ª Vara Cível Comarca de ....

10 cm

Fulano de Tal, (qualificação), domiciliado na rua ...., em ...., Cep ...., por seus procuradores in fine assinados (doc. 1), vem, respeitosamente, propor **Ação de Dissolução de Sociedade**, em face de Comércio de Pregos LTDA., pessoa jurídica de direito privado, com sede na rua ...., em ...., Cep ...., e Beltrano de Tal, (qualificação), domiciliado na rua ...., em ...., Cep ...., fazendo-o pelos fatos e fundamentos que passa a aduzir.

I. Dos Fatos

Conforme se vê do contrato social anexo (doc. 2), o Autor constituiu, em .../.../...., a sociedade limitada denominada Comércio de Pregos LTDA., juntamente com Beltrano de Tal.

O capital social de R$ 50.000,00, dividido em 50.000 (mil) quotas, no valor unitário de R$ 1,00 (um real), foi totalmente integralizado pelos sócios, sendo dividido à proporção de 50% (cinqüenta por cento) a cada um.

Dessa forma, o Autor integralizou, no ato de constituição da sociedade, R$ 25.000,00 (vinte e cinco mil reais), referentes **às quotas por ele subscritas.**

A administração da sociedade coube, isoladamente, ao sócio Beltrano de Tal.

Após a constituição da sociedade, esta se mostrou incapaz de realizar seu objeto social e promover o auferimento de lucro ao Autor, sempre chamado pelo sócio-administrador a efetuar novos aportes de capital, visando à manutenção da sociedade. Mas, em nenhum momento, recebeu qualquer partilha de lucros. Restou evidente que o capital social não era suficiente, o que, enseja a dissolução da sociedade, por revelar a inexeqüibilidade do fim social.

Ante a falta de retorno financeiro, de geração de postos de trabalho, o Autor tentou retirar-se da sociedade amigavelmente, em atenção à cláusula décima do contrato social, sem êxito, contudo (doc. 3).

Diante disso, o Autor diligenciou a notificação extrajudicial (doc. 4), recebida em .../.../...., cientificando previamente o outro sócio de sua intenção de se retirar da sociedade, conferindo também o prazo de 30 (trinta) dias para que o sócio Beltrano de Tal se manifestasse acerca do exercício do direito de preferência na aquisição das quotas do Autor, liberando-o, após, para tomar as medidas que julgasse convenientes à defesa de seus direitos.

Sendo certo que os prazos se esgotaram, sem solução para o impasse, vez que o outro sócio não exerceu seu direito de preferência e não houve interessados na aquisição das quotas do Autor, não restou outra alternativa senão a presente ação, vez que irrefutável a divergência entre os sócios e a inexeqüibilidade do objeto social.

II. Do Direito

No tocante à sociedade limitada, sabe-se que o aspecto da affectio societatis é imprescindível, por ser considerada uma sociedade de pessoas, constituída em função da qualidade pessoal dos sócios, na busca da realização do objeto social, em prol do auferimento do lucro.

Apesar disso, da confiança depositada pelo Autor e da paciência ao longo desses mais de dois anos sem partilha de lucros, vê-se que a sociedade não cumpriu seu objeto e seu fim, vez que não emprega ninguém, não realiza seu objeto social, nem gera lucro.

Fato que corrobora o narrado e que evidencia a quebra da affectio societatis é a própria notificação do Autor, revelando toda sua insatisfação e a vontade expressa de se desvincular da sociedade.

O objeto da sociedade é a sua atividade fim. Seu fim é o lucro. E a sociedade que se quer dissolver não cumpre seu objeto, muito menos seu fim, vez que não está ativa efetivamente e não gera lucro.

Conclui-se, pois, ser oportuna a presente lide, visando à dissolução da sociedade, pois, como ensina Rubens Requião, *"é impossível a continuação da sociedade, por não poder preencher o intuito e o fim social"*, sendo certo que, após isso, dever-se-á seguir a apuração de haveres e reembolso dos valores devidos ao Autor, apurado em balanço especialmente levantado na data da dissolução.

III. Dos Pedidos

Diante de todo o exposto, o Autor requer a V. Exa. dignar-se de:

a) determinar a citação dos Réus, nos endereços fornecidos no limiar desta inicial, para, querendo, contestarem o presente pedido, sob pena de revelia, nos termos do art. 656, § 2º, do CPC/39;

b) julgar procedentes os pedidos, declarando a dissolução da sociedade, determinando, ato contínuo, o início da apuração dos haveres, visando à liqüidação das quotas, mediante a nomeação de liqüidante;

c) após apuração dos haveres, determinar o seu pagamento ao Autor, devidamente corrigidos, para que seja extinta a sociedade;

d) condenar os Réus ao pagamento das custas processuais e dos honorários advocatícios no importe de 20% sobre o valor da condenação.

Protesta provar o alegado por todos os meios de prova em direito admitidos, tais como documental, testemunhal, pericial e depoimento pessoal do administrador da primeira Ré.

Dá-se a causa o valor de R$ 25.000,00 (vinte e cinco mil reais).

Termos em que pede e espera deferimento.

Data e assinatura do advogado.

CAPÍTULO XXVI

PERGUNTAS E RESPOSTAS

26.1. Características Gerais das Sociedades

1. Qual o conceito de sociedade?
R. Sociedade é a união de duas ou mais pessoas que juntam seus esforços e riquezas na consecução de objetivos comuns.

2. Quais os elementos caracterizadores do contrato de sociedade?
R. São elementos caracterizadores do contrato de sociedade: a) pluralidade de sócios; b) constituição do capital social; c) affectio societatis; d) participação nos lucros e nas perdas.

3. O que significa a expressão *affectio societatis*?
R. *Affectio societatis* é o elemento subjetivo, intencional, que denota a vontade, por parte do sócio, de contrair a sociedade. É o *animus*, a intenção, a vontade dos sócios, da união e da aceitação das normas de constituição e funcionamento da sociedade.

4. Quem pode ser sócio em uma sociedade empresária?
R. Podem ser sócios tanto pessoas físicas como jurídicas. Se físicas, deverão possuir capacidade, na forma do artigo 104 do Código Civil. Se jurídicas, os atos referentes a elas devem ser praticados pelos seus representantes legais.

5. Como surge a entidade com personalidade jurídica?
R. A entidade com personalidade jurídica surge após a sua constituição e arquivamento de seus atos no Registro Público das Empresas Mercantis (empresária), ou no Registro Civil de Pessoas Jurídicas (simples). A entidade

(sociedade empresária ou sociedade simples) adquire personalidade e autonomia, podendo ser sujeito de direitos e obrigações.

6. Como se prova a existência de uma sociedade regular?
R. A existência de uma sociedade regular prova-se por escrito, particular ou público (artigo 997 novo Código Civil). A sociedade em regra se constitui por escrito, devendo ser arquivada no órgão competente, para que surja sua personalidade jurídica distinta da figura dos sócios.

7. Qual a distinção entre associação e sociedade?
R. Associação é a entidade sem fins lucrativos, ou ainda, a entidade que, embora possa perseguir lucro (de forma a atingir o objetivo fixado em seu estatuto), não distribui o lucro a seus associados.
Sociedade é a entidade com fins lucrativos, formada por duas pessoas ou mais de quem os sócios recebem participação nos lucros.

8. Qual a diferença entre sociedades não personificadas e sociedades personificadas?
R. Sociedades não personificadas são aquelas que não possuem personalidade jurídica, e não estão registradas no órgão competente. São elas as sociedades em comum e as sociedades em conta de participação.
Sociedades personificadas são aquelas que possuem personalidade jurídica e estão registradas no órgão competente. São elas as sociedades simples, sociedade em nome coletivo, sociedade em comandita simples, sociedade limitada, sociedade anônima, sociedade em comandita por ações, sociedade cooperativa.

9. Qual a diferença entre sociedade simples e sociedade empresária?
R. A sociedade simples tem por objeto a prestação de serviço e o seu registro é feito no Registro Civil de Pessoas Jurídicas.
A sociedade empresária tem por objeto a prática de atividade própria de empresário sujeita ao registro no Registro Público de Empresas Mercantis.

10. Quais os critérios utilizados para proceder a distinção entre sociedade simples e sociedade empresária?
R. Dois são os critérios: a) objeto social, isto é, a atividade descrita no contrato; e b) forma societária escolhida para o exercício da empresa. A sociedade anônima, por força de lei, será sempre empresária.

11. Quais as espécies de sociedades empresárias?
R. São espécies de sociedades empresárias: a) sociedade em nome coletivo; b) sociedade em comandita simples; c) sociedade limitada; d) sociedade por ações; e) sociedade em comandita por ações.

12. Como se classificam as sociedades empresárias quanto a responsabilidade dos sócios?

R. Quanto à responsabilidade dos sócios, as sociedades empresárias podem ser: a) limitadas (quando a responsabilidade de cada sócio restringe-se à sua contribuição individual ou ao valor do capital social); b) ilimitadas (quando todos os sócios respondem ilimitadamente e solidariamente pelas obrigações societárias); c) mistas (quando a responsabilidade de alguns sócios são limitadas e as de outros sócios, ilimitadas).

13. Como se classificam as sociedades empresárias quanto à personalidade jurídica?

R. Quanto à personalidade jurídica, as sociedades empresárias classificam-se em sociedades personificadas e sociedades não personificadas.

As sociedades são personificadas quando possuem o registro no órgão competente e adquirem a personalidade jurídica. Por exemplo: sociedade anônima. As sociedades são não-personificadas quando não possuem o registro no órgão competente e, portanto, não adquirem personalidade jurídica. Por exemplo: sociedade em conta de participação.

14. Como se classificam as sociedades empresárias quanto à sua estrutura econômica?

R. Quanto à estrutura econômica, as sociedades empresárias podem ser de pessoas e de capitais.

15. O que são sociedades de pessoas?

R. Consideram-se sociedades de pessoas aquelas nas quais a pessoa do sócio tem papel preponderante, não só na sua constituição como durante toda a vida da sociedade, que fica a ele subordinada; morrendo ou afastando-se um sócio, o fato se reflete na sociedade, que se dissolve por desaparecimento da chamada *affectio-societatis.*

16. Quais são as sociedades de pessoas?

R. São sociedades de pessoas: a) sociedade em nome coletivo; b) sociedade em comandita simples; c) sociedade limitada. Não se aponta a sociedade em conta de participação, porque não existe entre terceiros, mas apenas entre os sócios.

17. O que são sociedades de capitais?

R. São aquelas em que a pessoa dos sócios não é levada em conta para a constituição e funcionamento da sociedade, não sofrendo assim qualquer conseqüência com sua morte ou incapacidade. Importante é a contribuição do sócio para o capital social.

18. Quais são as sociedades de capitais?
R. São sociedades de capitais as sociedades anônimas e as sociedades em comandita por ações, em que os sócios somente respondem além da sua contribuição para o capital social enquanto desempenharem funções de gerentes ou diretores.

19. Qual a diferença entre sociedade em comum e sociedade irregular?
R. Chama-se sociedade em comum aquela que exercita atividade econômica sem se haver constituído legalmente, não possuindo assim personalidade jurídica.
São sociedades irregulares aquelas constituídas legalmente, porém que possuem alguma irregularidade no decorrer de sua existência. Por exemplo: uma sociedade limitada com prazo determinado, cujo prazo tenha vencido e não tenha sido feita a alteração contratual. A sociedade, dessa maneira, passará a funcionar irregularmente.

20. A partir de que momento as sociedades empresárias adquirem personalidade jurídica?
R. As sociedades empresárias adquirem personalidade jurídica com a inscrição de seus atos constitutivos no registro próprio, que é o Registro Público das Empresas Mercantis, a cargo das Juntas Comerciais.

21. Quais as conseqüências da aquisição de personalidade jurídica?
R. São conseqüências da aquisição de personalidade jurídica: a) a sociedade passa a constituir um sujeito, capaz de direitos e de obrigações; b) não adquirem os sócios a qualidade de empresários, mantendo a sociedade sua própria individualidade; c) a sociedade passa a gozar de autonomia patrimonial, não respondendo ilimitadamente por seu passivo; d) a sociedade passa a dispor de poderes para alterar sua estrutura, tanto no plano jurídico quanto no plano econômico.

22. Em que consiste a teoria da desconsideração da personalidade jurídica?
R. A teoria da desconsideração da personalidade jurídica consiste em considerar ineficaz a personalidade jurídica da empresa, relativamente a determinados atos, com o objetivo de impedir a concretização de fraudes e abusos de direito cometidos em nome da personalidade da sociedade empresária.

23. Quais os limites para a aplicação da teoria da desconsideração da personalidade jurídica?
R. Existem limites bastante definidos, que consistem, do ponto de vista do sujeito ativo, no comportamento em fraude à legislação, ao contrato ou aos credores da sociedade, ou ainda, na utilização abusiva do poder, empregan-

do a pessoa jurídica para tais atos; do ponto de vista do sujeito passivo, a proteção do interesse de uma coletividade, prejudicado pelo ato abusivo ou fraudulento.

24. Quais as características gerais das sociedades empresárias?
R. São características gerais das sociedades empresárias: a) constituem-se por contrato ou estatuto escrito entre duas ou mais pessoas; b) nascem com o registro do contrato ou estatuto nas Juntas Comerciais; c) têm por nome empresarial uma firma ou denominação social; d) possuem várias formas de extinção, como, por exemplo: pela vontade dos sócios; extinção do prazo estipulado; falência; ato de autoridade; e) possuem vida, direitos, obrigações e patrimônios próprios; f) podem modificar sua estrutura, seu tipo ou se transformar.

25. A autonomia da vontade é um dos princípios básicos do contrato de sociedade. O que significa?
R. A autonomia da vontade significa a liberdade de contratar, de escolher o tipo e o objeto do contrato e de dispor o conteúdo contratual de acordo com os interesses a serem auto-regulados.

26. Supremacia da ordem pública é um dos princípios básicos do contrato de sociedade. O que significa?
R. Supremacia da ordem pública significa que a autonomia da vontade é relativa, sujeita à lei e aos princípios da moral e da ordem pública.

27. O que significa a obrigatoriedade do contrato?
R. Obrigatoriedade do contrato significa que o contrato faz lei entre as partes e devem ser cumpridos, conforme a expressão latina *"pacta sunt servanda"*.

28. Como pode ser constituído o capital social das sociedades empresárias?
R. O capital social pode ser constituído por bens (móveis ou imóveis) ou por dinheiro.

29. O que é sociedade leonina?
R. Sociedade leonina é aquela em que o contrato social atribui a apenas um dos sócios a totalidade dos lucros ou exclui algum dos sócios, analogamente ao leão da fábula, ao não desejar a presa, ficando com o total da caçada.

30. Qual a conseqüência da existência, no contrato social, de uma cláusula dispondo que somente um dos sócios receberá os lucros da sociedade?
R. O Código Civil, declara de modo preciso em seu artigo 1.008 que é nula a estipulação contratual que exclua qualquer sócio de participar dos lucros e das perdas.

31. Qual a diferença entre capital social e patrimônio social?
R. Capital social é a soma representativa da contribuição dos sócios. É o fundo originário e essencial da sociedade fixado pela vontade dos sócios. Patrimônio social é o patrimônio da sociedade no sentido econômico, isto é, a soma de todos os bens possuídos pela sociedade que podem ser objeto de troca, compreendendo não apenas o capital social como também, tudo o que a sociedade adquirir ou possuir durante a sua existência.

32. Como se divide o contrato social?
R. O contrato social divide-se em três partes distintas: a) preliminar – é constituída pelo cabeçalho e, nele se declaram os nomes dos contratantes, profissão, nacionalidade e domicílio, dando-se a finalidade da sociedade; b) central – é a parte em que se estipulam as condições e se redigem as cláusulas que regulam a existência da sociedade; c) final – é o fecho do contrato, seguindo para a última cláusula, em seguida irão as assinaturas dos contratantes e testemunhas.

33. Quais as formalidades preliminares dos contratos sociais?
R. A simples elaboração do contrato não é suficiente para que a sociedade esteja constituída e apta para agir como pessoa jurídica de direito. Há determinadas formalidade legais que são indispensáveis para a sua existência, tais como: a) a assinatura dos contratantes ou mandatários especiais, com poderes expressamente declarados no mandato; b) assinatura de duas testemunhas, a seguir à dos sócios; c) rubrica dos sócios em todas as folhas do contrato, para autenticá-las; d) reconhecimento da firma de todas as assinaturas dos contratantes e testemunhas.

34. Quais os deveres dos sócios nas sociedades empresárias?
R. São deveres dos sócios nas sociedades empresárias: a) tornar efetiva a contribuição prometida – bens móveis, bens imóveis ou dinheiro; b) responder pelas perdas na mesma proporção que nos lucros; c) prestar colaboração conforme convenção social ou da categoria de sócio; d) responder perante a sociedade e terceiros pela deterioração e pela perda da sociedade, que pode ou não suceder do capital.

35. Quais os direitos dos sócios?
R. São direitos dos sócios: a) participar dos lucros sociais, segundo o valor de sua contribuição ou conforme dispuser o contrato; b) ter quinhão no acervo social quando liquidada a sociedade; c) fiscalizar a gestão social; d) tomar parte nas reuniões de sócios ou acionistas; e) discutir ou votar a matéria de interesse social que for objeto de reunião.

36. Qual a principal diferença entre as sociedades contratuais e as sociedades institucionais?

R. A principal diferença entre ambas é o modo de dissolução: na sociedade contratual, esta não pode ocorrer simplesmente pela vontade da maioria dos sócios, ou seja, os minoritários podem continuar a sociedade mesmo contra a vontade dos demais; além disso, as causas especificadas de dissolução, como a morte ou a exclusão do sócio, devem ser objeto de disposição do contrato social. Na sociedade institucional, a dissolução pode ocorrer pela vontade da maioria dos sócios; além disso, podem ser dissolvidas segundo institutos específicos, previstos em leis especiais, como a intervenção e a liquidação extrajudicial.

26.2. Sociedade em Comum

37. Qual o conceito da sociedade em comum?
R. Sociedade em comum (ou sociedade de fato) é a sociedade empresária ou a sociedade simples que explora atividade econômica sem registro prévio dos atos constitutivos exigidos por lei. Não era regulada especificamente pelo Código Comercial na parte revogada. Hoje, rege-se pelo Código Civil em seu artigo 986 e seguintes.

38. Como se prova a existência da sociedade em comum?
R. A existência da sociedade em comum pode ser provada: a) pelos sócios, nas relações entre si ou com terceiros, somente por escrito; b) por terceiros, por quaisquer meios de prova admitidos em Direito.

39. O que constituem os bens e as dívidas em comum?
R. Os bens e as dívidas em comum constituem patrimônio especial, do qual são titulares os sócios em comum.

40. De que forma respondem os bens sociais pelos atos de gestão praticados pelos sócios?
R. Os bens sociais respondem pelos atos de gestão praticados por qualquer dos sócios, salvo pacto expresso limitativo de poderes, que somente terá eficácia contra o terceiro que o conheça ou deva conhecer.

41. Qual a responsabilidade dos sócios na sociedade em comum?
R. Na sociedade em comum, todos os sócios respondem solidária e ilimitadamente pelas obrigações sociais, excluído do benefício de ordem, previsto no artigo 1.024 do Código Civil, aquele que contratou pela sociedade.

42. O que significa o benefício de ordem?
R. Benefício de ordem é aquele que permite que os bens particulares dos sócios somente sejam executados por dívidas da sociedade depois que os bens da sociedade o tenham sido. Na sociedade em comum, o sócio que contratou em nome dela perderá este benefício, o que constitui uma das sanções a que se sujeitam os que exercerem a atividade econômica de forma irregular.

43. Quais as principais características de uma sociedade em comum?
R. São características da sociedade em comum: a) não possuir personalidade jurídica, pois seus atos constitutivos, se existirem, não foram registrados no órgão competente; b) ter domicílio certo; c) estar sujeita a falência.

44. Quem representa em juízo a sociedade em comum?
R. A sociedade em comum é representada em juízo pelo sócio que lhe administra os bens.

26.3. Sociedade em Conta de Participação

45. Qual o conceito da sociedade em conta de participação?
R. Na sociedade em conta de participação, a atividade constitutiva do objeto social é exercida unicamente pelo sócio ostensivo, em seu nome individual e sob a sua própria e exclusiva responsabilidade, participando os demais dos resultados correspondentes. Obriga-se perante terceiro tão-somente o sócio ostensivo; e, exclusivamente perante este, o sócio participante, nos termos do contrato social.

46. Onde surgiu esse tipo de sociedade?
R. Surgiu das antigas sociedades em comandita, que exploravam os contratos de comanda em que o sócio comanditário (comendador) ficava oculto, ficando a negociação e a responsabilidade com o comanditado (*tractator*). Apesar da regulamentação desta, depositando-se nos registros o nome de todos os sócios, continuaram a fazer-se os contratos com as sociedades de sócios ocultos, ou seja, com aqueles que, embora conhecidos de terceiros, não agem em nome da sociedade, não assumindo assim compromissos pessoais.

47. Como se constitui esta sociedade?
R. Sendo forma especial de sociedade, existente apenas entre os sócios, não está ela sujeita às formalidades exigíveis para os demais tipos, podendo constituir-se mediante contrato escrito ou não, e pode provar-se por todos os meios de direito.

48. Qual o regime jurídico que regula esta sociedade?
R. O regime jurídico que regula esta sociedade é a Lei n° 10.406, de 10 de janeiro de 2002, em seus artigos 991 a 996.

49. Como se chamam os sócios desta sociedade?
R. São ostensivos os sócios empresários, por intermédio dos quais são feitas as transações da sociedade, e ocultos os que, sendo ou não empresários, não assumem obrigações para com terceiros, mas apenas para com seus sócios.

50. Qual a natureza dessa sociedade?
R. Existindo apenas entre os sócios, é chamada de sociedade oculta, e não será arquivada no órgão competente, aparecendo a terceiros apenas o sócio ostensivo ou gerente, que realiza as operações da entidade em seu próprio nome e por elas responde pessoalmente.

51. Esta sociedade é considerada ilegal?
R. Não, pois embora seja uma sociedade oculta, é regular e legal, sendo disciplinada por lei. O sócio ostensivo tem o dever legal de registrar, em seus livros empresariais, todas as operações referentes à participação em que figure como contratante ou responsável.

52. Que outras características esta sociedade apresenta?
R. Não pode possuir uma firma social, que faz certa a existência da pessoa jurídica; em geral é temporária ou provisória, ainda formada para uma ou algumas operações, não possui livros próprios, fazendo-se seus lançamentos nos livros do sócio ostensivo.

53. Qual a responsabilidade dos sócios na sociedade em conta de participação?
R. O sócio ostensivo é o único que se obriga para com terceiros. Os demais sócios somente se obrigam perante o sócio ostensivo, nos limites precisos das transações e obrigações sociais, conforme estabelecido no contrato particular entre o sócio ostensivo e o sócio oculto.

54. Os sócios ocultos poderão ser declarados falidos por obrigações assumidas pela sociedade?
R. Não, pois os sócios ocultos não figuram nas relações jurídicas com terceiros; somente os sócios ostensivos podem assumir obrigações pela sociedade.

55. Qual o nome empresarial adotado para a sociedade em conta de participação?
R. Não sendo pessoa jurídica, a sociedade em conta de participação não possui nome, atuando sob a firma do sócio ostensivo, que é o empresário.

56. O sócio ostensivo poderá admitir novo sócio sem consentimento dos demais?
R. Salvo estipulação no contrato, o sócio oculto não poderá admitir novo sócio sem o consentimento expresso dos demais.

26.4. Sociedade Simples

57. Onde está inserida a sociedades simples?

R. As sociedades simples foram introduzidas no Código Civil de 2002 em substituição às sociedades civis reguladas pelo revogado Código Civil de 1916, abrangendo aquelas sociedades que não exercem atividade própria de empresário sujeito ao Registro Público de Empresas Mercantis, isto é atividades não empresariais ou atividade de empresário rural.

58. Na sociedade simples pura, qual a responsabilidade dos sócios?
R. Na sociedade simples pura (art. 983, parte final, do CC/2002), a responsabilidade dos sócios depende de previsão contratual. Em caso de omissão, será ilimitada e subsidiária, conforme o disposto nos arts. 1.023 e 1.024 do CC/2002.

59. O que significa sociedades simples?
R. A sociedade simples é uma pessoa jurídica de direito privado, conforme previsto no artigo 44 do Código Civil de 2002 que visa uma atividade econômica, onde o lucro obtido será repartido entre os sócios, no exercício de certas profissões ou através da prestação de serviços técnicos.

60. Qual a atividade exercida pela sociedade simples?
R. As sociedades simples são aquelas que não se destinam à exploração da atividade empresarial sujeita ao Registro Público de Empresas Mercantis. São as atividades econômicas praticadas pelos empresários prestadores de serviços, cujo exercício da profissão constitui elemento de empresa e vinculam-se ao Registro Civil das Pessoas Jurídicas, do local onde tiver sua sede, podendo adotar um dos tipos das sociedades empresárias.
Independentemente do seu objeto, considera-se sociedade empresária a sociedade por ações e sociedade simples, a cooperativa.

61. A opção pelo tipo empresarial afasta a natureza simples da sociedade?
R. Não. A opção pelo tipo empresarial não afasta a natureza simples da sociedade.

62. A sociedade de natureza simples tem seu objeto restrito às atividades intelectuais?
R. Não. A sociedade de natureza simples não tem seu objeto restrito às atividades intelectuais.

63. Qual a natureza jurídica da sociedade simples?
R. A sociedade simples apresenta natureza jurídica de sociedade contratual, constituindo-se mediante contrato escrito, que poderá ser público ou particular.

64. O que deverá mencionar o contrato social da sociedade simples?

R. O contrato social da sociedade simples deverá mencionar além das cláusulas estipuladas pelas partes, as seguintes mencionadas no artigo 997 do Código Civil de 2002: a) Nome, nacionalidade, estado civil, profissão e residência dos sócios, se pessoas naturais, e a firma ou a denominação, nacionalidade e sede dos sócios, se jurídicas; b) Denominação, objeto, sede e prazo da sociedade; c) Capital da sociedade, expresso em moeda corrente, podendo compreender qualquer espécie de bens, suscetíveis de avaliação pecuniária; d) A cota de cada sócio no capital social, e o modo de realizá-la; e) As prestações a que se obriga o sócio, cuja contribuição consista em serviços; f) As pessoas naturais incumbidas da administração da sociedade, e seus poderes e atribuições; g) A participação de cada sócio nos lucros e nas perdas; h) A responsabilidade dos sócios, subsidiariamente ou não, pelas obrigações sociais.

65. O que se entende por responsabilidade subsidiária?
R. Entende-se por responsabilidade subsidiária dos sócios, aquela que vem reforçar a responsabilidade principal, desde que não seja esta suficiente para atender os imperativos da obrigação assumida. É o que ocorre em relação a responsabilidade solidária dos sócios, que se fixa numa responsabilidade subsidiária, onde, caso a sociedade não tenha haveres para cumprir suas obrigações, subsidiariamente vêm os sócios cumpri-las com o produto de seus bens particulares.

66. No que tange ao arquivamento de seus atos constitutivos, onde a sociedade simples deverá requerer a sua inscrição?
R. No que tange ao arquivamento de seus atos constitutivos, a sociedade simples deverá requerer a inscrição do seu contrato social no Registro Civil das Pessoas Jurídicas do local da sua sede, nos trinta dias seguintes à sua constituição.

67. O que deverá acompanhar o pedido de inscrição do contrato social da sociedade simples?
R. O pedido de inscrição do contrato social no Registro Civil das Pessoas Jurídicas deverá estar acompanhado do instrumento autenticado do contrato, e, se algum sócio houver sido representado por procurador, exige-se a autenticação da respectiva procuração, bem como, se for o caso, nas sociedades dependentes de autorização, a prova competente.

68. Onde será lavrada a inscrição da sociedade simples?
R. A inscrição será lavrada por termo em livro próprio e obedecerá a um número de ordem contínua para todas as sociedades inscritas.

69. A sociedade simples poderá sofrer modificações?
R. As modificações na sociedade que tenham por objeto matéria referente às cláusulas obrigatórias constantes do artigo 997 do Código Civil depen-

dem do consentimento de todos os sócios; as demais podem ser, decididas por maioria absoluta de votos, se nada contrário estiver previsto no contrato social. Qualquer modificação referente às cláusulas do contrato social será averbada no órgão competente.

70. A sociedade simples poderá instituir sucursal, filial ou agência?
R. Sim. Quando a sociedade simples instituir sucursal, filial ou agência na circunscrição de outro Registro Civil das Pessoas Jurídicas, deverá neste também inscrever-se, apresentando a prova da sua inscrição originária, sendo também em qualquer caso averbada no Registro Civil da respectiva sede.

71. Quando se iniciam e terminam as obrigações dos sócios na sociedade simples?
R. As obrigações dos sócios iniciam-se na data do contrato, ou em época nele designada, e terminam depois de dissolvida a sociedade e satisfeitas e extintas todas as suas responsabilidades, conforme disposto no artigo 1.001 do Código Civil; *"As obrigações dos sócios começam imediatamente com o contrato, se este não fixar outra data, e terminam quando, liquidada a sociedade, se extinguirem as responsabilidades sociais"*.

72. Os sócios poderão ser substituídos em suas funções?
R. Após o início das obrigações, os sócios somente poderão ser substituídos em suas funções, com o consentimento expresso dos demais sócios e através de alteração averbada no registro competente.

73. O sócio poderá ceder a sua quota a terceiro?
R. Sim. O sócio poderá ceder integral ou parcialmente a sua quota a terceiro, configurando uma espécie de associação desse terceiro à sociedade, sendo necessário nesse caso o consentimento dos demais sócios e a averbação da modificação do contrato social no registro competente.

74. Qual a responsabilidade do sócio cedente?
R. O sócio cedente responderá solidariamente com o cessionário perante a sociedade e terceiros, pelas obrigações que tinha como sócio até dois anos após, averbada a modificação do contrato social. Durante esses dois anos, cedente e cessionário ficarão responsáveis em cumprir as obrigações sociais, de maneira solidária e integral.

75. De que forma os sócios poderão contribuir para a formação do capital social?
R. Os sócios podem contribuir para a integralização do capital social com dinheiro, bens móveis ou imóveis e também com prestação de serviços.

76. De que maneira será feita a integralização do capital social em bens imóveis?
R. A integralização do capital social em bens imóveis será feita por instrumento particular de contrato social ou de alteração contratual, ainda que se trate de sociedade sujeita ao registro exclusivamente no registro civil de pessoas jurídicas.

77. Na sociedade simples os sócios poderão contribuir somente com serviços?
R. Sim. Na sociedade simples os sócios poderão contribuir somente com serviços para a composição do capital social.

78. O sócio que contribuir somente com serviços para a composição do capital social não poderá exercer atividade alheia?
R. Não. O sócio que contribuir somente com serviços para a composição do capital social não poderá exercer atividade alheia à consecução do objetivo da sociedade, sob pena de ser privado de seus lucros e dela excluído, exceto se for autorizado expressamente.

79. Qual a proporção de participação dos sócios nos lucros e nas perdas da sociedade?
R. Os sócios, se nada estiver disposto em contrário, participam dos lucros e das perdas, na proporção das respectivas quotas sociais, mas aquele cuja contribuição consistir somente em serviços participará dos lucros na proporção da média do valor das quotas.

80. O contrato social poderá excluir qualquer sócio de participar dos lucros e das perdas?
R. Não. Será considerada nula no contrato social a cláusula que exclua qualquer sócio de participar dos lucros e das perdas.

81. O insolvente civil poderá ser excluído das sociedades contratuais das quais seja sócio?
R. Sim. O insolvente civil fica de pleno direito excluído das sociedades contratuais das quais seja sócio.

26.5. Sociedade em Nome Coletivo

82. Qual o conceito da sociedade em nome coletivo?
R. Segundo o artigo 1.039 do Código Civil, é aquela sociedade onde somente pessoas físicas podem tomar parte, respondendo todos os sócios, solidária e ilimitadamente, pelas obrigações sociais.

83. Quais as características essenciais desta sociedade?
R. O que a distingue das demais é a responsabilidade ilimitada e solidária de todo e de cada um dos sócios pelas obrigações sociais, conforme o artigo 1.039 do Código Civil.

84. De que maneira é constituída esta sociedade?
R. Essa sociedade é constituída no mínimo, com duas pessoas, na livre administração de suas pessoas e bens, por escritura pública ou particular, revestida das formalidades legais, devidamente arquivada e publicada.

85. Quem ocupa o cargo da gerência desta sociedade?
R. A gerência desta sociedade compete exclusivamente a sócios, sendo o uso da firma, nos limites do contrato, privativo dos que tenham os necessários poderes.

86. Qual o nome empresarial adotado pela sociedade em nome coletivo?
R. O nome empresarial é formado por uma firma, contendo o nome de um, alguns ou todos os sócios, acompanhado da palavra & Cia.
Exemplo – João Alves, Luciano Pereira e Jonas Nunes – Sócios
Nome empresarial – João Alves & Cia; Alves, Pereira & Cia; João Alves, Luciano Pereira & Jonas Nunes

87. Qual a responsabilidade dos sócios em uma sociedade em nome coletivo?
R. Em uma sociedade em nome coletivo a responsabilidade dos sócios é solidária e ilimitada.

88. Quais as vantagens deste tipo de sociedade?
R. As vantagens desse tipo de sociedade é a responsabilidade ilimitada que pesa sobre cada um, incentivando os sócios a se entregarem honesta e dedicadamente, com todas as forças e entusiasmo aos negócios da sociedade. Por parte de terceiros, porque são encorajados pela garantia oferecida pelo patrimônio particular dos sócios, a concessão de maior e mais amplo crédito a tal sociedade.

89. Quais as desvantagens?
R. As desvantagens são maiores do que as vantagens, pois os sócios têm maiores riscos e responsabilidades, pelo fato de serem ilimitadamente responsáveis. Aos terceiros, porque a sociedade pode constituir-se em logro, pela eventual verificação de que o sócio solidário e ilimitadamente responsável não tem muitas vezes qualquer patrimônio com o qual responda a tais obrigações.

26.6. Sociedade em Comandita Simples

90. Qual o conceito da sociedade em comandita simples?
R. Segundo o artigo 1.045 do Código Civil, a sociedade em comandita simples é aquela em que tomam parte duas categorias de sócios: os comanditados, pessoas físicas, responsáveis solidária e ilimitadamente pelas obrigações sociais; e os comanditários, obrigados somente pelo valor de sua quota.

91. Esta sociedade pode ao mesmo tempo ser de dois tipos, ou seja, comandita simples e em nome coletivo?
R. Não pode, pois segundo o artigo 1.046 do mesmo diploma legal, aplicam-se à sociedade em comandita simples as normas da sociedade em nome coletivo, no que forem compatíveis.

92. Qual a característica fundamental desta sociedade?
R. A característica fundamental desta sociedade é a sua dupla categoria de sócios: os sócios comanditados que, além da quota com que contribuem para o fundo social, são ilimitadamente responsáveis pelas obrigações da sociedade, como nas coletivas, e os comanditários, cuja responsabilidade pelas obrigações contraídas pela sociedade vai apenas até o limite da quota subscrita, ou seja, não se obrigam além dos fundos com que entram para a sociedade.

93. Qual a responsabilidade dos sócios em uma sociedade em comandita simples?
R. Os sócios comanditários possuem uma responsabilidade limitada, e os sócios comanditados, uma responsabilidade ilimitada.

94. Como deverá ser a contribuição dos sócios em uma sociedade em comandita simples para a formação do capital social?
R. Os sócios comanditados deverão contribuir com capital e trabalho, e os sócios comanditários somente contribuirão com capital.

95. Como é formado o nome empresarial da sociedade em comandita simples? Dê exemplo.
R. O nome empresarial da sociedade em comandita simples é formado pelo nome de um, alguns ou todos os nomes dos sócios comanditados, mais a palavra & Cia, omitindo o nome de alguns dos sócios comanditados e de todos os sócios comanditários.
Exemplo: João Alves e Lucas Pires – sócios comanditados
Pedro Lima e Jonas Nunes – sócios comanditários
Nome empresarial – João Alves & Cia; Lucas Pires & Cia; João Alves, Lucas Pires & Cia.

96. Quem administra esta sociedade?
R. A administração da sociedade é confiada aos comanditados, que se apresentam ostensivamente a terceiros como órgãos sociais, cabendo aos comanditários a fiscalização e vigilância de suas atividades.

97. Como é constituída esta sociedade?
R. É constituída mediante contrato, entre pessoas capazes de se obrigarem juridicamente, e do qual devem constar as cláusulas do artigo 997 do Código Civil, devendo ser regularmente registrado no órgão competente.

98. Somente empresários podem pertencer a esta sociedade?
R. Não, embora apenas como comanditário, podem dela participar até pessoas que estejam individualmente impedidas de exercer a atividade econômica ou de participar da sociedade empresária, exatamente porque sua responsabilidade é limitada apenas ao valor com que entram para a sociedade.

99. Quem administra esta sociedade?
R. A administração da sociedade em comandita simples somente poderá ser exercida por um ou alguns dos sócios de responsabilidade ilimitada (sócio comanditado), conforme o contrato designar.

100. Se o contrato for omisso, quem exercerá a gerência?
R. No silêncio do contrato, a gerência da sociedade poderá ser exercida por qualquer dos sócios comanditados, vigorando para ela o disposto no artigo 1.046 e parágrafo único do Código Civil, relativo à sociedade em nome coletivo.

101. Quais as vantagens desse tipo de sociedade?
R. Apresenta ela a vantagem, em relação a terceiros, de maior garantia decorrente da responsabilidade individual e ilimitada dos sócios comanditados, embora isso, na justiça, pouca valia apresente, já que o comanditado não tem lá seus recursos próprios, arriscando apenas o capital dos comanditários.

102. Quais as desvantagens que apresenta?
R. São maiores que as vantagens, pois os comanditários são reduzidos à condição de prestadores de capital, sem administração, e tidos como peso morto pelos comanditados que são os que realmente trabalham. Também a garantia a terceiros é bastante discutível.

26.7. Sociedade Limitada

103. Qual o conceito da sociedade limitada?
R. Sociedade limitada é aquela formada por duas ou mais pessoas, assumindo todas, de forma subsidiária, responsabilidade solidária pela integralização do capital social.

104. Na sociedade limitada, qual a responsabilidade de cada sócio?
R. Em princípio a responsabilidade de cada sócio é pelo valor das respectivas quotas, respondendo cada sócio pelo valor de sua quota-parte. Mas, todos são solidários pela integralização do total do capital social.

105. De que forma é constituída a sociedade limitada?
R. A sociedade limitada é constituída por contrato escrito (instrumento público ou privado) mencionando as indicações do artigo 997 do Código Civil e observadas as regras do artigo 104 do mesmo diploma legal: a) agente capaz; b) objeto lícito, possível, determinado ou determinável; c) forma prescrita ou não defesa em lei. Rege-se pelo Capítulo IV do Código Civil, e, nas omissões, pelas normas da sociedade simples e pela regência supletiva das normas da sociedade anônima.

106. O que ocorrerá se o contrato ou estatuto não mencionar a cláusula de responsabilidade limitada do sócio?
R. O sócios responderão ilimitadamente.

107. Como deverá ser formado o nome empresarial desta sociedade? Dê exemplo.
R. A sociedade limitada pode adotar firma ou denominação, integradas pela palavra final "limitada" ou a sua abreviatura.
A firma será composta com o nome de um ou mais sócios, desde que pessoas físicas, de modo indicativo da relação social. A denominação deve designar o objeto da sociedade, sendo permitido nela figurar o nome de um ou mais sócios.
A omissão da palavra "limitada" determina a responsabilidade solidária e ilimitada dos administradores que assim empregarem a firma ou a denominação da sociedade. Exemplo: Olavo Nogueira e Cia Ltda; ou Moda Man confecções masculinas Ltda.

108. Como é feita a divisão do capital social?
R. O capital social divide-se em quotas, iguais ou desiguais, cabendo uma ou diversas a cada sócio.

109. Qual a responsabilidade dos sócios pelos bens conferidos ao capital social?
R. Os sócios respondem solidariamente pela exata estimação de bens conferidos ao capital social, até o prazo de cinco anos da data do registro da sociedade.

110. Na sociedade limitada o capital social é constituído apenas em dinheiro?

R. Não, o capital social será expresso em moeda corrente e pode compreender qualquer espécie de bens suscetíveis de avaliação pecuniária.

111. É possível neste tipo de sociedade a existência de sócios prestadores de serviços?
R. Não, neste tipo de sociedade é vedada a contribuição que consista em prestação de serviços.

112. As quotas sociais admitem condomínio?
R. Em relação à sociedade a quota é indivisível. Na eventualidade de condomínio (pluralidade de titulares de uma ou mais quotas), os condôminos devem indicar representantes junto à sociedade para o exercício de seus direitos.

113. Na sociedade limitada os sócios podem ceder as suas quotas?
R. Nada dispondo o contrato social, os sócios podem ceder as suas quotas, total ou parcialmente, a quem seja sócio, independentemente de audiência dos demais. Porém, somente poderão ceder a estranho, se não houver oposição de titulares de mais de ¼ (um quarto) do capital social.

114. A partir de que momento a cessão de quotas terá eficácia quanto à sociedade e terceiros?
R. A cessão de quotas somente terá eficácia quanto à sociedade e terceiros a partir da averbação do respectivo instrumento, subscrito pelos sócios anuentes.

115. Averbada a cessão de quotas, cessa toda e qualquer responsabilidade do cedente?
R. Não, pois o cedente responde solidariamente com o cessionário, até 2 (dois) anos depois de averbada a cessão, perante a sociedade e terceiros, pelas obrigações que tinha como sócio.

116. O que ocorrerá com o sócio que não integralizar as suas quotas?
R. Não integralizada a quota do sócio remisso, os outros sócios podem tomá-la para si ou transferi-la a terceiros, excluindo o primitivo titular e devolvendo-lhe o que houver pago, deduzidos os juros de mora, as prestações estabelecidas no contrato mais as despesas.

117. Pode o menor ser sócio quotista?
R. A Instrução Normativa nº 12 do Departamento Nacional do Registro do Comércio, de 28 de outubro de 1986, estabelece que o arquivamento dos atos de sociedade limitada da qual participem menores será processado, desde que o capital da sociedade esteja integralizado na constituição, como nas

alterações contratuais, e não sejam atribuídos ao menor poderes de gerência ou administração.

118. Como é dividido o lucro apurado em cada exercício social?
R. O sócio participa dos lucros e das perdas, na proporção das respectivas quotas, sendo nula a estipulação contratual que exclua qualquer sócio de participar dos lucros e das perdas.

119. Por quem é feita a administração da sociedade limitada?
R. A sociedade limitada é administrada por uma ou mais pessoas designadas no contrato social ou em ato separado. A administração atribuída no contrato a todos os sócios não se estende de pleno direito aos que posteriormente adquiram essa qualidade.

120. É admitida a nomeação de administrador estranho ao quadro social?
R. Serão admitidos administradores não sócios, somente se o contrato permitir, e a designação deles dependerá de aprovação de unanimidade dos sócios, enquanto o capital não estiver integralizado, e de 2/3, no mínimo, após a integralização.

121. Como o administrador designado em ato separado irá se investir em seu cargo?
R. O administrador nomeado em ato separado investir-se-á em seu cargo mediante termo de posse no livro de atas da administração. Se o termo não for assinado nos 30 (trinta) dias seguintes à designação, esta se tornará sem efeito.

122. A nomeação do administrador deve ser averbada no registro competente?
R. Sim, nos 10 (dez) dias seguintes ao da investidura, o administrador deve requerer que seja averbada sua nomeação no registro competente, mencionando o seu nome, nacionalidade, estado civil, residência, com exibição de documento de identidade, o ato e a data da nomeação e o prazo de gestão.

123. Quando cessa o exercício do cargo de administrador?
R. O exercício do cargo de administrador cessa pela destituição, em qualquer tempo, do titular, ou pelo término do prazo, se não houver a possibilidade de recondução, fixada no contrato ou em ato separado.

124. Como se opera a destituição de sócio nomeado administrador no contrato?
R. Tratando-se de sócio nomeado administrador no contrato, sua destituição somente se opera pela aprovação de titulares de quotas correspondentes,

no mínimo, a 2/3 (dois terços) do capital social, salvo disposição contratual diversa.

125. A cessação do cargo de administrador deve ser averbada no registro competente?
R. Sim, a cessação do cargo de administrador deve ser averbada no registro competente, mediante requerimento apresentado nos 10 (dez) dias seguintes ao da ocorrência.

126. No caso de renúncia de administrador, quando esta se torna eficaz, em relação à sociedade e terceiros?
R. A renúncia de administrador se torna eficaz, em relação à sociedade, desde o momento em que esta toma conhecimento da comunicação escrita do renunciante; e, em relação a terceiros, após a averbação e publicação.

127. Na sociedade limitada, quem poderá fazer uso da firma ou denominação social?
R. Na sociedade limitada o uso da firma ou denominação social é privativo dos administradores que tenham os necessários poderes.

128. O que será elaborado pelos administradores após o término de cada exercício social.
R. Após o término de cada exercício social, proceder-se-á à elaboração do inventário, do balanço patrimonial e do balanço de resultado econômico.

129. Sem prejuízo dos poderes da assembléia de sócios, o que o contrato poderá instituir?
R. O contrato poderá instituir o conselho fiscal.

130. Como será composto o conselho fiscal?
R. O conselho fiscal será composto de três ou mais membros e respectivos suplentes, sócios ou não, residentes no País, eleitos em assembléia anual.

131. Qualquer pessoa pode fazer parte do conselho fiscal?
R. Não, nem todas as pessoas podem fazer parte do conselho fiscal, dentre elas, além das pessoas impedidas por lei especial, os condenados a pena que vede, ainda que temporariamente, o acesso a cargos públicos; ou por crime falimentar, de prevaricação, peita ou suborno, concussão, peculato; ou contra a economia popular, contra o sistema financeiro nacional, contra as normas de defesa da concorrência, contra as relações de consumo, a fé pública ou a propriedade, enquanto perdurarem os efeitos da condenação. Os membros dos demais órgãos da sociedade ou de outra por ela controlada, os empregados de quaisquer delas ou dos respectivos administradores, o

cônjuge ou parente destes até o terceiro grau também na poderão fazer parte do conselho fiscal..

132. Os sócios minoritários poderão eleger os membros do conselho fiscal?
R. Sim, pois é assegurado aos sócios minoritários, que representarem pelo menos 1/5 (um quinto) do capital social, o direito de eleger, separadamente, um dos membros do conselho fiscal e o respectivo suplente.

133. Como será fixada a remuneração dos membros do conselho fiscal?
R. A remuneração dos membros do conselho fiscal será fixada, anualmente, pela assembléia dos sócios que os eleger.

134. Quais os deveres dos membros do conselho fiscal?
R. São deveres dos membros do conselho fiscal, além de outras atribuições determinadas na lei ou no contrato social: a) examinar, pelo menos trimestralmente, os livros e papéis da sociedade e o estado de caixa e da carteira, devendo os administradores ou liquidantes prestar-lhes as informações solicitadas; b) lavrar no livro de atas e pareceres do conselho fiscal o resultado dos exames dos livros e papéis; c) exarar no mesmo livro e apresentar à assembléia anual dos sócios parecer sobre os negócios e as operações sociais do exercício em que servirem, tomando por base o balanço patrimonial e o de resultado econômico; d) denunciar erros, fraudes ou crimes que descobrirem, sugerindo providências úteis à sociedade; e) convocar a assembléia dos sócios se a diretoria retardar por mais de trinta dias a sua convocação anual, ou sempre que ocorram motivos graves e urgentes; f) praticar, durante o período da liquidação da sociedade, todos estes atos, tendo em vista as disposições especiais reguladoras da liquidação.

135. As atribuições e os poderes conferidos pela lei ao conselho fiscal podem ser outorgados a outro órgão da sociedade?
R. Não. As atribuições e os poderes conferidos pela lei ao conselho fiscal não podem ser outorgados a outro órgão da sociedade, e a responsabilidade de seus membros obedece à regra que define a dos administradores.

136. Como serão tomadas as deliberações dos sócios?
R. As deliberações dos sócios serão tomadas em reunião ou assembléia, conforme previsto no contrato social, devendo ser convocada pelos administradores.

137. Além de outras matérias indicadas na lei ou no contrato, quais dependem da deliberação dos sócios?
R. Dependem da deliberação dos sócios: a) a aprovação das contas da administração; b) a designação dos administradores, quando feita em ato sepa-

rado; c) a destituição dos administradores; d) o modo de sua remuneração, quando não estabelecido no contrato; e) a modificação do contrato social; f) a incorporação, a fusão e a dissolução da sociedade, ou a cessação do estado de liquidação; g) a nomeação e destituição dos liquidantes e o julgamento das suas contas; h) o pedido de recuperação judicial ou extrajudicial.

138. Quando será obrigatória a realização da assembléia de sócios?
R. A assembléia de sócios sempre será obrigatória quando o número dos sócios for superior a dez.

139. Quando a reunião ou assembléia serão dispensáveis?
R. A reunião ou assembléia serão dispensáveis quando todos os sócios decidirem, por escrito, sobre a matéria que seria objeto delas.

140. Quanto à presença dos sócios, como deverá se instalar a assembléia de sócios?
R. A assembléia de sócios instala-se com a presença, em primeira convocação, de titulares de no mínimo ¾ (três quartos) do capital social, e, em segunda, com qualquer número.

141. O sócio pode ser representado na assembléia?
R. Sim. O sócio pode ser representado na assembléia por outro sócio, ou por advogado, mediante outorga de procuração com especificações dos atos autorizados, devendo o instrumento ser levado a registro, juntamente com a ata.

142. As deliberações tomadas em assembléia ou reunião vinculam todos os sócios?
R. Sim, as decisões tomadas em assembléia ou reunião vinculam todos os sócios, ainda que ausentes ou dissidentes.

143. Por quem será presidida e secretariada a assembléia?
R. A assembléia será presidida e secretariada por sócios escolhidos entre os presentes.

144. O que será feito com a cópia da ata autenticada pelos administradores ou pela mesa?
R. A cópia da ata autenticada pelos administradores ou pela mesa será, nos vinte dias seguintes à reunião, apresentada ao Registro Público das Empresas Mercantis para arquivamento e averbação.

145. Quando deverá se realizar a assembléia dos sócios?
R. A assembléia dos sócios deverá realizar-se ao menos uma vez por ano, nos quatro meses seguintes ao término do exercício social.

146. Qual o objetivo da assembléia de sócios?
R. É objetivo da assembléia de sócios: a) tomar as contas dos administradores e deliberar sobre o balanço patrimonial e o de resultado econômico; b) designar administradores, quando for o caso; c) tratar de qualquer assunto constante da ordem do dia.

147. Quando o capital social poderá ser aumentado?
R. Integralizadas as quotas, pode ser o capital social aumentado, com a correspondente modificação do contrato.

148. Quando a sociedade poderá reduzir o capital social?
R. A sociedade poderá reduzir o capital social, mediante a correspondente modificação do contrato, quando: a) integralizadas as quotas, houver perdas irreparáveis; ou b) se excessivo em relação ao objeto da sociedade.

149. Pode o credor quirografário impugnar a redução do capital social?
R. Sim, pode, no prazo de 90 (noventa) dias, contado da data da publicação da ata da assembléia que aprovar a redução, desde que seja credor de título líquido anterior a essa data.

150. Os sócios poderão ser excluídos da sociedade?
R. Sim, desde que a maioria dos sócios representativa de mais da metade do capital social, entenda que um ou mais sócios estejam pondo em risco a continuidade da empresa, em virtude de atos de inegável gravidade.

151. Como será feita esta exclusão?
R. Será feita mediante alteração do contrato social, desde que prevista neste a exclusão por justa causa.

152. Como será determinada a exclusão do sócio?
R. A exclusão somente poderá ser determinada em reunião ou assembléia especialmente convocada para esse fim, ciente o acusado em tempo hábil para permitir seu comparecimento e o exercício do direito de defesa.

26.8. Sociedade por Ações

153. Quais as espécies de sociedades por ações existentes em nosso ordenamento jurídico?
R. São duas as espécies de sociedades por ações existentes: a) sociedade anônima; e, b) sociedade em comandita por ações.

154. Quais as principais características das sociedades por ações?
R. As principais características das sociedades por ações são: a) o capital

social deverá ser dividido em ações; b) a responsabilidade dos acionistas está limitada ao preço de emissão das ações; c) qualquer que seja o objeto social, sua natureza será sempre mercantil; d) destina-se a grandes empreendimentos.

155. Qual a diferença entre a responsabilidade dos sócios na sociedade limitada e na sociedade por ações?
R. Na sociedade limitada, a responsabilidade dos sócios é determinada pelo capital social. Na sociedade por ações, a responsabilidade dos sócios não se relaciona com o valor das ações, mas sim com o preço de emissão.

156. Qual a responsabilidade dos sócios ou acionistas da sociedade por ações?
R. Ela é limitada ao preço de emissão das ações por eles subscritas ou adquiridas.

157. Qual o objeto social da sociedade por ações?
R. Pode ser objeto da companhia qualquer empreendimento de fim lucrativo, não contrário à lei, à ordem pública e aos bons costumes, mas será sempre considerado mercantil e regido pelas leis e usos do comércio.

158. Pode a companhia ter por objeto participar de outras sociedades?
R. Sim, mesmo que isto não esteja no estatuto, sendo facultado quer como meio de realizar o objeto social, quer para beneficiar-se de incentivos fiscais.

159. Quais as espécies existentes de sociedades por ações?
R. As sociedades por ações poderão ser abertas ou fechadas., conforme os valores mobiliários de sua emissão estejam ou não admitidos à negociação no mercado de valores mobiliários. Somente os valores mobiliários de emissão de companhia registrada na Comissão de Valores Mobiliários (abertas) podem ser negociados no mercado de valores mobiliários.

160. Qual o órgão encarregado da disciplina e fiscalização do mercado de capitais no Brasil?
R. Os mercados financeiros e de capitais serão disciplinados pelo Conselho Monetário Nacional e fiscalizados pelo Banco Central da República do Brasil, conforme Lei nº 4.728, de 14 de julho de 1965, em seu artigo 1º.

161. O que significa mercado de capitais?
R. O mercado de capitais é um sistema de distribuição de valores mobiliários, que tem o propósito de proporcionar liquidez aos títulos de emissão de empresas e viabilizar seu processo de capitalização. Esse mercado é constituído pelas bolsas de valores, sociedades corretoras e outras instituições financeiras autorizadas.

162. Qual a natureza jurídica da Comissão de Valores Mobiliários?
R. A Comissão de Valores Mobiliários tem natureza jurídica de autarquia federal em regime especial, vinculada ao Ministério da Fazenda, com personalidade jurídica e patrimônio próprios, dotada de autoridade administrativa independente, ausência de subordinação hierárquica, mandato fixo e estabilidade de seus dirigentes, e autonomia financeira e orçamentária.

163. O que é negociável nas bolsas de valores?
R. Nas bolsas de valores são negociáveis títulos e valores mobiliários registrados na Comissão de Valores Mobiliários.

164. De que forma, são negociados esses títulos e valores mobiliários?
R. Esses títulos e valores mobiliários são negociáveis através das sociedade corretoras, que são instituições financeiras constituídas sob a forma de sociedade anônima ou sociedade limitada, tendo por principal função, promover, de forma eficiente, a aproximação entre compradores e vendedores de títulos e valores mobiliários.

165. De que forma se constitui uma sociedade por ações?
R. A sociedade por ações constitui-se através de um estatuto entre pelo menos duas pessoas.

166. Qual o nome que deve ter a sociedade por ações?
R. A sociedade será designada pela denominação, acompanhada das expressões "companhia" ou "sociedade anônima", expressas por extenso ou abreviadamente, mas vedada a utilização da primeira no final, por ser características de outras entidades.

167. O nome do fundador poderá figurar na denominação social?
R. Sim. O nome do fundador, acionista, ou pessoa que, por qualquer outro modo tenha concorrido para o êxito da empresa, poderá figurar na denominação.

168. Como se forma o capital social das companhias?
R. O capital social das companhias é fixado pelo estatuto e expresso em moeda nacional, sendo anualmente corrigida a sua expressão monetária. Será formado com contribuições em dinheiro ou qualquer espécie de bens suscetíveis de avaliação em dinheiro.

169. Como se efetua a avaliação desses bens?
R. Será feita por três peritos, ou por empresas especializadas, nomeados em assembléia geral dos subscritores, devendo ser apresentado laudo fundamen-

tado sobre os critérios de avaliação dos bens que se incorporarão ao patrimônio ou companhia.

170. Qual a responsabilidade desses avaliadores e dos subscritores por esses bens?
R. Eles respondem perante a companhia, acionistas e terceiros pelos danos que eles causarem por culpa ou dolo na avaliação, sem prejuízo de eventual responsabilidade penal.

171. O que é ação?
R. Ação é uma fração ou alíquota do capital social, sendo indivisível em relação à sociedade e representando um conjunto unitário de direitos e poderes do seu titular.

172. Como será fixado o preço de emissão das ações?
R. O estatuto fixará o número das ações em que se divide o capital social e estabelecerá se as ações terão ou não valor nominal.

173. Qual a diferença entre ações com valor nominal e sem valor nominal?
R. Ações com valor nominal são aquelas que têm um valor impresso, estabelecido pelo estatuto da companhia que as emitiu.
Ações sem valor nominal são aquelas para a qual não se convenciona valor de emissão, prevalecendo o preço de mercado por ocasião do lançamento.

174. Quais as espécies de ações existentes nas sociedades por ações?
R. São espécies de ações existentes nas sociedades por ações: ações ordinárias, ações preferenciais e ações de fruição.

175. Que são ações ordinárias?
R. Ações ordinárias são aquelas que proporcionam participação nos resultados econômicos de uma empresa e conferem ao seu titular o direito de voto em assembléia.

176. Que são ações preferenciais?
R. Ações preferenciais são aquelas que oferecem ao seu titular: a) prioridade no recebimento de dividendos de uma empresa fixo ou mínimos; b) prioridade no reembolso do capital com prêmio ou sem ele; c) acumulação das preferências e vantagens indicadas nos itens a e b. Em geral não concedem direito de voto em assembléia.

177. Que são ações de fruição?

R. As ações de fruição, também chamadas de ações de gozo, são aquelas distribuídas aos acionistas quando há amortização de suas ações primitivas, isto é, quando a sociedade, com os seus lucros disponíveis, antecipa aos possuidores de ações as importâncias que por elas eles receberiam por ocasião da liquidação da sociedade.

178. Quais as formas de ações?
R. As ações devem ser nominativas.

179. Que são ações nominativas?
R. São aquelas que identificam o nome de seu proprietário, que é registrado no Livro de Registro de Ações Nominativas, atendendo, por isso, a certas exigências por ocasião de eventual transferência. Sua emissão somente será obrigatória quando solicitada por seu titular.

180. O que é certificado de ações?
R. Certificado de ações é o documento que comprova a qualidade de sócio, somente sendo emitido depois de cumpridas as formalidades necessárias ao funcionamento legal da companhia.

181. O que significa agente emissor de certificados?
R. Agente emissor de certificados é a instituição financeira autorizada pela Comissão de Valores Mobiliários que venha a ser autorizada a manter o serviço de escrituração e guarda dos livros de registro, a transferência de ações e emissão dos certificados.

182. Que são ações escriturais?
R. Ações escriturais são as ações nominativas sem a emissão de certificados, mantidas em conta de depósito de seu titular, na instituição depositária que for designada.

183. Que direitos ou ônus podem incidir sobre as ações?
R. Na forma dos artigos 39 e 40 da Lei nº 6.404/76, constituem-se os direitos reais de penhor e caução, assim como os de usufruto, fideicomisso, alienação fiduciária ou quaisquer outros legalmente permitidos e aceitos pelas partes.

184. Em que consiste o resgate de ações?
R. O resgate de ações consiste no pagamento do valor das ações para retirá-las definitivamente de circulação, com redução ou não do capital social; mantido o mesmo capital, será atribuído, quando for o caso, novo valor nominal às ações remanescentes.

185. Em que consiste o reembolso de ações?

R. O reembolso de ações é a operação pela qual, nos casos previstos em lei, a companhia paga aos acionistas dissidentes de deliberação da assembléia geral o valor de suas ações.

186. Em que consiste a amortização de ações?
R. Amortização de ações é a distribuição antecipada ao acionista, sem redução do capital social, de valores que lhes caberiam na hipótese de eventual liquidação da sociedade.

187. Que são partes beneficiárias?
R. Partes beneficiárias são títulos negociáveis e estranhos ao capital social. Conferem aos seus titulares direito de crédito eventual contra a companhia, consistente na participação nos lucros anuais.

188. A quem serão atribuídas as partes beneficiárias?
R. As partes beneficiárias serão atribuídas a fundadores, acionistas ou terceiros, como remuneração de serviços prestados à companhia.

189. Quem pode emitir partes beneficiárias?
R. Somente as companhias fechadas, pois é vedado pela lei as companhia abertas emitirem tais títulos.

190. Qual o prazo de duração das partes beneficiárias?
R. O prazo de duração das partes beneficiárias será fixado pelo estatuto social, mas, se atribuída gratuitamente, salvo as destinadas a sociedades ou fundações beneficentes dos empregados da companhia, não poderá ultrapassar 10 (dez) anos.

191. Qual a forma das partes beneficiárias?
R. As partes beneficiárias serão nominativas.

192. Que são debêntures?
R. Debêntures são títulos emitidos pela companhia e representativos de colocação de um empréstimo junto ao público. Conferem aos seus titulares direito de crédito contra a companhia, nas condições constantes da escritura de emissão e do certificado.

193. Quais os direitos que as debêntures asseguram aos seus titulares?
R. As debêntures poderão assegurar aos seus titulares juros, fixos ou variáveis, participação nos lucros da companhia e prêmio de reembolso.

194. Quais as espécies de debêntures?
R. As debêntures poderão ter garantia real ou garantia flutuante, não gozar de preferência ou ser subordinada aos demais credores da companhia.

195. O que significa debêntures com garantia real?
R. Debêntures com garantia real são aquelas que conferem aos seus debenturistas um direito real de garantia sobre determinados bens. Mesmo em estado de falência ou liquidação da sociedade, os debenturistas têm direito sobre os bens dados em garantia.

196. O que significa debêntures com garantia flutuante?
R. Debêntures com garantia flutuante são aquelas que conferem aos debenturistas, em garantia, todo o ativo da sociedade. Em caso de falência ou liquidação da sociedade, o ativo que garantirá os credores debenturistas será o encontrado na ocasião da declaração da falência ou do decreto da liquidação.

197. O que significa debêntures sem garantia?
R. Debêntures sem garantia são aquelas que nada conferem aos debenturistas, posicionando-se estes como meros credores quirografários. Por isso, são também chamadas debêntures quirografárias.

198. O que significa debêntures subordinadas?
R. Debêntures subordinadas são aquelas que somente conferem aos debenturistas preferência sobre os acionistas, havendo uma cláusula de subordinação dos debenturistas aos credores quirografários.

199. A quem compete a deliberação sobre a emissão de debêntures?
R. A deliberação sobre emissão de debêntures é da competência privativa da assembléia geral, que deverá fixar, observado o que a respeito dispuser o estatuto social.

200. Qual a forma de debêntures?
R. Quanto à forma, as debêntures serão nominativas.

201. Que são bônus de subscrição?
R. Bônus de subscrição são títulos que conferem aos seus titulares, nas condições constantes do certificado, direito de subscrever ações do capital social, que será exercido mediante apresentação do título à companhia e pagamento do preço de emissão das ações.

202. A quem compete a deliberação sobre a emissão de bônus de subscrição?
R. A emissão de bônus de subscrição compete à assembléia geral, se o estatuto não a atribuir ao Conselho de Administração.

203. Por que são emitidos esses bônus?

R. Esses títulos são alienados ou atribuídos pela companhia como vantagem adicional aos subscritores de emissões de suas ações ou debêntures, gozando os seus acionistas de preferência para subscrever a emissão de bônus.

204. Qual a forma do bônus de subscrição?
R. Os bônus de subscrição terão a forma nominativa.

205. Que órgão da sociedade delibera sobre a constituição da companhia?
R. Se for aberta, será convocada a assembléia geral; se fechada, poderá ser deliberada a constituição por meio de escritura pública ou assembléia geral.

206. Quais os requisitos para a constituição da companhia?
R. Além da subscrição, pelo menos, por duas pessoas, de todas as ações em que se divide o capital social fixado no estatuto, realizadas como entrada, no mínimo de 10% em dinheiro, e depositados no Banco do Brasil ou outro estabelecimento bancário autorizado pela Comissão de Valores Mobiliários, deverá esse depósito ser feito pelo fundador em 5 (cinco) dias contados do recebimento das quantias, em nome do subscritor e a favor da sociedade em organização, que somente poderá levantá-lo após haver adquirido personalidade jurídica.

207. Qual a exigência essencial para o funcionamento da companhia?
R. A exigência essencial será o arquivamento e publicação dos atos constitutivos da companhia no Registro Público de Empresas Mercantis.

208. Como será feita a constituição da companhia por subscrição pública?
R. A constituição da companhia por subscrição pública depende de prévio registro da emissão na Comissão de Valores Mobiliários, e a subscrição somente poderá ser efetuada com a intermediação de instituição financeira.

209. Como será feita a constituição da companhia por subscrição particular?
R. A constituição da companhia por subscrição particular do capital será feita por deliberação dos subscritores em assembléia geral ou por escritura pública, considerando-se fundadores todos os subscritores.

210. O que deverá conter o projeto do estatuto?
R. O projeto do estatuto deverá satisfazer a todos os requisitos exigidos para os contratos das sociedades mercantis em geral e aos peculiares às companhias, e conterá as normas pelas quais se regerá a companhia.

211. Quais os livros sociais, além dos obrigatórios, que a companhia deve ter?

R. Além dos livros obrigatórios para qualquer empresário, deve a companhia ter: a) Registro de ações nominativas; b) Transferência de ações nominativas; c) Registro de partes beneficiárias nominativas e Transferência de partes beneficiárias nominativas; d) Atas das assembléias gerais; e) Presença dos acionistas; f) Atas das reuniões do Conselho de Administração e Atas das reuniões de Diretoria; g) Atas e pareceres do Conselho Fiscal.

212. O que o acionista está obrigado a realizar?
R. O acionista está obrigado a realizar, nas condições previstas no estatuto ou no boletim de subscrição, a prestação correspondente às ações subscritas ou adquiridas.

213. Quando verificada a mora do acionista, o que pode a companhia fazer?
R. Verificada a mora do acionista, a companhia pode: a) promover contra o acionista, e os que com ele forem solidariamente responsáveis, processo de execução para cobrar as importâncias devidas, servindo o boletim de subscrição e o aviso de chamada como título extrajudicial nos termos do Código de Processo Civil; b) mandar vender as ações em Bolsa de Valores, por conta e risco do acionista.

214. Quais são os direitos essenciais dos acionistas?
R. São direitos essenciais dos acionistas: a) participar dos lucros sociais; b) participar do acervo da companhia, em caso de liquidação; c) fiscalizar, na forma prevista na Lei, a gestão dos negócios sociais; d) preferência para subscrição de ações, partes beneficiárias conversíveis em ações, debêntures conversíveis em ações e bônus de subscrição; e) retirar-se da sociedade nos casos previstos na Lei.

215. A quem é conferido o direito de voto nas companhias?
R. O direito de voto nas companhias é conferido aos portadores de ações ordinárias. A cada ação ordinária corresponde um voto nas deliberações da assembléia geral.

216. O que se entende por acionista controlador?
R. Entende-se por acionista controlador a pessoa natural ou jurídica ou o grupo de pessoas vinculadas por acordo de voto, ou sob controle comum, que tenha de modo permanente a maioria de voto nas deliberações da assembléia geral e o poder de eleger a maioria dos administradores da companhia e usa efetivamente seu poder para dirigir as atividades sociais e orientar o funcionamento dos órgãos da companhia.

217. Qual a responsabilidade do acionista controlador?

R. O acionista controlador responde pelos danos causados por atos praticados com abuso de poder.

218. Que é assembléia geral?
R. Assembléia geral é a reunião dos acionistas convocada e instalada regularmente na forma dos estatutos, a fim de deliberar sobre matéria de interesse social, na forma da lei.

219. Quais as espécies de assembléia geral existentes?
R. São a ordinária e a extraordinária, admitindo-se as especiais para algumas categorias de títulos acionários, como a dos debenturistas.

220. Qual a competência da assembléia geral?
R. Compete privativamente à assembléia geral: a) reformar o estatuto social; b) eleger ou destituir, a qualquer tempo, os administradores e fiscais da companhia; c) tomar, anualmente, as contas dos administradores e deliberar sobre as demonstrações financeiras por eles apresentadas; d) autorizar a emissão de debêntures; e) suspender o exercício dos direitos do acionista; f) deliberar sobre a avaliação de bens com que o acionista concorrer para a formação do capital social; g) autorizar a emissão de partes beneficiárias; h) deliberar sobre transformação, fusão, incorporação e cisão da companhia, sua dissolução e liquidação, eleger e destituir liquidantes e julgar-lhes as contas; i) autorizar os administradores a confessar falência e pedir recuperação judicial ou extrajudicial.

221. A quem compete convocar a assembléia geral?
R. Compete ao conselho de administração, se houver, ou aos diretores, observado o disposto no estatuto.

222. Como se faz a convocação da assembléia geral?
R. Far-se-á a convocação mediante anúncio publicado por três vezes, no mínimo, contendo, além do local, data e hora da assembléia, a ordem do dia e, no caso de reforma do estatuto, a indicação da matéria.

223. Qual o quorum de instalação para a assembléia geral?
R. A assembléia geral instalar-se-á, em primeira convocação, com a presença de acionistas que representem, no mínimo, um quarto do capital social com direito de voto, e, em segunda convocação, com qualquer número.

224. O que os acionistas deverão assinar antes de se iniciar a assembléia?
R. Antes de se iniciar a assembléia os acionistas deverão assinar o Livro de Presença, indicando o seu nome, nacionalidade e residência, bem como a quantidade, espécie e classe das ações de que forem titulares.

225. Quem dirige os trabalhos da assembléia?
R. Salvo disposição diversa do estatuto, assinado o livro de presenças, antes de se iniciar a assembléia, será composta a mesa para dirigir os trabalhos pelo presidente e secretário, escolhidos pelos acionistas presentes.

226. Quando deverá ser instalada a assembléia geral ordinária?
R. A assembléia geral ordinária deverá ser instalada nos quatro primeiros meses seguintes ao término do exercício social.

227. Quando se diz ordinária a assembléia?
R. Se diz ordinária quando tiver por objeto: a) tomar as contas dos administradores, examinar, discutir e votar as demonstrações financeiras; b) deliberar sobre a destinação do lucro líquido do exercício e a distribuição de dividendos; c) eleger os administradores e os membros do conselho fiscal, quando for o caso; d) aprovar a correção da expressão monetária do capital social.

228. Quando se diz extraordinária a assembléia?
R. A assembléia será extraordinária quando tiver por objeto a apreciação de qualquer matéria não incluída na competência da ordinária, como por exemplo, a reforma do estatuto social.

229. Em que consiste o direito de retirada do acionista?
R. O direito de retirada consiste na faculdade de o acionista afastar-se da companhia, mediante o reembolso do valor de suas ações, se o reclamar no prazo de 30 (trinta) dias contados da publicação da ata da assembléia geral que aprovar as matérias para as quais se exige quorum privilegiado, exceto a criação de partes beneficiárias.

230. Em que consiste o conselho de administração?
R. Conselho de administração é órgão de deliberação colegiada, obrigatório para as companhias abertas e de capital autorizado, sendo composto por, no mínimo de 3 (três) membros eleitos pela assembléia geral e por ela destituíveis a qualquer tempo.

231. O que é voto múltiplo?
R. Voto múltiplo é a faculdade da minoria dos acionistas da companhia, consistindo na atribuição a cada ação de tantos votos quantos sejam os membros do conselho a ser eleito, os quais poderão ser dados a um só candidato, com o fim de elegê-lo.

232. Qual a competência do conselho de administração?
R. Compete ao conselho de administração: a) fixar a orientação geral dos negócios da companhia; b) eleger e destituir os diretores da companhia e fixar-

-lhes as atribuições; c) fiscalizar a gestão dos diretores, examinar, a qualquer tempo, os livros e papéis da companhia, solicitar informações sobre contratos celebrados ou em via de celebração, e quaisquer outros atos; d) convocar a assembléia geral quando julgar conveniente; e) manifestar-se sobre o relatório da administração e as contas da diretoria; f) manifestar-se previamente sobre atos ou contratos, quando o estatuto assim o exigir; g) deliberar quando autorizado pelo estatuto, sobre a emissão de ações ou de bônus de subscrição; h) autorizar, se o estatuto não dispuser em contrário, a alienação de bens do ativo permanente, a constituição de ônus reais e a prestação de garantias a obrigações de terceiros; i) escolher e destituir os auditores independentes, se houver.

233. Como é composta a diretoria das sociedades por ações?
R. A diretoria das sociedades por ações será composta por dois ou mais diretores eleitos e destituíveis a qualquer tempo, pelo conselho de administração ou, se inexistente, pela assembléia geral.

234. A quem compete a representação da companhia?
R. No silêncio do estatuto e inexistindo deliberação do conselho de administração, competirá a qualquer diretor a representação da companhia e a prática dos atos necessários ao seu funcionamento.

235. Os diretores podem delegar seus poderes a terceiros?
R. Sim. Nos limites de suas atribuições e poderes, é lícito aos diretores constituir mandatários da companhia, devendo ser especificados no instrumento os atos ou operações que poderão praticar e a duração do mandato que, sendo judicial, poderá ser outorgado por prazo indeterminado.

236. Quem pode ser eleito para membro dos órgãos de administração da companhia?
R. Podem ser eleitas pessoas naturais, residentes no país, devendo os membros do conselho de administração ser acionista e os diretores, acionistas ou não.

237. Quais as pessoas inelegíveis para os cargos da administração?
R. São inelegíveis para os cargos de administração da companhia as pessoas impedidas por lei especial, ou condenadas por crime falimentar, de prevaricação, peita ou suborno, concussão, peculato, contra a economia popular, a fé pública ou a propriedade ou a pena criminal que vede, ainda que temporariamente, o acesso a cargos públicos. São ainda inelegíveis para os cargos de administração de companhia aberta as pessoas declaradas inabilitadas por ato da Comissão de Valores Mobiliários.

238. O administrador é obrigado a garantir sua gestão?

R. Não. Salvo se o estatuto exigir que o exercício do cargo de administrador deva ser assegurado mediante penhor de ações da companhia ou outra garantia, pelo titular ou por terceiro.

239. Como é fixada a remuneração dos administradores?
R. A remuneração dos administradores será fixada pela assembléia geral, tendo em vista suas responsabilidades, o tempo dedicado às suas funções, sua competência e reputação profissional e o valor dos seus serviços no mercado.

240. Quais os deveres e responsabilidades do administrador?
R. O administrador deve empregar, no exercício de suas funções, o cuidado e diligência que todo homem ativo e probo costuma empregar na administração dos seus próprios negócios, servindo com lealdade à empresa e mantendo reserva sobre os seus negócios.

241. Quando o administrador responde civilmente pelos prejuízos que causar?
R. O administrador não é pessoalmente responsável pelas obrigações que contrair em nome da sociedade e em virtude de ato regular de gestão; porém, responde civilmente, pelos prejuízos que causar quando proceder: a) dentro de suas atribuições ou poderes, com culpa ou dolo; b) com violação da lei ou do estatuto.

242. Qual a composição do conselho fiscal?
R. O conselho fiscal será composto de, no mínimo, 3 (três) e, no máximo, 5 (cinco) membros, e suplentes em igual número, acionistas ou não, eleitos pela assembléia geral.

243. A função de conselheiro fiscal poderá ser delegada?
R. Não, somente podendo ser exercida pelo próprio conselheiro, pessoalmente.

244. Quem pode ser eleito para membro do conselho fiscal?
R. Somente podem ser eleitos para o conselho fiscal pessoas naturais, residentes no país, diplomadas em curso de nível universitário, ou que tenham exercido, por prazo mínimo de 3 (três) anos, cargo de administrador de empresa ou de conselheiro fiscal.

245. Como é fixada a remuneração dos membros do conselho fiscal?
R. A remuneração dos membros do conselho fiscal será fixada pela assembléia geral que os eleger, não podendo ser inferior, para cada membro em exercício, a 10% (dez por cento) da que, em média, for atribuída a cada diretor, não computados benefícios, verbas da representação e participação nos lucros.

246. Qual a competência do conselho fiscal?

R. Compete ao conselho fiscal: a) fiscalizar, por qualquer de seus membros, os atos dos administradores e verificar o cumprimento dos seus deveres legais e estatutários; b) opinar sobre o relatório anual da administração, fazendo constar do seu parecer as informações complementares que julgar necessárias ou úteis à deliberação da assembléia geral; c) opinar sobre as propostas dos órgãos da administração, a serem submetidas à assembléia geral, relativas as modificações do capital social, emissão de debêntures ou bônus de subscrição, planos de investimento ou orçamentos de capital, distribuição de dividendos, transformação, incorporação, fusão ou cisão; d) denunciar, por qualquer de seus membros, aos órgãos da administração e, se estes não tomarem as providências necessárias para a proteção dos interesses da companhia, à assembléia geral, os erros, fraudes ou crimes que descobrirem, e sugerir providências úteis à companhia; e) convocar a assembléia geral ordinária, se os órgãos da administração retardarem por mais de 1 (um) mês essa convocação, e a extraordinária, sempre que ocorrerem motivos graves ou urgentes, incluindo na agenda das assembléias as matérias que considerarem necessárias; f) analisar, ao menos trimestralmente, o balancete e demais demonstrações financeiras elaboradas periodicamente pela companhia; g) examinar as demonstrações financeiras de exercício social e sobre elas opinar; h) exercer essas atribuições, durante a liquidação, tendo em vista as disposições especiais que a regulam.

247. Quais os deveres e responsabilidades dos conselheiros fiscais?

R. Os deveres e responsabilidades dos conselheiros fiscais são os mesmos dos administradores, respondendo pelos danos resultantes de omissão no cumprimento de seus deveres e de atos praticados com culpa ou dolo, ou com violação da lei ou do estatuto.

248. O capital social poderá ser aumentado?

R. Sim, o capital social da companhia poderá ser aumentado: a) por deliberação da assembléia geral ordinária, para correção da expressão monetária do seu valor; b) por deliberação da assembléia geral ou do conselho de administração, observado o que a respeito dispuser o estatuto, nos casos de emissão de ações dentro do limite autorizado no estatuto; c) por conversão, em ações, de debêntures ou partes beneficiárias e pelo exercício de direitos conferidos por bônus de subscrição, ou de opção de compra de ações; d) por deliberação da assembléia geral extraordinária convocada para decidir sobre reforma do estatuto social, no caso de inexistir autorização de aumento, ou de estar ela esgotada.

249. Como se faz a correção da expressão monetária do capital?

R. Nas companhias abertas, será feita sem modificação do número de ações emitidas e com aumento do valor nominal das ações se for o caso, por deliberação da assembléia geral ordinária que aprovar o balanço de encerramento do exercício social.

250. Podem os acionistas ter direito de preferência para subscrições?
R. Sim, para o aumento do capital, a preferência será proporcional ao número de ações que possuem, podendo haver outras formas de preferência, como na subscrição de emissões de debêntures conversíveis em ações, bônus de subscrição e partes beneficiárias conversíveis em ações emitidas para alienação onerosa.

251. Pode haver redução do capital social?
R. Sim, por deliberação da assembléia geral, se houver perda, até o montante dos prejuízos acumulados, ou se julgá-los excessivos. A partir dessa deliberação ficam suspensos os direitos correspondentes às ações cujos certificados foram emitidos, até sua substituição.

252. Quando são feitas as demonstrações financeiras da companhia?
R. As demonstrações financeiras da companhia são feitas ao fim de cada exercício social, conforme fixado no estatuto, com base na escrituração mercantil, exprimindo com clareza a situação do patrimônio da companhia, sobretudo o balanço patrimonial e as demonstrações atinentes, como a do resultado do exercício, lucros ou prejuízos acumulados e outras.

253. Como se acha o lucro líquido da companhia?
R. O lucro líquido é o resultado do exercício que remanescer, depois de deduzidas as participações estatutárias dos empregados, administradores e partes beneficiárias.

254. Como se constitui a reserva legal?
R. Deduzindo-se, para tal fim, do lucro líquido do exercício 5% (cinco por cento), antes de qualquer outra destinação, não podendo a reserva exceder de 20% (vinte por cento) do capital social.

255. Que são dividendos?
R. Dividendos são o lucro do capital social, somente podendo ser pagos à conta de lucro líquido do exercício, de lucros acumulados e de reserva de lucros, ocorrendo ainda, no caso de ações preferenciais, à conta de reserva de capitais.

256. A quem são pagos os dividendos?
R. A companhia pagará os dividendos de ações nominativas à pessoa que, na data do ato de declaração do dividendo, estiver inscrita como proprietária ou usufrutuária da ação.

257. Como se dissolve a companhia?
R. Dissolve-se a companhia, de pleno direito, pelo término do prazo de duração, nos casos previstos no estatuto, por deliberação da assembléia (artigo 136, VII), pela existência de um único acionista ou pela extinção, na forma da lei, da autorização para funcionar.
Pode ainda dissolver-se por decisão judicial ou da autoridade administrativa competente, nos casos e forma legalmente previstos.

258. Como se liquida a companhia?
R. Ela se liquida após a sua dissolução até a extinção, conservando a personalidade jurídica, na forma determinada pelo estatuto ou, se omisso, pela assembléia geral; pode ainda processar-se judicialmente a pedido de qualquer acionista ou a requerimento do Ministério Público, na forma do artigo 209 da Lei nº 6.404/76.

259. Como se extingue a companhia?
R. A companhia se extingue pelo encerramento da liquidação, pela incorporação, fusão ou cisão, com versão de todo ou parte do patrimônio para outras sociedades.

260. O que se entende por transformação da companhia?
R. Transformação é a operação pela qual a sociedade passa independentemente de dissolução e liquidação, de um tipo societário para outro.

261. Quem delibera a transformação da companhia?
R. A transformação da companhia exige o consentimento unânime dos sócios ou acionistas, salvo se prevista no estatuto ou no contrato social, caso em que o sócio dissidente terá o direito de retirar-se da sociedade.

262. Que efeitos produz a falência da sociedade transformada?
R. A falência da sociedade transformada somente produzirá efeitos em relação aos sócios que, no tipo anterior, a eles estariam sujeitos se o pedirem os titulares de créditos anteriores à transformação, e somente a estes beneficiará.

263. O que é incorporação?
R. Incorporação é a operação pela qual uma ou mais sociedades são absorvidas por outras, que lhes sucede em todos os direitos e obrigações.

264. Quem delibera a incorporação da companhia?
R. Quem delibera a incorporação da companhia é a assembléia geral, tanto da incorporadora como da incorporada.
A assembléia geral da incorporadora, se aprovar o protocolo da operação, deverá autorizar o aumento do capital a ser subscrito e realizado pela incor-

porada mediante versão do seu patrimônio líquido, e nomear os peritos que avaliarão. A sociedade que houver de ser incorporada, se aprovar o protocolo da operação, autorizará seus administradores a praticarem os atos necessários à incorporação, inclusive a subscrição do aumento de capital da incorporadora. Aprovados pela assembléia geral da incorporadora o laudo de avaliação e a incorporação, extingue-se a incorporada, competindo à primeira promover o arquivamento e a publicação dos atos da incorporação.

265. O que se entende por fusão?
R. Fusão é a operação pela qual se unem duas ou mais sociedades para formar uma sociedade nova, que lhes sucederá em todos os direitos e obrigações.

266. Quem delibera a fusão?
R. São as assembléias gerais das duas ou mais entidades que, aprovando o protocolo da fusão, nomeiam os peritos que avaliarão os patrimônios líquidos das demais; apresentados os laudos, são de novo convocadas pelos administradores para a construção definitiva da nova sociedade, vedado aos sócios ou acionistas votar o laudo de avaliação do patrimônio líquido da sociedade de que fazem parte.

267. O que é cisão?
R. Cisão é a operação pela qual a companhia transfere parcelas de seu patrimônio para uma ou mais sociedades, constituídas para esse fim ou já existentes, extinguindo-se a companhia cindida, se houver versão de todo o patrimônio, ou dividindo-se seu capital, se parcial a versão.

268. Quem delibera a cisão?
R. É a assembléia geral da companhia, à vista da justificação acerca da operação, nomeando peritos que avaliarão a parcela do patrimônio a ser transferida, e funcionará como assembléia de constituição da nova companhia.

26.9. Sociedade de Economia Mista

269. O que se entende por sociedade de economia mista?
R. Sociedade de economia mista é a entidade dotada de personalidade jurídica de direito privado, criada por lei para a exploração de atividade econômica, sob a forma de sociedade anônima, cujas ações com direito de voto pertençam em sua maioria à União ou à entidade da administração indireta, ou seja, autarquia e empresas públicas.

270. Que é autarquia?
R. É o serviço autônomo, criado por lei, com personalidade jurídica, patrimônio e receita próprios, para executar atividades típicas da Administração Pública,

que requeiram, para seu melhor funcionamento, gestão administrativa e financeira descentralizada.

271. Que é empresa pública?
R. Segundo Decreto-lei nº 200/67, empresa pública é a entidade dotada de personalidade jurídica de direito privado, com patrimônio próprio e capital exclusivo da União ou de suas entidades da Administração Indireta, criada por lei para desempenhar atividades de natureza empresarial que o Governo seja levado a exercer, por motivos de conveniência ou contingência administrativa, podendo tal entidade revestir-se de qualquer das formas admitidas em direito.

272. É a sociedade de economia mista forma especial de sociedade?
R. Não, ela é uma modalidade de constituição de capital social de uma sociedade anônima. É mista porque seu capital é subscrito por pessoas de direito público e privado; mas deve ser criada por lei especial. Quando o Estado detém a totalidade do capital social, temos a empresa pública.

273. Qual o objeto da sociedade de economia mista?
R. Ela somente poderá explorar os empreendimentos ou exercer as atividades previstas na lei que autorizou sua constituição.

274. A sociedade de economia mista pode participar de outras sociedades?
R. Sim, quando autorizada por lei ou no exercício de opção legal para aplicar imposto de renda em investimentos para o desenvolvimento regional e setorial.

275. Quem é o acionista controlador da sociedade de economia mista?
R. O acionista controlador da sociedade de economia mista é a pessoa jurídica que a controla e que, por voto, tem os deveres e responsabilidades inerentes, podendo orientar as atividades da companhia de modo a atender ao interesse público que justificou a sua criação.

276. De que maneira é feita a administração da sociedade de economia mista?
R. A sociedade de economia mista obrigatoriamente deverá ter um conselho de administração, assegurado à minoria o direito de eleger um dos conselheiros, se maior número não lhes couber pelo processo de voto múltiplo.

277. Como se compõe o conselho fiscal da sociedade de economia mista?
R. O funcionamento do conselho fiscal da sociedade de economia mista será permanente. Um de seus membros e respectivo suplente, será eleito pelas ações ordinárias minoritárias e outro pelas ações preferenciais, se houver.

26.10. Concentração de Empresas

278. O que são sociedades coligadas?
R. São consideradas coligadas as sociedades quando uma participa, com 10% (dez por cento) ou mais, do capital da outra, sem controlá-la.

279. Quando uma sociedade é considerada controlada?
R. Considera-se controlada a sociedade na qual a controladora, diretamente ou através de outras controladas, é titular de direitos de sócio que lhe assegurem, de modo permanente, preponderância nas deliberações sociais e o poder de eleger a maioria dos administradores.

280. O que se entende por companhia subsidiária integral?
R. Companhia subsidiária integral é aquela constituída, mediante escritura pública, tendo como único acionista uma sociedade brasileira, o que exclui desde logo a pessoa natural ou a sociedade em comum.

281. Quais as características dos grupos de sociedades?
R. A sociedade controladora e suas controladas podem constituir grupos de sociedades, mediante convenção pela qual se obriguem a combinar recursos ou esforços para a realização dos respectivos objetos, ou a participar de atividades ou empreendimentos em comum.
A sociedade controladora, ou de comando do grupo, deve ser brasileira e exercer, direta ou indiretamente, e de modo permanente, o controle das sociedades filiadas, como titular de direitos de sócios ou acionistas, ou mediante acordo com outros sócios ou acionistas.

282. Quem administra o grupo de sociedades?
R. A convenção deve definir a estrutura administrativa do grupo de sociedades, podendo criar órgãos de deliberação colegiada e cargos de direção-geral.

283. Que se entende por consórcio?
R. Consórcio significa o agrupamento de sociedades, feito através de um contrato, com a finalidade de executar determinado empreendimento obrigando-se cada sociedade, em relação àquele com quem o consórcio vai contratar, de acordo com as condições previstas no contrato e respondendo apenas pelas obrigações por ela assumida.

284. Que tipo de sociedade poderá constituir um consórcio consórcio?
R. A lei limita a constituição dos consórcios e declara que eles serão constituídos por companhias e quaisquer outras sociedades, determinando que, para a existência de um consórcio, será indispensável a participação de ao menos uma sociedade anônima, podendo sociedades não anônimas, principalmente

a sociedade limitada, ter plena capacidade para constituir consórcios. Fica, porém, excluída a participação nos consórcios dos empresários individuais.

285. Onde será arquivado o contrato de consórcio?
R. O contrato de consórcio será arquivado no Registro Público das Empresas Mercantis, mas não dará a esses grupamentos de sociedades personalidade jurídica própria.

286. Quais as obrigações das sociedades consorciadas?
R. As sociedades consorciadas obrigam-se nas condições previstas no contrato que as une. Cada sociedade conserva sua autonomia, respondendo pelas obrigações assumidas, não havendo presunção de solidariedade entre as participantes do consórcio.

287. A falência de uma consorciada se estende às demais?
R. Não, a falência de uma consorciada não se estende às demais, subsistindo o consórcio com as outras contratantes; os créditos que porventura tiver a falida serão apurados e pagos na forma prevista no contrato de consórcio.

26.11. Sociedade em Comandita por Ações

288. Como se caracteriza a sociedade em comandita por ações?
R. Caracteriza-se a sociedade em comandita por ações pelo fato de possuir o capital social dividido em ações como acontece, com as sociedades anônimas, regendo-se pelas normas relativas a estas sociedades, havendo, porém, duas categorias de sócios: a) a dos diretores ou gerentes que têm responsabilidade ilimitada pelas obrigações sociais; b) a dos acionistas que respondem apenas pelo valor das ações subscritas ou adquiridas. Portanto, a sociedade possui sócios de responsabilidade limitada e de responsabilidade ilimitada, o que não acontece com a sociedade por ações.

289. Quem tem qualidade para administrar a sociedade em comandita por ações e qual a sua responsabilidade?
R. Apenas o sócio ou acionista tem qualidade para administrar ou gerir a sociedade e, como diretor ou gerente, responder subsidiariamente, mas ilimitada e solidariamente, pelas obrigações da sociedade.

26.12. *Joint Ventures*

290. O que se entende por contrato de *joint venture*?
R. *Joint venture* é, uma figura jurídica originada da prática, cujo nome não tem equivalente em nossa língua, mas que pode assim ser entendida como contrato de colaboração empresarial. Ela corresponde a uma forma ou méto-

do de cooperação entre empresas independentes, denominado em outros países de sociedade entre sociedades, filial comum, associação de empresas etc.

291. Qual a característica essencial do contrato de *joint venture*?
R. A característica essencial do contrato de *joint venture* é a realização de um projeto comum, empreendimento cuja duração pode ser curta ou longa, porém com prazo determinado. É a celebração de um contrato, entre duas ou mais empresas, que se associam, criando ou não uma nova empresa para realizar uma atividade econômica produtiva ou de serviços, com fins lucrativos.

292. Quais as características das *joint ventures* no contexto internacional?
R. No contexto internacional, as *joint ventures* possuem as seguintes características: a) caráter *ah hoc*, é o elemento essencial das *joint ventures* americanas, onde é entendido como tendo o contrato objetivo e duração limitada. Porém nem sempre se aplica como característica das *joint ventures* internacionais; b) comunidade de interesses, é uma combinação de contribuições de esforço comum dos *co-ventures*, podendo ser de bens, direitos, dinheiro etc; c) existência dos lucros, submissão às perdas, é um elemento característico da internacionalização do contrato de *joint venture*, busca ou não de lucros; d) faculdade para representar e obrigar os demais *co-ventures*, tem o poder para obrigar os demais sócios perante terceiros; e) busca de um objetivo comum, característica essencial das *joint ventures*, é um acordo de cooperação; f) controle conjunto, decorre da própria busca do objetivo comum, tendo ou não a faculdade de administrar a operação e obrigar os demais partícipes; g) dever de não concorrência, ou lealdade, tem-se entre si o mais estrito dever de lealdade, buscando enfim um objetivo comum, devendo sempre atuar nos limites determinados em contrato no sentido da existência de uma comunidade de interesses; h) individualidade das empresas participantes, onde cada empresa participante manterá sua individualidade, pois o contrato de *joint ventures* não deve consistir numa absorção total de seus colaboradores; i) representação normalmente é feita por aquela empresa de maior aporte de capital.

293. Quais os tipos de *joint ventures*?
R. Os tipos de *joint ventures* variam conforme a nacionalidade dos participantes *co-ventures*. Existem as *joint ventures* nacionais e internacionais. Nas nacionais, tomam parte duas ou mais empresas da mesma nacionalidade, e nas internacionais fazem parte duas ou mais empresas de nacionalidades diversas. Nessa a empresa estrangeira se associa com a do país onde pretende ver executado o projeto ou operação específica.

294. Quanto à participação financeira dos *co-ventures*, como podem ser as *joint ventures*?

R. Quanto à participação financeira dos *co-ventures*, as *joint ventures* podem ser: a) *Equity Joint Venture*, onde implica associação de capitais; b) *Non Equity Joint Venture, aquela em que* não há contribuição de capitais.

295. Do ponto de vista formal, como podem ser as *joint ventures*?
R. Do ponto de vista formal, as *joint ventures* podem ser: a) *Corporate Joint Venture*, associação de interesses que dá nascimento a uma pessoa jurídica, como por exemplo a sociedade-empresa; b) *Non Corporate Joint Venture,* associação de interesses que não dá nascimento a uma pessoa jurídica (transferência de tecnologia).

296. O que significa *joint ventures* transitórias e *joint ventures* permanentes?
R. Existem ainda as *joint ventures* transitórias e as permanentes, quer sejam societárias (*corporate*), quer não (contratuais ou não *corporate*). Entre as transitórias, destacam-se a sociedade em conta de participação e o consórcio. Entre as permanentes, destaca-se a filial comum internacional, (constituida em forma de sociedade anônima, justamente, por ser uma sociedade eminentemente de capital).

297. O que significa filial comum?
R. A filial comum é uma sociedade formada por outras sociedades, com o fim de coordenar determinada ação comum. Essa coordenação se revela através do seu exercício, em caráter, via de regra permanente. Importante dizer que essas sociedades dividem-se em filiais comuns inter-grupo e intra-grupo, segundo façam parte delas sociedades independentes ou sociedades integrantes do mesmo grupo empresarial. Mas, no que diz respeito as *joint ventures*, são as filiais comuns inter-grupo de maior interesse nesse momento.
Na constituição de uma filial comum de empresas que não fazem parte do mesmo grupo da sociedade, pode ser escolhido o tipo mais conveniente: sociedade limitada, sociedade por ações, sociedade em nome coletivo etc.

298. Quais as vantagens de uma *joint ventures* para os grandes empreendimentos?
R. Há muitas vantagens que levam as empresas a formar uma *joint venture*. Estas vantagens incluem a partilha de custos e riscos dos projetos que estariam além do alcance de uma só empresa. As *joint ventures* também são muito importantes naqueles negócios que precisam de grandes investimentos iniciais para iniciar um projeto que trará benefícios a longo prazo, por exemplo: as grandes construções ou o setor petrolífero.

299. Quais as vantagens de uma *joint ventures* para as pequenas e médias empresas?

R. Para pequenas ou médias empresas, a *joint venture* se apresenta como uma chance de atuar de uma forma conjunta para superar barreiras, sejam elas comerciais em um novo mercado ou para competir de forma mais eficiente no mercado atual. Esta é a razão de encontrarmos frequentemente a criação de *joint ventures* para chegar a mercados estrangeiros, que pedem importantes investimentos e um *know-how* específico para o país ao qual se tenta negociar.

300. Quais os riscos de uma *joint venture*?
R. O contrato de *joint venture*, como acontece em todos os tipos de associação que envolva investimentos de capitais, dinheiro, máquinas, tecnologia, principalmente pessoas, se não forem bem conduzidos poderá trazer problemas.
São riscos de uma *joint venture*: a) problemas gerenciais entre as empresas associadas; b) riscos de mercado, por falta de "know-how" (Conhecimentos técnicos, culturais e administrativos); c) indefinição de "Vantagens Comparativas", à nível prático, por parte dos parceiros; d) concorrência entre parceiros; e) formas jurídicas inflexíveis entre as empresas associadas; f) incompatibilidade de sistemas administrativos e financeiros, entre as empresas participantes; g) não adaptação as normas legais, institucionais e econômicas de outros países; h) ausência de interação, entre as empresas participantes; i) riscos de prejuízos comuns, com reflexos para todo o grupo formador da *Joint Venture*.

Capítulo XXVII

SÚMULAS REFERENTES ÀS SOCIEDADES

Sumário: 27.1. Supremo Tribunal Federal. **27.2.** Tribunal Federal de Recursos. **27.3.** Superior Tribunal de Justiça.

27.1. Supremo Tribunal Federal

8. Diretor de sociedade de economia mista pode ser destituído no curso do mandato.

76. As sociedades de economia mista não estão protegidas pela imunidade fiscal do art. 31, V, *a,* da Constituição Federal.

121. É vedada a capitalização de juros, ainda que expressamente convencionada.

260. O exame de livros comerciais, em ação judicial, fica limitado às transações entre os litigantes.

265. Na apuração de haveres não prevalece o balanço não aprovado pelo sócio falecido, excluído ou que se retirou.

329. O Imposto de Transmissão *inter vivos* não incide sobre a transferência de ações de sociedade imobiliária..

390. A exibição judicial de livros comerciais pode ser requerida como medida preventiva.

419. Os Municípios têm competência para regular o horário do comércio local, desde que não infrinjam leis estaduais ou federais válidas.

439. Estão sujeitos à fiscalização tributária ou previdenciária, quaisquer livros comerciais, limitado o exame aos pontos objeto da investigação.

476. Desapropriadas as ações de uma sociedade, o poder desapropriante, imitido na posse, pode exercer, desde logo, todos os direitos inerentes aos respectivos títulos.

486. Admite-se a retomada para a sociedade da qual o locador, ou seu cônjuge, seja sócio, com participação predominante no capital social.

508. Compete à Justiça Estadual, em ambas as instâncias, processar e julgar as causas em que for parte o Banco do Brasil S.A.

517. As sociedades de economia mista só têm foro na Justiça federal, quando a União intervém como assistente ou opoente.

556. É competente a Justiça comum para julgar as causas em que é parte sociedade de economia mista.

645. É competente o Município para fixar o horário de funcionamento de estabelecimento comercial.

646. Ofende o princípio da livre concorrência lei municipal que impede a instalação de estabelecimentos comerciais do mesmo ramo em determinada área.

665. É constitucional a Taxa de Fiscalização dos Mercados de Títulos e Valores Mobiliários instituída pela Lei nº 7.940/89.

27.2. Tribunal Federal de Recursos

As Súmulas aqui constantes foram promulgadas antes da Constituição Federal de 1988, que extinguiu o Tribunal federal de Recursos.

49. Compete à Justiça Estadual processar e julgar as causas em que são partes instituições financeiras em regime de liquidação extrajudicial, salvo se a União federal, suas entidades autárquicas e empresas públicas forem interessadas na condição de autoras, rés, assistentes ou opoentes.

96. As companhias distribuidoras de títulos e valores mobiliários estão sujeitas a registro nos Conselhos Regionais de Economia.

132. Os fundos de reserva e os lucros suspensos, enquanto não distribuídos, integram o patrimônio da sociedade e devem ser considerados para efeito de tributação, ainda que pessoa pública detenha a maioria das ações do seu capital.

184. Em execução movida contra sociedade por quotas, o sócio-gerente, citado em nome próprio, não tem legitimidade para opor embargos de terceiro, visando livrar da constrição judicial seus bens particulares.

244. A intervenção da União, suas autarquias e empresas públicas em concurso de credores ou de preferência não desloca a competência para a Justiça federal.

27.3. Superior Tribunal de Justiça

19. A fixação do horário bancário, para atendimento ao público, é da competência da União.

42. Compete à Justiça Comum Estadual processar e julgar as causas cíveis em que é parte sociedade de economia mista e os crimes praticados em seu detrimento.

79. Os bancos comerciais não estão sujeitos a registro nos Conselhos Regionais de Economia.

143. Prescreve em 5 (cinco) anos a ação de perdas e danos pelo uso da marca comercial.

150. Compete à Justiça federal decidir sobre a existência de interesse jurídico que justifique a presença, no processo, da União, suas autarquias ou empresas públicas.

163. O fornecimento de mercadorias com a simultânea prestação de serviços em bares, restaurantes e estabelecimentos similares constitui fato gerador do ICMS a incidir sobre o valor total da operação.

179. O estabelecimento de crédito que recebe dinheiro em depósito judicial, responde pelo pagamento da correção monetária relativa aos valores recolhidos.

184. A microempresa de representação comercial é isenta do imposto de renda.

297. O Código de Defesa do Consumidor é aplicável às instituições financeiras.

321. O Código de Defesa do Consumidor é aplicável à relação jurídica entre a entidade de previdência privada e seus participantes.

389. A comprovação do pagamento do custo do serviço referente ao fornecimento de certidão de assentamentos constantes dos livros da companhia é requisito de procedibilidade da ação de exibição de documentos ajuizada em face da sociedade anônima.

419. A retenção da contribuição para a seguridade social pelo tomador do serviço não se aplica ás empresas optantes pelo Simples.

448. A opção pelo Simples de estabelecimento dedicados às atividades de creche, pré-escola e ensino fundamental é admitida somente a partir de 24 de outubro de 2000, data da vigência da Lei nº 10.034/2000.

Capítulo XXVIII

ENUNCIADOS DAS JORNADAS DE DIREITO CIVIL E DE DIREITO COMERCIAL

28.1. I Jornada de Direito Civil

7 – Art. 50: Só se aplica a desconsideração da personalidade jurídica quando houver a prática de ato irregular e, limitadamente, aos administradores ou sócios que nela hajam incorrido.

8 – Art. 62, parágrafo único: A constituição de fundação para fins científicos, educacionais ou de promoção do meio ambiente está compreendida no Código Civil, art. 62, parágrafo único.

9 – Art. 62, parágrafo único: Deve ser interpretado de modo a excluir apenas as fundações com fins lucrativos.

51 – Art. 50: A teoria da desconsideração da personalidade jurídica – disregard doctrine – fica positivada no novo Código Civil, mantidos os parâmetros existentes nos microssistemas legais e na construção jurídica sobre o tema.

55 – Arts. 968, 969 e 1.150: O domicílio da pessoa jurídica empresarial regular é o estatutário ou o contratual em que indicada a sede da empresa, na forma dos arts. 968, IV, e 969, combinado com o art. 1.150, todos do Código Civil.

57 – Art. 983: A opção pelo tipo empresarial não afasta a natureza simples da sociedade.

58 – Arts. 986 e seguintes: A sociedade em comum compreende as figuras doutrinárias da sociedade de fato e da irregular .

59 – Arts. 990, 1.009, 1.016, 1.017 e 1.091: Os sociogestores e os administradores das empresas são responsáveis subsidiária e ilimitadamente pelos atos ilícitos praticados, de má gestão ou contrários ao previsto no contrato social ou estatuto, consoante estabelecem os arts. 990, 1.009, 1.016, 1.017 e 1.091, todos do Código Civil. I, III, IV e V Jornadas de Direito Civil 23

60 – Art. 1.011, § 1º: As expressões "de peita" ou "suborno" do § 1º do art. 1.011 do novo Código Civil devem ser entendidas como corrupção, ativa ou passiva.

61 – Art. 1.023: O termo "subsidiariamente" constante do inc. VIII do art. 997 do Código Civil deverá ser substituído por "solidariamente" a fim de compatibilizar esse dispositivo com o art. 1.023 do mesmo Código.

62 – Art. 1.031: Com a exclusão do sócio remisso, a forma de reembolso das suas quotas, em regra, deve-se dar com base em balanço especial, realizado na data da exclusão.

63 – Art. 1.043: Suprimir o art. 1.043 ou interpretá-lo no sentido de que só será aplicado às sociedades ajustadas por prazo determinado.

65 – Art. 1.052: A expressão "sociedade limitada" tratada no art. 1.052 e seguintes do novo Código Civil deve ser interpretada stricto sensu, como "sociedade por quotas de responsabilidade limitada".

66 – Art. 1.062: A teor do § 2º do art. 1.062 do Código Civil, o administrador só pode ser pessoa natural.

67 – Arts. 1.085, 1.030 e 1.033, III: A quebra do affectio societatis não é causa para a exclusão do sócio minoritário, mas apenas para dissolução (parcial) da sociedade.

68 – Arts. 1.088 e 1.089: Suprimir os arts. 1.088 e 1.089 do novo Código Civil em razão de estar a matéria regulamentada em lei especial.

69 – Art. 1.093: As sociedades cooperativas são sociedades simples sujeitas à inscrição nas juntas comerciais.

70 – Art. 1.116: As disposições sobre incorporação, fusão e cisão previstas no Código Civil não se aplicam às sociedades anônimas. As disposições da Lei n. 6.404/76 sobre essa matéria aplicam-se, por analogia, às demais sociedades naquilo em que o Código Civil for omisso.

71 – Arts. 1.158 e 1.160: Suprimir o art. 1.160 do Código Civil por estar a matéria regulada mais adequadamente no art. 3º da Lei n. 6.404/76 (disciplinadora das S.A.) e dar nova redação ao § 2º do art. 1.158, de modo a retirar a exigência da designação do objeto da sociedade.

73 – Art. 2.031: Não havendo revogação do art 1.160 do Código Civil nem modificação do § 2º do art. 1.158 do mesmo diploma, é de interpretar-se este dispositivo no sentido de não aplicá-lo à denominação das sociedades anônimas e sociedades Ltda., já existentes, em razão de se tratar de direito inerente à sua personalidade.

74 – Art. 2.045: Apesar da falta de menção expressa, como exigido pelas LCs 95/98 e 107/2001, estão revogadas as disposições de leis especiais que contiverem matéria regulada inteiramente no novo Código Civil, como, v.g., as disposições da Lei n. 6.404/76, referente à sociedade comandita por ações, e do Decreto n. 3.708/1919, sobre sociedade de responsabilidade limitada.

28.2. III Jornada de Direito Civil

141 – Art. 41: A remissão do art. 41, parágrafo único, do Código Civil às pessoas jurídicas de direito público, a que se tenha dado estrutura de direito privado", diz respeito às fundações públicas e aos entes de fiscalização do exercício profissional.

144 – Art. 44: A relação das pessoas jurídicas de direito privado constante do art. 44, incs. I a V, do Código Civil não é exaustiva.

146 – Art. 50: Nas relações civis, interpretam-se restritivamente os parâmetros de desconsideração da personalidade jurídica previstos no art. 50 (desvio de finalidade social ou confusão patrimonial). (Este Enunciado não prejudica o Enunciado n. 7)

196 – Arts. 966 e 982: A sociedade de natureza simples não tem seu objeto restrito às atividades intelectuais.

204 – Art. 977: A proibição de sociedade entre pessoas casadas sob o regime da comunhão universal ou da separação obrigatória só atinge as sociedades constituídas após a vigência do Código Civil de 2002.

205 – Art. 977: Adotar as seguintes interpretações ao art. 977: (1) a vedação à participação de cônjuges casados nas condições previstas no artigo refere-se unicamente a uma mesma sociedade; (2) o artigo abrange tanto a participação originária (na constituição da sociedade) quanto a derivada, isto é, fica vedado o ingresso de sócio casado em sociedade de que já participa o outro cônjuge.

206 – Arts. 981, 983, 997, 1.006, 1.007 e 1.094: A contribuição do sócio exclusivamente em prestação de serviços é permitida nas sociedades cooperativas (art. 1.094, I) e nas sociedades simples propriamente ditas (art. 983, 2ª parte).

207 – Art. 982: A natureza de sociedade simples da cooperativa, por força legal, não a impede de ser sócia de qualquer tipo societário, tampouco de praticar ato de empresa.

208 – Arts. 983, 986 e 991: As normas do Código Civil para as sociedades em comum e em conta de participação são aplicáveis independentemente de a atividade dos sócios, ou do sócio ostensivo, ser ou não própria de empresário sujeito a registro (distinção feita pelo art. 982 do Código Civil entre sociedade simples e empresária).

209 – Arts. 985, 986 e 1.150: O art. 986 deve ser interpretado em sintonia com os arts. 985 e 1.150, de modo a ser considerada em comum a sociedade que não tiver seu ato constitutivo inscrito no registro próprio ou em desacordo com as normas legais previstas para esse registro (art. 1.150), ressalvadas as hipóteses de registros efetuados de boa-fé.

210 – Art. 988: O patrimônio especial a que se refere o art. 988 é aquele afetado ao exercício da atividade, garantidor de terceiro, e de titularidade dos sócios em comum, em face da ausência de personalidade jurídica.

211 – Art. 989: Presume-se disjuntiva a administração dos sócios a que se refere o art. 989.

212 – Art. 990: Embora a sociedade em comum não tenha personalidade jurídica, o sócio que tem seus bens constritos por dívida contraída em favor da sociedade, e não participou do ato por meio do qual foi contraída a obrigação, tem o direito de indicar bens afetados às atividades empresariais para substituir a constrição.

213 – Art. 997: O art. 997, inc. II, não exclui a possibilidade de sociedade simples utilizar firma ou razão social.

214 – Arts. 997 e 1.054: As indicações contidas no art. 997 não são exaustivas, aplicando-se outras exigências contidas na legislação pertinente, para fins de registro.

215 – Art. 998: A sede a que se refere o caput do art. 998 poderá ser a da administração ou a do estabelecimento onde se realizam as atividades sociais.

216 – Arts. 999, 1.004 e 1.030: O quórum de deliberação previsto no art. 1.004, parágrafo único, e no art. 1.030 é de maioria absoluta do capital representado pelas quotas dos demais sócios, consoante a regra geral fixada no art. 999 para as deliberações na sociedade simples. Esse entendimento aplica-se ao art. 1.058 em caso de exclusão de sócio remisso ou redução do valor de sua quota ao montante já integralizado.

217 – Arts. 1.010 e 1.053: Com a regência supletiva da sociedade limitada, pela lei das sociedades por ações, ao sócio que participar de deliberação na qual tenha interesse contrário ao da sociedade aplicar-se-á o disposto no art. 115, § 3°, da Lei n. 6.404/76. Nos demais casos, incide o art. 1.010, § 3°, se o voto proferido foi decisivo para a aprovação da deliberação, ou o art. 187 (abuso do direito), se o voto não tiver prevalecido.

218 – Art. 1.011: Não são necessárias certidões de nenhuma espécie para comprovar os requisitos do art. 1.011 no ato de registro da sociedade, bastando declaração de desimpedimento.

219 – Art. 1.015: Está positivada a teoria ultra vires no Direito brasileiro, com as seguintes ressalvas: (a) o ato ultra vires não produz efeito apenas em relação à sociedade; (b) sem embargo, a sociedade poderá, por meio de seu órgão deliberativo, ratificá-lo; (c) o Código Civil amenizou o rigor da teoria ultra vires, admitindo os poderes implícitos dos administradores para realizar negócios acessórios ou conexos ao objeto social, os quais não constituem operações evidentemente estranhas aos negócios da sociedade; (d) não se aplica o art. 1.015 às sociedades por ações, em virtude da existência de regra especial de responsabilidade dos administradores (art. 158, II, Lei n. 6.404/76).

220 – Art. 1.016: É obrigatória a aplicação do art. 1.016 do Código Civil de 2002, que regula a responsabilidade dos administradores, a todas as sociedades limitadas, mesmo àquelas cujo contrato social preveja a aplicação supletiva das normas das sociedades anônimas.

221 – Art. 1.028: Diante da possibilidade de o contrato social permitir o ingresso na sociedade do sucessor de sócio falecido, ou de os sócios acordarem com os herdeiros a substituição de sócio falecido, sem liquidação da quota em ambos os casos, é lícita a participação de menor em sociedade limitada, estando o capital integralizado, em virtude da inexistência de vedação no Código Civil.

222 – Art. 1.053: Não se aplica o art. 997, V, à sociedade limitada na hipótese de regência supletiva pelas regras das sociedades simples.

223 – Art. 1.053: O parágrafo único do art. 1.053 não significa a aplicação em bloco da Lei n. 6.404/76 ou das disposições sobre a sociedade simples. O contrato social pode adotar, nas omissões do Código sobre as sociedades limitadas, tanto as regras das sociedades simples quanto as das sociedades anônimas.

224 – Art. 1.055: A solidariedade entre os sócios da sociedade limitada pela exata estimação dos bens conferidos ao capital social abrange os casos de constituição e aumento do capital e cessa após cinco anos da data do respectivo registro.

225 – Art. 1.057: Sociedade limitada. Instrumento de cessão de quotas. Na omissão do contrato social, a cessão de quotas sociais de uma sociedade limitada pode ser feita por instrumento próprio, averbado no registro da sociedade, independentemente de alteração contratual, nos termos do art. 1.057 e parágrafo único do Código Civil.

226 – Art. 1.074: A exigência da presença de três quartos do capital social, como quórum mínimo de instalação em primeira convocação, pode ser alterada pelo contrato de sociedade limitada com até dez sócios, quando as deliberações sociais obedecerem à forma de reunião, sem prejuízo da observância das regras do art. 1.076 referentes ao quórum de deliberação.

227 – Art. 1.076 c/c 1.071: O quórum mínimo para a deliberação da cisão da sociedade limitada é de três quartos do capital social.

228 – Art. 1.078: As sociedades limitadas estão dispensadas da publicação das demonstrações financeiras a que se refere o § 3º do art. 1.078. Naquelas de até dez sócios, a deliberação de que trata o art. 1.078 pode dar-se na forma dos §§ 2º e 3º do art. 1.072, e a qualquer tempo, desde que haja previsão contratual nesse sentido.

229 – Art. 1.080: A responsabilidade ilimitada dos sócios pelas deliberações infringentes da lei ou do contrato torna desnecessária a desconsideração da personalidade jurídica, por não constituir a autonomia patrimonial da pessoa jurídica escudo para a responsabilização pessoal e direta.

230 – Art. 1.089: A fusão e a incorporação de sociedade anônima continuam reguladas pelas normas previstas na Lei n. 6.404/76, não revogadas pelo Código Civil (art. 1.089), quanto a esse tipo societário.

231 – Arts. 1.116 a 1.122: A cisão de sociedades continua disciplinada na Lei n. 6.404/76, aplicável a todos os tipos societários, inclusive no que

se refere aos direitos dos credores. Interpretação dos arts. 1.116 a 1.122 do Código Civil.

232 – Arts. 1.116, 1.117 e 1.120: Nas fusões e incorporações entre sociedades reguladas pelo Código Civil, é facultativa a elaboração de protocolo firmado pelos sócios ou administradores das sociedades; havendo sociedade anônima ou comandita por ações envolvida na operação, a obrigatoriedade do protocolo e da justificação somente a ela se aplica.

28.3. IV Jornada de Direito Civil

280 – Arts. 44, 57 e 60: Por força do art. 44, § 2º, consideram-se aplicáveis às sociedades reguladas pelo Livro II da Parte Especial, exceto às limitadas, os arts. 57 e 60, nos seguintes termos: a) em havendo previsão contratual, é possível aos sócios deliberar a exclusão de sócio por justa causa, pela via extrajudicial, cabendo ao contrato disciplinar o procedimento de exclusão, assegurado o direito de defesa, por aplicação analógica do art. 1.085; b) as deliberações sociais poderão ser convocadas por iniciativa de sócios que representem 1/5 (um quinto) do capital social, na omissão do contrato. A mesma regra aplica-se na hipótese de criação, pelo contrato, de outros órgãos de deliberação colegiada.

281 – Art. 50: A aplicação da teoria da desconsideração, descrita no art. 50 do Código Civil, prescinde da demonstração de insolvência da pessoa jurídica.

282 – Art. 50: O encerramento irregular das atividades da pessoa jurídica, por si só, não basta para caracterizar abuso da personalidade jurídica.

283 – Art. 50: É cabível a desconsideração da personalidade jurídica denominada "inversa" para alcançar bens de sócio que se valeu da pessoa jurídica para ocultar ou desviar bens pessoais, com prejuízo a terceiros.

284 – Art. 50: As pessoas jurídicas de direito privado sem fins lucrativos ou de fins não-econômicos estão abrangidas no conceito de abuso da personalidade jurídica.

285 – Art. 50: A teoria da desconsideração, prevista no art. 50 do Código Civil, pode ser invocada pela pessoa jurídica, em seu favor.

382 – Art. 983: Nas sociedades, o registro observa a natureza da atividade (empresarial ou não – art. 966); as demais questões seguem as normas pertinentes ao tipo societário adotado (art. 983). São exceções as sociedades por ações e as cooperativas (art. 982, parágrafo único).

383 – Art. 997: A falta de registro do contrato social (irregularidade originária – art. 998) ou de alteração contratual versando sobre matéria referida no art. 997 (irregularidade I, III, IV e V Jornadas de Direito Civil 59 superveniente – art. 999, parágrafo único) conduz à aplicação das regras da sociedade em comum (art. 986).

384 – Art. 999: Nas sociedades personificadas previstas no Código Civil, exceto a cooperativa, é admissível o acordo de sócios, por aplicação analógica das normas relativas às sociedades por ações pertinentes ao acordo de acionistas.

385 – Art. 999: A unanimidade exigida para a modificação do contrato social somente alcança as matérias referidas no art. 997, prevalecendo, nos demais casos de deliberação dos sócios, a maioria absoluta, se outra mais qualificada não for prevista no contrato.

386 – Na apuração dos haveres do sócio devedor, por conseqüência da liquidação de suas quotas na sociedade para pagamento ao seu credor (art. 1.026, parágrafo único), não devem ser consideradas eventuais disposições contratuais restritivas à determinação de seu valor.

387 – Art. 1.026: A opção entre fazer a execução recair sobre o que ao sócio couber no lucro da sociedade ou sobre a parte que lhe tocar em dissolução orienta-se pelos princípios da menor onerosidade e da função social da empresa.

388 – Art. 1.026: O disposto no art. 1.026 do Código Civil não exclui a possibilidade de o credor fazer recair a execução sobre os direitos patrimoniais da quota de participação que o devedor possui no capital da sociedade.

389 – Art. 1.026: Quando se tratar de sócio de serviço, não poderá haver penhora das verbas descritas no art. 1026, se de caráter alimentar.

390 – Art. 1.029: Em regra, é livre a retirada de sócio nas sociedades limitadas e anônimas fechadas, por prazo indeterminado, desde que tenham integralizado a respectiva parcela do capital, operando-se a denúncia (arts. 473 e 1.029).

391 – Arts. 1.031, 1.057 e 1.058: A sociedade limitada pode adquirir suas próprias quotas, observadas as condições estabelecidas na Lei das Sociedades por Ações.

392 – Art. 1.077: Nas hipóteses do art. 1.077 do Código Civil, cabe aos sócios delimitar seus contornos para compatibilizá-los com os princípios da preservação e da função social da empresa, aplicando-se, supletiva (art. 1.053, parágrafo único) ou analogicamente (art. 4º da LICC), o art. 137, § 3º, da Lei das Sociedades por Ações, para permitir a reconsideração da deliberação que autorizou a retirada do sócio dissidente.

393 – Art. 1.143: A validade da alienação do estabelecimento empresarial não depende de forma específica, observado o regime jurídico dos bens que a exijam.

394 – Art. 2.031: Ainda que não promovida a adequação do contrato social no prazo previsto no art. 2.031 do Código Civil, as sociedades não perdem a personalidade jurídica adquirida antes de seu advento.

395 – Art. 2.031: A sociedade registrada antes da vigência do Código Civil não está obrigada a adaptar seu nome às novas disposições.

396 – Art. 2.035: A capacidade para contratar a constituição da sociedade submete-se à lei vigente no momento do registro.

28.4. V Jornada de Direito Civil

406 – Art. 50: A desconsideração da personalidade jurídica alcança os grupos de sociedade quando estiverem presentes os pressupostos do art. 50 do Código Civil e houver prejuízo para os credores até o limite transferido entre as sociedades.

407 – Art. 61: A obrigatoriedade de destinação do patrimônio líquido remanescente da associação à instituição municipal, estadual ou federal de fins idênticos ou semelhantes, em face da omissão do estatuto, possui caráter subsidiário, devendo prevalecer a vontade dos associados, desde que seja contemplada entidade que persiga fins não econômicos.

467 – Art. 974, § 3º: A exigência de integralização do capital social prevista no art. 974, § 3º, não se aplica à participação de incapazes em sociedades anônimas e em sociedades com sócios de responsabilidade ilimitada nas quais a integralização do capital social não influa na proteção do incapaz.

474 – Arts. 981 e 983: Os profissionais liberais podem organizar-se sob a forma de sociedade simples, convencionando a responsabilidade limitada dos sócios por dívidas da sociedade, a despeito da responsabilidade ilimitada por atos praticados no exercício da profissão.

475 – Arts. 981 e 983: Considerando ser da essência do contrato de sociedade a partilha do risco entre os sócios, não desfigura a sociedade simples o fato de o respectivo contrato social prever distribuição de lucros, rateio de despesas e concurso de auxiliares.

476 – Art. 982: Eventuais classificações conferidas pela lei tributária às sociedades não influem para sua caracterização como empresárias ou simples, especialmente no que se refere ao registro dos atos constitutivos e à submissão ou não aos dispositivos da Lei n. 11.101/2005.

477 – Art. 983: O art. 983 do Código Civil permite que a sociedade simples opte por um dos tipos empresariais dos arts. 1.039 a 1.092 do Código Civil. Adotada a forma de sociedade anônima ou de comandita por ações, porém ela será considerada empresária.

478 – Art. 997, caput e inc. III: A integralização do capital social em bens imóveis pode ser feita por instrumento particular de contrato social ou de alteração contratual, ainda que se trate de sociedade sujeita ao registro exclusivamente no registro civil de pessoas jurídicas.

479 – Art. 997, VII: Na sociedade simples pura (art. 983, parte final, do CC/2002), a responsabilidade dos sócios depende de previsão contratual. Em caso de omissão, será ilimitada e subsidiária, conforme o disposto nos arts. 1.023 e 1.024 do CC/2002.

480 – Art. 1.029: Revogado o Enunciado n. 390 da III Jornada ["Em regra, é livre a retirada de sócio nas sociedades limitadas e anônimas fechadas, por prazo indeterminado, desde que tenham integralizado a respectiva parcela do capital, operando-se a denúncia (arts. 473 e 1.029)"].

481 – Art. 1.030, parágrafo único: O insolvente civil fica de pleno direito excluído das sociedades contratuais das quais seja sócio.

482 – Art. 884 e 1.031: Na apuração de haveres de sócio retirante de sociedade holding ou controladora, deve ser apurado o valor global do patrimônio, salvo previsão contratual diversa. Para tanto, deve-se considerar o valor real da participação da holding ou controladora nas sociedades que o referido sócio integra.

483 – Art. 1.033, parágrafo único: Admite-se a transformação do registro da sociedade anônima, na hipótese do art. 206, I, d, da Lei n. 6.404/1976, em empresário individual ou empresa individual de responsabilidade limitada.

484 – Art. 1074, § 1º: Quando as deliberações sociais obedecerem à forma de reunião, na sociedade limitada com até 10 (dez) sócios, é possível que a representação do sócio seja feita por outras pessoas além das mencionadas no § 1º do art. 1.074 do Código Civil (outro sócio ou advogado), desde que prevista no contrato social.

485 – Art. 1.076: O sócio que participa da administração societária não pode votar nas deliberações acerca de suas próprias contas, na forma dos arts. 1.071, I, e 1.074, § 2º, do Código Civil.

486 – Art. 1.134: A sociedade estrangeira pode, independentemente de autorização do Poder Executivo, ser sócia em sociedades de outros tipos além das anônimas.

487 – Arts. 50, 884, 1.009, 1.016, 1.036 e 1.080: Na apuração de haveres de sócio retirante (art. 1.031 do CC), devem ser afastados os efeitos da diluição injustificada e ilícita da participação deste na sociedade.

28.5. VI Jornada de Direito Civil

534 – Art. 53: As associações podem desenvolver atividade econômica, desde que não haja finalidade lucrativa.

28.6. I Jornada de Direito Comercial

10. Nas sociedades simples, os sócios podem limitar suas responsabilidades entre si, à proporção da participação no capital social, ressalvadas as disposições específicas.

11. A regra do art. 1.015, parágrafo único, do Código Civil deve ser aplicada à luz da teoria da aparência e do primado da boa-fé objetiva, de modo a prestigiar a segurança do tráfego negocial. As sociedades se obrigam perante terceiros de boa-fé.

12. A regra contida no art. 1.055, § 1º, do Código Civil deve ser aplicada na hipótese de inexatidão da avaliação de bens conferidos ao capital social; a responsabilidade nela prevista não afasta a desconsideração da personalidade jurídica quando presentes seus requisitos legais.

13. A decisão que decretar a dissolução parcial da sociedade deverá indicar a data de desligamento do sócio e o critério de apuração de haveres.

14. É vedado aos administradores de sociedades anônimas votarem para aprovação/rejeição de suas próprias contas, mesmo que o façam por interposta pessoa.

15. O vocábulo "transação", mencionado no art. 183 § 1º, *d*, da Lei das S.A., deve ser lido como sinônimo de "negócio jurídico", e não no sentido técnico que é definido pelo Capítulo XIX do Título VI do Livro I da Parte Especial do Código Civil brasileiro.

16. O adquirente de cotas ou ações adere ao contrato social ou estatuto no que se refere à cláusula compromissória (cláusula de arbitragem) nele existente; assim, estará vinculado à previsão da opção da jurisdição arbitral, independentemente de assinatura e/ou manifestação específica a esse respeito.

17. Na sociedade limitada com dois sócios, o sócio titular de mais da metade do capital social pode excluir extrajudicialmente o sócio minoritário desde que atendidas as exigências materiais e procedimentais previstas no art. 1.085, *caput* e parágrafo único, do CC.

18. O capital social da sociedade limitada poderá ser integralizado, no todo ou em parte, com quotas ou ações de outra sociedade, cabendo aos sócios a escolha do critério de avaliação das respectivas participações societárias, diante da responsabilidade solidária pela exata estimação dos bens conferidos ao capital social, nos termos do art. 1.055, § 1º, do Código Civil.

19. Não se aplica o Código de Defesa do Consumidor às relações entre sócios/acionistas ou entre eles e a sociedade.

20. Não se aplica o Código de Defesa do Consumidor aos contratos celebrados entre empresários em que um dos contratantes tenha por objetivo suprir-se de insumos para sua atividade de produção, comércio ou prestação de serviços.

21. Nos contratos empresariais, o dirigismo contratual deve ser mitigado, tendo em vista a simetria natural das relações interempresariais.

22. Não se presume solidariedade passiva (art. 265 do Código Civil) pelo simples fato de duas ou mais pessoas jurídicas integrarem o mesmo grupo econômico.

48. A apuração da responsabilidade pessoal dos sócios, controladores e administradores feita independentemente da realização do ativo e da prova da sua insuficiência para cobrir o passivo, prevista no art. 82 da Lei n. 11.101/2005, não se refere aos casos de desconsideração da personalidade jurídica.

49. Os deveres impostos pela Lei n. 11.101/2005 ao falido, sociedade limitada, recaem apenas sobre os administradores, não sendo cabível nenhuma restrição à pessoa dos sócios não administradores.

50. A extensão dos efeitos da quebra a outras pessoas jurídicas e físicas confere legitimidade à massa falida para figurar nos polos ativo e passivo das ações nas quais figurem aqueles atingidos pela falência.

BIBLIOGRAFIA

ALMEIDA, Amador Paes de. *Manual das sociedades comerciais.* **São Paulo, Saraiva, 2004.**

_____________ *Direito de empresa no novo código civil.* São Paulo: Saraiva, 2004.

ASCARELLI, Túllio. *Corso de Diritto Commercialle – Introduzione e teoria dell'impresa.* Milão, Giuffrè, 1962.

_____________ *Panorama do direito comercial.* São Paulo, Saraiva, 1947.

_____________*Problemas das sociedades anônimas e direito comparado.* Campinas, Bookseller, 2001.

_____________ *Studi in tema di società.* Milã, Giuffrè, 1952.

_____________ *Confusione del patrimônio della società e del sócio; società côn una società anônima e società anônima simulata. In: Studi in tema di società.* Milão: Giuffrè, 1952.

AZEVEDO, Álvaro Villaça. *Curso de direito civil – Teoria geral das obrigações.* São Paulo, Revista dos Tribunais, 1997.

BARRETO FILHO, Oscar. *Teoria do estabelecimento comercial.* São Paulo, Saraiva, 1988.

BERTOLDI, Marcelo Marco e RIBEIRO, Márcia Carla Pereira. *Curso avançado de direito comercial.* São Paulo: Revista dos Tribunais, 2006.

BORBA, Francisco da Silva. *Dicionário gramatical de verbos.* São Paulo, Unesp, 1991.

BORBA, José Edwaldo Tavares. *Direito societário.* Rio de Janeiro, Freitas Bastos, 1997.

BORGES, João Eunápio. *Curso de direito comercial terrestre.* Rio de Janeiro, Forense, 1975.

BRASIL. *Grande enciclopédia larrouse cultural.* São Paulo: Nova Cultura, vol.16, 1998.

_____________ *Enunciados aprovados nas jornadas de direito civil.* Brasília: Portal da Justiça Federa. Disponível em:http://www.jf.jus.br/cjf/cej-publ/jornadas-de-direito-civil--enunciados-aprovados?searchterm=enunciad. Acesso em: 2012.

BULGARELLI, Waldírio. *Sociedades comercias.* São Paulo, Atlas, 1996.

_____________ *Manual das sociedades anônimas.* São Paulo, Atlas, 2001.

_____________ *Fusões, incorporações e cisões de sociedades.* São Paulo, Atlas, 1998.

_____________ *Tratado de direito empresarial.* São Paulo, Atlas, 1995.

_____________ *Contratos mercantis.* São Paulo, Atlas, 1997.

_____________ *Questões de direito societário.* São Paulo, Revista dos Tribunais, 1983.

CAHALI, Yussef Said. *Legislação civil, processual civil e empresarial.* São Paulo: Revista dos Tribunais, 2007.

CARVALHOSA, Modesto. *Comentários à lei de sociedades anônimas*. São Paulo: Saraiva, 1977 e 1982.

CICU, Antonio; MESSINEO, Francesco. *Trattado di diritto civile e commercialle*. Milano, Giuffrè, 1972.

COELHO, Fábio Ulhoa. *Curso de direito comercial*. São Paulo, Saraiva, 2002, 2008 e 2013.

COMPARATO, Fábio Konder. *Novos ensaios e pareceres de direito empresarial*. Rio de Janeiro: Forense. 1981.

CORREIA, A. Ferrer. *Lições de direito comercial*. Coimbra, Universidade de Coimbra. 1998.

CORREIA, Miguel J.A. Pupo. *Direito comercial*. Lisboa, Ediforum, 1999.

COSTA, Philomeno J. da. *Anotações às companhias*. São Paulo, Revista dos Tribunais, 1980.

CRUZ, Aloysio Álvares. *Compêndio de direito comercial*. São Paulo, Revista dos Tribunais, 1994.

DAVID, René. *Os grandes sistemas do direito contemporâneo*. São Paulo, Martins Fontes, 1996.

DINIZ, Maria Helena. *Código civil anotado*. São Paulo, Saraiva, 2002.

____________ *Curso de direito civil brasileiro*. São Paulo, Saraiva, 2000. 2008, 2010 e 2011.

DÓRIA, Dylson. *Curso de direito comercial*. São Paulo, Saraiva, 1998.

ESTADOS UNIDOS. *Uniform commercial code*. James J. White e Robert S. Summers. St. Paul, Minn, West Group, 2000.

ESTRELA, Hernani. *Curso de direito comercial*. Rio de Janeiro, José Konfino, 1973.

FAZZIO JÚNIOR, Waldo. *Manual de direito comercial*. São Paulo, Atlas, 2004.

____________ *Sociedades limitadas*. São Paulo: Atlas, 2003.

FERREIRA, Waldemar. *Tratado de direito comercial*. São Paulo, Saraiva, 1962.

____________ *Instituições de direito comercial*. São Paulo, Max Limonad, 1955.

FRANÇA. *Code de commerce*. Yves Chaput. Paris, Dalloz, 1994.

FRANÇA, R. Limongi. *Instituições de direito civil*. São Paulo, Saraiva, 1994.

FRANCO, Vera Helena de Mello e SZTAJN, Rachel. *Manual de direito comercial*. V.2. São Paulo: Revista dos Tribunais, 2005.

GALGANO, Francesco. *Lê società di persone. Trattado di diritto civile e commerciale*. Milano, Giuffrè, 1972.

GOMES, Orlando. *Contratos*. Rio de Janeiro, Forense, 2000.

____________ *Obrigações*. Rio de Janeiro, Forense, 2000.

GONÇALVES, Carlos Roberto. *Direito civil brasileiro*. V.3. São Paulo: Saraiva, 2010.

GRAU-KUNTZ, Karin. *Do nome das pessoas jurídicas*. São Paulo, Malheiros, 1998.

ITÁLIA. *Codici e leggi d'italia. Códice civile: 1994*. Luigi Franchi, Virgilio Feroci e Santo Ferrari. Milano, Editore Ulrico Hoepli.

KELSEN, Hans. *Teoria pura do direito.* São Paulo: Martins Fontes, 1987.

LARROUSSE. *Grande enciclopédia Larrousse cultural.* São Paulo: Nova Cultural, 1998.

LAZZARINI, Álvaro. *Temas de direito administrativo.* São Paulo, Revista dos Tribunais, 2000.

LISBOA, Roberto Senise. *Manual elementar de direito civil.* São Paulo, Revista dos Tribunais, 2002.

____________ *Manual de direito civil.* São Paulo: Saraiva, 2009.

LOPES, Mauro Brandão. *A sociedade em conta de participação.* São Paulo, Saraiva, 1990.

LUCCA, Newton De. *A atividade empresarial no âmbito do projeto do código civil. In: Direito empresarial contemporâneo.* São Paulo: Juarez de Oliveira, 2000.

LUCENA, José Waldecy. *Das sociedades por cotas de responsabilidade limitada.* Rio de Janeiro, Renovar, 1997.

MACHADO, Sylvio Marcondes. *Limitação da responsabilidade de comerciante individual.* São Paulo, Freitas Bastos, 1956.

MAMEDE, Gladston. *Direito societário. Sociedades simples e empresárias.* São Paulo: Atlas, 2007.

MARTINS, Fran. *Curso de direito comercial.* Rio de Janeiro, Forense, 2003.

____________ *Contratos e obrigações comerciais.* Rio de Janeiro, Forense, 2002.

____________ *Sociedade por quotas no direito estrangeiro e brasileiro.* Rio de Janeiro: Forense, 1976.

____________ *Comentários à lei das sociedades anônimas.* Rio de Janeiro: Forense, 1977.

____________ *As sociedades de capital autorizado na nova lei de sociedades anônimas. Direito societário – Estudos e pareceres.* Rio de Janeiro: Forense, 1984.

MEIRELLES, Hely Lopes. *Direito administrativo brasileiro.* São Paulo, Revista dos Tribunais, 1976.

MENDONÇA, André Luiz Dumoutout de Gonçalves & THOMAZ, Álvaro. *Dicionário de sociedades comerciais e mercado de capitais.* Rio de Janeiro: Forense, 1983.

MENDONÇA, José Xavier carvalho de. *Tratado de direito comercial brasileiro.* Campinas, Boolseller, 2000.

MICHAELIS. *Moderno dicionário da língua portuguesa.* São Paulo, Melhoramentos. 2000.

MIRANDA. Maria Bernadete. *Curso teórico e prático de direito societário.* Rio de Janeiro: Forense, 2008.

MONTEIRO, Washington de Barros. *Curso de directo civil.* São Paulo, Saraiva. 1999.

NEGRÃO, Ricardo. *Manual de direito comercial e de empresa.* São Paulo, Saraiva, 2003, 2008 e 2010.

NEGRÃO, Theotonio; GOUVÊA, José Roberto Ferreira. *Código Civil e legislação civil em vigor.* São Paulo, Saraiva, 2002.

____________ *Código de processo civil e legislação processual em vigor.* São Paulo, Saraiva, 2002.

NERY Jr., Nelson. *Código de processo civil comentado.* São Paulo, Revista dos Tribunais, 1996.

O'NEAL, F.Hodge. *Close corporations, law and pratice.* Chicago: Callaghan & Company, 1971.

PEIXOTO, Carlos Fulgêncio da Cunha. *A sociedade por cotas de responsabilidade limitada.* Rio de Janeiro, Forense, 1987.

PENTEADO, Mauro Rodrigues. *Consórcios de empresas.* São Paulo: Pioneira, 1979.

PEREIRA, Caio Mario da Silva. *Instituições de direito civil.* Rio de Janeiro: Forense v.1, 1977.

PONTES, Aloysio Lopes. *Sociedades anônimas.* Rio de Janeiro: Forense. 1999.

PONTES DE MIRANDA, Francisco Cavalcanti. *Tratado de direito privado.* Rio de Janeiro, Borsoi, 1971.

___________ *Tratado de direito privado.* Campinas, Boolseller, 2001.

PORTALE, Giuseppe B. *Conferimenti in natura "atipici" nella S.P.A.* Milão: Giuffrè, 1974.

REQUIÃO, Rubens. *Curso de direito comercial.* São Paulo, Saraiva, 2003, 2007 e 2012.

___________ *Consórcio de empresas – Necessidade de legislação adequada.* São Paulo: Revista dos Tribunais, 1971.

RIPERT, Georges e Roblot, René. *Traité de droit commercial.* Paris, LGDJ, 1996.

RIZZARDO, Arnaldo. *Direito de empresa.* Rio de Janeiro: Forense, 2007.

___________ *Contratos.* Rio de Janeiro: Forense, 2006.

RODRIGUES, Silvio. *Direito civil.* São Paulo, Saraiva, 2000.

SABATO. Franco Di. *Società.* Turim, UTET, 1999.

SILVA, De Plácido e. *Noções práticas de directo comercial.* Rio de Janeiro, Forense, 1996.

TOLEDO, Paulo Fernando Campos Salles de. *O conselho de administração na sociedade anônima.* São Paulo, Atlas, 1997.

VALVERDE, Trajano de Miranda. *Sociedades por ações.* Rio de Janeiro: Forense. 1959.

VENOSA, Sílvio de Salvo. *Novo código civil.* São Paulo, Atlas, 2002.

VIVANTE, Cesare. *Corso di diritto commerciale.* Dott. Francesco Vallardi. Milão: Casa Editrice, 1925.

___________ *Trattato di diritto commerciale.* Dott. Francesco Vallardi. Milão: Casa Editrice, 1912 e 1925.

ÍNDICE ALFABÉTICO-REMISSIVO

(os números referem-se as páginas)

D

P

Q

R

ÍNDICE CRONOLÓGICO DA LEGISLAÇÃO

(Os números referem-se as páginas)